Stefan Hellfeld

Hybride Simulation mobiler Geschäftsprozesse

Hybride Simulation mobiler Geschäftsprozesse

von
Stefan Hellfeld

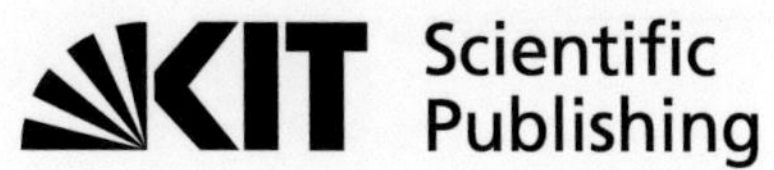

Dissertation, Karlsruher Institut für Technologie (KIT)
Fakultät für Wirtschaftswissenschaften
Tag der mündlichen Prüfung: 19. Dezember 2012
Referent: Prof. Dr. Andreas Oberweis

Umschlagsgestaltung
Alexander Böhle

Impressum

Karlsruher Institut für Technologie (KIT)
KIT Scientific Publishing
Straße am Forum 2
D-76131 Karlsruhe
www.ksp.kit.edu

KIT – Universität des Landes Baden-Württemberg und
nationales Forschungszentrum in der Helmholtz-Gemeinschaft

KIT Scientific Publishing 2013
Print on Demand

ISBN 978-3-86644-992-3

Vorwort

Diese Arbeit entstand während meiner Tätigkeit als wissenschaftlicher Mitarbeiter und Projektleiter im Forschungsbereich Software Engineering (SE) am FZI Forschungszentrum Informatik in Karlsruhe.

An erster Stelle richtet sich mein Dank an meinen Doktorvater, Herrn Prof. Dr. Andreas Oberweis, für die Betreuung meiner Arbeit, die kritischen Anmerkungen und seine konstruktiven Ratschläge.
Ebenso danke ich meinem Korreferenten, Herrn Prof. Dr. Kai Furmans, sowie den Herren Prof. Dr. Stefan Tai und Prof. Dr. Thomas Lützkendorf, dass sie so kurzfristig als Mitglieder des Prüfungskolloquiums zur Verfügung gestanden haben.

Mein Dank gilt auch meinen Kolleginnen und Kollegen des FZI für ihre Hilfsbereitschaft und die gute Zusammenarbeit. Insbesondere seien an dieser Stelle Sascha Alpers und Esmahan Eryílmaz sowie Christoph Becker, David Karlin, Thomas Schuster und Jan Wiesenberger aufgeführt. Ausdrücklich bedanken möchte ich mich bei Herrn Prof. Dr. Marco Mevius und Herrn Dr. Ralf Trunko, die mir in unterschiedlichen Phasen der Arbeit als Mentoren zur Seite standen und die Arbeit des Korrekturlesens auf sich genommen haben.
Meinem Freundeskreis danke ich für die aufmunternden Gespräche und das Verständnis, das mir regelmäßig entgegengebracht wurde.

Die größte Unterstützung während der gesamten Zeit habe ich durch meine Familie erfahren. Ich danke meiner Frau Melanie, die mir alle erdenkliche Unterstützung zukommen ließ, die man sich nur vorstellen kann. Ihre unfassbare Geduld im Umgang mit mir in Phasen der extremen Anspannung ist mit nichts aufzuwiegen.
Zuletzt gilt mein besonderer Dank meiner Mutter und Kurt. Beide haben mich in der Verwirklichung meiner persönlichen Ziele immer uneingeschränkt unterstützt und waren ein unersetzbarer Rückhalt.

Stuttgart, 2012 Stefan Hellfeld

Die Arbeit ist oft unbequem,
die Faulheit ist es nicht, trotzdem:
der kleinste Ehrgeiz, hat man ihn,
ist stets der Faulheit vorzuziehn!
(Heinz Erhardt)

Inhaltsverzeichnis

Abbildungsverzeichnis

Tabellenverzeichnis

Abkürzungsverzeichnis

A2DP	Advanced Audio Distribution Profile
API	Application Programming Interface
ARIS	Architektur integrierter Informationssysteme
BNF	Backus-Naur-Form
BPM	Business Process Management
BPMI	Business Process Management Initiative
BPMN	Business Process Model and Notation
bspw.	beispielsweise
bzw.	beziehungsweise
ca.	circa
CRM	Costumer Relationship Management
d.h.	das heißt
engl.	Englisch
EPK	Ereignisgesteuerte Prozesskette
cEPK	Erweiterte EPK
Email	Electronic mail
et al.	et alia (deutsch: und andere)
etc.	et cetera (deutsch: und die anderen Dinge)
e.V.	Eingetragener Verein
evtl.	eventuell
ff.	folgende
ggf.	gegebenenfalls
GI	Gesellschaft für Informatik e.V.
GPRS	General Packet Radio Service
GPS	Global Positioning System
GSM	Global System for Mobile Communication
HCI	Human Computer Interaction
Hrsg.	Herausgeber
HTML	Hypertext Markup Language
IAV	Informational Added Values
IDC	International Data Corporation
IEC	International Electrotechnical Commission

Inc.	Incorporated
IP	Internet-Procotol
ISO	International Organization for Standardization
IT	Informationstechnologie
K/I-Netze	Kanal/Instanzen-Netze
KPI	Key Performance Indicators
LBS	Location Based Services
LTE	Long Term Evolution
MAV	Mobile Added Values
mind.	mindestens
NFC	Near Field Communication
NR/T	NF^2-Relationen Transitionen-Netze
OCL	Object Constraint Language
o.g.	oben genannt
OMG	Object Management Group
OS	Operating system (Betriebssystem)
OSV	Operating system version (Betriebssystemversion)
PC	Personal-Computer
PN_A	Einfaches Petri-Netz mit Annotationsmustern
PNDT	Petri Net Type Definitions
PN_E	Einfaches Petri-Netz mit erweiterten Annotationsmustern
PNML	Petri Net Markup Language
Pr/T-Netze	Prädikate/Transitionen-Netze
RAP	Rich Ajax Platform
RCP	Rich Client Platform
RFID	Radio Frequency Identification Chip
S.	Seite
SCM	Supply Chain Management
SGML	Standard Generalized Markup Language
SIM-Karte	Subscriber Identity Module Karte
SMS	Short Message Service
S/T-Netze	Stellen/Transitionen-Netze
SWT	Standard Widget Toolkit
u. a.	unter anderem

u.d.T.	unter dem Titel
UML	Unified Modeling Language
UMTS	Universal Mobile Telecommunications System
URI	Uniform Resource Identifier
u.U.	unter Umständen
vgl.	vergleiche
Vol.	Volume
VPN	Virtual Private Network
vs.	versus
WIMAX	Worldwide Interoperability for Microwave Access
WIMP	Windows, Icons, Menus, Pointer
WfMC	Workflow Management Coalition
WLAN	Wireless Local Area Network
WS-BPEL	Web Services Business Process Execution Language
WYSIWYG	What you see is what you get
XMI	XML Metadata Interchange Format
XML	Extensible Markup Language
XPDL	XML Process Definition Language
z.B.	zum Beispiel

1 Einleitung

In diesem Kapitel wird das Thema der vorliegenden Arbeit motiviert und die Problemstellung dargelegt. Nach einer Erläuterung der Zielsetzungen wird auf den Aufbau der Arbeit eingegangen.

1.1 Motivation und Problemstellung

Durch die nahezu flächendeckende Verfügbarkeit mobiler Datenkommunikation[1] nimmt die Verwendung mobiler Informationstechnologie (IT) in Kombination mit stationärer IT stark zu (vgl. exemplarisch [BDD12, OGT10, Pur11, SBE11, TSM12]). Ermöglicht und gefördert wird die Nutzung mobiler Datenkommunikation durch die wachsende Verbreitung mobiler Geräte (z.B. von Smartphones oder Tablet-PC[2]), die den Austausch von Daten über drahtlose Netzwerke voraussetzen[3].

Eine Vorhersage der International Data Corporation (IDC) besagt, dass sich der jährliche Absatz von Smartphones bis zum Jahr 2016 annähernd vervierfachen wird (bezogen auf das Jahr 2011). So steigt die Anzahl verkaufter Smartphones im Jahr 2011 von 305 Millionen auf voraussichtlich 1,1 Milliarden im Jahr 2016 [DMS12]. Davon werden 350 Millionen Menschen ein Smartphone zur Unterstützung der beruflichen Aufgabenausführung verwenden [ScM12].

Durch die Nutzung der mobilen IT und der mobilen Datenkommunikation können die Geschäftsprozesse der Unternehmen unterstützt und verbessert werden.

---

[1] Die mobile Datenkommunikation bezeichnet den Austausch von Daten über drahtlose Netzwerke. Der Fokus liegt auf dem Global System for Mobile Communication (GSM) [Sco95], welches die mobile Datenkommunikation über ein Mobilfunknetz [WeA94] ermöglicht.

[2] Vergleiche hierzu Abschnitt 3.1.2.

[3] Die Betriebssysteme der Geräte sowie die Anwendungen auf den Geräten sind auf die Nutzung mobiler Datenkommunikation ausgelegt. Zum Beispiel werden Anwendungen von Drittanbietern auf die mobilen Geräte gewöhnlich über drahtlose Netzwerke installiert. Des Weiteren setzt eine Vielzahl an Anwendungen auf den Geräten eine bestehende Verbindung zum Internet voraus, um bspw. anwendungsspezifische Daten zu beziehen.

Beispielsweise kann ein Servicemitarbeiter[4] am Ort einer Fahrzeugpanne von mobiler IT derart unterstützt werden, dass er trotz fehlender Vorkenntnisse über das Fahrzeug entsprechende Maßnahmen zur Instandsetzung des Fahrzeugs vornehmen kann. Der Servicemitarbeiter könnte bspw. zunächst die Fehlerprotokolle des Fahrzeugs über eine Schnittstelle[5] in sein mobiles Gerät einlesen. Anschließend werden die Fehlerprotokolle an das Informations- und Kommunikationssystem des Fahrzeugherstellers gesendet. Dieses System analysiert die Protokolle und gibt eine Rückmeldung, ob der Schaden vor Ort behoben werden kann. Muss bspw. ein Verschleißteil ausgetauscht werden, dessen Position im Fahrzeug nicht bekannt ist, so kann der Servicemitarbeiter im Auffinden des Verschleißteils im Fahrzeug von der mobilen IT proaktiv unterstützt werden[6].

Das geschilderte Beispiel unterstreicht, dass die Nutzung mobiler IT und mobiler Datenkommunikation in unterschiedlichen Anwendungsbereichen Geschäftsprozesse signifikant verbessern kann. Um den Mitarbeitern eines Unternehmens die Nutzung mobiler IT zu ermöglichen, müssen die Geschäftsprozesse und die bei deren Ausführung eingesetzten Informations- und Kommunikationssysteme den effizienten und effektiven Einsatz mobiler IT adäquat unterstützen [HeV02, KPW03, PoT06, Sch08, Tho02]. Voraussetzungen dafür bilden der externe Zugriff auf das Informationssystem des Unternehmens sowie der ständige Kontakt zur unternehmensinternen (IT-)Infrastruktur. Des Weiteren müssen die Geräte, inklusive der entsprechenden installierten Anwendungen, die spezifische Aufgabenausführung der jeweiligen Mitarbeiter unterstützen. Daraus leiten sich folgende Herausforderungen für die Unternehmen unmittelbar ab.

Die Geschäftsprozesse müssen gezielt angepasst und verbessert werden, um eine Unterstützung der Mobilität der Mitarbeiter und deren Nutzung der mobilen IT zu

---

[4] In der vorliegenden Arbeit wird aufgrund der besseren Lesbarkeit nur die männliche Form verwendet. Die weibliche Form ist selbstverständlich in den Formulierungen immer mit eingeschlossen.

[5] Es kann sich dabei um eine fest installierte Schnittstelle im Fahrzeug handeln. Es besteht auch die Möglichkeit, dass sich die Fehlerprotokolle auf einem Speichermedium im Fahrzeugschlüssel befinden und dieses ausgelesen werden kann.

[6] Der Servicemitarbeiter kann die Kamera des mobilen Geräts benutzen und das Fahrzeug fotografiert. Eine Software auf dem mobilen Gerät könnte im Kamerabild die Position des Verschleißteils markieren. Der Servicemitarbeiter könnte auf diese Art und Weise "in das Fahrzeug blicken".

gewährleisten [KPW03, KZL06, Sch08]. Damit einhergehend ist die Integration neuer Funktionalität in die Informations- und Kommunikationssysteme, die die Unternehmensinfrastruktur von extern zugänglich macht. Des Weiteren müssen die Geräte gezielt ausgewählt und die spezifischen Anwendungen für die effiziente und effektive Unterstützung der Aufgabenausführung der Mitarbeiter konzipiert und entwickelt werden.

Darüber hinaus werden durch die Mobilität der Mitarbeiter Daten generiert, deren Verarbeitung in den Geschäftsprozessen und den unterstützenden Informationssystemen bisher nicht berücksichtigt wurde. Ein Beispiel sind standortabhängige Dienste (Location Based Services, LBS) [ScV04]. Ein standortabhängiger Dienst wird von einem Informationssystem an einem spezifischen Ort bereitgestellt. Möchte der Nutzer den standortabhängigen Dienst abrufen, so werden die Koordinaten des mobilen Geräts zur Positionsbestimmung an das den Dienst bereitstellende Informationssystem übermittelt. Wird der standortabhängige Dienst beispielsweise von einem Unternehmen für seine Mitarbeiter bereitgestellt, so können die Koordinaten nicht nur zur Positionsbestimmung innerhalb des Informationssystems verwendet werden, sondern auch weitere systeminterne Arbeitsschritte anstoßen. Als eine Folge müssen die zusätzlichen Arbeitsschritte in den zugrundeliegenden Geschäftsprozessen berücksichtigt worden sein. Im eingeführten Beispiel der Fahrzeugreparatur können die Positionsdaten des Servicemitarbeiters und somit des defekten Fahrzeugs an den Fahrzeughersteller übermittelt werden, der anhand der Koordinaten im Falle eines irreparablen Schadens Mitarbeiter der nächstgelegenen Servicewerkstatt proaktiv informiert und einen Abschleppdienst anfordert. Hierzu werden die Koordinaten umgehend an den Abschleppdienst weitergeleitet. Der Servicemitarbeiter kann dann die geplante Ankunftszeit des Abschleppdienstes auf seinem mobilen Gerät rückgemeldet bekommen.

Ferner können häufig noch weitere Daten ohne Zutun des Nutzers durch die Sensorik der mobilen Geräte gewonnen werden [BBD09]. Die Verarbeitung dieser Daten muss ebenfalls in den Geschäftsprozessen und den jeweils eingesetzten Informationssystemen im Vorfeld berücksichtigt werden.

Beispielsweise könnte die Sensorik eines mobilen Geräts eines Notarztes an einem Unfallort die aktuelle Wettersituation ermitteln. Angenommen es wäre am Unfallort sehr kalt, so könnte die Information direkt an das Krankenhaus über-

mittelt werden. Im Krankenhaus könnten die Ärzte noch vor der Ankunft der Verletzten Maßnahmen anstoßen, die im Fall von unterkühlten Patienten vorgenommen werden.
Die Mitarbeiter unterliegen, aufgrund ihrer Mobilität, sich ändernden Situationen [GKK07]. War die Displayhelligkeit des mobilen Geräts des Notarztes gerade noch ausreichend für die Lichtverhältnisse im Rettungswagen, so kann sich dies im nächsten Moment, wenn der Wagen in einen Tunnel fährt, ändern. Des Weiteren muss die Vielzahl der mobilen Geräte und deren individuelle Besonderheiten wie Interaktionsmöglichkeiten, Sensorik, Darstellungsmechanismen, etc. in den Geschäftsprozessen und den die Geschäftsprozesse unterstützenden Informationssystemen berücksichtigt werden.
Um Geschäftsprozesse im Hinblick auf die Nutzung mobiler IT zu analysieren und Verbesserungspotenziale identifizieren zu können, ist es möglich, die Geschäftsprozesse softwaregestützt bereits vor deren Implementierung "durchzuspielen" [Obe96].
Aufgrund ihrer präzisen Semantik und der anschaulichen graphischen Darstellung eignen sich Petri-Netze [ObS96, Pet62, Rei10, ReR98] zur formalen Modellierung von Geschäftsprozessen. Zusätzlich können Petri-Netze aufgrund ihrer mathematischen Fundierung simuliert und methodisch analysiert werden [Zim01, ZPK07]. Ein "Durchspielen" eines als Petri-Netz modellierten Geschäftsprozesses und dessen Analyse ist somit möglich.
Sind im Rahmen der Geschäftsprozesse Prozessbeteiligte mobil, und deren Mobilität soll simuliert werden, so ist eine realitätsnahe Simulation nur mit erheblichem Aufwand oder gar nicht zu realisieren. Grund hierfür sind die sich ständig ändernden Situationen der mobilen Prozessbeteiligten, die simuliert werden müssen.
Beispielsweise müssen Wetterbedingungen berücksichtigt werden, falls sich diese auf den mobilen Prozessbeteiligten und somit auf die Geschäftsprozesse auswirken können. Starker Regen oder Blitzeis können bspw. den Einsatz eines Abschleppwagens oder des Servicemitarbeiters behindern. Des Weiteren muss vor der Simulation bereits bekannt sein, welche zusätzlichen Daten das mobile Gerät bspw. durch Sensorik liefern kann und ob diese zu einer Verbesserung des Geschäftsprozesses genutzt werden können. So kann ein Temperatursensor am mobilen Gerät des Notarztes die Umgebungstemperatur am Unfallort messen oder

die Kamera am Gerät des Servicemitarbeiters kann zur innovativen Informationsdarstellung[7] verwendet werden.

Eine besondere Herausforderung ergibt sich aus der flexiblen Einbindung der mobilen Geräte einer neuen Generation im Hinblick auf die Berücksichtigung gerätespezifischer Besonderheiten in der Verbesserung der Geschäftsprozesse. Aufgrund der gegenwärtig fortschreitenden Miniaturisierung der IT besitzen neue Generationen mobiler Geräte im Vergleich zu aktuellen Geräten einen deutlich größeren Funktionsumfang. Neue Hardwaregenerationen werden seit dem Jahr 2000 in Ein-Jahres- bis maximal Zwei-Jahres-Zyklen vorgestellt [BPK11, VeL12]. Voraussichtlich wird sich diese Entwicklung weiter fortsetzen. Musste sich bspw. der mobile Prozessbeteiligte bisher am System mit einem Passwort anmelden, um sich zu authentifizieren, so kann dies mit einer neuen Generation mobiler Geräte bereits nicht mehr notwendig sein, weil diese über einen Hand-/Fingerscanner im Gehäuse des Gerätes oder bereits über eine intelligente Gesichtserkennung mit Hilfe der Kamera verfügen.

Basierend auf den beschriebenen Problemstellungen ergibt sich die Forderung nach einer hohen Realitätsnähe der Simulation der Geschäftsprozesse, um das Potenzial der Mobilität der Prozessbeteiligten in der Geschäftsprozessverbesserung und –anpassung nutzen zu können [KPW03]. Wie dargelegt, ist es bisher nur mit erheblichem Aufwand oder gar nicht möglich, Einflussfaktoren (wie Umwelteinflüsse, Medienbrüche, Funktionsumfang der unterschiedlichen Generationen von mobilen Geräten etc.) in der Simulation eines Geschäftsprozesses zu berücksichtigen. Es bedarf daher einer innovativen Vorgehensweise, die es ermöglicht, den Geschäftsprozess mit möglichst hoher Realitätsnähe zu simulieren und dies mit einem vertretbaren Aufwand zu realisieren. Die Vorgehensweise sollte die Simulation der Teilprozesse des Geschäftsprozesses, in denen die Prozessbeteiligten mobil sind, auf den mobilen Geräten durchführen. So können die sich ändernden Situationen der mobilen Prozessbeteiligten zur Laufzeit in der Simulation berücksichtigt werden und die zusätzlichen Daten der mobilen Geräte während der Simulation zur Verfügung stehen. Eine Simulation des gesamten Geschäftsprozesses auf den mobilen Geräten ist hierbei nicht notwendig. Es reicht

---

[7] Ein Beispiel ist die *erweiterte Realität* (engl. *Augmented Reality*), bei der das aufgenommene Kamerabild des hoch-mobilen Geräts mit virtueller Zusatzinformation erweitert wird [ABB01, Wei07].

aus, wenn die Teilprozesse, in denen die Prozessbeteiligten mobil sind, identifiziert werden können. Diese Teilprozesse können anschließend auf den mobilen Geräten simuliert werden. Es handelt sich daher um eine hybride Simulation der Geschäftsprozesse.
Die Identifikation der mobilen Teilprozesse sowie deren Simulation inklusive der integrierten Nutzung der mobilen Geräte durch die Prozessbeteiligten ist bisher Aufgabe der Modellierenden des Geschäftsprozesses.

1.2 Zielsetzung

Das Ziel dieser Arbeit ist die Entwicklung einer integrierten Methode zur hybriden Simulation mobiler Geschäftsprozesse. Die Methode soll die Simulation von Geschäftsprozessen mit mobilen Prozessbeteiligten realitätsnah gestalten, indem die Simulation nicht nur in der Business Process Engineering Software[8] durchgeführt wird, sondern Teile der Simulation auf die mobilen Geräte übertragen werden. Die Besonderheiten der mobilen Geräte sollen durch die Methode unter "realen" Bedingungen analysiert werden können. Hierzu wird der Teilprozess eines Geschäftsprozesses, in welchem die Prozessbeteiligten "mobil" sind, in der Simulation auf die mobilen Geräte übertragen. Die formulierten Ziele sollen mit der Entwicklung folgender Methoden und Werkzeuge erreicht werden.

- *Methode zur computergestützten Identifikation mobiler Teilprozesse in Geschäftsprozessen* – Da sich die Situationen der mobilen Prozessbeteiligten ständig ändern können, variieren die jeweiligen Situationen eines einzelnen mobilen Prozessbeteiligten. Die Informationen, die die Situation eines einzelnen mobilen Prozessbeteiligten beschreiben, (im Folgenden als Kontextinformation bezeichnet) und in ihrer Gesamtheit den Kontext einer Situation eines mobilen Prozessbeteiligten darstellen, sollen in den Geschäftsprozessen identifiziert werden können. Auf Basis dieser Kontextinformation soll die Methode die Identifikation mobiler Teilprozesse in Geschäftsprozessen computergestützt ermöglichen und folglich eine Identifikation der Aktivitäten in den Geschäftsprozessen, die "mobil ablaufen", realisieren.

[8] Die Business Process Engineering Software beschreibt Werkzeuge, die das Business Process Engineering [EGL99] softwaretechnisch unterstützen [JaN06].

- *Simulationsgestützte Methode zur Unterstützung der Simulation mobiler Teilprozesse auf mobilen Geräten* – Die Methode soll die Simulation von Geschäftsprozessen, modelliert in einer Variante der Petri-Netze [ObS96, Pet62, Rei10, ReR98], auf mobilen Geräten ermöglichen. Hierzu sollen die mobilen Geräte in die Simulation der mobilen Teilprozesse eingebunden werden.
  In mobilen Teilprozessen finden am Ort der Ausführung Interaktionen zwischen Mensch und Maschine, respektive zwischen dem Prozessbeteiligten und dem mobilen Gerät statt [Sch00]. Um diese Interaktionen zu ermöglichen, bedarf es der Identifikation von Schnittstellen (auch Modalitäten genannt) wie bspw. Benutzungsoberflächen eines mobilen Geräts [Dix04]. Die Beschreibung einer Interaktion sowie die dazugehörige Modalität soll in abstrakter Form in spezifischen Dokumenten (im Rahmen der Methode als *hybride Schemakomponenten* bezeichnet) durch die Methode gespeichert werden. Daraus folgt, dass die in den Aktivitäten der Geschäftsprozesse beschriebenen Interaktionen, inklusive der dazugehörigen Modalitäten, durch die Methode auf hybride Schemakomponenten abgebildet werden. Die hybriden Schemakomponenten können dann im Rahmen der Simulation auf die mobilen Geräten übertragen werden und dort die Ausführung der Simulation in der Realität ermöglichen.
  Ein Beispiel wäre das Bearbeiten eines Notfallprotokolls des Notarztes unmittelbar an einer Unfallstelle. Um den Geschäftsprozess so realitätsnah wie möglich simulieren zu können, muss die Interaktion der Bearbeitung des Protokolls auf dem mobilen Gerät dem Notarzt noch vor der Ausführung des den Geschäftsprozess unterstützenden Informationssystems ermöglicht werden. Die Modellierenden des Geschäftsprozesses benötigen eine hybride Schemakomponente, die die Beschreibung der Interaktion und die dazugehörige Modalität zur Bearbeitung des Protokolls zur Verfügung stellt, um den mobilen Teilprozess realitätsnah simulieren zu können. Die Methode soll die Übermittlung der hybriden Schemakomponenten und deren Interpretation auf den mobilen Geräten ermöglichen. Aufgrund der Vielfalt der Plattformen im Bereich mobiler Geräte soll mittels der Methode eine Unterstützung möglichst vieler

verschiedener mobiler Geräte realisiert werden. Eine Beschränkung auf bspw. nur ein Betriebssystem oder auf spezielle Gerätespezifika soll vermieden werden (z.B. sollen nicht nur Geräte mit einer bestimmten Auflösung unterstützt werden). Bereits das Apple® iPad unterscheidet sich bspw. vom Apple® iPhone in mehreren Systemkomponenten, obwohl beide Geräte den gleichen Betriebssystemkern (Varianten des Apple® iOS Betriebssystem) besitzen.
Des Weiteren soll die Methode die Protokollierung von Informationen während der Simulation auf dem mobilen Gerät ermöglichen. So erhalten die Modellierenden der Geschäftsprozesse gerätespezifische Informationen, die als Grundlage für weitere Verbesserungen der Geschäftsprozesse und der eingesetzten Informationssysteme dienen können. Beispielsweise kann während der Simulation die Information übertragen werden, dass das mobile Gerät einen Temperatursensor besitzt. So kann die Verwendung des Sensors im Geschäftsprozess berücksichtigt werden (vgl. das oben beschriebene Beispiel der Datenaufnahme an einem Unfallort durch den Notarzt).

- *Konzeption und Implementierung eines Software-Werkzeugs* – Das Software-Werkzeug namens Nemti[9] soll die Schnittstelle zur Business Process Engineering Software bilden. Die Schnittstelle soll die hybride Simulation steuern und einen konsistenten Zustand der Simulation im Software-Werkzeug und der Simulation auf den mobilen Geräten ermöglichen. Wird der Zustand der Simulation im Software-Werkzeug verändert, so beeinflusst dies auch die Simulation auf den mobilen Geräten. Ebenso wird mit Zustandsänderungen der Simulation auf den mobilen Geräten verfahren. Verändert sich der Zustand der Simulation auf diesen, so sorgt die Schnittstelle für eine Rückkopplung der Zustandsänderung in die Simulation, die im Software-Werkzeug abläuft.
  Ziel der komponentenbasierten Architektur des Software-Werkzeugs Nemti soll eine Reduzierung der plattformspezifischen Teile des Werkzeugs hinsichtlich der verschiedenen mobilen Geräte sein. Die plattform-

[9] Nemti war einen altägyptischer Gott, genannt "Der Schreitende". Er war der Gott der Mobilen und Wanderer [Bon05].

spezifischen Teile müssen für jedes Betriebssystem der mobilen Geräte und deren gerätespezifische Besonderheiten individuell entwickelt werden und sollen daher einen möglichst geringen Teil des gesamten Software-Werkzeugs umfassen.

Mittels des prototypischen Software-Werkzeugs Nemti sollen die entwickelten Methoden in Anwendungsfällen evaluiert werden. Hierzu soll der Prototyp in mehreren unterschiedlichen Projekten (Forschungs- sowie Praxisprojekten) eingesetzt werden und es soll dessen Funktionalität im Einsatz in den Projekten detailliert untersucht werden.

1.3 Aufbau der Arbeit

Die vorliegende Arbeit ist wie folgt aufgebaut: Das nachfolgende zweite Kapitel gibt eine motivierende Einführung in die Grundlagen des Managements von Geschäftsprozessen. Im Einzelnen werden der Begriff des Geschäftsprozesses sowie die Phasen des Geschäftsprozessmanagements erklärt. Es wird allgemein auf verschiedene Sprachen zur Modellierung von Geschäftsprozessen wie EPK [Sch02a], BPMN [Obj09] oder XPDL [Wor08b] eingegangen und im Speziellen wird die Modellierung von Geschäftsprozessen mit einfachen Petri-Netzen [Bau96, DeO96, Rei10] und höheren Petri-Netzen [GeL81, Gen87, Obe96a, ObS96, Sta90] beschrieben.

Darauf aufbauend werden im dritten Kapitel die Grundlagen mobiler Teilprozesse in Geschäftsprozessen vorgestellt. Es werden Begrifflichkeiten wie Mobilität, Mobile Computing, mobile IT und Mobile Business erläutert. Im Anschluss wird auf die spezifischen Eigenschaften von Geräten der mobilen IT eingegangen. Nach der Beschreibung spezifischer Formen von Mobilität [KaS04, KPW03, KrL99] wird der Begriff des Kontexts und der Kontextinformation [SAT99, ChK00, Dey01, MoD01] definiert. Im letzten Abschnitt des Kapitels werden die Definitionen der Mensch-Maschine Interaktion und der mobilen Mensch-Maschine Interaktion vorgestellt. In diesem Zusammenhang werden Modalitäten beschrieben, mit deren Hilfe die Mensch-Maschine Interaktion ermöglicht werden kann.

Basierend auf den Grundlagen der vorangegangenen Kapitel befasst sich das vierte Kapitel mit der Problemstellung der Identifikation mobiler Teilprozesse in Geschäftsprozessen. Hierfür wird motivierend auf die Nutzung mobiler IT in Unternehmen und die daraus resultierenden Mehrwerte eingegangen. Anschließend werden die Begrifflichkeiten des mobilen Geschäftsprozesses und des mobilen Teilprozesses definiert. Nach einer Beschreibung existierender Methoden zur Identifikation mobiler Teilprozesse in Geschäftsprozessen [GKK07, GuP05, RiS03], die ausschließlich eine manuelle Identifikation mobiler Teilprozesse ermöglichen, wird die innovative Methode *Imopro* zur teilautomatisierten Identifikation mobiler Teilprozesse in Geschäftsprozessen vorgestellt.
Im Rahmen der Erläuterung konzeptioneller Grundlagen der Methode werden mehrerer Suchkriterien identifiziert, anhand derer die Geschäftsprozesse bzw. deren Modelle analysiert werden können. Es wird auf die verwendete Modellierungssprache, eine Variante der Petri-Netze, und den Aufbau von Inschriften der Modellelemente der zu analysierenden Geschäftsprozesse eingegangen (vgl. [BRv00, MCH03, MeR08, Min96, MRA10, MRR10, ScR10]). Im Anschluss an die Vorstellung der konzeptionellen Grundlagen wird der dreiphasige Aufbau der Methode beschrieben. In der ersten Phase werden spezifische Datenstrukturen definiert, die extrahierte Informationen aus einem modellierten Geschäftsprozess zur Weiterverarbeitung aufnehmen können. Im Anschluss wird die innovative Vorgehensweise der zweiten Phase vorgestellt, mit der spezifische Informationen über mobile Prozessbeteiligte auf Basis der erläuterten Suchkriterien aus einem modellierten Geschäftsprozess extrahiert werden können. In der dritten Phase wird mittels computergestützter intelligenter Verknüpfung der extrahierten Informationen im Rahmen der Methode *Imopro* auf potenzielle Existenz von mobilen Teilprozessen geschlossen.

Im anschließenden fünften Kapitel wird die Methode zur hybriden Simulation mobiler Teilprozesse in Geschäftsprozessen eingeführt. Hierzu werden zunächst die Grundlagen quantitativer und qualitativer Analyse von Geschäftsprozessen erläutert. Darauf aufbauend wird die Methode zur hybriden Simulation als eine Erweiterung der computergestützten Simulation [Obe96, VDI93] von mobilen Teilprozessen vorgestellt. Die hybride Simulation ermöglicht die Ausführung von Teilen der Simulation des Geschäftsprozesses in der Realität. Es wird dargestellt, wie spezifische Interaktionen im modellierten Geschäftsprozess identifiziert und mit Hilfe der Modalität einer Benutzungsoberfläche auf einem mobilen Gerät in der Realität ausgeführt werden können. In diesem Zusammenhang wird die innovative Unterstützung in der Gestaltung von Benutzungsoberflächen durch die entwickelte Methode erläutert. Um die Verwendung einer Vielzahl mobiler Geräte und deren Betriebssysteme in der Simulation eines Geschäftsprozesses mit möglichst geringem Aufwand zu unterstützen, wird eine systematische Vorgehensweise zur einmaligen abstrakten Beschreibung einer Benutzungsoberfläche und deren mehrmaligen Interpretation auf mobilen Geräten vorgestellt. Die abstrakte Beschreibung einer Interaktion und der dazugehörigen Modalität wird in einem Dokument zusammengefasst und im Rahmen der vorliegenden Arbeit als hybride Schemakomponente bezeichnet. Im Anschluss wird auf die Übertragung der hybriden Schemakomponenten auf die mobilen Geräte und deren dortige Interpretation im Rahmen der Simulation eingegangen. Im fünften Kapitel wird abschließend die Erfassung von zusätzlichen Informationen bspw. mittels der Sensoren eines mobilen Geräts und deren Rückführung in die Simulation näher beschrieben.

Im sechsten Kapitel wird das Software-Werkzeug Nemti vorgestellt. Zunächst werden die grundsätzlichen Anforderungen an ein Software-Werkzeug zur Realisierung der Methoden zur Identifikation und hybriden Simulation mobiler Geschäftsprozesse erläutert. Auf Basis des Anforderungskatalogs werden im Anschluss abschnittsweise der Aufbau und die Funktionalitäten der einzelnen Komponenten zur Realisierung der Methode zur Identifikation mobiler Teilprozesse in Geschäftsprozessen und der Methode zur Realisierung der hybriden Simulation von mobilen Geschäftsprozessen präsentiert. In diesem Zusammenhang wird ebenfalls die Interaktion der Komponenten untereinander innerhalb des Werkzeugs erläutert.

Das siebte Kapitel beschreibt die Evaluation der Methoden inklusive des Softwareprototypen Nemti. Der erfolgreiche Einsatz von Nemti und den durch Nemti realisierten Methoden im Forschungsprojekt "Plastische Simulation von Geschäftsprozessen" und zwei weiteren Praxisprojekten wird erläutert. Die projektbezogenen Vergleiche der entwickelten Methoden im Rahmen der Verwendung von Nemti mit bestehenden Methoden zur Identifikation und Simulation mobiler Geschäftsprozesse werden beschrieben. Darüber hinaus werden die Verbesserungen detailliert vorgestellt, die mit Hilfe von Nemti in der Modellierung und in der simulativen Analyse von Geschäftsprozessen im Hinblick auf die effektive und effiziente Nutzung mobiler IT im Unternehmen erreicht werden können.

Das achte Kapitel enthält eine Zusammenfassung der vorangegangenen Kapitel. Die in der Arbeit erzielten Ergebnisse werden kritisch beleuchtet und es wird darauf aufbauend ein Ausblick auf weitere Forschungsfragen gegeben.

2 Grundlagen des Managements von Geschäftsprozessen

In Kapitel 2 wird auf die Grundlagen des Managements von Geschäftsprozessen eingegangen. Nach einer Einführung in die Geschäftsprozessorientierung allgemein und die Eigenschaften von Geschäftsprozessen werden das Management von Geschäftsprozessen und dessen Phasen Gestaltung, Analyse, Verbesserung, Steuerung und Überwachung vorgestellt.

Im Anschluss daran wird ein Überblick über die Grundlagen der Modellierung von Geschäftsprozessen sowie die Anforderungen an Sprachen zur Modellierung von Geschäftsprozessen gegeben. Nach der Vorstellung einiger ausgewählter Modellierungssprachen für Geschäftsprozesse wird detailliert auf die Modellierung von Geschäftsprozessen mit Petri-Netzen eingegangen.

2.1 Grundlagen der Geschäftsprozessorientierung

Unternehmen müssen in der heutigen Zeit flexibel auf sich häufig verändernde Wettbewerbsbedingungen reagieren können. Diese Veränderungen können sich auf alle Unternehmensebenen erstrecken und erfordern jeweils dynamische Anpassungen des Unternehmens. Der notwendige Anpassungsbedarf kann durch unternehmensexterne Faktoren und unternehmensinterne Faktoren verursacht werden. [PRW10] identifizierten drei Kategorien, in die die Faktoren unterteilt werden können:

- sich verändernde Wettbewerbsbedingungen (bspw. durch neue Kundenanforderungen oder im Zuge der Globalisierung)
- die Einführung neuer Informations- und Kommunikationstechnologien (bspw. im Hinblick auf mobilitätsunterstützende Technologien, die einen flexibleren Einsatz von Mitarbeitern zulassen)
- der Wertewandel in der Arbeitswelt und der Gesellschaft (bspw. die veränderte Haltung gegenüber Ressourcen und der Umwelt in der Gesellschaft und die zunehmende Ablehnung von Unterordnung, Verpflichtung und reiner Arbeitsausführung, die zur Humanisierung des Arbeitslebens

führt. Eine Folge ist bspw. der Trend der Verlagerung des Arbeitsplatzes ins sogenannte "Home Office"[10] in manchen Berufen)

Ein weiterer Faktor ist nach [SiP02] die vermehrte Einbindung der Mitarbeiter in die Unternehmensstrategie und der daraus resultierende Anpassungsbedarf der Geschäftsprozesse. Aus Unternehmenssicht soll nicht nur die reine Arbeitskraft der Mitarbeiter genutzt werden, sondern deren kreatives Potenzial soll zur Generierung von Innovationen im Unternehmen beitragen.
Als eine Folge der Veränderungen, die durch o.g. Faktoren verursacht werden, werden die Unternehmen mit einer kontinuierlichen Anpassung ihrer Informationssysteme, der zugrundeliegenden Geschäftsprozesse sowie der internen Organisationsstrukturen konfrontiert.
Um o.g. Potenzial der Mitarbeiter besser nutzen zu können, sowie die Zusammenarbeit aller Beteiligten im Unternehmen zu unterstützen oder zu verbessern, fanden in den letzten Jahren vermehrt Veränderungen in den Organisationsstrukturen der Unternehmen statt. Die Verbesserungen in einzelnen Funktionsbereichen und die daraus resultierende Vernachlässigung des Gesamtzusammenhangs der betrieblichen Funktionen wurde durch eine Fokussierung auf die Prozesse der Unternehmen und eine prozessorientierte Unternehmensgestaltung ersetzt [BeK00]. So ist es den Unternehmen mittlerweile größtenteils möglich, sich flexibel an veränderte Wettbewerbsbedingungen anzupassen.
Im Rahmen der Prozessorientierung wächst die Bedeutung der Gestaltung der Geschäftsprozesse der Unternehmen. Daraus resultierend verändert sich auch die Gestaltung der Informationssysteme, die ebenfalls dem Paradigma der Prozessorientierung folgt. Somit bildet der Geschäftsprozess das Bindeglied zwischen der Unternehmensstrategie und der Systementwicklung bzw. den unterstützenden Informationssystemen [GeG99, Öst95]. Modellierung, Analyse und Kontrolle der Geschäftsprozesse sind wesentliche Schritte in der Umsetzung der Prozessorientierung im Unternehmen [ADO00, ATW03].

---

[10] Als "Home Office" kann ein modernes Konzept des Arbeitens von zu Hause aus bezeichnet werden. Hierbei wird Informations- und Kommunikationstechnologie genutzt, um mit der Unternehmensinfrastruktur vernetzt zu sein. So können individuellen Arbeitsaufgaben von zu Hause aus erledigt werden.

Vor dem Hintergrund zahlreicher existierender Definitionen in der Literatur [Dav97, HaC93, Öst95, Sch02a] wird im Rahmen dieser Arbeit der Begriff *Geschäftsprozess* (in Anlehnung an [Obe96, S. 14]) folgendermaßen definiert.

Definition 2.1: Geschäftsprozess

Ein Geschäftsprozess besteht aus einer Menge von manuellen, teilautomatisierten oder automatisierten Aktivitäten, die in einem Unternehmen ausgeführt werden. Mit der Ausführung der Aktivitäten soll ein spezifisches Ziel unter Berücksichtigung bestimmter Regeln erreicht werden. Die Aktivitäten werden durch Aufgabenträger (*Ressourcen*) ausgeführt, die in *personelle* und *nicht-personelle* (*maschinelle*) Ressourcen unterteilt werden können. Die Erfüllung einer Aufgabe erfolgt durch die Ausführung einer oder mehrerer Aktivitäten. Sind an der Ausführung einer oder mehrerer Aktivitäten mindestens zwei Ressourcen beteiligt, so wird der zugrundeliegende Geschäftsprozess als *kollaborativer Geschäftsprozess* bezeichnet. Ein *verteilter Geschäftsprozess* kennzeichnet sich durch die Ausführung von mindestens zwei Aktivitäten an geografisch unterschiedlichen Orten. Begriffe wie *betrieblicher Ablauf*, *Workflow*, *Business Process*, *betrieblicher Prozess* oder *Vorgang* werden synonym für den Begriff *Geschäftsprozess* benutzt.

Personelle Ressourcen sind nach Definition 2.1 zwingend zur Ausführung von manuellen Aktivitäten notwendig. Es findet eine Interaktion zwischen Menschen statt[11]. Im Falle von teilautomatisierten Aktivitäten sind sowohl personelle als auch maschinelle Aufgabenträger notwendig. Die Aktivitäten werden IT-gestützt ausgeführt. Die Interaktion findet zwischen einem Menschen und einer Maschine

[11] Muss beispielsweise der Außendienstmitarbeiter mit dem Kunden über den Preis einer Dienstleistung verhandeln, so sind nur diese beiden personellen Aufgabenträger zur Ausführung der Aktivität notwendig.

statt[12]. Automatisierte Aktivitäten können ohne menschliche Interaktion von der IT ausgeführt werden[13].

Die Ressourcen im Geschäftsprozess üben sogenannte *Rollen* aus. Eine Rolle beschreibt die Fähigkeiten (oder Kompetenzen) einer Ressource, eine spezifische Aufgabe auszuführen (z.B. Bereichsleiter, wissenschaftlicher Mitarbeiter, Sekretär). Eine Ressource kann mehrere unterschiedliche Rollen haben. Eine Rolle kann aber auch von verschiedenen Ressourcen besetzt sein. Rollen können als eine Klassifizierung der Ressourcen verwendet werden [HaS04, Obe96].

Nach [Obe96] können Geschäftsprozesse unterschiedlich klassifiziert werden. Es existieren *strukturierte* (Routineprozesse, in denen die Reihenfolge der Aktivitäten nach Regeln festgelegt ist), *teilstrukturierte* (nur Teile der Reihenfolge der Aktivitäten sind festgelegt) und *unstrukturierte* Geschäftsprozesse ("Ad-hoc"-Geschäftsprozesse, die spontan stattfinden und sich nur begrenzt planen lassen). Des Weiteren lassen sich Geschäftsprozesse anhand ihres Auftretens klassifizieren. Eine Unterteilung kann in *fallbasierte* Geschäftsprozesse (Geschäftsprozesse, die sich regelmäßig wiederholen und einen genau definierten Start- und Endpunkt besitzen), *generische* Geschäftsprozesse (allgemein administrative Geschäftsprozesse, die wiederholt auftreten, aber nicht nach einheitlichen Zeitabschnitten starten) und *Ad-hoc*-Geschäftsprozesse (Geschäftsprozesse, die spontan und einmalig auftreten) vorgenommen werden. Außerdem kann zwischen innerbetrieblichen Geschäftsprozessen, die nur in einem einzigen Unternehmen ausgeführt werden, und überbetrieblichen Geschäftsprozessen, an deren Ausführung mehrere Unternehmen (mindestens zwei) beteiligt sind, unterschieden werden.

Darüber hinaus weisen Geschäftsprozesse in Anlehnung an [Obe96] spezifische Charakteristika auf, auf die im Folgenden näher eingegangen wird.

---

[12] Soll beispielsweise der Stromzähler eines Kunden abgelesen werden, so sind hierfür lediglich der entsprechende Mitarbeiter und das Medium zur Speicherung der Daten notwendig, beispielsweise ein mobiles Gerät.

[13] Wählt sich ein mobiles Gerät in ein Netzwerk ein, so erhält das Gerät vom Informationssystem eine eindeutige Identifikationsnummer zugeteilt. Es ist keine menschliche Interaktion notwendig.

2.2 Eigenschaften von Geschäftsprozessen

Geschäftsprozesse bestehen aus statischen und dynamischen Komponenten. Statische Komponenten sind Objekte wie z.B. Personen, Dokumente, Maschinen oder Geräte etc., die über spezifische Eigenschaften (auch Attribute genannt) wie Alter, Größe, Gewicht, Fähigkeiten etc. verfügen. Alle Eigenschaften eines Objektes zu einem bestimmten Zeitpunkt definieren den Zustand des Objektes. Die dynamischen Komponenten eines Geschäftsprozesses beschreiben Änderungen einer oder mehrerer Eigenschaften eines oder mehrerer Objekte.

Nach [Obe96] können unterschiedliche Arten von Objekten in einem Geschäftsprozess unterschieden werden. Es existieren *Input-Objekte*, die einem Geschäftsprozess von außen zugefügt werden; *Output-Objekte*, die von einem Geschäftsprozess erzeugt werden und *interne Objekte*, die innerhalb eines Geschäftsprozesses von dessen Aktivitäten erzeugt und wieder verbraucht werden. Output-Objekte sind das Ergebnis eines Geschäftsprozesses und können gleichzeitig Input-Objekte für andere Geschäftsprozesse sein.

Nach [Mev06, S.16] werden die Input-, Output- und internen Objekte eines Geschäftsprozesses auch als *Prozessobjekte* bezeichnet. *Elementare Prozessobjekte* wie bspw. eine Kundenadresse, eine Produktkennung, eine Identifikationsnummer etc. können zu *komplexen Prozessobjekten* wie bspw. einem Kundenauftrag, einem Produktkatalog etc. zusammengefasst werden.

Die Objekte eines Geschäftsprozesses werden während der Ausführung durch die Aktivitäten des Geschäftsprozesses transformiert. Diese Transformation beschreibt oben genannte Änderung einer oder mehrerer Eigenschaften eines Objektes. Die Ausführung der Aktivitäten beschränkt sich dabei nicht auf einen spezifischen Ort. Die Aufgabenträger und Ressourcen, die die Aktivitäten eines Geschäftsprozesses ausführen, können räumlich verteilt sein. Somit können auch die einzelnen Aktivitäten und deren Kontrolle an unterschiedlichen Orten ausgeführt werden. Beispielsweise kann sich ein Prozessbeteiligter als personeller Aufgabenträger beim Kunden vor Ort befinden und über eine Datenverbindung mit der Unternehmensinfrastruktur verbunden sein. Die Aktivitäten des Geschäftsprozesses würden dann sowohl beim Kunden als auch im Unternehmen und somit an unterschiedlichen Orten ausgeführt werden.

Während der Ausführung kann jeder einzelnen Aktivität eines Geschäftsprozesses ein bestimmter Zustand zugeordnet werden (z.B. wartend, aktiv, gestartet, abgeschlossen, gestört). Folglich kann dem gesamten Geschäftsprozess ebenfalls ein Zustand zugeordnet werden, der durch die Zustände seiner Aktivitäten impliziert wird.

Nach [Obe96] existieren spezifische Beziehungen zwischen den Aktivitäten. Aktivitäten können sich kausal bedingen. Sie werden dann in einer sequentiellen Reihenfolge ausgeführt. Des Weiteren können sich Aktivitäten gegenseitig ausschließen. Grund dafür kann bspw. ein Zugriff von zwei Aktivitäten auf dieselbe Ressource sein. Darüber hinaus können Aktivitäten kausal unabhängig voneinander stattfinden. Diese Art der Ausführung wird nach [Obe96] als nebenläufig bezeichnet.

Ein weiterer wesentlicher Aspekt in Geschäftsprozessen ist der Faktor Zeit. Laut [Obe90] besteht z.B. ein minimaler und maximaler Zeitabstand zwischen zwei Aktivitäten. Ausgenommen davon sind Aktivitäten, die gleichzeitig ablaufen, dann existiert kein zeitlicher Abstand. Des Weiteren kann Objekten in einem Geschäftsprozess eine Verfügbarkeitsdauer sowie ein Zeitstempel oder eine Laufzeit zugeordnet werden. So können bspw. Konflikte in der Ausführung des Geschäftsprozesses vermieden werden[14].

Die Aktivitäten in einem Geschäftsprozess starten und enden jeweils zu einem spezifischen Zeitpunkt und können auch unterbrochen werden. Der Geschäftsprozess selbst besitzt ebenfalls einen festgelegten Start und ein festgelegtes Ende. Der Start eines Geschäftsprozesses erfolgt nach [Mev06] durch einen *Auslöser* (engl.: *Trigger*), dem ersten Input-Objekt des Geschäftsprozesses. Das Ende eines Geschäftsprozesses ist durch das Erreichen eines spezifischen Endzustands bestimmt.

Vor Erreichen des Endzustands kann es während der Ausführung eines Geschäftsprozesses zu Ausnahmesituationen kommen. Für Ausnahmen können Behandlungsmechanismen definiert werden. *Default-Mechanismen*, die eventuell vorgegeben sind und bei Bedarf ausgeführt werden, können den Zustand des

[14] Wenn dieselbe Ressource von einem Geschäftsprozess an mehreren Stellen im Geschäftsprozess benötigt wird, kann es zu einem Konflikt in Form einer Verklemmung (engl.: Deadlock) kommen. Dies führt dazu, dass der Geschäftsprozess nicht weiter ausgeführt werden kann.

Geschäftsprozesses bei Auftreten einer Ausnahme wiederherstellen[15]. Treten unvorhergesehene Ausnahmen auf, so wird fallspezifisch entschieden, wie der Geschäftsprozess weiter ausgeführt wird.

Das Ergebnis eines Geschäftsprozesses orientiert sich am Kunden. Der Kunde ist der Konsument der durch den Geschäftsprozess generierten Leistung. Jede Aktivität und die damit verbundene Transformation im Geschäftsprozess sollen einen Wert für den Kunden schaffen. Ein Geschäftsprozess kann daher nach dem *Kunden-Lieferanten-Ansatz* [EOK95] in Kunden-Lieferanten-Beziehungen unterteilt werden.

Der *Kunden-Lieferanten-Ansatz* besagt im Detail, dass ein Geschäftsprozess in eine Menge von Kunden-Lieferanten-Beziehungen mit dem Ziel unterteilt werden kann, das Zusammenwirken der einzelnen Aktivitäten im Geschäftsprozess durch Kommunikationsbeziehungen zu verbessern. Der Kunde tritt als Leistungsnehmer mit einer Leistungsanfrage an den Lieferanten als Leistungsanbieter heran. Es wird über die Bedingungen zur Leistungserbringung (die *Geschäftsregeln*) verhandelt. Kunden und Lieferanten wechseln sich in ihren Rollen im Geschäftsprozess ab.

Mit Hilfe des Kunden-Lieferanten-Ansatzes wird zunächst eine Grobstruktur des Geschäftsprozesses konstruiert, die dann auf Basis des Rollentauschs konkretisiert wird. Abbildung 1 zeigt die Verfeinerung eines Geschäftsprozesses im Rahmen des Kunden-Lieferanten-Ansatzes[16]. Das Input-Objekt des Geschäftsprozesses in Form einer Leistungserbringung für den Kunden wird vom Lieferanten erbracht und dient als Input für die erste Aktivität des Geschäftsprozesses (zu sehen im ersten Abschnitt der Abbildung 1). Das Ende des Geschäftsprozesses wird durch eine vollständig erbrachte Leistung für den Kunden in Form eines Output-Objektes gekennzeichnet. Der Geschäftsprozess kann dann in einzelne Teilprozesse untergliedert werden [ScS08]. Das Output-Objekt eines Teilprozesses kann gleichzeitig auch das Input-Objekt eines nachgelagerten Teilprozesses sein,

---

[15] Bricht bspw. eine Datenverbindung noch vor der vollständigen Übertragung der Daten ab, so kann ein Default-Mechanismus alle bisher eingetroffenen Daten löschen und die Übertragung erneut anstoßen.

[16] Im Rahmen dieser Arbeit wurden Petri-Netze (vgl. Abschnitt 2.4.3) zur Modellierung der Geschäftsprozesse verwendet. Aus diesem Grund wurde in Abbildung 1 mit Petri-Netzen modelliert.

der in der Ausführung nach dem erstgenannten Teilprozess steht (zu sehen im ersten und zweiten Abschnitt von Abbildung 1).

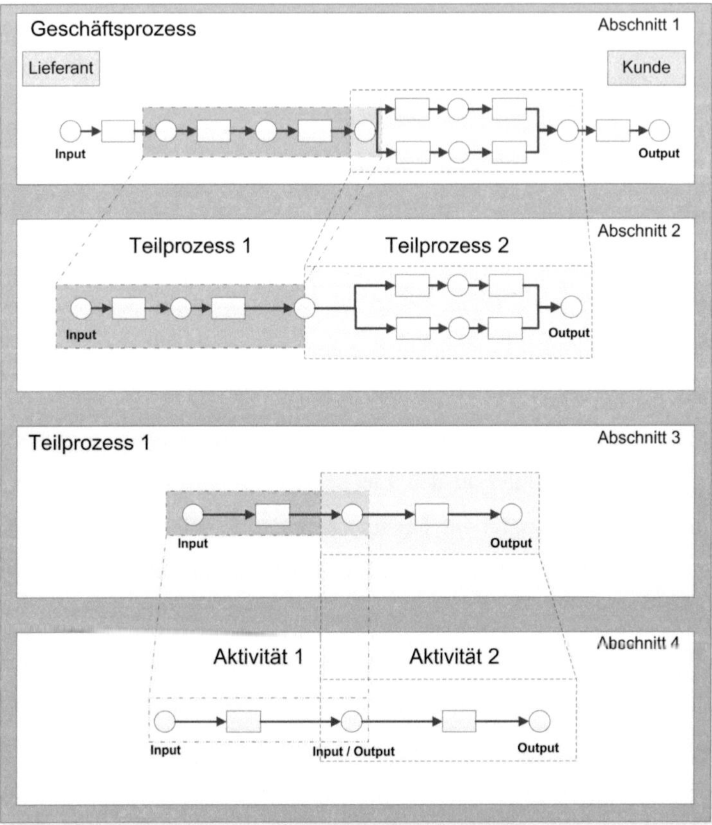

Abbildung 1: Verfeinerung eines Geschäftsprozess-Schemas

Durch die Abgrenzung und Unterteilung von Teilprozessen innerhalb eines Geschäftsprozesses kann eine Geschäftsprozesshierarchie erstellt werden, die als Grundlage für eine Modellierung der Geschäftsprozesse auf unterschiedlichen Abstraktionsebenen verwendet werden kann. Wird ein Geschäftsprozess grob-granular auf einer hohen Abstraktionsebene modelliert und sukzessive in einzelne Teilprozesse unterteilt, so wird die Übersichtlichkeit des Geschäftsprozessmodells für die Prozessbeteiligten verbessert und die darauf aufbauende Analyse des modellierten Geschäftsprozesses wird vereinfacht bspw. indem der modellierte Geschäftsprozess computergestützt analysiert werden kann. Die sukzessive Zerlegung in Teilprozesse wird beendet, wenn keine weitere Zerlegung mehr möglich ist und die Aktivitäten erreicht sind [ScS08] (zu sehen in Abschnitt 4 der

Abbildung 1). Diese Vorgehensweise der sukzessiven Zerlegung wird in der Modellierung auch als *Top-Down Ansatz* bezeichnet.

Die Modellierung und Anpassung von Geschäftsprozessen wird im Rahmen des Geschäftsprozessmanagements, welches im nächsten Abschnitt näher beschrieben wird, im Unternehmen vorgenommen.

2.3 Management von Geschäftsprozessen

Das Geschäftsprozessmanagement im Unternehmen verfolgt unterschiedliche Ziele, deren Erreichen in unterschiedliche Phasen unterteilt werden kann. Die Ziele des Geschäftsprozessmanagements sowie die daraus resultierenden Phasen werden im Folgenden näher erläutert.

Nach [Ros06] zählen zu den Zielen des Geschäftsprozessmanagements unter anderem:

- Das Erfassen und Identifizieren von Geschäftsprozessen
- Die Modellierung der Geschäftsprozesse
- Das Controlling der Aufbau- und Ablauforganisation
- Die Steigerung der Effizienz der Geschäftsprozesse durch Maßnahmen wie bspw. Process Redesign, Process Innovation, Process Optimization
- Die Ermittlung von Steuer- und Kontrollgrößen und daraus resultierenden Werten und Kosten
- Die Überwachung der Geschäftsprozesse

Nach [ScS08] ist die Einführung des Geschäftsprozessmanagements im Unternehmen vor allem durch die angestrebte Steigerung der Effektivität und der Effizienz in der Anpassung und Verbesserung der Geschäftsprozesse getrieben. In [ADO00] und [ATW03] werden ebenfalls als Gründe für die Einführung eines Geschäftsprozessmanagements die zunehmende Bedeutung der Modellierung, Verbesserung und Automatisierung der Geschäftsprozesse beschrieben.

Auf Basis der genannten Ziele kann eine Definition des Begriffes "Geschäftsprozessmanagement" gegeben werden. In der Literatur existieren bereits viele ähnliche Definitionen (vgl. exemplarisch [Aav04, All10b, BMW09, Gad10, GSV94, HCK03, Ros06, ScS08]). Im Rahmen dieser Arbeit wird in Anlehnung an [All10b, BMW09, ScS08] das Geschäftsprozessmanagement wie folgt definiert:

Definition 2.2: Geschäftsprozessmanagement

Das Geschäftsprozessmanagement ist ein integriertes Konzept, welches sich mit der Gestaltung, Steuerung und Überwachung von Geschäftsprozessen sowie deren Weiterentwicklung, Verbesserung und technischen Unterstützung beschäftigt. Durch das Geschäftsprozessmanagement wird eine prozessorientierte Unternehmensgestaltung ermöglicht, die das gesamte Unternehmen auf die Erfüllung der Bedürfnisse der Kunden und anderer Interessengruppen (Mitarbeiter, Kapitalgeber, Eigentümer, Lieferanten, Partner, Gesellschaft) ausrichtet. Der Begriff *Business Process Management (BPM)* wird synonym für den Begriff Geschäftsprozessmanagement benutzt.

Geschäftsprozessmanagement ist vom Workflow Management abzugrenzen. Obwohl in der Literatur beide Begriffe häufig synonym benutzt werden, ist ein Workflow der Teil eines Geschäftsprozesses, der mit Unterstützung von IT ausgeführt werden kann. Dies schließt nicht aus, dass der gesamte Geschäftsprozess automatisiert ausgeführt werden kann. In diesem Fall wäre der gesamte Geschäftsprozess ein Workflow. Das Geschäftsprozessmanagement ist nach [ATW03] eine Erweiterung des Workflow Managements.

Die Phasen des Geschäftsprozessmanagements können in einem Kreislauf angeordnet werden. Dieser Zyklus, der beschreibt wie ein Geschäftsprozess die einzelnen Phasen des Geschäftsprozessmanagements "durchläuft", wird als Lebenszyklus des Geschäftsprozesses bezeichnet und ist in Abbildung 2 dargestellt. Ebenfalls abgebildet ist der Zusammenhang des Geschäftsprozessmanagements mit der Unternehmensstrategie. Die Unternehmensstrategie gibt die Geschäftsprozesse und damit indirekt auch deren Gestaltung vor. Sie wird aber auch von den Geschäftsprozessen beeinflusst. Die Geschäftsprozesse sind somit Bindeglied zwischen Unternehmensstrategie und der Informationssystementwicklung bzw. dem Einsatz von Informationssystemen [GeG99, Öst95].

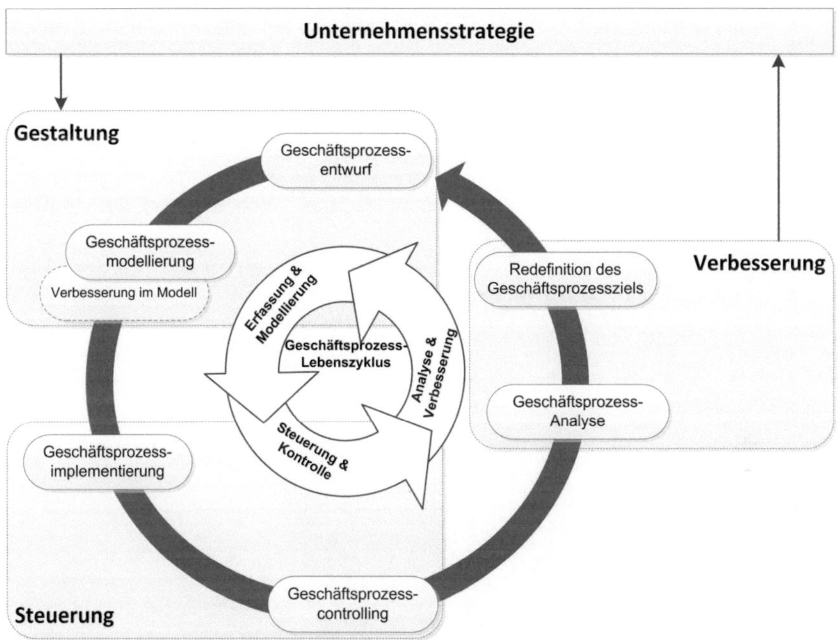

Abbildung 2: Phasen des Geschäftsprozessmanagements und Geschäftsprozess-Lebenszyklus

Vom Geschäftsprozessmanagement muss neben dem Workflow Management auch das *Business Process Reengineering* [HCK03] unterschieden werden. Das Business Process Reengineering beschreibt eine Methode des Geschäftsprozessmanagements, die eine radikale Umstrukturierung eines gesamten Unternehmens im Hinblick auf eine vollständige Prozessorientierung fokussiert. Dabei können über radikale Veränderungen sprunghafte Leistungssteigerungen erreicht werden [HCK03].

Im Folgenden wird auf die Phasen des Geschäftsprozessmanagements und deren Bedeutung sowie den daraus resultierenden Lebenszyklus eines Geschäftsprozesses eingegangen. Eine weitere Präzisierung der einzelnen Phasen wird in den nachfolgenden Kapiteln gegeben.

2.3.1 Gestaltung von Geschäftsprozessen

Die Phase der Gestaltung der Geschäftsprozesse nimmt im Unternehmen im Vergleich zu den anderen Phasen des Geschäftsprozessmanagements am meisten Zeit in Anspruch. Nach [MAM09] verwenden die Unternehmen 40 Prozent der gesamten Zeit, die für das Geschäftsprozessmanagement aufgebracht wird, für den initialen Entwurf und die Modellierung der Geschäftsprozesse. Laut [Obe96] erfolgt die Modellierung der Geschäftsprozesse aus unterschiedlichen Gründen:

- Zur Dokumentation (z.B. als Hilfestellung bei der Einarbeitung neuer Mitarbeiter und der Unterstützung von ungeübtem Personal bei selten auftretenden Spezialfällen)
- Zur Analyse und Reorganisation in Bezug auf syntaktische Korrektheit, Widerspruchsfreiheit und Redundanzfreiheit mit dem Ziel der Verbesserung der Geschäftsprozesse
- Zum Entwurf von Anwendungssystemen
- Zur Planung des Einsatzes von Ressourcen
- Als Grundlage zur Überwachung und Steuerung von Geschäftsprozesse

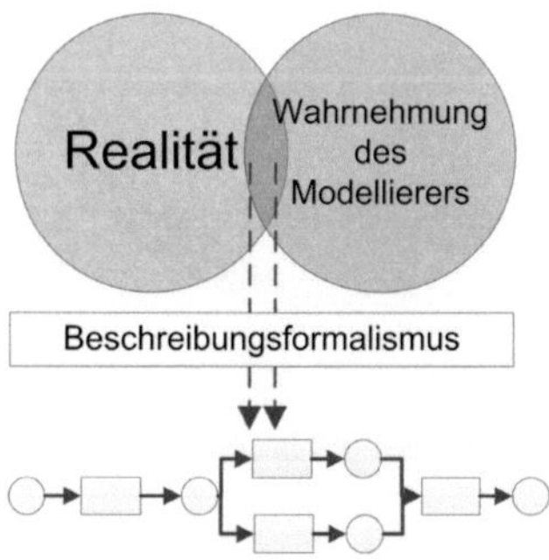

Abbildung 3: Modellierung eines "realen" Geschäftsprozesses

Im Allgemeinen soll mit der Modellierung ein Ausschnitt der Realität mit möglichst vielen Attributen in einem Modell festgehalten werden. Das Modell ist eine Abbildung oder Repräsentation eines natürlichen oder künstlichen Originals. Das künstliche Original kann dementsprechend selbst wieder ein Modell sein [Sta73]. Es werden nur die Attribute des Originals abgebildet, die aus Sicht des Modellierenden für dessen Verwendung relevant sind. Das Modell ersetzt für den Modellierenden das Original (vgl. [Sta73] Abbildungs-, Verkürzungs- und pragmatisches Merkmal). Die Abbildung des Modells ist zusätzlich noch vom Beschreibungsformalismus bspw. der Modellierungssprache abhängig (vgl. Abbildung 3). Dies gilt auch für die Modellierung von Geschäftsprozessen. Ein "realer" Geschäftsprozess wird aus der Sicht des Modellierenden in Abhängigkeit der Darstellungsmöglichkeiten des Beschreibungsformalismus abgebildet (vgl. Abbildung 3).

In [Obe96] wird die Modellierung als die Beschreibung von Sachverhalten definiert. Die Sachverhalte werden mittels einer Beschreibungssprache, die als Beschreibungsmodell bezeichnet wird, charakterisiert. Das Ergebnis der Beschreibung wird laut [Obe96] als Schema bezeichnet. In Anlehnung an [Obe96, S.19] wird der Begriff des Geschäftsprozess-Schemas im Rahmen dieser Arbeit wie folgt definiert.

Definition 2.3: Geschäftsprozess-Schema

Ein *Geschäftsprozess-Schema* ist eine vereinfachte Abbildung eines Geschäftsprozesses in Form eines Beschreibungsmodells. Es stellt die zeitlich-logische Abfolge von Aktivitäten innerhalb des Geschäftsprozesses sowie die möglichen Pfade, die zur Erreichung des Ziels des Geschäftsprozesses ausgeführt werden müssen, dar. Eine konkrete Ausprägung (Instanz) eines Geschäftsprozess-Schemas wird *Geschäftsprozess-Instanz* genannt. Der Begriff *Geschäftsprozess-Modell* wird synonym für den Begriff *Geschäftsprozess-Schema* benutzt.

Es existieren unterschiedliche Beschreibungssprachen zur Modellierung[17] von Geschäftsprozessen. Ein Überblick über die Sprachen und deren Unterschiede wird in Abschnitt 2.4 gegeben.
Des Weiteren wird auch detailliert auf die wesentlichen Anforderungen an Modellierungssprachen für Geschäftsprozesse eingegangen.

2.3.2 Steuerung von Geschäftsprozessen

Um die Effektivität und Effizienz im Unternehmen steigern zu können, müssen die Geschäftsprozesse nicht nur auf die Unternehmensstrategie hin ausgerichtet und entworfen werden, sondern es bedarf auch einer zielgerichteten Steuerung und Kontrolle der Geschäftsprozesse [ScS08]. In der Phase der Steuerung der Geschäftsprozesse werden zunächst alle organisatorischen Maßnahmen ergriffen, um den Geschäftsprozess mit seinen Zielen realisieren zu können. Dies beinhaltet bspw. eine Umstrukturierung der Aufbauorganisation im Unternehmen sowie die Schulung der Mitarbeiter [MAM09]. Eine Anpassung der betrieblichen Informationssysteme an die Geschäftsprozesse ist gegebenenfalls ebenfalls notwendig. Des Weiteren wird in dieser Phase des Geschäftsprozessmanagements, während und nach der Ausführung der Geschäftsprozesse, die Zielerreichung der einzelnen

---

[17] Im Rahmen dieser Arbeit wird der Begriff der Modellierungssprache synonym für den Begriff der Beschreibungssprache zur Modellierung benutzt.

Geschäftsprozesse kontrolliert. Hierfür werden die Geschäftsprozesse während der Ausführung überwacht und bewertet. Es werden Kennzahlen erfasst, die zur Überwachung, Analyse und Bewertung der Geschäftsprozesse verwendet werden können. Darüber hinaus dienen die Kennzahlen zur Identifikation von Ausnahmesituationen und deren Behandlung [Mev06].

Aufgrund der häufig IT-gestützten Ausführung der Geschäftsprozesse werden in der Phase der Steuerung der Geschäftsprozesse oftmals Methoden des Workflow-Managements eingesetzt [Obe96]. Werden Teile der Geschäftsprozesse in einem Workflow-Management-System ausgeführt, so sind mittels der Methode des *Workflow-Monitoring* eine Überprüfung der Geschäftsprozesse und eine Erfassung von Kennzahlen in Echtzeit möglich. Hierfür werden im Workflow-Management-System vor der Ausführung des Geschäftsprozesses Kennzahlen (engl.: *Key Performance Indicators* (*KPI*)) festgelegt. Wird während der Ausführung von vorgegebenen Zielwerten dieser Kennzahlen abgewichen, so kann eine Alarmierung der Prozessbeteiligten erfolgen und es kann korrigierend eingegriffen werden.

In der Literatur werden noch weitere unterschiedliche Methoden zur Steuerung von Prozessen erwähnt, auf welche an dieser Stelle verwiesen wird [AhK10, Hol10, JoB10, Müh04, ScS08].

2.3.3 Verbesserung von Geschäftsprozessen

Die Geschäftsprozesse der Unternehmen müssen aufgrund sich verändernder Wettbewerbsbedingungen regelmäßig überprüft und gegebenenfalls angepasst oder verbessert werden. In der Phase der Verbesserung der Geschäftsprozesse muss die Gewährleistung der Zielerreichung der Geschäftsprozesse überprüft werden. Eine Überprüfung der Zielerreichung wird sowohl an den modellierten Geschäftsprozessen bspw. zur Erfassung der KPI als auch an den bereits implementierten Geschäftsprozessen durchgeführt, im Hinblick auf notwendige Veränderungen im Zuge veränderter Bedingungen. Wenn bspw. eine neue Technologie in einem Geschäftsprozess verwendet werden soll, hat dies zur Folge, dass der bereits existierende Geschäftsprozess zunächst im Schema verändert wird. In einem Folgeschritt muss dann überprüft werden, ob der Geschäftsprozess das bisherige Ziel immer noch erreicht.

Nach [Dav97] beschreiben die Begrifflichkeiten des *Process Change Management*, *Feedback* oder *Process Innovation* die Phase des Geschäftsprozessmanagements, in welcher die Geschäftsprozesse verbessert werden.
Es existiert aber die Einschränkung, dass Überprüfungen bereits implementierter Geschäftsprozesse im realen System aus verschiedenen Gründen häufig nicht realisierbar sind [BFS87]. Daher werden die Geschäftsprozesse auch im Schema auf deren Zielerreichung überprüft. Nach [BFS87] existieren drei Gründe für die erschwerte oder nicht realisierbare Überprüfung im realen System. Oft sind die Experimente aufgrund von Gefahren und Kosten nicht durchführbar (vgl. das Training von Flugzeugpiloten). In anderen Fällen wäre eine Überprüfung zu zeitaufwendig. Der dritte Grund beschreibt die Möglichkeit, dass es sich bei dem zu überprüfenden System um eine Art Black Box (wie z.B. die menschliche Logik oder Wettersimulationen) handelt. Aus diesem Grund wird in der Phase der Verbesserung der Geschäftsprozesse sehr häufig die Methode der modellbasierten Simulation angewendet. Ein virtuelles "Durchspielen" der Geschäftsprozesse ermöglicht, unabhängig von der Komplexität der Geschäftsprozesse[18], die Analyse im Hinblick auf eventuell auftretende Ausnahmesituationen, Schwachstellen etc. sowie eine Untersuchung des Geschäftsprozess-Schemas hinsichtlich syntaktischer Fehler und quantitativer Aspekte. Die Vorteile der simulativen Analyse von Geschäftsprozessen werden nach [NRS05] an dieser Stelle kurz zusammengefasst. Für eine detaillierte Darstellung der Vorteile sei auf Abschnitt 5.1.2 verwiesen.

- Syntaktische und semantische Mängel im Schema können in der Simulation durch Überprüfung der Korrektheit der modellierten Prozesslogik und ihrer Übereinstimmung mit dem realen Ablauf einfacher identifiziert werden.
- Durch die Animation des Ablaufs kann der Geschäftsprozess für die Prozessbeteiligten "verständlicher" gemacht werden.

[18] Die Komplexität eines Geschäftsprozesses hängt von unterschiedlichen Faktoren ab, bspw. von der Anzahl der einzelnen Aktivitäten, von der Anzahl möglicher Zyklen, von der Anzahl der beteiligten Ressourcen bzw. der Anzahl der Prozessbeteiligten, von der Anzahl der Verfeinerungen (der Anzahl der Teilprozesse) im Geschäftsprozess oder der Art der durchzuführenden Aktivitäten und deren Interaktionsform, etc. [KöG04, Mev06].

- Das Schema des Geschäftsprozesses kann mit Hilfe der Simulation besser präsentiert werden, da der Geschäftsprozess "lebhafter" dargestellt werden kann.
- Durch die Simulation ist eine Unterstützung von Kapazitätsplanungen im Geschäftsprozess möglich, und es können Alternativen und deren Auswirkungen auf Durchlaufzeiten und Auslastungen getestet werden.
- Die Auswirkungen veränderter Eingangsparameter auf die Geschäftsprozesskennzahlen können analysiert werden.
- Varianten des Geschäftsprozesses können analysiert werden.

Trotz allem existieren auch in der Methode der simulativen Analyse von Geschäftsprozessen Schwachstellen. So sind bspw. der Simulation des Verhaltens personeller Aufgabenträger in einem Geschäftsprozess Grenzen gesetzt. Diese und weitere Details der simulativen Analyse werden ausführlich in Kapitel 5 beschrieben.

Wie bereits zu Beginn dieses Abschnitts erwähnt, wird anteilig die meiste Zeit des Geschäftsprozessmanagements im Unternehmen für die Modellierung der Geschäftsprozesse verwendet [MAM09]. Aus diesem Grund werden im Folgenden einige ausgewählte Modellierungssprachen sowie deren Vor- und Nachteile ausführlicher betrachtet. Des Weiteren wird ein Überblick über die Anforderungen an Modellierungssprachen für Geschäftsprozesse gegeben.

2.4 Modellierung von Geschäftsprozessen

Die Modellierung von Geschäftsprozessen stellt, wie in Abschnitt 2.3.1 bereits beschrieben, einen wesentlichen Teil des Geschäftsprozessmanagements dar. Eine wichtige Rolle in der Modellierung der Geschäftsprozesse spielt die Wahl der "richtigen" Modellierungssprache, die zur Darstellung der Geschäftsprozess-Schemata im Unternehmen verwendet werden soll. Bevor auf einige Modellierungssprachen eingegangen bzw. die Klassifizierung von Modellierungssprachen vorgestellt wird, werden zunächst die Anforderungen an eine Modellierungssprache für Geschäftsprozesse nach [Obe96] vorgestellt.

2.4.1 Anforderungen an Sprachen zur Modellierung von Geschäftsprozessen

Aufgrund der Tatsache, dass Geschäftsprozesse auch über Unternehmensgrenzen hinweg existieren können [Kug02], muss in innerbetriebliche und überbetriebliche Geschäftsprozesse unterschieden werden. Darüber hinaus ist zu beachten, dass die Anforderungen an eine Modellierungssprache für Geschäftsprozesse sich teilweise gegenseitig ausschließen oder behindern. Dies ergibt sich aus der Tatsache, dass die Anforderungen aus unterschiedlichen Sichten betrachtet werden können. So haben die Modellierenden eines Geschäftsprozesses andere Anforderungen an eine Modellierungssprache als der domänenspezifische Experte, der ebenfalls am Geschäftsprozess beteiligt ist und den Ablauf anhand des Schemas verstehen muss [Obe96]. Folgende Anforderungen gelten in Anlehnung an [Obe96] und [Mev06]:

Anforderungen, die für die Modellierenden des Geschäftsprozesses wesentlich sind:

- *Ausdrucksmächtigkeit*: Eine Beschreibungssprache für einen Geschäftsprozess muss den betrachteten Ausschnitt der Realwelt unabhängig von dessen Komplexität beschreiben können. Es muss gewährleistet sein, dass komplex strukturierte Objekte, Operationen auf diesen Objekten, Geschäftsregeln, zeitliche Aspekte, Kommunikationsstrukturen sowie logische Beziehungen zwischen den Aktivitäten etc. dargestellt werden können.
- *Syntaktische/semantische Integrität und Analysierbarkeit*: Die Modellierungssprache muss die Erstellung von Geschäftsprozess-Schemata ermöglichen, die sowohl semantisch als auch syntaktisch korrekt sind[19]. Auf diese Weise wird die Analysierbarkeit der Geschäftsprozess-Schemata mit Hilfe von mathematischen und/oder simulativen Verfahren gewährleistet.
- *Formalisierungsgrad*: Die Modellierungssprache muss eine formale und präzise Notation bereitstellen. Auf diese Weise ist eine rechnergestützte

---

[19] Die syntaktische Integrität erfordert die Einhaltung formaler syntaktischer Regeln. Diese Regeln müssen in der Modellierungssprache eindeutig definiert sind. Die semantische Integrität erfordert die Struktur und Verhaltenstreue des Geschäftsprozess-Schemas gegenüber dem "realen" Geschäftsprozess. Das Schema muss eine konsistente Abbildung sachlogischer Gegebenheiten und Zusammenhänge darstellen [Mev06, S. 40].

Analyse und Simulation der Geschäftsprozess-Schemata möglich. Die Formalisierung kann schrittweise erfolgen. So kann ausgehend von einer domänenspezifischen Darstellung des Geschäftsprozess-Schemas in einzelnen Schritten formalisiert werden.

- *Wiederverwendbarkeit und Erweiterbarkeit*: Die Sprache soll eine Wiederverwendung der Geschäftsprozess-Schemata erlauben und die Erweiterung bestehender Schemata soll so einfach wie möglich sein. Eine Erweiterung durch die Integration neuer Konzepte soll optional sein.
- *Hierarchisierbarkeit*: Die Modellierungssprache soll die schrittweise Verfeinerung von Geschäftsprozess-Schemata unterstützen. Hierdurch wird der Aufbau einer Geschäftsprozess-Hierarchie realisierbar, was zur Verständlichkeit der modellierten Geschäftsprozesse beiträgt.
- *Flexibilität*: Die Sprache soll die schnelle und einfache Veränderung von Geschäftsprozess-Schemata ermöglichen. So können die Schemata schnell an veränderte Rahmenbedingungen angepasst werden.
- *Entwicklungsunterstützung:* Die Modellierungssprache soll die *Top-Down-Modellierung*[20] und die *Bottom-Up-Modellierung*[21] von Geschäftsprozessen unterstützen. Des Weiteren soll die Modellierungssprache computergestützt in Modellierungswerkzeugen verwendet werden können.

Anforderungen, die für die Modellierenden und die domänenspezifischen Experten wesentlich sind:

- *Unabhängigkeit*: Die Modellierungssprache soll nicht an spezifische Software-Werkzeuge oder Hersteller (im Sinne eines proprietären Standards) geknüpft sein. Nur so kann sie vielen Anwendern zur Verfügung stehen.
- *Klarheit und Redundanzfreiheit*: Die modellierten Geschäftsprozess-Schemata müssen strukturiert, verständlich und übersichtlich sein. Dies

---

[20] Die Top-Down-Modellierung beschreibt die schrittweise Verfeinerung einer initialen Grobbeschreibung des Geschäftsprozesses im Schema (vgl. Abschnitt 2.2).

[21] Die Bottom-Up-Modellierung beschreibt die Zusammensetzung eines Geschäftsprozesses aus bereits vorhandenen Prozessbausteinen.

impliziert, dass die Modellierungssprache frei von Redundanzen ist und überflüssige Sprachkonzepte vermieden werden.

Anforderungen, die für die domänenspezifischen Experten wesentlich sind:

- *Einfachheit und Verständlichkeit*: Die Sprachkonzepte müssen einfach und verständlich sein, so dass ein unerfahrener Benutzer im Bereich der Geschäftsprozessmodellierung die Konzepte schnell erlernen und verstehen kann.
- *Visualisierungsmöglichkeiten*: Die Sprache soll eine graphische und intuitive Visualisierungsmöglichkeit besitzen. Es sollen unterschiedliche Sichten auf die modellierten Geschäftsprozesse möglich sein. Hierdurch können die Schemata von unterschiedlichen domänenspezifischen Experten verstanden werden. Auf Basis der Forderung nach einem Formalisierungsgrad sollen auch Visualisierungen auf unterschiedlichen Abstraktionsniveaus möglich sein.

Überbetriebliche Geschäftsprozesse besitzen meist eine höhere Komplexität als innerbetriebliche Geschäftsprozesse. Durch die überbetrieblichen Geschäftsprozesse kann der gesamte Prozess der Wertschöpfung beschrieben werden. Hierfür wird die gesamte Lieferkette bis hin zum Kunden abgebildet [Kug02]. Dies hat zur Folge, dass auch zusätzliche Anforderungen für Modellierungssprachen für überbetriebliche Geschäftsprozesse gelten müssen:

- *Schnittstellenmodellierung*: Die Modellierungssprache sollte über die Möglichkeit verfügen, Schnittstellen zwischen den Geschäftsprozessen und den beteiligten Unternehmen modellieren zu können. Die Schnittstellen bilden dabei die Elemente zwischen den Geschäftsprozessen, über welche die einzelnen innerbetrieblichen Geschäftsprozesse über die Unternehmensgrenzen hinweg miteinander vernetzt werden.
- *Unterstützung überbetrieblicher Modellierung*: Da in überbetrieblichen Geschäftsprozessen häufig innerbetriebliche Geschäftsprozesse integriert sind, werden diese in den jeweiligen Unternehmen modelliert. Dies hat zur Folge, dass überbetriebliche Geschäftsprozesse meist verteilt modelliert werden. Sollen die Teile des gesamten überbetrieblichen Geschäftsprozesses zusammengefügt werden, so muss dies von der Modellierungs-

sprache unterstützt werden. Die Ergebnisse einer "Zusammenführung", falls die gleichen Modellierungssprachen verwendet wurden, müssen weiterhin semantisch und syntaktisch korrekt sein.

- *Sicherheit und Vertraulichkeit*: Da überbetriebliche Geschäftsprozesse über die Unternehmensgrenzen hinweg reichen, sind sie höheren Sicherheitsrisiken[22] ausgesetzt als innerbetriebliche Geschäftsprozesse. Bei überbetrieblichen Geschäftsprozessen werden vertrauliche Daten über die Unternehmensgrenzen hinweg übertragen. Um bereits in der Modellierung der Geschäftsprozesse sicherheitsrelevante Aspekte berücksichtigen zu können, sollte die Modellierungssprache hierfür vorgesehene Konzepte (bspw. eventuelle Rollback-Maßnahmen, die im Falle einer unterbrochenen Aktivität den Ausgangszustand wieder herstellen) beinhalten.
- *Beschreibung von Ressourcen*: Da an überbetrieblichen Geschäftsprozessen mindestens zwei unterschiedliche Unternehmen beteiligt sind, werden häufig auch Ressourcen aus den unterschiedlichen Unternehmen in den Geschäftsprozessen eingesetzt. Die Modellierungssprache sollte Konzepte zur Unterscheidung der Ressourcen besitzen, damit eine Zuordnung der Ressourcen zum jeweiligen Unternehmen gewährleistet werden kann.

Es existieren bereits viele verschiedene Methoden zur Modellierung von Geschäftsprozessen. Wesentliche Bestandteile einer Modellierungsmethode nach [GeG99] sind:

- Ein methodenspezifisches Begriffssystem (die Notation einer Modellierungsmethode), welches die Objekte und die Sachverhalte, die auf Basis der zugrunde gelegten Gestaltungsfelder als modellierungsrelevant erachtet werden können, abgrenzt und mit Begriffen belegt. Die Sachverhalte sind in den meisten Fällen: Prozessschritte, Objekte, die in den Prozessschritten bearbeitet werden, Abhängigkeiten zwischen den Prozessschritten und Aufgabenträger.
- Ein Metamodell, welches die Beziehungen zwischen den Begriffen definiert und die formale Beschreibung der Notationsregeln für die Modellierungsmethode liefert.

[22] In diesem Zusammenhang beziehen sich die höheren Sicherheitsrisiken auf die Sicherheit der Informationen, die in den überbetrieblichen Geschäftsprozessen bspw. ausgetauscht werden.

- Ein Vorgehenskonzept, welches die Abfolge der Arbeitsschritte der Modellierungsmethode beschreibt, d.h. die Darstellung der Reihenfolge der Schritte bis hin zur Fertigstellung des Modells.

Die wesentlichen Bestandteile finden sich in den unterschiedlichen Modellierungssprachen wieder. Nach [Obe96] können die unterschiedlichen Modellierungssprachen auf Basis ihres Formalisierungsgrads klassifiziert werden (vgl. Abbildung 4). Aus den sich teilweise gegenseitig ausschließenden Anforderungen an Modellierungssprachen für Geschäftsprozesse ergibt sich auch, dass eine einzelne Modellierungssprache meist nicht ausreicht, um alle Anforderungen zu erfüllen.

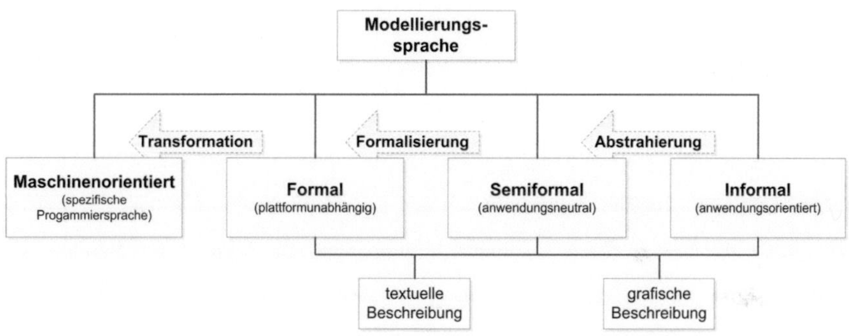

Abbildung 4: Klassifizierung von Modellierungssprachen

So werden einzelne Modellierungssprachen nur in bestimmten Phasen des Geschäftsprozessmanagements oder für eine spezifische Anwendungsdomäne eingesetzt.

Die *anwendungsorientierten* oder *informalen Modellierungssprachen* werden bspw. vornehmlich zur Dokumentation und möglichst detailgetreuen Erfassung des zu modellierenden Ausschnitts der Realität in einer frühen Phase des Geschäftsprozessmanagements eingesetzt. Die Modelle sind leicht verständlich. Eine Unterteilung in *textuelle* und *grafische Sprachen* ist möglich. Ein Beispiel für die textuelle Modellierung eines Ausschnitts der Realität wäre eine schriftliche Beschreibung, die in der uns bekannten "natürlichen" Sprache (unserer Muttersprache) geschrieben wurde. Ein Beispiel für eine Beschreibung in grafischer Form wäre eine Zeichnung eines Ausschnitts der Realität. Informale Modellierungssprachen können mittels Abstrahierung sowie einer teilweise durchgeführten Formalisierung in Verbindung mit einer Strukturierung zu *semiformalen Beschreibungssprachen* verändert werden [Obe96, S.175].

Semiformale Sprachen bilden eine Mischform zwischen den informalen und den *formalen Modellierungssprachen*, d.h. semiformale Sprachen besitzen eine formal spezifizierte Syntax aber keine formale Semantik. Eine Unterteilung in grafische und textuelle Beschreibung ist ebenfalls wieder möglich. Als Beispiele für semiformale Sprachen mit textueller Darstellung sind die *XML Process Definition Language (XPDL)*[23] sowie die *Web Services Business Process Execution Language (WS-BPEL)* zu nennen. *Ereignisgesteuerte Prozessketten*[24], die *Unified Modeling Language*[25], die *Business Process Model and Notation (BPMN)*[26] sowie Datenfluß-Diagramme sind semiformale Sprachen mit einer grafischen Notation. Semiformale Sprachen sind zwar bereits anwendungsunabhängig können aber noch plattformspezifische Aspekte enthalten[27]. Werden die plattformspezifischen Aspekte entfernt und die Sprache wird formalisiert, so können plattformunabhängige, formale Sprachen gebildet werden [Obe96]. Formale Sprachen sind präzise und die erstellten Modelle können mit Hilfe mathematischer Verfahren analysiert werden. Formale Sprachen können ebenfalls wieder in Sprachen zur textuellen und grafischen Beschreibung unterteilt werden. Ein Beispiel für eine formale Modellierungssprache mit textueller Darstellung ist die *Object Constraint Language (OCL)*[28]. Ein Beispiel für eine formale Sprache in grafischer Darstellung sind *Petri-Netze*[29].

Formale Sprachen besitzen die weitere Eigenschaft, trotz ihrer Plattformunabhängigkeit Ausdrucksmöglichkeiten für implementationsabhängige Aspekte

---

[23] Vgl. Abschnitt 2.4.2.3

[24] Vgl. Abschnitt 2.4.2.1

[25] Die *Unified Modeling Language*, kurz *UML*, ist eine Modellierungssprache zur Spezifikation und Dokumentation von Teilen einer Software oder eines Systems, vgl. auch http://www.omg.org/spec/UML/2.3/Infrastructure/PDF/

[26] Vgl. Abschnitt 2.4.2.2

[27] Beispielsweise können Klassendiagramme der UML eventuell noch Konstrukte enthalten, die nur in einer spezifischen Modellierungssprache vorhanden sind.

[28] Die *Object Constraint Language*, kurz OCL, ist Bestandteil der UML und dient unter anderem der textuellen Spezifikation von Invarianten in Klassendiagrammen (vgl. auch http://www.omg.org/technology/documents/modeling_spec_catalog.htm#OCL).

[29] Vgl. Abschnitt 2.4.3

zu besitzen. Trotzdem ist es möglich, mit Hilfe von Transformationsabbildungen formale Sprachen zu maschinenorientierten Sprachen umzuwandeln, die sich dann maschinengestützt ausführen lassen. Die Grenzen zwischen formalen und maschinenorientierten Sprachen sind fließend [Obe96].

Da nicht alle Modellierungssprachen für Geschäftsprozesse im Rahmen dieser Arbeit vorgestellt werden können, gibt der folgende Abschnitt einen Überblick über einige ausgewählte Modellierungssprachen. Vertiefend wird im Anschluss auf die Modellierung mit Varianten einfacher und höherer Petri-Netzen eingegangen.

2.4.2 Sprachen zur Modellierung von Geschäftsprozessen

Im Folgenden werden ausgewählte Vertreter semiformaler und formaler Modellierungssprachen für Geschäftsprozesse vorgestellt. Auf informale Sprachen wird im Rahmen dieser Arbeit nicht weiter eingegangen.

2.4.2.1 Ereignisgesteuerte Prozessketten

Die *Ereignisgesteuerten Prozessketten* (*EPK*) gehören zu den semiformalen grafischen Modellierungssprachen. Sie werden als Modellierungssprache in der sogenannten *ARIS*[30]*-Architektur* verwendet. ARIS unterstützt unterschiedliche Sichten auf die Geschäftsprozesse eines Unternehmens und bietet damit einen Bezugsrahmen für eine systematische und ganzheitliche Geschäftsprozessmodellierung [Sch02a]. Durch die unterschiedlichen Sichten auf die Geschäftsprozesse und die daraus resultierenden unterschiedlichen Modelle kann die Komplexität der Geschäftsprozesse reduziert werden, da dieselben für die jeweilige Anwendungsdomäne verständlicher dargestellt werden können.

Im ARIS-Konzept werden *Ereignisgesteuerte Prozessketten* als Modellierungssprachen in den einzelnen Sichten vorgeschlagen. EPK sind eine semiformale Modellierungssprache. Sie versucht eine Verbindung zwischen den Fachbereichen und der Informationstechnologie herzustellen. Dementsprechend sind EPK leicht verständlich und können sowohl von den domänenspezifischen Experten der

---

[30] ARIS steht für *Architektur integrierter Informationssysteme* (ARIS). Das ARIS-Konzept ist eine Methode zur Beschreibung von Geschäftsprozessen und betrieblichen Informationssystemen "hinsichtlich ihrer Art, den funktionalen Eigenschaften und ihres Zusammenwirkens" [Sch02a, S.1].

einzelnen Fachbereiche im Unternehmen als auch vom Management des Unternehmens verstanden werden.

Eine Ereignisgesteuerte Prozesskette ist nach [Sch97, S.50] "*... eine Verbindung von Bedingungs-Ereignisnetzen der Petri-Netze-Theorie mit Verknüpfungselementen, wie sie bei stochastischen Netzplan-Verfahren eingesetzt werden.*"

Eine EPK ist ein gerichteter, bipartiter Graph[31], der aus drei unterschiedlichen Knotentypen (*Ereignis-, Funktions- und Konnektorknoten*) und den Kanten (*Daten- und Kontrollfluss*) besteht. Passive Elemente einer EPK sind die Ereignisse. Durch sie wird der aktuelle Zustand des Geschäftsprozesses repräsentiert. Aktive Elemente sind die Funktionen. Sie verändern die Daten und repräsentieren die Durchführung von Aufgaben in der EPK. Des Weiteren kann in einer Funktion ein kompletter Geschäftsprozess, der wiederum als EPK modelliert ist, hinterlegt sein. Die Aufgabe ist dann die Abarbeitung des hinterlegten Geschäftsprozesses.

EPK können zu sogenannten *erweiterten EPK* (*eEPK*) weiterentwickelt werden. Die erweiterten EPK verfügen über eine höhere Ausdrucksmächtigkeit. Sie besitzen zusätzliche Elemente zur Integration weiterer Fachkonzeptsichten. In Anhang A ist beispielhaft eine eEPK abgebildet.

Da die *ARIS Platform* der *Software AG* EPK als Modellierungssprache einsetzt, werden diese in der betrieblichen Praxis weit verbreitet verwendet. Dies ist trotz des Umstandes der Fall, dass EPK aufgrund ihrer beschränkten Ausdrucksmächtigkeit erhebliche Schwächen im phasenübergreifenden Geschäftsprozessmanagement aufweisen [Aal99]. Da Zustandsübergänge in einer EPK nicht darstellbar sind, bedarf es einer guten Vorstellungskraft der Modellierenden, um die Prozessdynamik, die mit den Zustandsübergängen verbunden ist, zu erfassen. Des Weiteren besitzen EPK keine ausreichende formal-mathematische Fundierung, um eine automatisierte Überprüfung der Semantik einer EPK zu ermöglichen [EOK95]. Im Zusammenhang mit der fehlenden Darstellung der Prozessdynamik ergibt sich, dass EPK zur computergestützten Simulation von Geschäftsprozessen und der damit verbundenen Analyse nicht geeignet sind. Darüber hinaus besitzen EPK die Schwäche, dass der durchgängige Informations-

---

[31] Ein Graph heißt bipartit, wenn sich die Knotenmengen des Graphen in zwei disjunkte Teilmengen zerlegen lassen, so dass jede Kante zwei Knoten aus verschiedenen Teilmengen verbindet [PaD00].

fluss, der nach [SFG02] in der mobilen Gesellschaft zum strategischen Wettbewerbsfaktor wird, zwar vorhanden, durch die getrennten Sichten auf Daten und Funktionen aber nur schwer nachvollziehbar ist.

2.4.2.2 Business Process Model and Notation

Neben den EPK wird im Folgenden eine weitere semiformale Modellierungssprache für Geschäftsprozesse, die *Business Process Model and Notation (BPMN)* [Obj11] vorgestellt. Der wesentliche Unterschied zu EPK existiert in der übersichtlichen Modellierung von Organisationsstrukturen sowie der Möglichkeit der Transformation in maschinenorientierte Sprachen zur automatisierten Ausführung [Wes07].

Die Business Process Model and Notation wurde 2002 vom IBM-Mitarbeiter Stephen A. White entwickelt [Whi06]. Veröffentlicht wurde die Sprache von der *Business Process Management Initiative*[32] (*BPMI*). Nachdem 2005 die BPMI mit der *Object Management Group*[33] (*OMG*) fusionierte, wurde 2006 die BPMN in der Version 1.0 als OMG Standard veröffentlicht. Bereits zwei Jahre später wurde die Sprache in Version 1.1 publiziert. Auf die Unterschiede der Version 1.1 im Vergleich zur Version 1.0 wird im Rahmen dieser Arbeit nicht eingegangen. Eine ausführliche Beschreibung findet sich in [DeS08].

Seit Januar 2011 ist der Standard 2.0 von BPMN veröffentlicht. Im Zuge der Publikation wurde die Modellierungssprache auch umbenannt, die bis dato den Namen Business Process Modeling Notation trug. Mit der neuen Version wurde die Ausrichtung der Sprache auf eine fachliche Modellierung der Geschäftsprozesse ausgerichtet und im Zuge dessen vor allem um Elemente des Austauschs erweitert. Die Version 2.0 erhielt eine formale Definition in Form eines Metamodells, welches die Beschreibung für ein auf der Extensible Markup Language (XML) basierendes Austauschformat für BPMN beinhaltet [All09b]. So können BPMN-Modelle zwischen den einzelnen Software-Werkzeugen, die zur Modellierung verwendet werden, ausgetauscht werden. Des Weiteren wurde eine

---

[32] Die Business Process Management Initiative ist eine Organisation, die sich mit der Definition von Standards in der Geschäftsprozessmodellierung befasst (vgl. http://www.bpmi.org/).

[33] Die Object Management Group ist ein herstellerübergreifendes Konsortium, welches sich mit der Spezifizierung von Standards zur Verbesserung der Unternehmensintegration von Technologien und Methoden der IT befasst (vgl. http://www.omg.org/).

Ausführungssemantik (engl.: *execution semantics*) in BPMN 2.0 definiert, die detailliert beschreibt, wie bspw. ein spezifisches BPMN-Modell interpretiert und ausgeführt werden kann. Darüber hinaus wurden die Transformationsvorschriften der Version 1.2, die die Transformation von BPMN in die *Web Services Business Process Execution Language*[34] beschreiben, erweitert. So ist sowohl eine direkte Ausführung eines BPMN-Modells als auch die Transformation in WS-BPEL und dadurch die Ausführung des Geschäftsprozesses möglich [All10a]. In der Version 2.0 wurden zusätzlich zwei neue Diagrammtypen eingeführt. Im *Choreographie-Diagramm* ist es möglich, den Informationsaustausch der an einem Geschäftsprozess beteiligten Kommunikationspartner und die Koordination der Interaktion zwischen denselben zu visualisieren. Im *Konversationsdiagramm* soll mit Hilfe von Konversationen beschrieben werden, welche Nachrichtenaustausche zusammengehören [All09a]. Viele Hersteller von Prozessmodellierungssoftware integrierten aufgrund des neu entwickelten Austauschformats für BPMN den BPMN 2.0 Standard bereits während der Betaphasen des Standards in ihre Produkte (z.B. IBM, Oracle, SAP, Software AG, Tibco etc.).

Im Anhang B wird ein kurzer Überblick über die Notationselemente der BPMN gegeben [Obj11].

Ähnlich den Marken in Petri-Netzen verwendet die BPMN zur Beschreibung des Kontrollflusses (engl.: *Sequence Flow*) ein *"Token-Konzept"*. Ein *Token* ist ein Beschreibungselement, welches die *Activities* eines BPMN-Diagramms durchläuft. Die Token werden am Start-Ereignis (dem *Start-Event*) des BPMN-Diagramms erzeugt. Pro Kante, die das Start-Ereignis verlässt, wird ein Token erzeugt. Bei einer Simulation wird der Geschäftsprozess so lange "durchgespielt",

---

[34] In WS-BPEL werden einzelne Aktivitäten innerhalb des Geschäftsprozesses durch elektronische Dienste (sogenannte *Webservices*) implementiert. Ein Webservice ist eine Softwareanwendung, die über einen einheitlichen Bezeichner für Ressourcen im Internet (engl.: *Uniform Resource Identifier, URI*), zur Verfügung gestellt wird und über das Internet und dessen Protokolle genutzt werden kann [Mel08, S.61 ff.]. Informationen innerhalb des in WS-BPEL modellierten Geschäftsprozesses werden ausschließlich über Webservices ausgetauscht. WS-BPEL basiert wie XPDL auf XML und soll die Implementierung von Geschäftsprozessen, die in einer *dienstorientierten Architektur* (*Service-Oriented Architecture, SOA)* ausgeführt werden können, unterstützen [Org07]. Der Begriff SOA bezeichnet ein Architekturmuster [Org06]. Mit Webservices kann das SOA-Paradigma technisch umgesetzt werden [Wes07, S.315].

bis alle Token "verbraucht" wurden und der Prozess am *End-Ereignis* angelangt ist.

Neben den Verbesserungen des BPMN Standards in der Version 2.0 (wie bspw. dem Austausch der Modelle zwischen den einzelnen Werkzeugen oder den Verbesserungen in der Unterstützung der Ausführbarkeit) hat BPMN immer noch einige Schwächen [FrR10, All10a]. So ist es auch mit BMPN 2.0 nicht möglich, spezifische Sachverhalte zu modellieren. Der Bereichsleiter in Abbildung 5 kann nicht als der verantwortliche Bereichsleiter für den Mitarbeiter modelliert werden. Der Sachverhalt muss über Kommentare im Modell dargestellt werden.

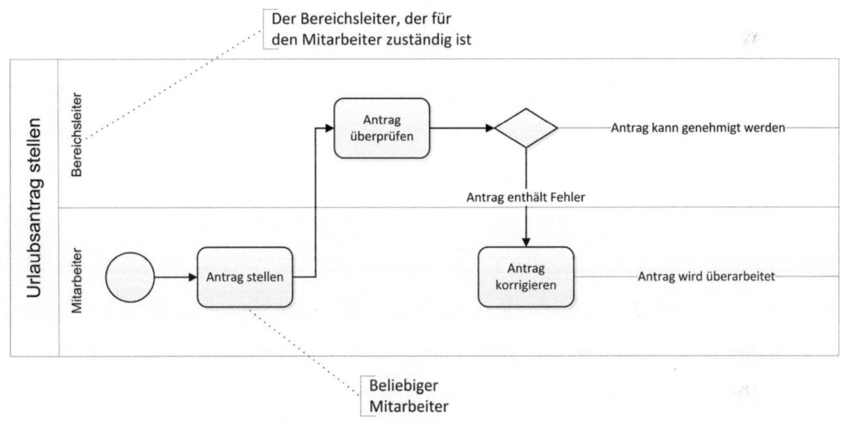

Abbildung 5: Geschäftsprozess einer Urlaubsbeantragung, modelliert in BPMN

Neben der bereits erwähnten Transformation in WS-BPEL kann BPMN auch in die *XML Process Definition Language*[35] transformiert werden. Ebenso ist es möglich, bereits existierende Modelle, die in der XML Process Definition Language erstellt wurden, zum besseren Verständnis in BPMN zu transformieren.

2.4.2.3 XML Process Definition Language

Die *XML Process Definition Language* (*XPDL*) ist eine textuelle semiformale Beschreibungssprache für Geschäftsprozesse. Sie basiert auf XML und ist speziell auf die Lesbarkeit durch eine Maschine bzw. die computergestützte Verarbeitung ausgelegt. Die XPDL in Version 1.0 wurde 2002 von der *Workflow Management Coalition* (*WfMC*)[36] standardisiert und veröffentlicht. Mit der XPDL sollte eine

---

[35] Vgl. Abschnitt 2.4.2.3

[36] Vgl. http://www.wfmc.org/

Möglichkeit geschaffen werden, Prozessbeschreibungen in einem einheitlichen, plattformunabhängigen Format darstellen zu können, um die Beschreibungen beliebig zwischen Anwendungen aus zu tauschen. Im Oktober 2005 wurde von der WfMC XPDL in der Version 2.0 veröffentlicht, die eine Unterstützung von BPMN 1.0 ermöglicht und alle Konzepte der BPMN in XML repräsentierbar und somit maschinenlesbar und austauschbar macht. Die im April veröffentlichte Version 2.1 der XPDL [Wor08b] ist mit der Version 1.2 der BPMN kompatibel. Der Ansatz, die BPMN mit Hilfe einer Transformation in XPDL maschinenlesbar zu machen, kann als Serialisierung bezeichnet werden und ist mit dem Ansatz der Transformation der Unified Modeling Language in das *XML Metadata Interchange Format* (*XMI*)[37] vergleichbar.

Die Transformation von XPDL in BPMN und umgekehrt ist durch die beiden Sprachen zugrundeliegende Flussdiagramm-Struktur möglich [Whi03]. Um eine vollständige Abbildung der Elemente von BPMN auf XPDL zu ermöglichen, wurde XPDL um einige Elemente ergänzt. Beispielhaft wird dies in einem der Metamodelle von XPDL, dem *Process Metamodel* der WfMC [Wor08b] in Abbildung 6 dargestellt. Abbildung 6 zeigt alle Beziehungen zwischen Elementen innerhalb eines Prozesses. Die grau hinterlegten Elemente sind Ergänzungen für eine vollständige Transformation von BPMN in XPDL.

---

[37] Das XML Metadata Interchange Format ist ein standardisiertes Austauschformat, welches von der Object Management Group definiert wurde (vgl. http://www.omg.org/spec/XMI/2.1.1/).

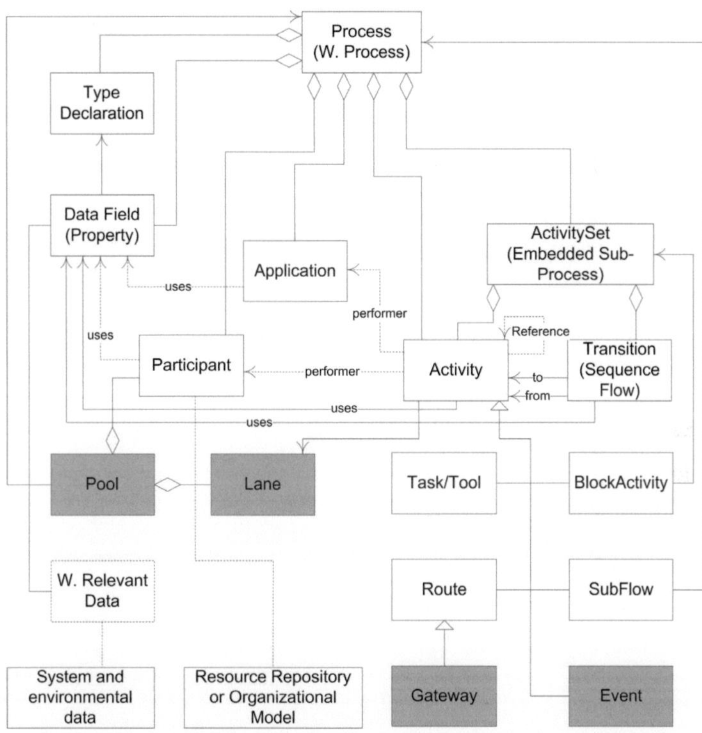

Abbildung 6: Prozess-Metamodell der XPDL 2.0 in UML-Notation

Im Folgenden werden exemplarisch einige Elemente von BPMN mit ihren korrespondierenden Elementen in XPDL in Anlehnung an [Whi03, Wor08b, Sha08] dargestellt (vgl. Tabelle 1). Es handelt sich lediglich um einen Auszug einiger Elemente. Wird ein Geschäftsprozess, der in BPMN modelliert wurde, in XPDL transformiert, so werden die einzelnen Elemente der XPDL in einem Dokument basierend auf dem XML-Standard zusammengeführt.

Beschreibung in der BPMN	Beschreibung in XPDL
	<WorkflowProcess/>
Ein Start-Event	<Activity> <Route/> </Activity>

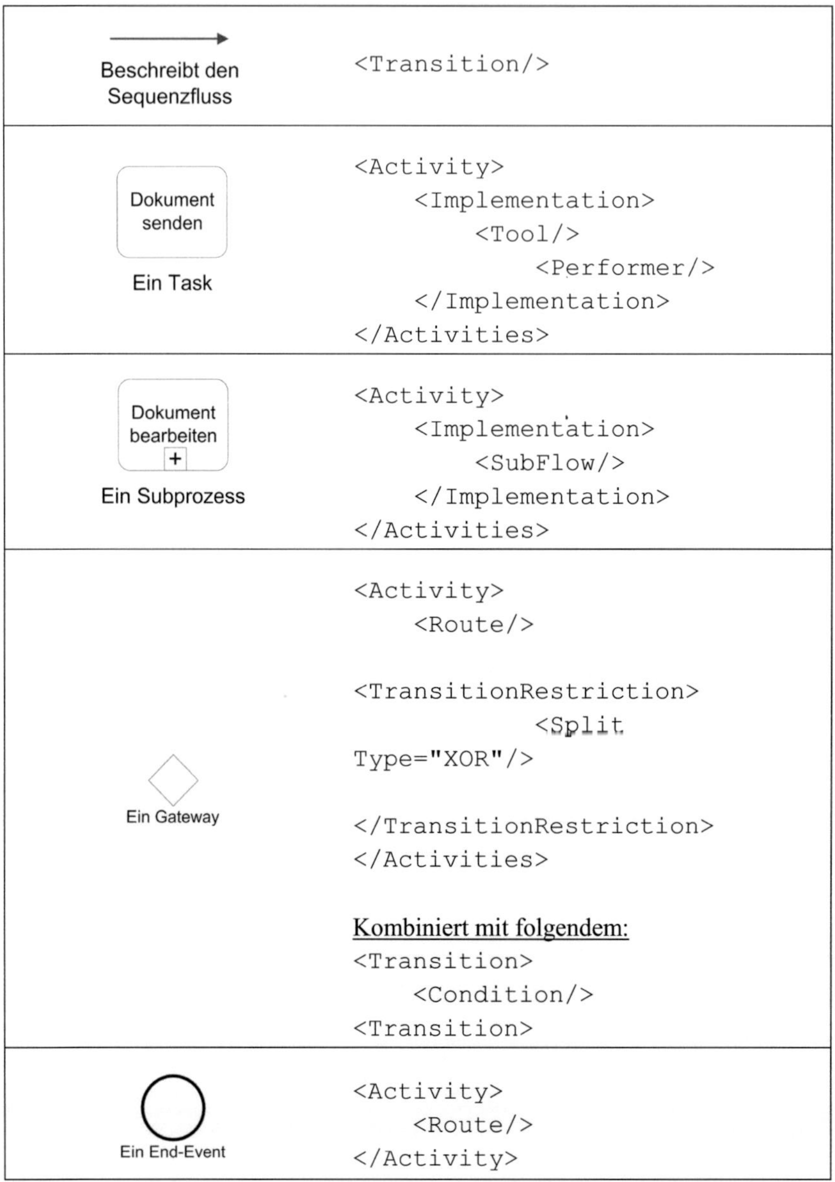

BPMN	XPDL
Beschreibt den Sequenzfluss	<Transition/>
Dokument senden Ein Task	<Activity> <Implementation> <Tool/> <Performer/> </Implementation> </Activities>
Dokument bearbeiten + Ein Subprozess	<Activity> <Implementation> <SubFlow/> </Implementation> </Activities>
Ein Gateway	<Activity> <Route/> <TransitionRestriction> <Split Type="XOR"/> </TransitionRestriction> </Activities> Kombiniert mit folgendem: <Transition> <Condition/> <Transition>
Ein End-Event	<Activity> <Route/> </Activity>

Tabelle 1: Auszug aus Elementen in BPMN und korrespondierenden Elementen in XPDL

Neben der noch fehlenden Unterstützung der Version 2.0 von BPMN weist XPDL nach [Aal03] weitere Schwächen im Hinblick auf die Semantik einiger Elemente sowie Probleme mit verschiedenen Workflow-Mustern auf (bspw. können AND- und XOR-Zusammenführungen (engl.: JOIN) in XPDL unterschiedlich interpretiert werden [Aal03]). Eine weitere Begründung für die Schwächen von XPDL findet sich in der Zielsetzung der WfMC, die maximale Flexibilität der Sprache zu ermöglichen, um möglichst viele Hersteller und Anwender zu unterstützen. Diese

Vorgabe resultierte in einer spezifischen Entwicklung von XPDL, so dass mit möglichst geringem Aufwand die Sprache auf herstellerspezifische Anwendungen angepasst werden kann. Probleme bezüglich der Validität der mittels XPDL erzeugten Dokumente waren und sind die Folge. Eine Überprüfung der Validität der Dokumente wird bisher nur in Form eines frei verfügbaren Dienstes auf den Seiten der WfMC zur Verfügung gestellt [Wor08a]. Andere Alternativen existieren zum Zeitpunkt der Erstellung der vorliegenden Arbeit nicht.

Einen zusammenfassenden Überblick über die vorgestellten Beschreibungssprachen für Geschäftsprozesse und deren Einordnung im Hinblick auf Ausführung, Beschreibung, grafische oder textuelle Modellierung sowie informale, semiformale und formale Fundierung wird in Abbildung 7 gegeben.

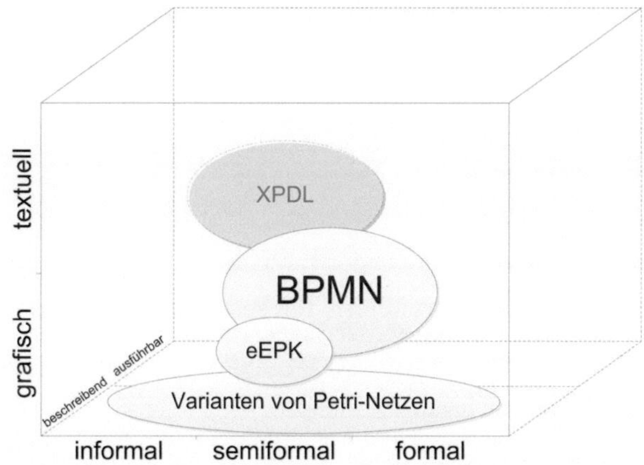

Abbildung 7: Modellierungssprachen und deren Beziehungen zueinander

Die bereits in die Abbildung integrierten Petri-Netze und deren Varianten sowie deren Vor- und Nachteile im Vergleich zu anderen Modellierungssprachen werden in den folgenden Abschnitten vorgestellt.

2.4.3 Modellierung von Geschäftsprozessen mit Petri-Netzen

Durch die Interdisziplinarität der an einem Geschäftsprozess beteiligten Personen ist die Wahl der Modellierungssprache wesentlich im Hinblick auf das Verständnis des modellierten Geschäftsprozesses. Häufig werden textuelle Modellierungssprachen, die eine formale Grundlage besitzen, von den Modellierenden des Geschäftsprozesses präferiert, weil diese computergestützt analysiert werden können. Allerdings ist eine textuelle Modellierungssprache für den domänenspezifischen Experten, der im Fachbereich am Geschäftsprozess beteiligt ist, in der Regel nicht verständlich. Einen Vorteil besitzen die semiformalen Modellierungssprachen mit grafischer Darstellung, da diese im Vergleich zur rein textuellen Darstellung eines Geschäftsprozesses einfacher zu verstehen ist. Darüber hinaus können semi-formale Modellierungssprachen aufgrund der mathematischen Fundierung computergestützt analysiert werden. Einer der bekanntesten Vertreter dieser grafischen, formalen Modellierungssprachen sind *Petri-Netze.*

Petri-Netze gehen zurück auf die Dissertation "*Kommunikation mit Automaten*", die 1962 von Carl Adam Petri verfasst wurde [Pet62]. Petri-Netze wurden zur Modellierung und Analyse von diskreten, vorwiegend verteilten Systemen mit nebenläufigen und nicht-deterministischen Vorgängen entwickelt. Hierzu adaptierte C.A. Petri Regeln aus der Automatentheorie[38].

Petri-Netze zeichnen sich insbesondere durch ihre eindeutige graphische Darstellung und ihre mathematische Fundierung aus. Aufgrund der formalen Syntax und Semantik eignen sich Petri-Netze auch zur Ablaufbeschreibung. "*Sie ermöglichen die Beschreibung sequentieller, sich gegenseitig ausschließender sowie nebenläufiger (voneinander unabhängiger) Aktivitäten*" [Obe96, S.98]. Die verständliche graphische Darstellung ist auf die einfachen Modellierungskonstrukte von Petri-Netzen zurückzuführen. Ein Petri-Netz besteht aus

- *Stellen,* dargestellt durch *Kreise.* Sie sind passive Elemente zur Repräsentation von lokalen Zuständen.
- *Transitionen,* dargestellt durch *Rechtecke.* Sie sind aktive Elemente zur Repräsentation von lokalen Zustandsänderungen, Aktivitäten oder Ereignissen.
- *Flussrelationen.* Sie sind gerichtete Kanten, die durch Pfeile zwischen Stellen und Transitionen dargestellt werden.
- *Marken.* Sie repräsentieren Elemente, dargestellt durch schwarz gefüllte Kreise zur Modellierung von Dynamik.

Dynamische Aspekte eines Geschäftsprozesses können in einem Petri-Netz durch eine *Schaltregel* und die Flussrelation ermöglicht werden. Anonyme Prozess-

[38] Die Automatentheorie ist ein Teilgebiet der Theoretischen Informatik, das sich mit durch Automaten (abstrakten Modelle einer Maschine) lösbaren Problemen beschäftigt.

objekte, dargestellt durch die Marken, "*fließen*" auf Basis der Schaltregel durch das Petri-Netz.

Jedem Petri-Netz liegt die Definition eines Netzes zugrunde [Bau96, DRR04, Rei10]:

Definition 2.4: Netz

Ein Tripel $N = (S, T, F)$ wird als Netz bezeichnet, wenn folgende Eigenschaften erfüllt sind:

(I) S, T sind endliche Mengen

(II) $S \cap T = \emptyset$

(III) $S \cup T \neq \emptyset$

(IV) $F \subseteq (S \times T) \cup (T \times S)$

Die Mengen S und T sind disjunkte Mengen im Netz N, welches einen bipartiten Graphen darstellt.

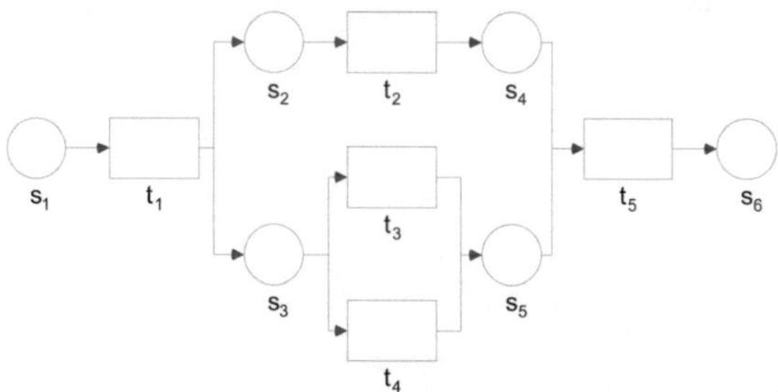

Abbildung 8: Ein einfaches Petri-Netz

Die Elemente der Mengen S und T sind durch gerichtete Kanten, den Elementen der Menge F, verbunden. Die Elemente der Menge S repräsentieren die Stellen im Netz N, die Elemente der Menge T die Transistionen. Abbildung 8 zeigt ein elementares (einfaches) Netz mit folgenden Mengen

- $S = \{s_1, s_2, s_3, s_4, s_5, s_6\}$,
- $T = \{t_1, t_2, t_3, t_4, t_5\}$,

sowie $F = \{(s_1, t_1), (t_1, s_2), (t_1, s_3), (s_2, t_2), (s_3, t_3), (s_3, t_4), (t_2, s_4), (t_3, s_5), (t_4, s_5), (s_4, t_5), (s_5, t_5), (t_5, s_6)\}$

In einem Netz $N = (S, T, F)$ wird die Menge $X = S \cup T$ als die Menge der Knoten im Netz bezeichnet. Jeder Knoten besitzt einen *Vorbereich* und einen *Nachbereich* [Rei10]. Im Vorbereich eines Knotens $x \in X$ liegen alle Knoten, die über eine Ausgangskante mit dem Knoten x verbunden sind. Analog sind alle Knoten, die mit x mit einer Eingangskante verbunden sind, Teil dessen Nachbereichs.

Definition 2.5: Vorbereich und Nachbereich

Sei Tripel $N = (S, T, F)$ ein Netz. Dann gilt für $x \in X$, mit $X = S \cup T$:

(I) $\bullet x = \{w \in X | (w, x) \in F\}$ ist der Vorbereich von x,

(II) $x \bullet = \{y \in X | (x, y) \in F\}$ ist der Nachbereich von x

Für das Netz in Abbildung 8 gilt bspw. für die Transition t_5 der Vorbereich $\bullet\, t_5 = \{s_4, s_5\}$ und der Nachbereich $t_5 \bullet = \{s_6\}$. Vor- und Nachbereich einer Transition t dürfen laut Definition nur aus Stellen bestehen. Analog dürfen im Vor- und Nachbereich einer Stelle s nur Transitionen vorkommen.

Es gilt:

(i) $\bullet t \cup t \bullet \subseteq S$

(ii) $\bullet s \cup s \bullet \subseteq T$

Ein Knoten x wird als vorwärtsverzweigt bezeichnet, wenn mehr als eine von ihm ausgehende Kante existiert. Analog wird der Knoten x als rückwärtsverzweigt bezeichnet, wenn mindestens zwei eingehende Kanten existieren.

Es gilt:

(i) $|x \bullet| > 1$

(ii) $|\bullet x| > 1$

Nach [Aal98, ATK03] können in Petri-Netzen unterschiedliche elementare Ablaufmuster identifiziert werden. Wesentliche Muster sind die *Sequenz*, die *Alternative*, die *Nebenläufigkeit* und die *Iteration*. Im Ablaufmuster der Sequenz wird das Netz seriell in der dargestellten Reihenfolge durchlaufen. Das Muster der Nebenläufigkeit ermöglicht das parallele Bearbeiten von Aufgaben. Eine Alternative in einem Netz ermöglicht die Wahl zwischen mindestens zwei Transitionen. Eine Wiederholung in einem Netz erlaubt es, Aufgaben wiederholt durchzuführen. Bezüglich weiterer Muster sei auf die o.g. Literatur verwiesen.

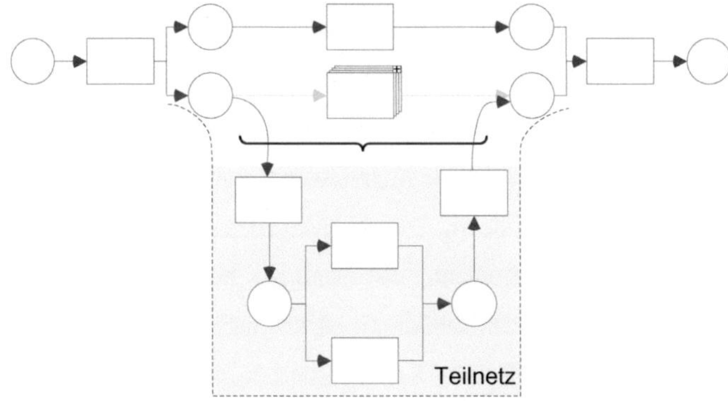

Abbildung 9: Darstellung eines Teilnetzes

Da die Anzahl von Stellen und Transitionen in Petri-Netzen in der Geschäftsprozessmodellierung sehr schnell ansteigen kann und die Übersichtlichkeit des Geschäftsprozess-Schemas durch eine große Anzahl von Stellen und Transitionen beeinträchtigt wird, existiert in der Modellierung mit Petri-Netzen die Möglichkeit der Netztransformationen [Bau96]. Bei der Vergröberung wird ein transitions- bzw. stellenberandetes Teilnetz durch eine Transition bzw. Stelle ersetzt. Zu sehen ist dies in Abbildung 9. Durch eine Vergröberung kann ein *Subprozess* durch lokale Abstraktion gebildet werden, indem zusammengehörige Ereignisse oder Aktivitäten zu einem einzelnen Ereignis bzw. einer einzelnen Aktivität zusammengefasst werden [Bau96, S.60].

2.4.3.1 Varianten von Petri-Netzen

Der Formalismus der Petri-Netze wurde im Laufe der Jahre in unterschiedlichen Varianten erweitert. Man unterscheidet zwischen *einfachen* und *höheren Petri-Netzen*. Der wesentliche Unterschied zwischen den Varianten besteht darin, dass in höheren Petri-Netzen keine anonymen Marken verwendet werden, sondern komplex strukturierte und unterscheidbare Prozessobjekte. Folglich ist eine Abbildung des Verhaltens von dynamischen Systemen einfacher möglich als mit einfachen Petri-Netzen. Darüber hinaus werden algebraische Ausdrücke zur Annotation der Netzelemente (z.B. der gerichteten Kanten) in höheren Petri-Netzen verwendet [ISO00]. Der Vergleich zwischen einfachen und höheren Petri-Netzen kann analog zum Vergleich zwischen einfachen Programmiersprachen und höheren Programmiersprachen betrachtet werden [ISO00].

Im Folgenden werden exemplarisch einige Vertreter beider Varianten von Petri-Netzen vorgestellt.

2.4.3.1.1 Varianten einfacher Petri-Netze

Die einfachste Variante einfacher Petri-Netze sind die *Kanal/Instanzen Netze (K/I-Netze)*, die in [Rei10] vorgestellt werden. Die Netzelemente eines Kanal/Instanzen-Netzes sind umgangssprachlich beschriftet, um das Verständnis des Netzes zu verbessern [Obe96]. Die passiven Elemente des Netzes werden als *Kanäle* und die aktiven Elemente als *Instanzen* bezeichnet. Die Ausdrucksmächtigkeit eines Kanal/Instanzen-Netzes ist identisch mit der eines Datenflussdiagrammes [Obe96, S.100]. Mit Kanal/Instanzen-Netzen wird ein Geschäftsprozess zunächst sehr abstrakt modelliert und dann sukzessive verfeinert. K/I-Netze werden häufig zu Beginn eines Modellierungsprojektes verwendet, in welchem nach der Erstellung des ersten Geschäftsprozess-Schemas in weiteren Schritten die einzelnen Kanäle des Geschäftsprozesses konkretisiert werden.

Eine weitere Variante einfacher Petri-Netze sind *Stellen/Transitionen-Netze (S/T-Netze)* [Bau96, Rei10]. In Stellen/Transitionen-Netze symbolisiert eine Stelle einen Objektbehälter, in welchem zu einem spezifischen Zeitpunkt nicht mehr als eine bestimmte Anzahl an Objekten, festgelegt durch eine Kapazitätsbeschränkung, enthalten sein darf [Obe96]. Die Objekte werden durch "anonyme" Marken repräsentiert, deren Anzahl in einer Stelle durch die Transitionen verändert wird. S/T-Netze werden wie folgt definiert (vgl. [Rei10]):

Definition 2.6: Stellen/Transitionen-Netz

Ein S/T-Netz ist ein 6-Tupel $N = (S, T, F, K, W, M_0)$, für welches gilt:

(I) (S, T, F) ist ein Netz,

(II) $K: S \rightarrow N \cup \{\infty\}$

(III) $W = F \rightarrow N$

(IV) $M_0: S \rightarrow N_0$, wobei $\forall s \in S: M_0(s) \leq K(s)$

M_0 ist die *Startmarkierung* des Netzes. Sie dient als eine Form der Initialisierung und weist jeder relevanten Stelle im Netz eine initiale Anzahl an Marken zu. Die maximale Anzahl an Marken, die in einer Stelle zu einem spezifischen Zeitpunkt enthalten sein können, wird durch die Aufnahmekapazität *K* beschrieben. Marken werden in einem S/T-Netz durch kleine, schwarzgefüllte Kreise bzw. Kugeln symbolisiert. Eine Transition kann in einem S/T-Netz nur dann *schalten*, wenn sie aktiviert ist. Dies bedeutet, dass sich in den Stellen ihres Vorbereichs jeweils eine ausreichende Anzahl an Marken befinden muss. Schaltet die Transition, so entfernt sie gemäß der Gewichtung der eingehenden Kanten, beschrieben durch W, in ihrem Vorbereich Marken aus den Stellen. Analog, gemäß den Gewichtungen an den ausgehenden Kanten der Transition, werden in den Stellen im Nachbereich der Transition Marken eingefügt. Die Schaltregel eines S/T-Netzes kann daher folgendermaßen definiert werden:

Definition 2.7: Schaltregel eines Stellen/Transitionen-Netzes

Sei N ein S/T-Netz mit $N = (S, T, F, K, W, M_0)$. Dann gilt eine Transition t unter einer Markierung M als aktiviert, falls gilt:

(I) $\forall s \in \bullet\, t : M(s) \geq W(s,t)$

(II) $\forall s \in t\, \bullet : M(s) \leq K(s) - W(t,s)$

Die Folgemarkierung M'ergibt sich aus dem Schaltvorgang von t.

Es gilt:

$$M'(s) = \begin{cases} M(s) - W(s,t), & falls\ s\ \in \bullet\, t\ und\ s\ \notin t\, \bullet \\ M(s) + W(t,s), & falls\ s\ \in t\, \bullet\ und\ s\ \notin \bullet\, t \\ M(s) - W(s,t) + W(t,s), & falls\ s\ \in t\, \bullet\ und\ s\ \in \bullet\, t \\ M(s), & sonst \end{cases}$$

Wie bereits oben beschrieben, besitzen einfache Petri-Netze für die Darstellung komplexer Geschäftsprozesse keine ausreichenden Darstellungsformalismen bzw. vereinzelt ist die Darstellung sehr umständlich. Um auch komplexe Prozessobjekte in Geschäftsprozessen darstellen zu können, wurden einfache Petri-Netze zu höheren Petri-Netzen erweitert. Im Folgenden werden Varianten von höheren Petri-Netzen vorgestellt.

2.4.3.1.2 Varianten höherer Petri-Netze

Ein Vertreter höherer Petri-Netze sind *Prädikate/Transitionen-Netze (Pr/T-Netze)* [Gen87, GeL81]. Sie ermöglichen die Modellierung von unterschiedlichen Marken [Sta90], die Wertetupel einer (flachen) Relation repräsentieren. Dies hat zur Folge, dass einem Prädikat, welches gleichbedeutend mit einer Stelle im Netz ist, mehrere verschiedene Marken zugeordnet werden können. Eine Modellierung von Eigenschaften der Prozessobjekte und Beziehungen zwischen denselben ist ebenfalls möglich, da jede Marke individuell identifiziert werden kann. Ein Prädikate/Transitionen-Netz wird wie folgt definiert (vgl. [Obe96]).

Definition 2.8: Prädikate/Transitionen-Netz

Ein striktes[39] Prädikate/Transitionen-Netz ist ein 7-Tupel $PT = (S, T, F, \Psi, KB, TI, M^0)$, für welches gilt:

(I) (S, T, F) ist ein Netz mit S als Menge der Prädikate mit veränderlichen Ausprägungen und T als Menge von Transitionsschemata.

(II) $\Psi = (D, FU, PR)$ ist eine Struktur, die aus der endlichen Individuenmenge D sowie einer Menge FU von auf D definierten Funktionen und einer Menge PR von auf D definierten Prädikaten besteht, mit unveränderlichen Ausprägungen.

(III) KB ist die Menge der Kantenbeschriftungen der Kanten aus F. Die Kanten werden mit Mengen von Variablentupeln beschriftet, deren Stelligkeit der Stelligkeit des adjazenten Prädikats entspricht.

(IV) TI weist den Transitionen aus T einen prädikatenlogischen Ausdruck aus Ψ als Inschrift zu. Jede freie Variable in diesem Ausdruck muss in der Beschriftung einer zur jeweiligen Transition adjazenten Kante vorkommen.

(V) M^0 ist eine Markierung der Prädikate mit Mengen von konstanten Individuentupeln, deren Stelligkeit der Stelligkeit des Prädikats entspricht.

Die Prädikate in einem Pr/T-Netz repräsentieren Relationstypen. Ist ein Prädikat markiert, so enthält es die Relation des entsprechenden Typs. Transitionen repräsentieren Operationen auf den Eingangs- und Ausgangsrelationen. Eine Operation wird durch die Transitionsinschrift beschrieben. Diese setzt sich aus den Schaltbedingungen und Schaltoperationen zusammen. Beide werden in einer prädikatenlogischen Formel vereinigt.

---

[39] Ein Pr/T-Netz wird als strikt bezeichnet, wenn ein Prädikat nicht mit zwei identischen Individuentupeln markiert werden darf.

Definition 2.9: Prädikatenlogischer Ausdruck

Für die Menge P_Ψ der prädikatenlogischen Ausdrücke zu einer Struktur $\Psi = (D, FU, PR)$ gilt:

(I) $wahr \in P_\Psi$

(II) $P \in PR$ n-stelliges Prädikat, $t_1, \ldots, t_n$ Terme $\Rightarrow P(t_1, \ldots, t_n) \in P_\Psi$

(III) $$p_1, p_2 \in P_\Psi \Rightarrow \begin{cases} p_1 \wedge p_2 \in P_\Psi \\ p_1 \vee p_2 \in P_\Psi \\ \neg p_1 \in P_\Psi \\ p_1 \rightarrow p_2 \in P_\Psi \end{cases}$$

In Abbildung 10 ist der Geschäftsprozess "Stromzähler ablesen" als Pr/T-Netz modelliert. Im Pr/T-Netz sind die Prädikate `Datenverwaltung`, `Datenerfassung` und `Rechnung` dargestellt. Die Prädikate sind mit Individuentupeln markiert. Des Weiteren ist die Transition `Rechnung erstellen` modelliert. Diese Transition beinhaltet eine logische Formel. Die Kanten sind jeweils markiert. Die Markierung gibt die Variablenbelegung vor: `Kundenname = Müller, Adresse = Neue Str. 10, Zählerstand` Z_1 `= 120.368, Zählerstand` Z_2 `= 123.412`. Die Transition ist aktiviert, da die instanziierten Tupel in den Eingangsprädikaten enthalten und in den Ausgangsprädikaten nicht enthalten sind und die Variablenbelegung zulässig ist (die Belegung wird über den logischen Ausdruck überprüft: $Z_2 \neq 0$, mit Z_2 als der Variable `Zählerstand`). Nach dem Schalten der Transition werden die Tupel den Variablenbelegungen entsprechend gelöscht, und ein neues Tupel wird mit der Belegung `Kundenname = Müller, Adresse = Neue Str. 10, Zählerstand` Z' `= 3.044`, in das Prädikat `Rechnung` geschrieben. Der `Zählerstand` Z_2 wird als `Zählerstand` Z_1 in das Prädikat `Datenverwaltung` zurückgeschrieben.

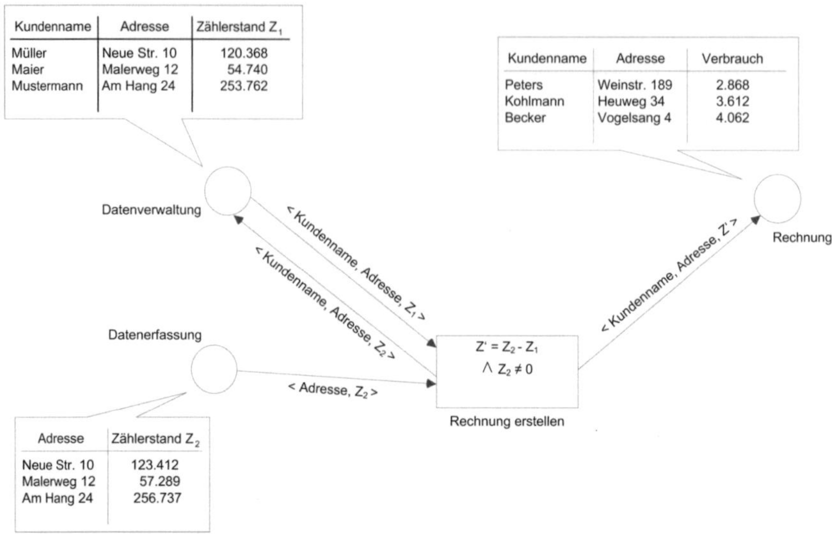

Abbildung 10: Geschäftsprozess "Stromzähler ablesen", modelliert als Pr/T-Netz

Neben den Pr/T-Netzen existieren diverse weitere Varianten von höheren Petri-Netzen.

In [ObS96] wird eine Variante beschrieben, die als *NF^2-Relationen-Transitionen-Netze (NR/T-Netze)* bezeichnet wird. NR/T-Netze ermöglichen die Modellierung von Abläufen in NF2-Datenbanken[40].

Ein weiterer Ansatz stammt von [Wei98]. Er entwarf sogenannte *SGML-Netze*. Mit diesen ist es möglich, komplexe Prozessobjekte, die als SGML[41]-Dokumente dargestellt werden, zu modellieren. [Len03] entwickelte darauf basierend *XML-Netze*, die eine Modellierung von komplexen Prozessobjekten in Form von XML-Dokumenten ermöglichen [LeO03]. XML-Netze ermöglichen die Modellierung betrieblicher Abläufe, die auf XML-Dokumenten und deren Austausch basieren.

Im Rahmen der vorliegenden Arbeit wird ebenfalls eine Variante der Modellierungssprache der Petri-Netze verwendet. Es werden einfache Petri-Netze um

[40] NF2 steht für "Non First Formal Form". Wiederholungsgruppen sind in dieser Form nicht verboten, sondern als "geschachtelte" Relationen erlaubt [SHB06].

[41] Die *Standard Generalized Markup Language (SGML)* [GoR00] (SGML, ISO 8879 der International Organization for Standardization) ist eine Metasprache. Mit SGML ist es möglich, Auszeichnungsverfahren zu definieren, die die Struktur eines Dokuments von seiner Darstellung trennen. Bekannteste Beispiele, die auf SGML basieren, sind *Hypertext Markup Language (HTML)* und XML.

spezifische Komponenten erweitert. Diese Erweiterungen werden in Kapitel 4 ausführlich beschrieben.

Zunächst bedarf es der Definition der Begrifflichkeit des mobilen Teilprozesses in einem als Petri-Netz modellierten Geschäftsprozess. Nur so kann dieser auch identifizieren werden. In diesem Zusammenhang wird im nachfolgenden Kapitel zunächst der Begriff der Mobilität im Geschäftsprozess erörtert, bevor der Begriff des mobilen Teilprozesses im Geschäftsprozess erläutert wird.

3 Grundlagen mobiler Teilprozesse in Geschäftsprozessen

Um die computergestützte Identifikation mobiler Teilprozesse zu ermöglichen, ist eine präzise Abgrenzung eines mobilen Teilprozesses von einem "nicht-mobilen" Teilprozess notwendig. Grundlage dieser Abgrenzung ist die Definition des Begriffs "Mobilität". Eine weitere Grundlage der Identifikation mobiler Teilprozesse und den darin enthaltenen mobilen Aufgabenträgern ist die Definition situationsabhängiger Information, sogenannter Kontextinformation, der mobilen Aufgabenträger. Darüber hinaus bedarf es im Zusammenhang mit der hybriden Simulation mobiler Geschäftsprozesse und der darin enthaltenen IT-gestützten Aufgabenausführungen durch mobile Aufgabenträger der Definition spezifischer mobiler Mensch-Maschine-Interaktionen, die hybrid simuliert werden sollen. Dementsprechend werden im folgenden Kapitel die Grundlagen mobiler Teilprozesse in Geschäftsprozessen vorgestellt.

Der erste Abschnitt dieses Kapitels stellt die Grundlagen mobiler IT vor. Neben Begriffserklärungen wie bspw. des Mobilitätsbegriffs werden die spezifischen Eigenschaften mobiler IT sowie Formen von Mobilität im Unternehmen vorgestellt.

Der zweite Abschnitt befasst sich mit der Definition der Begrifflichkeiten des Kontextes und der Kontextinformation. In diesem Abschnitt wird auf die grundlegende Bedeutung von Kontextinformation in der computergestützten Identifikation mobiler Teilprozesse eingegangen.

Im dritten Abschnitt des Kapitels werden die Begriffserklärungen der Mensch-Maschine Interaktion und der mobilen Mensch-Maschine Interaktion vorgestellt und es wird auf deren Grundlagen eingegangen. In diesem Zusammenhang werden unterschiedliche Modalitäten der Mensch-Maschine Interaktion detailliert vorgestellt.

3.1 Grundlagen mobiler Informationstechnologie

Im folgenden Abschnitt werden die Grundlagen mobiler IT vorgestellt. Es werden die Begriffe *Mobilität*, *Mobile Computing*, *mobile Informationstechnologie* sowie *Mobile Business* und deren Bedeutung im Rahmen dieser Arbeit erläutert und voneinander abgegrenzt. Neben der Beschreibung von Eigenschaften der mobilen

IT gibt der Abschnitt eine Übersicht über die unterschiedlichen Formen von Mobilität im Unternehmen.

3.1.1 Grundlegende Begriffe

Eine Definition des Begriffs der *mobilen Informationstechnologie (mobile IT)* setzt eine Klärung des Begriffs der *Mobilität* bzw. des Wortes *mobil* voraus. Das Wort mobil hat seinen Ursprung im Lateinischen und ist auf das Wort *mobilitas* zurückzuführen, welches *beweglich* bedeutet. Die Beweglichkeit oder das "*Mobil-Sein*" eines Menschen bezieht sich nicht ausschließlich auf dessen Fähigkeit, sich von einem Ort an einen anderen fort zu bewegen, sondern auch auf den Drang des Menschen nach Freiheit, Flexibilität, Unabhängigkeit, Selbstständigkeit, Barrierefreiheit etc. [Kak03]. Mobil-Sein beschreibt sowohl die Fähigkeit der Durchführung eines Positionswechsel in einer Struktur (z.B. im physischen Raum), als auch die Freiheit, dies tun zu können. Die Position, die gewechselt wird, kann sich auf unterschiedliche Themengebiete beziehen (bspw. die Position in der Gesellschaft oder im physischen Raum etc.). Daher wird der Begriff der Mobilität häufig in der Literatur durch eine zusätzliche Eigenschaftsbeschreibung oder ein Merkmal genauer eingegrenzt [Kak03].

Es existieren drei wesentliche Formen von Mobilität, die inklusive der existierenden Unterformen in Abbildung 11 dargestellt sind. Die *physische Mobilität* (auch *geographische Mobilität* genannt) beschreibt einen Lokationswechsel (einer Person oder eines Objekts) im physischen Raum. Eine Veränderung der Position eines Menschen in der Gesellschaft wird als *soziale Mobilität* bezeichnet, die in die *vertikale*, *horizontale* und *ökonomische Mobilität*[42] unterteilt wird [Hra05]. Darüber hinaus existiert der Begriff der *informationalen Mobilität* (auch *virtuelle Mobilität* genannt), unterteilt in die *mediengebundene* und die *geistige Mobilität*. Durch den vermehrten Einsatz von IT im Alltag sind Informationen mobil und

---

[42] Die vertikale Mobilität bezeichnet die Bewegung zwischen gesellschaftlichen Positionen, die einen Auf- oder Abstieg im Hinblick auf den sozialen Status einer Person darstellen (bspw. ein beruflicher Aufstieg in Form einer Beförderung). Die horizontale Mobilität bezeichnet die Bewegung zwischen Positionen, einen Berufswechsel, wobei die Funktionsebene dieselbe bleibt (bspw. der Wechsel eines Filialleiters eines Kreditinstituts zu einem anderen Unternehmen, bei welchem er ebenfalls eine Filiale leitet). Die ökonomische Mobilität bezeichnet die Mobilität des sozioökonomischen Status einer Person bzw. den Grad der Veränderung des Status über die Lebensdauer der Person hinweg.

wechseln von einem Sender zu einem Empfänger [Zän00]. Zur Übertragung werden Medien verwendet (*medien-gebundene Mobilität*). Die *geistige Mobilität* beschreibt die Fähigkeit der geistigen Flexibilität und Anpassungsfähigkeit eines Menschen (bspw. Sachverhalte aus unterschiedlichen Perspektiven betrachten zu können, indem man sich die unterschiedlichen Blickwinkel lediglich vorstellt).

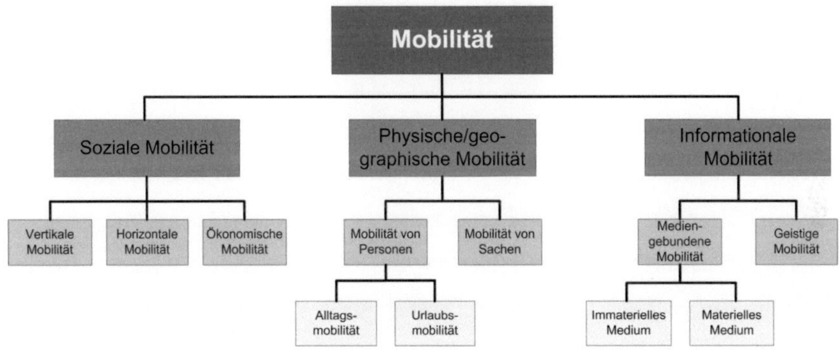

Abbildung 11: Formen der Mobilität

Die "Beweglichkeit", die mit dem Begriff der Mobilität verknüpft ist, liegt allen drei o.g. Formen der Mobilität zugrunde und resultiert immer in einem Positionswechsel, dargestellt in Tabelle 2.

Mobilitätsform	Positionswechsel
Physische Mobilität	Wechsel im physischen Raum
Soziale Mobilität	Wechsel der Position in der Gesellschaft
Informationale Mobilität	Wechsel einer Information vom Sender zum Empfänger; Wechsel des Blickwinkels

Tabelle 2: Positionswechsel aufgrund der Mobilitätsform

Auf Basis der Definitionen der unterschiedlichen Formen von Mobilität kann die Aussage getroffen werden, dass mobile Informationstechnologie "bewegliche" IT im Sinne der physischen Mobilität ist. Mobile IT kann während eines Wechsels im physischen Raum von einem Nutzer verwendet werden.

In der Literatur existieren unterschiedliche Definitionen und auch Begriffe für die mobile IT bzw. die Nutzung der mobilen IT. Die Begriffe des *Ubiquitous Computing* oder auch *Pervasive Computing* werden erstmals in [Wei91, Wei93] beschrieben und bezeichnen die Verwendung "allgegenwärtiger" IT. Darunter sind Geräte zu verstehen, die überall zur Verfügung stehen, die den Menschen im

Alltag und bei seinen Arbeitsaufgaben unterstützen und den Alltag durchdringen. Die Begriffe werden häufig im Zusammenhang mit mobiler IT benutzt, obwohl Geräte des Ubiquitous Computing nicht zwingend mobil sein müssen (z.B. wäre ein sprachgesteuerter Ofen in einer privaten Küche auch Teil des Ubiquitous Computing). Eine weitere Bezeichnung ist das *Nomadic Computing* [Kle95], das die Verwendung von mobiler IT in Verbindung mit mobiler Datenkommunikation beschreibt. Der Begriff des *Wearable Computing* [Hel99] steht für die Nutzung von IT am Körper in Form von Kleidungsstücken oder Accessoires. Die Technologie wird in die Kleidung oder in Gegenstände, die am Körper getragen werden, integriert und erweitert deren Funktionalität wesentlich (z.B. eine Sonnenbrille mit integrierter Videokamera).

Inzwischen hat sich in der Literatur der Begriff des *Mobile Computing* für die Nutzung von mobiler IT etabliert [Tal10]. Laut Kristoffersen und Ljungberg [KrL99] ist Mobilität und daraus folgend das Mobile Computing durch die Situationen definiert, in denen Personen oder Objekte mobil sind[43]. Pascoe et al. beschreiben das Mobile Computing als die Verwendung von IT während einer Bewegung [PRM00]. Perry et al. benutzen in ihrer Definition die Begriffe *anytime, anywhere* und erklären damit, dass das Mobile Computing alle Geräte umfasst, die ein Arbeiten und "Vernetzt-sein" an jedem Ort und zu jeder Zeit ermöglichen [POS01]. Nach Bellotti und Bly [BeB96] sowie Lamming et al. [LEF00] soll mit Hilfe von Mobile Computing die Kommunikation der Menschen unterstützt werden. Ziel der Unterstützung ist es, den Menschen zu ermöglichen, sich persönlich zu treffen. In dieser Definition unterstützt das Mobile Computing eine Person während des Ortswechsels zu deren Gesprächspartner und hilft, den individuellen "Arbeitsplatz" oder die individuellen Daten mit Hilfe von IT mitzunehmen oder während des "Mobil-Seins" Zugriff auf diese zu besitzen.

Satyanarayanan charakterisiert Mobile Computing durch vier wesentliche Merkmale [Sat96]:

- Die verwendeten Geräte sind in Relation zu stationärer IT mit weniger Ressourcen ausgestattet.

---

[43] Nach [KrL99] ist bspw. der Postbote mobil, der Koch in seiner Küche oder der Sekretär am Schreibtisch sind es nicht. Verwenden mobile Personen IT, so kann dies nach [KrL99] als Mobile Computing bezeichnet werden.

- Die mobile Verwendung von IT ist von Natur aus gefährlicher in Bezug auf Kriminalität (bspw. kann ein Smartphone oder ein Notebook "einfacher" als ein stationäres Gerät gestohlen werden).
- Die Konnektivität bei der Nutzung von mobiler IT ist in allen Belangen variabel (z.B. in Bezug auf die Performanz oder die Ausfallsicherheit).
- Die Nutzung von mobiler IT ist an die begrenzten Energieressourcen der Geräte geknüpft.

Kakihara beschreibt das Mobile Computing als den Ansatz, technologische Geräte zu konzipieren und zu entwickeln, die die Verwendung der Technologie auf eine Art und Weise ermöglichen (vornehmlich mobil), wie sie mit stationären Arbeitsplatzrechnern nicht möglich wäre [Kak03]. Nach Kakihara können sowohl Personen/Objekte als auch Informationen mobil sein. Er weist in seiner Arbeit darauf hin, dass der Begriff "mobil" im Zusammenhang mit Geräten oftmals durch den Begriff "drahtlos" oder "portabel" ausgetauscht werden kann. Ist ein Gerät/ein Nutzer in einer Situation mobil, dann besitzt es/er vollkommene Bewegungsfreiheit bei ständiger oder kurzzeitig unterbrochener Konnektivität und Interaktion [Kak03]. Davon kann der Begriff "drahtlos" abgegrenzt werden, da die Drahtlosigkeit eines Gerätes zwar eine hinreichende Bedingung für dessen mobile Nutzung sein kann, aber keine zwingende Bedingung, da auch stationäre Geräte sich drahtlos mit anderen Geräten verbinden können.

In [Fuc09] werden die Eigenschaften von Mobilität zusammengefasst und in einem allgemeinen Ziel des Mobile Computing formuliert. Dieses Ziel besagt, dass ein Nutzer und die Anwendungen, die von ihm benutzt werden, mit der Unterstützung von IT-Konzepten, -Verfahren und -Lösungen bei unsicherer Verbindungslage zeit- und ortsunabhängigen Zugriff auf seine Daten und Informationen erhalten müssen.

Die genannten Definitionen beschreiben die spezifischen Eigenschaften der Mobilität einer Person oder eines Objektes. Des Weiteren wird vereinzelt auf die IT-Unterstützung während der Mobilität eingegangen. Die daraus resultierende Verknüpfung einer informationalen, mediengebundenen Mobilität mit einer physischen Mobilität wird in den Definitionen nicht näher erläutert. Das Verhältnis der informationalen, mediengebundenen Mobilität zur physischen Mobilität kann als Grundlage zur näheren Beschreibung von Mobilität, in der der Mensch oder ein Objekt durch IT unterstützt werden kann, genutzt werden.

Dementsprechend kann eine Unterscheidung der IT-gestützten Mobilität zur Mobilität ohne IT-Unterstützung gemacht werden. Eine informationale, mediengebundene Mobilität kann entweder IT-gestützt oder ohne IT-Unterstützung ablaufen.
Auf Basis der vorgestellten Definitionen wird im Folgenden der Begriff der Mobilität und der mobilen IT definiert.

Definition 3.1: Mobilität

Eine Entität gilt als mobil, wenn sich ihre Funktion in Bezug auf eine informationale, mediengebundene Mobilität im Rahmen ihrer Aufgabenerfüllung während ihrer physischen Mobilität nicht verändert. Eine Entität kann eine Person oder eine Maschine sein. Die Funktion einer Entität in Bezug auf eine informationale, mediengebundene Mobilität beschreibt ihre Erreichbarkeit und Verfügbarkeit als Sender oder Empfänger einer Information bei der Ausführung ihrer Aufgabe.

Wird eine informationale Mobilität im Rahmen einer Aufgabenerfüllung durch die physische Mobilität einer Entität eingeschränkt, so ist die Entität nach obiger Definition nicht mehr mobil. Die Definition wird anhand eines Beispiels einer Person in einer Führungsposition in einem Unternehmen erklärt. Die Person muss aktuelle Entscheidungen treffen und besitzt folglich eine spezifische Funktion in einer informationalen Mobilität. Besitzt die Person an ihrem Arbeitsplatz einen Emailzugang, so ist sie für Informationen, die an sie gesendet werden, erreichbar und kann ihre Aufgabe erfüllen. Wechselt die Person ihren Standort (wird physisch mobil), so wäre sie nach obiger Definition nur dann mobil, wenn sie mit Hilfsmitteln während der Mobilität weiterhin Zugriff auf ihr Emailkonto hätte (zu sehen in Abbildung 12).

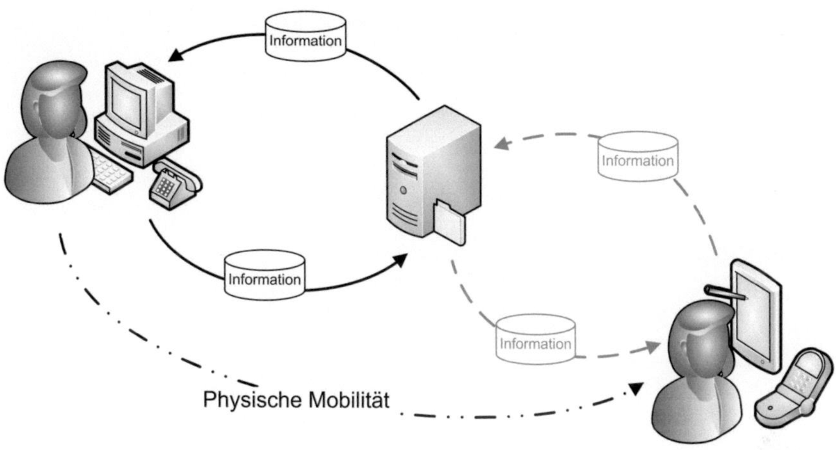

Abbildung 12: Ein mobiler Unternehmensmitarbeiter (laut Definition 3.1)

Die Person könnte so ihrer Aufgabe weiterhin nachgehen und die informationale Mobilität wäre trotz der physischen Mobilität weiterhin gewährleistet. Davon ausgeschlossen ist bspw. eine Person, die einfach wieder an ihren Arbeitsplatz zurückkehrt, da diese dann keinen Standortwechsel vollzogen hätte oder während der physischen Mobilität nicht erreichbar gewesen wäre. Gleiches gilt für eine Person, die sich an einen zweiten Arbeitsplatz begibt, weil sie ebenfalls während der physischen Mobilität nicht erreichbar gewesen wäre.

Besitzt die Person keine Hilfsmittel, so ist sie nach obiger Definition nicht mobil, da die informationale Mobilität und somit auch die Aufgabenerfüllung der Person, aufgrund der Nicht-Erreichbarkeit nicht mehr gewährleistet wären (zu sehen in Abbildung 13).

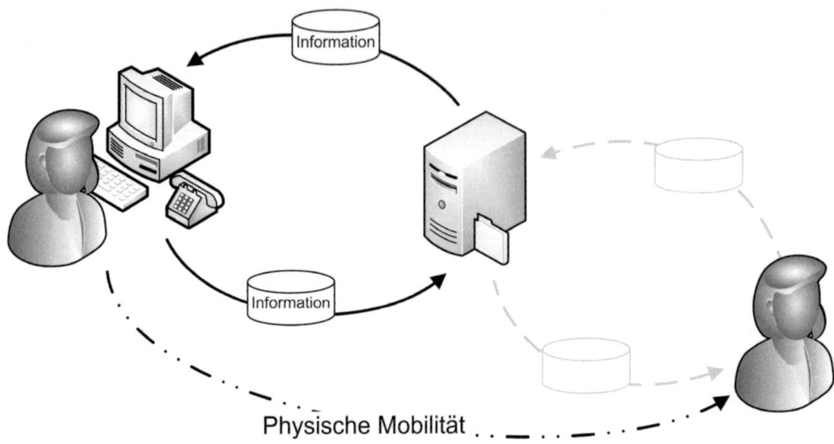

Abbildung 13: Unternehmensmitarbeiter ohne Mobilität (laut Definition 3.1)

Definition 3.1 beinhaltet in spezifischen Fällen eine vorausschauende Informationsübertragung noch vor dem Positionswechsel der Entität, um die Funktion in Bezug auf die informationale Mobilität zu sichern. Beispielsweise kann sich ein computergesteuerter Rasenmäher, der über keine Hilfsmittel zur Unterstützung informationaler Mobilität während seiner physischen Mobilität verfügt, die notwendigen Informationen zur Bearbeitung des Rasens (Routendaten oder dergleichen) noch vor Beginn des Mähens in seinen Speicher kopieren. Sind diese Informationen für den individuellen Fall der Aufgabenerfüllung und damit der Gewährleistung der Funktion in Bezug auf die informationale Mobilität ausreichend, so ist auch der Rasenmäher laut Definition 3.1 mobil.
Auf Basis der Definition für Mobilität wird nachfolgend in Anlehnung an [Fuc09] das Mobile Computing definiert.

Definition 3.2: Mobile Computing

Mobile Computing ist die Gesamtheit aller computergestützten Konzepte, Verfahren und Methoden, die einer Entität ermöglichen, mobil (sowohl privat als auch beruflich) im Sinne von Definition 3.1 zu sein. Aus Sicht der Entität kann ohne räumliche und zeitliche Einschränkungen Information mobil verarbeitet werden.

Das Mobile Computing beschränkt sich laut obiger Definition nicht nur auf die mobil nutzbare Hardware oder die Infrastruktur zur Datenkommunikation, sondern auch auf mobilitätsunterstützende, softwarebasierte Verfahren und Konzepte der IT bspw. intelligente Caching[44]-Verfahren oder innovative Bedienkonzepte, die innerhalb des Mobile Computing die Nutzung der mobilen IT unterstützen (vgl. obiges Beispiel eines Rasenmähers, der die notwendigen Informationen bereits vor Ausführung seiner Arbeitsaufgabe erhält). Aufbauend auf Definition 3.2 wird die mobile Informationstechnologie definiert.

Definition 3.3: Mobile Informationstechnologie (mobile IT)

Der Begriff der *mobilen Informationstechnologie* beschreibt alle Geräte, die einer Entität das Mobile Computing ermöglichen. Eine Entität kann ein Mensch oder eine Maschine sein.

Die wesentliche Aussage der Definition mobiler IT bezieht sich auf die mobile Nutzung der Geräte. Somit sind Geräte ausgegrenzt, die zwar mit mobilen Geräten kommunizieren aber nicht mobil verwendet werden können[45]. Des Weiteren besagt die Definition, dass die Entität in ihrer Aufgabenerfüllung nicht eingeschränkt werden darf bzw. sich die Aufgabenerfüllung aufgrund der Nutzung der mobilen IT nicht verändern darf. Dies hat zur Folge, dass es für die Nutzung mobiler IT im Unternehmen nicht ausreicht, lediglich die mobilen Geräte anzuschaffen. Die vollständige Integration der mobilen IT wird erst durch eine Umstrukturierung der Organisationsform des Unternehmens erreicht [Bar02, KPW03, SFG02]. Beispielweise müssen die Geschäftsprozesse des Unternehmens entweder auf die effiziente Nutzung der mobilen IT angepasst oder gänzlich neu gestaltet werden.

---

[44] Unter einem Caching-Verfahren versteht man das Vorhalten von Daten, um einen schnelleren Zugriff auf diese zu erhalten [TaG04]. Im Zusammenhang mit Mobile Computing kann dies bedeuten, dass während des Bestehens einer Datenverbindung, über die Menge der benötigten Daten hinaus, zusätzliche Daten heruntergeladen und zwischengespeichert werden. So ist es im Fall eines Verbindungsabbruchs weiterhin möglich, über Daten zu verfügen, mit denen gearbeitet werden kann [KPR94]. Navigationssysteme speichern bspw. die Kartendaten einer bereits gefahrenen Strecke zwischen, da die Wahrscheinlichkeit sehr hoch ist, dass diese Daten nochmals benutzt werden und sie dann nicht mehr erneut über eine Datenverbindung geladen werden müssen.

[45] Ein Server, der einen Verbindungsaufbau über das Internet zulässt, ist nicht Teil der mobilen IT.

In diesem Zusammenhang spricht man bei der Nutzung von mobiler IT im Unternehmen auch von *Mobile Business*. In der Literatur finden sich folgende Definitionen für den Begriff des Mobile Business. Nach Wirtz ist Mobile Business die Anbahnung, Abwicklung und Aufrechterhaltung von Leistungsaustauschprozessen, die von elektronischen Netzen und mobilen Geräten unterstützt werden [Wir01]. Dieser Definition ist die Beschreibung nach Picot und Neuburger ähnlich: Sie sehen Mobile Business als jede Möglichkeit, Geschäftsprozesse und Transaktionen mit Hilfe mobiler Geräte bzw. mobiler IT auf der Basis von Mobilfunknetzen abzuwickeln [PiN02]. Jedoch grenzt die Definition die Nutzung von IT aus, die sich bspw. mittels anderer drahtloser Verbindungstechnologien mit der Unternehmensinfrastruktur verbinden. Nach Zobel versteht man unter Mobile Business alle auf mobilen Geräten ausgetauschten Dienstleistungen, Waren und Transaktionen [Zob01]. Diese Definition lässt die Geräteauswahl offen. Nach Reichwald ist das Mobile Business die Gesamtheit der über ortsflexible, datenbasierte und interaktive Informations- und Kommunikationstechnologien (z.B. Mobiltelefone) abgewickelten Geschäftsprozesse [Rei02].
Im Rahmen dieser Arbeit wird in Anlehnung an [Leh03], der Mobile Business als die Nutzung mobiler IT und die Unterstützung des Unternehmens durch mobile IT sieht, der Begriff des Mobile Business wie folgt definiert:

Definition 3.4: Mobile Business

Der Begriff *Mobile Business* steht stellvertretend für die

1. die Nutzung von Mobile Computing, speziell mobiler IT, zur Durchführung von Geschäftsprozessen in einem Unternehmen,
2. die Verwendung von Mobile Computing (bspw. mobiler IT) zur Erschließung neuer Geschäftsfelder durch neue Waren und Produkte, basierend sowohl auf neuer Hardware als auch neuer Software sowie neuen Transaktionen und Dienstleistungen und
3. die Gesamtheit aller Aktivitäten, Geschäftsprozesse und Anwendungen im Unternehmen, die durch Mobile Computing vornehmlich mobiler IT durchgeführt und unterstützt werden.

Aus obiger Definition geht hervor, dass sich das Mobile Business nicht nur auf die Generierung von Mehrwerten im Sinne von neuen Geschäftsfeldern oder neuen

Geschäftsmodellen beschränkt, sondern auch unternehmensintern zur Verbesserung der Strukturen und Abläufe verwendet werden kann. Die ausschließliche Generierung von Mehrwerten im Sinne von neuen Geschäftsfeldern oder neuen Geschäftsmodellen wird in der Literatur als Mobile Commerce bezeichnet [Leh03], welches einen Teilbereich des Mobile Business darstellt. Abbildung 14 enthält eine Übersicht der unterschiedlichen Themenbereiche.

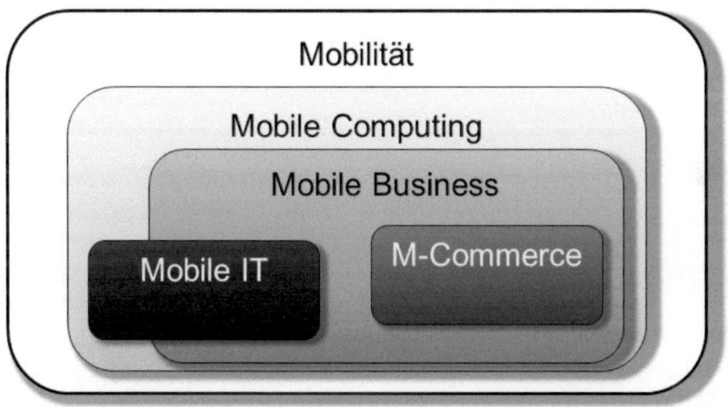

Abbildung 14: Übersicht der dargestellten Themenbereiche

Wesentlich im Mobile Business ist die Verwendung von Mobile Computing, im Speziellen der mobilen IT. Da eine Unterscheidung mobiler IT von "nicht-mobiler" IT im Hinblick auf die Verbesserung von Geschäftsprozessen durch bspw. die Verhinderung von Medienbrüchen eine wesentliche Rolle spielt, werden im folgenden Abschnitt die spezifischen Eigenschaften mobiler IT, denen im Rahmen der vorliegenden Arbeit gesonderte Aufmerksamkeit zukommt, detailliert beschrieben.

3.1.2 Mobile IT und deren Eigenschaften

Mobile IT umfasst alle Geräte, die Informations- und/oder Kommunikationstechnologie enthalten und aufgrund spezifischer Eigenschaften mobil genutzt werden können (vgl. Definition 3.3). Trotz der Einschränkung der Nutzung der mobilen IT enthält die Menge der mobilen IT eine Vielzahl an Geräten. Neben sehr kleinen Geräten wie bspw. Headsets zur Kommunikation, gehören auch größere Geräte wie Notebooks zur mobilen IT. Streng genommen gehören auch

RFID-Chips[46] nach Definition 3.3 zur mobilen IT. Aufgrund dessen wird im Rahmen dieser Arbeit die mobile IT auf spezifische Geräte reduziert. Es werden lediglich Geräte betrachtet, die einen Funktionsumfang besitzen, der dem Funktionsumfang stationärer Arbeitsplatzrechner ähnelt und die trotzdem mobil verwendet werden können. Um die Geräteklasse, die im Rahmen dieser Arbeit betrachtet wird, anhand ihrer spezifischen Eigenschaften identifizieren zu können, werden zunächst in Tabelle 3 die der Literatur entnommenen spezifischen Eigenschaften mobiler IT aufgelistet.

Referenz	Eigenschaften	Kommentare
Tschersich in [Tsc10]	• Lokalisierbarkeit • Ortsunabhängigkeit/Portabilität • Erreichbarkeit/ Grad der Vernetzung	Ein Gerät ist mobil, wenn es eine genaue Lokalisierung, eine hohe Ortsunabhängigkeit und eine hohe Erreichbarkeit besitzt.
Ballagas et al. in [BRS04]	• Geräte müssen personalisierbar sein	Die Geräte müssen die Möglichkeit besitzen, sowohl persönliche als auch geschäftliche Daten getrennt voneinander speichern zu können.
Perry et al. in [POS01]	• "single-handed" Nutzung • Multitasking-Nutzung	"Single-handed" beschreibt die vollständige Bedienung des Geräts mit nur einer Hand. Die Multitasking-Nutzung beschreibt die Möglichkeit, während das Gerät in einer Funktion genutzt wird, parallel andere Dinge zu tun (z.B. während des Gehens eine SMS-Nachricht[47] zu schreiben).

[46] Ein RFID-Chip (Radio Frequency Identification Chip) wird zur Lokalisierung und automatischen Identifizierung von Objekten verwendet. Da ein RFID-Chip auch mit Daten bespielt werden kann, zählt er nach Definition 3.3 zur mobilen IT [GoC09].

[47] Eine SMS-Nachricht ist eine kurze Textnachricht, die über den von Mobilfunkanbietern zur Verfügung gestellten Short Message Service versandt wird.

Barton et al. in [BZC06]	• Kleine Bildschirm- oder Displaygröße • Spezifische Benutzungsschnittstellen	Mobile Geräte besitzen meist kleinere Displays und spezifische Benutzungsschnittstellen, die aus dem Bereich der stationären IT in dieser Form weniger bekannt sind.
Watson et al. in [WaJ03]	• Identifikationseindeutigkeit • Lokalisierbarkeit • Portabilität • Konnektivität • Zugänglichkeit • Erreichbarkeit	Hervorzuheben aus der Eigenschaftsliste ist die Eigenschaft der Identifikationseindeutigkeit, die Watson et al. durch die Nutzung des mobilen Internets und die daraus resultierende Verwendung einer eindeutigen Kennung geknüpft an die Sim-Karte[48] erklären.
Müller-Wilken in [Mül02]	• eingeschränkte Sicherheit • variierende Kommunikationsbedingungen • eingeschränkte Benutzungsschnittstellen • hohe Marktdynamik • Heterogenität der Systeme • eingeschränkter Nutzungskontext • Größe der Geräte	Die Heterogenität der Systeme bezieht sich auf die unterschiedlichen Betriebssysteme, die auf mobilen Geräten zum Einsatz kommen.
Schiller in [Sch03]	• verdrahtet und statisch (herkömmlicher Arbeitsplatzrechner) • verdrahtet und mobil (Geräte müssen synchronisiert werden, sind aber mobil) • drahtlos und statisch (Arbeitsplatzrechner mit WLAN-Zugang) • drahtlos und mobil (mobile Geräte)	Schiller macht die Eigenschaften mobiler IT sehr stark an der Vernetzung der Geräte und deren Mobilität fest.

[48] Eine Sim-Karte (engl.: Subscriber Identity Module-Card) ist eine Chipkarte, die ein Nutzer eines Mobilfunkgeräts vom Mobilfunkanbieter zur Nutzung des Mobilfunknetzes überlassen bekommt. Mittels der Sim-Karte wird der Nutzer beim Mobilfunkanbieter identifiziert.

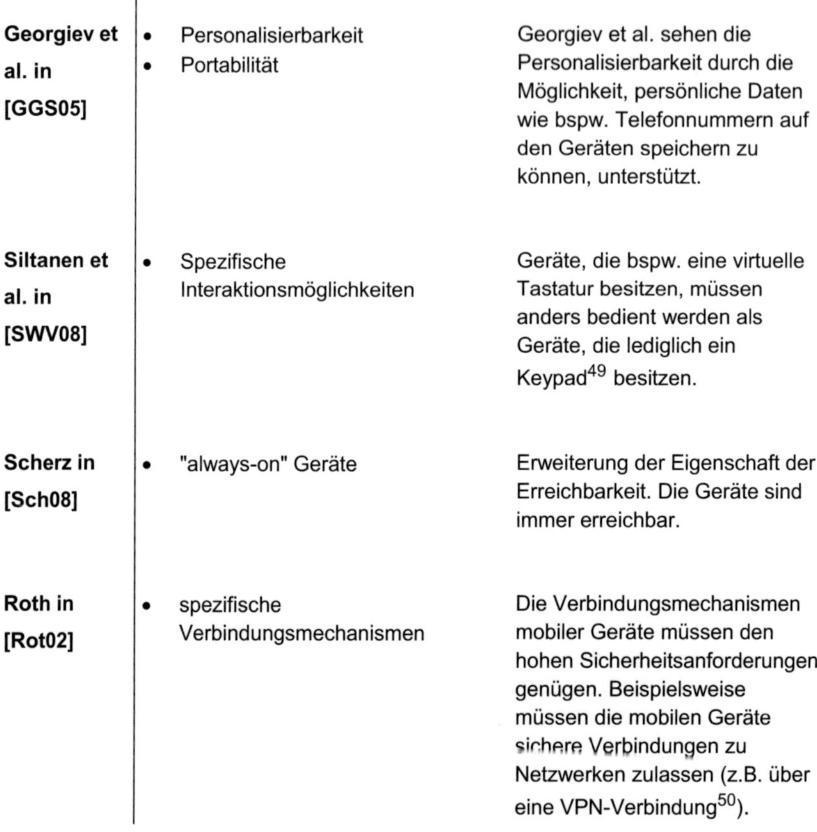

Georgiev et al. in [GGS05]	• Personalisierbarkeit • Portabilität	Georgiev et al. sehen die Personalisierbarkeit durch die Möglichkeit, persönliche Daten wie bspw. Telefonnummern auf den Geräten speichern zu können, unterstützt.
Siltanen et al. in [SWV08]	• Spezifische Interaktionsmöglichkeiten	Geräte, die bspw. eine virtuelle Tastatur besitzen, müssen anders bedient werden als Geräte, die lediglich ein Keypad[49] besitzen.
Scherz in [Sch08]	• "always-on" Geräte	Erweiterung der Eigenschaft der Erreichbarkeit. Die Geräte sind immer erreichbar.
Roth in [Rot02]	• spezifische Verbindungsmechanismen	Die Verbindungsmechanismen mobiler Geräte müssen den hohen Sicherheitsanforderungen genügen. Beispielsweise müssen die mobilen Geräte sichere Verbindungen zu Netzwerken zulassen (z.B. über eine VPN-Verbindung[50]).

Tabelle 3: Eigenschaften mobiler IT (der Literatur entnommen)

Aus den vorgestellten Eigenschaften lassen sich Merkmale ableiten, die die im Rahmen dieser Arbeit betrachteten Geräte beschreiben. Die zu betrachtenden Geräte verfügen im Vergleich zu stationärer IT über unterschiedliche spezifische Hardware- und Softwareeigenschaften. Jedoch orientieren sich die spezifischen Benutzungsschnittstellen der Geräte an den Schnittstellen, die von stationären Arbeitsplatzrechnern bekannt sind. Das heißt Arbeitsaufgaben können auf den Geräten durch andere Interaktion als am Arbeitsplatzrechner, aber mit dem gleichen Ergebnis, ausgeführt werden. Die Geräte werden als *hoch-mobile* oder *ultra-mobile Geräte* bezeichnet. Eine annähernd vollständige Auflistung hoch-mobiler Geräte findet sich unter [UMP11], wobei die Auflistung Netbooks und

---

[49] Ein Keypad beschreibt eine Telefontastatur mit Zahlen von 0-9 und zwei weiteren Tasten. Durch Mehrfachdruck der Tasten können unterschiedliche Buchstaben eingegeben werden.

[50] VPN steht für Virtual Private Network und stellt eine Möglichkeit dar, über eine Internet-verbindung eine gesicherte Verbindung zu einem Netzwerk aufzubauen.

Notebooks[51] enthält, die im Rahmen dieser Arbeit aus der Menge der hoch-mobilen Geräte ausgeklammert werden, da die Interaktion mit einem Netbook und einem Notebook der Interaktion mit einem stationären Arbeitsplatzrechner gleicht oder zumindest ähnelt. So muss man bspw. bei der Interaktion mit einem Note-/Netbook sitzen, da sich die Geräte nur sehr schlecht im Stehen bedienen lassen. Dies würde aber die Mobilität eines Nutzers sowie seine Aufgabenerfüllung, falls diese im Stehen auszuführen wäre, stark einschränken. Folglich gehören diese Geräte nicht zur betrachteten Geräteklasse.

Die Indikatormerkmale hoch-mobiler Geräte sind eine Teilmenge der Eigenschaften der mobilen IT. Sie können mit den jeweiligen Hardware-/Software-eigenschaften auf den Geräten verknüpft und zur Identifikation hoch-mobiler Geräte verwendet werden. Tabelle 4 gibt eine Übersicht über die Indikatormerkmale.

Indikatormerkmal	Hardware-/Software-Eigenschaften
Lokalisierbarkeit	• explizite Sensorik (z.B. GPS[52]-Sensorik) • implizite Sensorik, die zur Lokalisierung verwendet werden kann (z.B. WLAN[53], Mobilfunk etc.)
Ortsunabhhängigkeit/ Portabilität/ Allgegenwärtigkeit	• Akkulaufzeit bei annäherndem Dauerbetrieb des Geräts mit einer Laufzeit von mind. einem Tag • Maße und Gewicht, die ein leichtes Transportieren ermöglichen • Schnittstellen zur Datenübertragung (z.B. Bluetooth[54], NFC[55], WLAN)

[51] Als Notebooks werden portable Arbeitsplatzrechner bezeichnet, die über spezifische Hardware mobil genutzt werden können. Als Netbooks werden spezifische Notebooks bezeichnet. Netbooks sind kleiner und besitzen weniger Rechenleistung im Vergleich zu Notebooks.

[52] GPS steht für *Global Positioning System* und bezeichnet ein Satellitennavigationssystem, welches mittels Signallaufzeiten die aktuelle Position eines Empfängers auf der Erde ermitteln kann.

[53] WLAN steht für *Wireless Local Area Network* und bezeichnet ein Netzwerk, welches die drahtlose Übertragung von Daten mittels Funksignalen unterstützt.

Benutzerschnittstelle	• Spezifische Interaktionsmechanismen und graphische Benutzungsoberflächen (z.B. eine Tastatur, ein Display oder Softwareanwendungen wie eine Textverarbeitung)
Erreichbarkeit/ Grad der Vernetzung/ "always on" Zustand	• Schnittstelle in verschiedene globale Netzwerke zur Datenkommunikation (z.B. WLAN, UMTS[56], GPRS[57], LTE[58], WIMAX[59], etc.)
Sicherheit	• Sicherheitsrelevante Einstellungen (z.B. Browser-unterstützung von sicheren Verbindungen über das Internet, z.B. https-Verbindungen, oder die Möglichkeit der Konfiguration von VPN-Verbindungen)
Personalisierbarkeit	• Möglichkeit der Anpassung und Konfiguration von Gerätefunktionen auf individuelle Vorlieben. Dies inkludiert die Trennung von geschäftlichen und privaten Daten (z.B. in der Telefonbuchfunktion)

[54] Bluetooth ist ein Standard zur drahtlosen Datenübertragung zwischen Geräten über kurze Distanz.

[55] NFC steht für *Near Field Communication* und ist ein Standard zur drahtlosen Datenübertragung zwischen Geräten über sehr kurze Distanz. Im Vergleich zu Bluetooth ist keine vorherige Authentifizierung der Geräte, die kommunizieren möchten, notwendig.

[56] UMTS steht für *Universal Mobile Telecommunications System* und stellt einen Mobilfunkstandard der dritten Generation mit hohen Übertragungsraten dar, der für die Datenübertragung genutzt werden kann.

[57] GPRS steht für *General Packet Radio Service* und ist ein Mobilfunkstandard der zweiten Generation, der zur Datenübertragung genutzt wird.

[58] LTE steht für *Long Term Evolution* und ist ebenfalls ein Mobilfunkstandard zur Datenübertragung. LTE ist der Nachfolger von UMTS.

[59] WIMAX steht für *Worldwide Interoperability for Microwave Access* und ist eine drahtlose Zugangstechnik zum Breitbandinternet. WIMAX erlaubt deutlich höhere Übertragungsraten als WLAN.

Mehrfachnutzung	• Möglichkeit der Profilspeicherung (Unterstützung der einfachen Synchronisierung mit servergespeicherten Profilen (z.B. in der Nutzung von Email)
Multitasking-Nutzung	• Unterstützung von parallelen Tätigkeiten (z.B. Mechanismen, die eine Bedienung des Geräts mittels einer Hand durch spezifische Benutzerführung erlauben, damit mit der anderen Hand andere Tätigkeiten ausgeführt werden können, Protokolle zur Multitasking-Nutzung wie bspw. das Freisprechprofil für Bluetooth-Headsets A2DP[60])
Zugänglichkeit (mobiles Netzwerk)	• Zugriff auf das Gerät über eine Datenverbindung, wahlweise kabellos oder kabelgebunden (z.B. Möglichkeit der Synchronisierung mit dem stationären Arbeitsplatzrechner)
Handhabbarkeit	• Die Komplexität der Bedienung des Geräts darf die Komplexität der Bedienung stationärer IT nicht überschreiten (z.B. einfache Benutzerführung)

Tabelle 4: Indikatormerkmale mobiler Informationstechnologie

Mit Hilfe der Indikatormerkmale kann die Auswahl spezifischer IT für die Arbeitsaufgaben mobiler Entitäten im Unternehmen unterstützt werden (vgl. Kapitel 5). So verwendet bspw. ein Versicherungsvertreter beim Kunden ein anderes hoch-mobiles Gerät als ein Vorarbeiter auf einer Baustelle. Die Geräteauswahl muss auf die Situation und die Aufgabe des Aufgabenträgers abgestimmt werden (vgl. Kapitel 5).

---

[60] Das *Advanced Audio Distribution Profile* (*A2DP*) ist eine Technik, die eine Bluetooth-basierte Übertragung von Audio-Signalen an entsprechende Empfänger ermöglicht. Beispielsweise kommunizieren Freisprecheinrichtungen in Automobilen mit den Mobilfunkgeräten der Fahrer über das beschriebene Profil.

Um die Situationen mobiler Mitarbeiter in einem Unternehmen definieren zu können, werden im Folgenden unterschiedliche Formen von Mobilität mobiler Unternehmensmitarbeiter vorgestellt.

3.1.3 Formen von Mobilität im Unternehmen

Im Rahmen der Nutzung mobiler IT im Unternehmen ist neben der verwendeten Hard- und Software auch die Situation, in welcher die IT genutzt werden soll, entscheidend. Die Unterscheidungen hinsichtlich der Einsatzsituationen mobiler Mitarbeiter im Unternehmen, die in der Literatur gemacht werden, werden im Folgenden aufgezeigt.

Kakihara et al. untersuchen in [KaS04] sogenannte *mobile professionals*. Mobile professionals sind Mitarbeiter eines Unternehmens (angestellt oder freiberuflich tätig), die vermehrt mobil sind und in dieser Zeit mobile IT nutzen. Kakihara et al. unterscheiden drei verschiedene Formen von Mobilität [KaS04]:

- *Locational mobility*
- *Operational mobility*
- *Interactional mobility*

Die *locational mobility* beschreibt die physische Bewegung eines Menschen. Diese kann nach Kristoffersen und Ljundberg in drei weitere Formen unterteilt werden: *Travelling, wandering und visiting* [KrL99].

- *Travelling* (deutsch: Reisen) beschreibt einen Ortswechsel unter Verwendung eines Hilfsmittels, z.B. einem Auto oder der Bahn. Für die Nutzung der mobilen IT im Rahmen dieser Form der Mobilität ist vor allem entscheidend, inwieweit der Nutzer mit der mobilen IT interagieren muss. Beispielsweise benötigt die mobile IT andere Interaktionsschnittstellen, wenn der Nutzer das Beförderungsmittel selbst steuert (wie z.B. im Auto) oder keinen Internetzugang besitzt (wie z.B. im Flugzeug oder vereinzelt im Zug bei sehr hoher Geschwindigkeit).
- *Visiting* (deutsch: Besuchen) beschreibt den Zustand eines Nutzers, sich an einem Ort temporär aufzuhalten, bevor er an einen anderen Ort wechselt. Der Nutzer ist zwar physisch mobil, interagiert mit der IT aber nur an den einzelnen Besuchsorten. Nach Kristoffersen und Ljundberg kann ein Nutzer in dieser Form der Mobilität auch bereits vor Ort existierende, stationäre IT nutzen [KrL99]. Diese Art der Mobilität ist nach Definition

3.1 nicht mobil, da der Nutzer während der physischen Mobilität keine Informationen verarbeiten, senden oder empfangen kann. Bringt der Unternehmensmitarbeiter IT an den Besuchsort mit, kann davon ausgegangen werden, dass es sich um mobile IT handelt.

- *Wandering* (deutsch: Wandern) beschreibt die Nutzung mobiler IT während der Bewegung zwischen zwei Orten, wobei die Bewegung auf ein spezifisches Gelände bzw. einen spezifischen Bereich beschränkt ist (bspw. das Unternehmensgebäude, welches nicht verlassen wird)

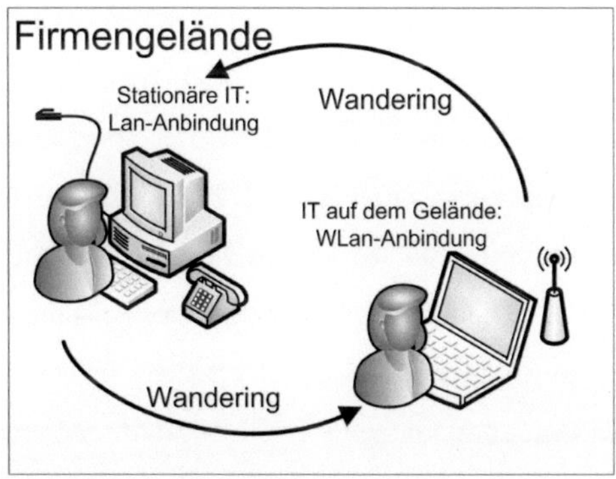

Abbildung 15: Wandering eines mobilen Mitarbeiters in Anlehnung an [KrL99, S. 2]

Kristoffersen und Ljundberg unterscheiden auf Basis ihrer Unterteilung in die einzelnen Formen der Mobilität unterschiedliche Gerätenutzung [KrL99]. Dargestellt ist die Verknüpfung der Geräte mit den Formen der Mobilität in Abbildung 15 und Abbildung 16. In Abbildung 15 ist das Wandering auf einem Firmengelände dargestellt. Der Mitarbeiter kann mobile IT während seiner Bewegung auf dem Firmengelände nutzen. Wechselt der Mitarbeiter lediglich von Standort zu Standort, hält sich an jedem Standort nur temporär auf und nutzt die stationäre IT am Standort, so stellt dies o.g. Visiting dar. Das o.g. Travelling ist in Abbildung 16 dargestellt. Diese Form der Mobilität erfordert zwingend hochmobile IT, da der Mitarbeiter mobil Zugriff auf seine Daten benötigt und erreichbar sein muss.

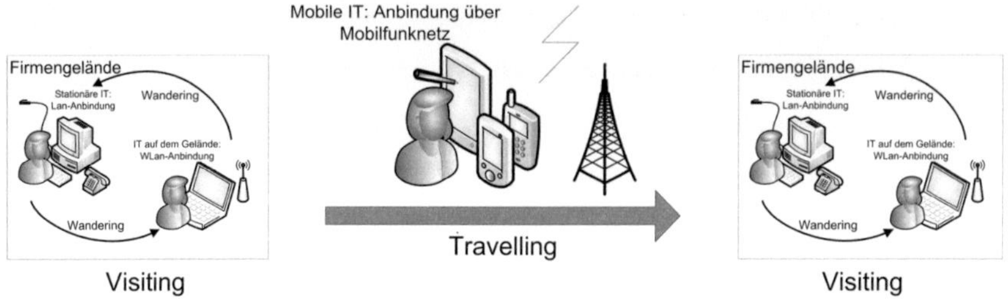

Abbildung 16: Travelling eines mobilen Mitarbeiters in Anlehnung an [KrL99, S.2]

Bezog sich die locational mobility auf die geografische Positionsveränderung der mobile professionals und deren Arbeitsplatzwechsel, wird der Begriff der *operational mobility* nach [KaS04] im Zusammenhang mit sogenannten "*business units*" (spezifischen Einheiten im Unternehmen, z.B. spezifische Mitarbeiter oder eine Gruppe domänenspezifischer Experten, z.B. Softwareentwickler) benutzt. Mit Hilfe der business units soll im Unternehmen Flexibilität erreicht werden. Unterstützt durch mobile IT kann der Einsatz der business units dynamischer und flexibler erfolgen. Die Einheiten/Mitarbeiter erhalten Arbeitsanweisungen direkt auf das hoch-mobile Gerät und können schneller darauf reagieren.

Die *interactional mobility* beschreibt die Notwendigkeit, dass mobile Mitarbeiter in der Ausübung ihrer Tätigkeit ständig mit anderen Personen oder mit ihnen nicht vertrauten Maschinen interagieren müssen [KaS04]. Dieser Aspekt ist bei der Wahl der unterstützenden mobilen IT entscheidend. Muss z.B. der Vertriebsmitarbeiter bei einem älteren Kunden Dokumente auf seinem hoch-mobilen Gerät präsentieren, so sollte das Gerät eine spezifische Darstellung unterstützen (z.B. eine Vergrößerung der Ansicht der Dokumente).

Zusammenfassend sind nach Kakihara et al. die Situation bzw. die Form der Mobilität, in der ein Mitarbeiter mit mobiler IT unterstützt werden soll, ein wesentliches Kriterium für die Wahl der unterstützenden mobilen IT.

Vergleichbar mit der Unterteilung in unterschiedliche Formen von Mobilität nach Kakihara et al. [KaS04] unterscheiden Khodawandi et al. mobile Arbeitsplätze im Unternehmen [KPW03]. Folgende Kategorien werden verwendet:

- Mitarbeiter mit Fachfunktionen, die auf dem Firmengelände mobil sind. Ein Beispiel wäre ein Lagerarbeiter, der Waren von einem Ort an einen anderen Ort auf dem Firmengelände bringt.

- Mitarbeiter mit Fachfunktionen, die außerhalb des Firmengeländes mobil sind. Ein Beispiel wären Vertriebsmitarbeiter, die Termine beim Kunden wahrnehmen.
- Mitarbeiter mit Fach- und Führungsfunktionen in Organisationen, deren operatives Geschäft mobil durchgeführt wird. Beispiele wären Speditionsfirmen oder Baufirmen.
- Entscheidungsträger, die unabhängig von ihrem Aufenthaltsort Entscheidungen treffen müssen.

Diese Unterteilung macht ebenfalls deutlich, dass die Wahl der mobilen IT zur Unterstützung der Mitarbeiter des Unternehmens wesentlich von der Tätigkeit und der Form der Mobilität der Mitarbeiter abhängig ist. Die Analyse der Situation eines Mitarbeiters ist Grundvoraussetzung für die Wahl der unterstützenden mobilen IT. Darüber hinaus kann die Beschreibung der Situation und deren eventuellen Änderungen basierend auf der Mobilität der Mitarbeiter als Identifikator für die Mobilität dienen (vgl. Kapitel 4). Aufgrund dessen wird im folgenden Abschnitt auf die Beschreibung der Situation eines mobilen Mitarbeiters näher eingegangen.

3.2 Grundlagen von Kontext

Die Situation einer Entität bzw. eines Mitarbeiters eines Unternehmens kann sich aufgrund physischer Mobilität dynamisch ändern. Die Gesamtheit aller Merkmale, mit denen die Situation einer Entität beschrieben werden kann, wird als Kontext bezeichnet. Da sich die Situation einer Entität ändern kann, kann sich auch der Kontext ändern. Begibt sich bspw. ein Mitarbeiter aus dem Regen in ein Gebäude, so ändern sich die Wetterverhältnisse der Situation, in der sich der Mitarbeiter befindet. Um eine computergestützte Verarbeitung der Merkmale, die eine Situation beschreiben, zu ermöglichen, muss die grundlegende Terminologie wie der Begriff des Kontextes oder der Elemente des Kontextes, wie bspw. die Kontextinformationen, definiert werden.

Da die in dieser Arbeit vorgestellte Methode zur Identifikation mobiler Teilprozesse (vgl. Kapitel 4) die sich ändernden Merkmale einer Situation zur Identifikation der mobilen Teilprozesse im Geschäftsprozess nutzt, befasst sich der folgende Abschnitt mit den Grundlagen von Kontext. Es werden Begriffserklärungen für Kontext und Kontextinformation gegeben, bevor im Anschluss dargestellt wird, wie die Informationen der Situation einer Entität Rückschlüsse auf die Mobilität der Entität zulassen.

3.2.1 Begriffserklärungen für Kontext und Kontextinformation

Im Folgenden wird auf die unterschiedlichen Begriffserklärungen von Kontext und Kontextinformation in der Literatur eingegangen. Im Anschluss daran werden die Definitionen von Kontext und Kontextinformation, wie beide Begrifflichkeiten im Rahmen dieser Arbeit verstanden werden, hergeleitet.

In [SAW94] wird Kontext erstmals in Verbindung mit IT beschrieben. Kontext besteht aus Informationen, die von Anwendungen der IT verarbeitet werden können, und ist durch drei wesentliche Aspekte definiert [SAW94]:

- Informationen über die Lokation, an welcher sich eine Person befindet.
- Informationen über die Personen, die sich ebenfalls an besagter Lokation aufhalten und
- Informationen über Objekte, die sich in der Nähe der Person befinden und von dieser manipuliert werden können.

Darüber hinaus werden weitere Informationen wie die Lichtverhältnisse, der Geräuschpegel oder auch das soziale Umfeld der Person (z.B. die gesellschaftliche Stellung der Person) genannt, die ebenfalls zum Kontext zählen.

Schmidt erweitert den Begriff des Kontextes bzw. die Menge der Merkmale einer Situation und definiert Kontext u. a. durch folgende Punkte [SBG98]:

- Kontext ist die Beschreibung einer Situation oder der Umgebung, in welcher sich ein Benutzer oder ein Gerät befindet.
- Für jeden Kontext ist eine Menge an Charakteristika relevant.
- Zur Ermittlung des Kontextes wird für jedes relevante Charakteristikum ein Wert ermittelt.

Die Merkmale, aus denen sich der Kontext einer Situation zusammensetzt, können im einem Modell, vorgestellt von Schmidt et al., in zwei Kategorien unterteilt werden (die personengebundenen Faktoren und die Faktoren der physischen Umgebung). Beide Kategorien werden in Unterkategorien verfeinert, wie in Abbildung 17 vereinfacht dargestellt.

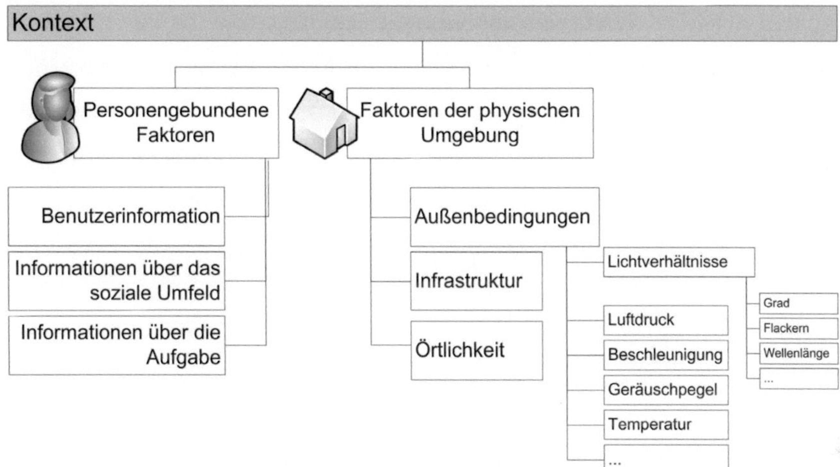

Abbildung 17: Hierarchische Kategorisierung von Kontext in Anlehnung an [SBG98, S.3]

Ab einer spezifischen Granularitätsstufe werden die Kategorien nicht weiter verfeinert und die Merkmale können Zuständen gleichgesetzt werden. So gilt für die Lichtverhältnisse in Abbildung 17 der Zustand eines spezifischen Helligkeitsgrads, des Verhaltens (z.B. flackernd) und einer spezifischen Wellenlänge.

Dey verallgemeinert Kontext in seiner Definition und vernachlässigt die einzelnen Bestandteile [DAP97, Dey01, Dey00]: Kontext ist jede Information, die zur Beschreibung der Situation einer Entität verwendet werden kann. Eine Entität kann eine Person, eine Lokation oder ein Objekt sein und ist für die Interaktion eines Benutzers mit einer Anwendung relevant.

Chen verfeinert die Definition nach Dey und bezeichnet Kontext als eine Menge von Zuständen der Umgebung sowie eine Menge von Eigenschaftswerten der Umwelt [ChK00]. Beide Mengen können entweder das Verhalten einer Applikation beeinflussen oder Ursache für ein anwendungsspezifisches Ereignis sein, welches für den Benutzer der Applikation von Interesse sein kann [ChK00]. Trunko baut die Definition von Chen und Dey weiter aus, indem er den Faktor Zeit explizit in seine Definition mit aufnimmt [Tru11]. Für Trunko ist Kontext die Menge aller Informationen, die die Situation einer Entität zu einem bestimmten Zeitpunkt charakterisieren. Des Weiteren kann die Information das Verhalten eines Dienstes entsprechend der Situation der Entität anpassen [Tru11].

Von einer Verwendung bzw. Verarbeitung des Kontextes durch eine Anwendung oder einen Dienst gehen auch die Definitionen von Dey und Chen aus. Anwendungen und Dienste dieser Art werden als *kontextsensitiv* bezeichnet. Der

Kontext wird in derartigen Anwendungen und Diensten für ein situationsabhängiges Verhalten derselben verwendet, welches ohne Benutzerinteraktion ausgeführt werden kann. Beispielsweise kann die Helligkeit der Umgebung, die mittels eines Helligkeitssensors im Gerät erfasst wird, die Bildschirm-/Display-Helligkeit eines Geräts ohne manuelles Eingreifen des Benutzers steuern. Eines der ersten kontextsensitiven Systeme war das *PARCTAB Mobile Computing System,* entwickelt von Schilit et al. [SAW94, SAG93].

Wird Kontext als eine Menge von Elementen betrachtet, so sind neben den Elementen, die in einer kontextsensitiven Anwendung/einem kontextsensitivem Dienst verwendet werden, weitere Elemente Teil des Kontextes, die jedoch nicht relevant für die Anwendung/den Dienst sind. Aus diesem Grund wird in der Literatur zwischen *Kontext* und *Kontextinformation* unterschieden. Eine Information, die Teil des Kontextes einer Situation ist, wird zur Kontextinformation, wenn sie für die Anpassung einer Anwendung/eines Dienst verwendet wird [HKL03, Kra06, Win01] und somit zur Laufzeit in expliziter Form vorliegt und in der Absicht verwendet wird, den Nutzer bei der Interaktion mit der Anwendung/dem Dienst zu unterstützen [Dec11]. Die Information charakterisiert die Situation der Entität und beeinflusst durch deren Verwendung das Verhalten eines Dienstes [Tru11]. Darüber hinaus kann aus mehreren Kontextinformationen durch intelligente Verknüpfung weiterer Kontext generiert werden. Hierbei muss zwischen Inferenz, sogenanntem *logischen Schließen* [Fuc08, Giu93] und der Aggregation von Kontextinformationen [ChK02] unterschieden werden. Ein Beispiel für die Aggregation von Kontextinformationen ist die Zusammenfassung aller erfassbaren Informationen über eine Situation zu deren Kontext. Ein Beispiel für logisches Schließen wäre, dass eine Kontextinformation über den Herzschlag eines Patienten und eine Kontextinformation über die Außentemperatur Aufschluss darüber geben, ob ein Patient unterkühlt ist.

In der Literatur wird zwischen Kontextinformation, die "direkt" ohne weitere Verarbeitung das Verhalten einer Anwendung/eines Dienstes beeinflusst, und Kontextinformation, die erst durch intelligente Verknüpfung entsteht und dann verwendet werden kann, unterschieden. In [Win01] werden diese beiden Mengen als physikalischer und virtueller Kontext bezeichnet. Dey nennt diese Mengen primären und sekundären Kontext [Dey01]. In [ChK00] ist von "*low-level*" und "*high-level*" Kontext die Rede. In [Bre99] wird sogar davon ausgegangen, dass jeder Kontext mit einem anderen Kontext verwandt ist und so eine Beziehung zwischen den einzelnen Kontextmengen und Kontextinformationsmengen existiert.

Im Rahmen dieser Arbeit wird der Kontext einer Situation zur Identifikation von Mobilität in Geschäftsprozessen verwendet. Hierfür wird der Kontext der einzelnen Aufgabenträger in deren Rollen in den einzelnen Aktivitäten im Geschäftsprozess untersucht. Der Kontext der Situation, in der sich ein Aufgabenträger während seiner Aufgabenerfüllung befindet, wird analysiert (vgl. Kapitel 4).

Kontext wird im Rahmen der vorliegenden Arbeit in Anlehnung an [Dey01] wie folgt definiert:

Definition 3.5: Kontext

Kontext umfasst alle Informationen, die genutzt werden können, um die Situation einer Entität bzw. eines Aufgabenträgers während dessen Aufgabenerfüllung zu beschreiben. Ein Aufgabenträger kann eine Person oder ein Gerät sein. Die Situation eines Aufgabenträgers kann sich während seiner Aufgabenerfüllung verändern. Elemente der Menge können Informationen über Entitäten, Attribute oder Relationen sein.

Basierend auf dieser Definition für Kontext wird der Begriff *Kontextinformation* im Rahmen dieser Arbeit wie folgt definiert:

Definition 3.6: Kontextinformation

Eine Information heißt Kontextinformation, wenn sie

- entweder dazu genutzt werden kann, die Situation eines Aufgabenträgers zu beschreiben
- oder die Interaktion einer Anwendung, eines Dienstes oder einer Entität mit einem Aufgabenträger beschreibt.

Eine Kontextinformation kann eine Information über eine Entität, ein Attribut oder eine Relation sein.

Die im Rahmen dieser Arbeit verwendeten Kontextinformationen beschränken sich auf Informationen, die zur Beschreibung der Situation einer Entität aus einem

Geschäftsprozess-Schema extrahiert werden können (vgl. Abschnitt 4.2.1). Hierbei handelt es sich vornehmlich um primäre Kontextinformationen, aus der in einem Folgeschritt sekundäre Kontextinformation gewonnen wird. Es wird die Identifikation von Mobilität einer Entität im Geschäftsprozess-Schema fokussiert. Die hierzu notwendigen Schritte einer Verknüpfung einzelner Kontextinformationen und der daraus resultierenden Information über die Mobilität einer Entität werden in Abschnitt 4.2 im Rahmen der Vorstellung der Methode zur Identifikation mobiler Teilprozesse in Geschäftsprozesse näher erläutert.

Neben situationsabhängiger Information, die zur Identifikation mobiler Teilprozesse benutzt wird, spielt auch die menschliche Interaktion mit den maschinellen Ressourcen (den hoch-mobilen Geräten) in mobilen Teilprozessen eine wichtige Rolle. Erst durch die auf den Aufgabenträger in dessen Rolle abgestimmte Nutzung eines hoch-mobilen Geräts im Geschäftsprozess kann die Aufgabenausführung effizient und effektiv unterstützt werden. Dementsprechend wird die menschliche Interaktion mit den hoch-mobilen Geräten in der hybriden Simulation der mobilen Geschäftsprozesse analysiert (vgl. hierzu Kapitel 4 und Kapitel 5). Die hybride Simulation der mobilen Mensch-Maschine Interaktion in den mobilen Teilprozessen ermöglicht die Identifikation von Verbesserungspotenzialen in den Geschäftsprozessen. Aus diesem Grund werden im Folgenden Grundlagen der Mensch-Maschine Interaktion sowie der mobilen Mensch-Maschine Interaktion vorgestellt.

3.3 Grundlagen der Mensch-Maschine Interaktion

In Geschäftsprozessen existieren nach Definition 2.1 Aufgabenträger, die unterschiedliche Aufgaben erfüllen. Findet die Aufgabenerfüllung eines menschlichen Aufgabenträgers computergestützt statt, so wird eine Maschine bzw. ein Computer zur Unterstützung des Menschen eingesetzt und der Mensch muss mit der Maschine kommunizieren bzw. interagieren. Handelt es sich um einen mobilen Aufgabenträger, der von IT unterstützt wird, so findet die Kommunikation mit der IT mobil statt. Eine möglichst reibungslose Kommunikation des Menschen mit der Maschine ist angestrebt, damit eine ideale Unterstützung erreicht wird [Dah05]. Verhält sich die Maschine in der Kommunikation nicht den Erwartungen des Menschen entsprechend, so kann dies unterschiedliche Folgen haben. Aus [Dah05] wird ein Auszug möglicher Folgen gegeben:

- Der Aufgabenträger ist frustriert und seine Motivation sinkt.
- Die Arbeitszeit des Aufgabenträgers wird nicht mit der Aufgabenerfüllung verbracht, sondern mit der Kommunikation mit der Maschine, die ihn eigentlich unterstützen soll.
- Der Mehrwert, der durch die Maschine und deren Unterstützung erreicht werden soll, ist nicht vorhanden.

Aus den aufgeführten Punkten geht hervor, dass die Kommunikation des Menschen mit der Maschine einen wesentlichen Teil zur erfolgreichen Aufgabenerfüllung beiträgt. Dies kann sich auch auf die Gestaltung der Geschäftsprozesse auswirken. Mögliche Verbesserungen wie die Reduzierung der Arbeitsschritte durch den effizienten Einsatz und die effiziente Interaktion mit der mobilen IT sind denkbar. Die hybride Simulation (vgl. Abschnitt 5.2) der Geschäftsprozesse erlaubt die Analyse der Arbeitsschritte, in denen der Mensch mit der Maschine interagiert und von dieser in seiner Aufgabenerfüllung unterstützt werden soll.
Bevor auf die Methode zur Realisierung der hybriden Simulation eingegangen werden soll (vgl. Abschnitt 5.2), werden in den folgenden Abschnitten die Grundlagen der Mensch-Maschine Interaktion (engl.: Human Computer Interaction, HCI) vorgestellt.

3.3.1 Mensch-Maschine Interaktion und mobile Mensch-Maschine Interaktion

Die Interaktion des Menschen mit der Maschine basiert auf den menschlichen Erfahrungen in der Kommunikation mit anderen Menschen [Dah05]. Der Mensch möchte mit einer Maschine in der Form interagieren, in der er mit einem Menschen kommunizieren würde. Daher muss die Maschine an diese Form der Kommunikation angepasst sein und auf diese reagieren können.
Die Kommunikation eines Menschen mit einem anderen Menschen findet nach Dahm [Dah05, S. 113] auf unterschiedlichen Ebenen statt und ist in Abbildung 18 dargestellt. Auf der syntaktischen Ebene wird die Grundlage für eine Kommunikation geschaffen. Beispielsweise einigen sich die Kommunikationspartner auf ein Alphabet. Auf der semantischen Ebene werden die einzelnen Zeichen einer Bedeutung zugeordnet. Auf der pragmatischen Ebene findet das sprachliche Handeln statt: Treten bspw. Probleme auf der syntaktischen oder semantischen Ebene auf, so können diese auf der pragmatischen Ebene gelöst werden. Ist einem

Kommunikationspartner bspw. die Bedeutung eines Fremdworts nicht bekannt, so kann er dies in der Kommunikation auf der pragmatischen Ebene erfragen.

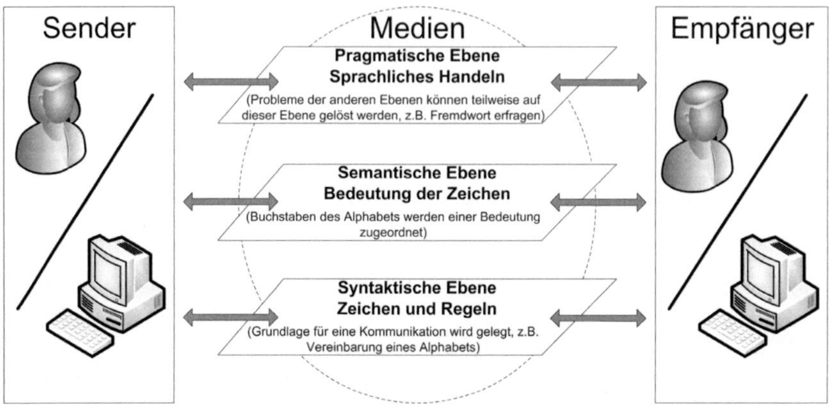

Abbildung 18: Ebenen einer Kommunikation in Anlehnung an [Dah05, S.113]

Eine Maschine sollte sich in der Interaktion mit dem Menschen, soweit überhaupt möglich, ähnlich einem Menschen und seinen Möglichkeiten zu kommunizieren, verhalten. Um diese Möglichkeiten besser bestimmen zu können, bedarf es einer genauen Definition der Mensch-Maschine Interaktion, die auf Basis von Definitionen aus der Literatur im Anschluss hergeleitet wird.

Nach Hewett ist die Mensch-Maschine Interaktion eine Disziplin, die sich mit dem Design, der Evaluation und der Implementierung von interaktiven Computersystemen für die Benutzung durch Menschen beschäftigt sowie der Untersuchung der wesentlichen Phänomene in diesem Kontext [Hew92]. In [Bux95] werden die Begrifflichkeiten *Vordergrund* und *Hintergrund* im Rahmen der Interaktion eingeführt. Vordergrund-Interaktionen mit der Maschine finden beim Menschen bewusst statt und werden als intentionale Interaktion bezeichnet. Hintergrund-Interaktionen finden im Hintergrund, hinter den Vordergrund-Interaktionen, in der Peripherie statt[61]. In [Sch00] wird diese Unterteilung aufgegriffen. Eine explizite Interaktion ist die gewöhnliche Interaktion mit einer Maschine: Der Nutzer teilt der Maschine mehr oder weniger abstrakt dessen

[61] Die Interaktion des Drückens einer Taste an einem Automaten kann als Vordergrund-Interaktion bezeichnet werden. Bewegen sich zeitgleich die Augen des Ausführenden der Interaktion in Richtung Bildschirm des Automaten, weil auf diesem eine Rückmeldung erwartet wird, so handelt es sich bei der Augenbewegung um eine Hintergrund-Interaktion. Auch diese Interaktion kann vom System mittels Sensorik erkannt werden.

Aufgabe mit (z.B. bei einem Computer per Kommandozeile oder durch direkte Manipulation mittels einer graphischen Benutzungsoberfläche, gestenbasiert oder per Spracheingabe). Eine implizite Interaktion ist eine spezifische Aktion, die vom Nutzer ausgeführt wird und die als primäres Ziel nicht die Interaktion mit dem computerisierten System hat. Trotz allem kann diese Interaktion aber vom System als Eingabe verstanden werden.

Dix [Dix04] beschreibt die Mensch-Maschine Interaktion als jede Kommunikation zwischen einem Menschen und einem Computer. Dix unterscheidet zwischen einer direkten Interaktion, die einen Dialog mit Rückmeldung und damit die Kontrolle über die Erfüllung einer Aufgabe beschreibt, und einer indirekten Interaktion, die bspw. die Interaktion intelligenter Sensorik mit der Umwelt beschreibt. Wesentlich ist, dass mit der Interaktion durch den Menschen ein Ziel verfolgt wird. Nach Dahm [Dah05] ist ein interaktives System ein System, bei dem der Benutzer während der Bedienhandlung den Arbeitsablauf des Systems beeinflussen kann. In [WiO05] wird die direkte Interaktion als explizite Interaktion bezeichnet und beinhaltet den größten Anteil aller täglich ausgeführten Maus- und Tastatur-Interaktionen eines Menschen mit einem Computer, bei denen der Mensch eine Aktion initiiert und eine zeitnahe Antwort erwartet. Implizite Interaktionen benutzen passives Verfolgen von Aktivitäten des Menschen über eine längere Zeit und resultieren in der Veränderung einiger Aspekte der restlichen Interaktion [WiO05]. Nach Te'eni et al. umfasst das Themenfeld der Mensch-Maschine Interaktion die Art und Weise, wie Menschen mit Maschinen interagieren, d.h. mit den Abläufen, an denen Menschen beteiligt sind, den Ressourcen, die von ihnen verwendet werden, und dem Ziel, das sie erreichen möchten [TCZ07]. Nach Karray et al. befasst sich die Mensch-Maschine Interaktion nicht ausschließlich mit der Interaktion, sondern auch mit der Gestaltung der Schnittstellen, die zur Bedienung der Maschine und zur Interaktion mit der Maschine genutzt werden. Die Gestaltung einer graphischen Benutzungsschnittstelle eines Computers gehört folglich auch zur Mensch-Maschine Interaktion [KAS08].

Auf Basis der Definitionen aus der Literatur wird die Mensch-Maschine Interaktion im Rahmen dieser Arbeit wie folgt definiert:

Definition 3.7: Mensch-Maschine Interaktion

Die Mensch-Maschine Interaktion bezeichnet die Kommunikation eines Menschen mit einem Gerät der Informations- und Kommunikationstechnologie und die damit zusammenhängenden Voraussetzungen (bspw. das Design der Benutzungsschnittstelle). Es wird zwischen impliziter und expliziter Interaktion unterschieden. Explizite Interaktion bezeichnet die bewusste und gewollte Interaktion des Menschen mit dem Gerät. Es werden Schnittstellen (auch Modalitäten genannt) explizit zur Kommunikation genutzt. Implizite Interaktion bezeichnet eine Aktion des Menschen, die als primäres Ziel nicht die Interaktion mit der Maschine hat, aber von dieser als Eingabe verstanden werden kann.

Der Unterschied zwischen expliziter und impliziter Interaktion wird im Folgenden durch ein Beispiel aus [Sch00] verdeutlicht:
Eine Mülltonne besitzt die Möglichkeit, Strichcodes der Verpackungen, die eingeworfen werden, zu scannen und zu protokollieren. Aus den protokollierten Daten wird eine Einkaufsliste erstellt. Die explizite Interaktion des Benutzers mit dem System ist das Wegwerfen der Verpackung des Produktes. Die implizite Interaktion besteht darin, dass dem System durch das Wegwerfen "indirekt" mitgeteilt wird, dass das weggeworfene Produkt auf die Einkaufsliste geschrieben werden soll.
Im Rahmen der hybriden Simulation mobiler Teilprozesse (vgl. hierzu Kapitel 5) wird vornehmlich die (implizite als auch explizite) Interaktion mit mobiler IT untersucht. Aus diesem Grund wird im Folgenden erläutert, inwieweit ein Unterschied zwischen der Mensch-Maschine Interaktion und der mobilen Mensch-Maschine Interaktion existiert. In der Literatur wird die mobile Mensch-Maschine Interaktion ebenfalls von der Mensch-Maschine Interaktion abgegrenzt.
Bereits Abowd et al. stellten fest, dass sich die Interaktion mit einem Computer aufgrund mobiler Technologien verändern wird [AAH97]. Die mobile Mensch-Maschine Interaktion ist eine Teilmenge der Mensch-Maschine Interaktion. Love beschreibt die mobile Mensch-Maschine Interaktion in [Lov05] als die Lehre der Beziehung (der Interaktion) zwischen Menschen und mobilen Informationssystemen oder mobilen Anwendungen, die im Alltag genutzt werden.
Jaimes et al. heben in [JaS05, JaS07] die multimodale Mensch-Maschine Interaktion im Bereich der mobilen Mensch-Maschine Interaktion hervor. Dies

bedeutet, dass im Bereich der Interaktion mit mobiler IT meist mehrere Modalitäten (Schnittstellen) zur Kommunikation mit der Maschine für einen Arbeitsschritt genutzt werden. So kann es bspw. notwendig sein, dass eine Taste gedrückt wird, während das mobile Gerät in der Hand bewegt wird, um eine Initialisierung des Kompasses im Gerät zu erreichen (vgl. Abbildung 19).

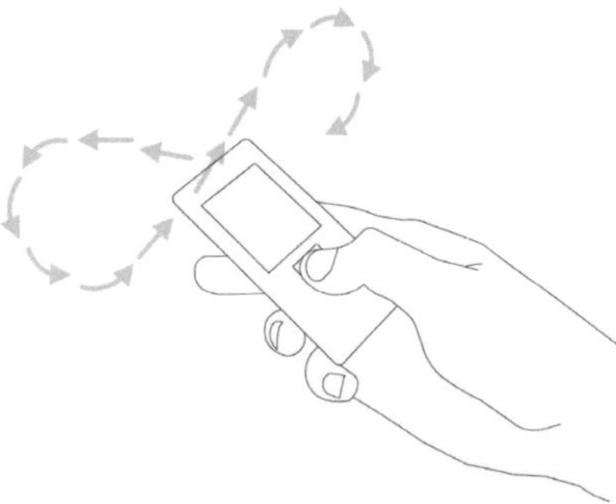

Abbildung 19: multimodale Interaktion zur Kompass-Kalibrierung

Aufbauend auf den Definitionen aus der Literatur wird die mobile Mensch-Maschine Interaktion im Rahmen dieser Arbeit wie folgt definiert:

Definition 3.8: mobile Mensch-Maschine Interaktion

Die mobile Mensch-Maschine Interaktion ist eine Teilmenge der Mensch-Maschine Interaktion und bezeichnet die Interaktionen eines Menschen mit einem Gerät der mobilen IT. Die Interaktionen können während der Mobilität des Menschen stattfinden. Die Mobilität des Menschen darf durch die Interaktionen nicht eingeschränkt werden.

Die Interaktionen finden, aufgrund der unterschiedlichen Modalitäten der mobilen IT, vermehrt multimodal statt. Analog zur allgemeinen Mensch-Maschine Interaktion wird auch hier zwischen expliziter und impliziter Interaktion unterschieden.

Aufgrund der Vielzahl an Modalitäten und Interaktionsmöglichkeiten für den Menschen mit der Maschine werden im Folgenden die unterschiedlichen Modalitäten der Mensch-Maschine Interaktion vorgestellt.

3.3.2 Modalitäten der Mensch-Maschine Interaktion

Die Mensch-Maschine Interaktion ist an die Ein- und Ausgabekanäle des Menschen gebunden, da der Mensch über diese Kanäle Informationen mit seiner Umwelt austauscht [Dix04]. Ein- und Ausgabekanäle sind beim Menschen die menschlichen Sinne. Soll eine Maschine mit einem Menschen interagieren, so ist eine Kommunikation nur dann möglich, wenn die Informationen über diese Kanäle übertragen werden. Wenn eine Maschine die menschlichen Sinne ansprechen kann, so wird sie vom Menschen "verstanden". Im Gegenzug muss die Maschine Schnittstellen zur Verfügung stellen, damit der Mensch mit ihr kommunizieren kann. Von den fünf Sinnen des Menschen (Geruchs-, Wahrnehmungs-, Gehör-, Tast- und Geschmackssinn) werden in der Mensch-Maschine Interaktion der Wahrnehmungs-, der Tast- und der Gehörsinn am häufigsten benutzt [Dix04]. Für diese Sinne besitzen die Maschinen Modalitäten, die ihnen in einer Kommunikation sowohl die Rolle als Sender als auch als Empfänger ermöglichen. Abbildung 20 gibt einen Überblick über einige Modalitäten, die von der Maschine zur Verfügung gestellt und verwendet werden.

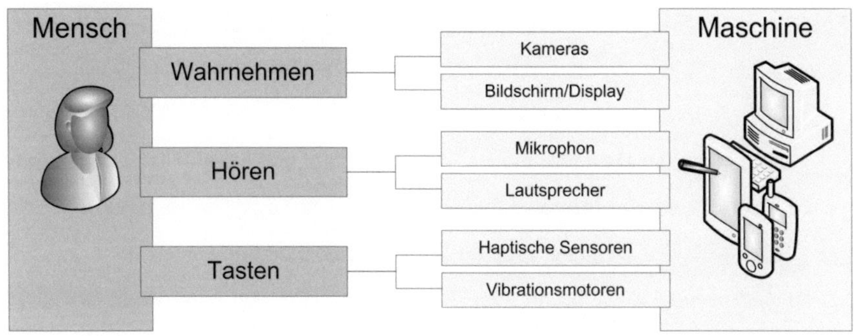

Abbildung 20: Modalitäten der Maschine für die wichtigsten menschlichen Sinne

Der Wahrnehmungssinn wird in der Maschine durch Kameras realisiert. Ist die Maschine Sender in der Kommunikation und soll den Wahrnehmungssinn des Menschen ansprechen, so werden Bildschirme oder Displays verwendet. Haptische Sensoren und Vibrationsmotoren sind die Modalitäten, die den Tastsinn ansprechen und repräsentieren. Mikrofone und Lautsprecher bilden die Modalitäten für den Gehörsinn [JaS05].

Die einzelnen Modalitäten werden im Rahmen eines spezifischen Schemas, dem jede Interaktion zwischen Mensch und Maschine folgt, verwendet [Hew92]. Das Schema ist vereinfacht in Abbildung 21 dargestellt.

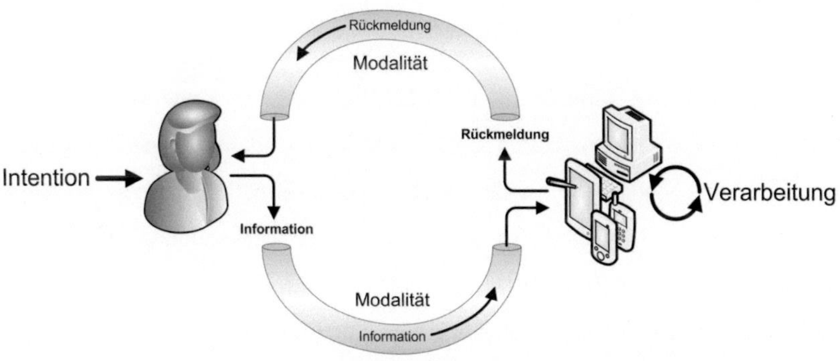

Abbildung 21: Schema einer Mensch-Maschine Interaktion

Der Mensch besitzt eine Intention, möchte bspw. eine Aufgabe bearbeiten und sendet über eine Modalität Information an die Maschine. Die Maschine verarbeitet die Information und gibt dem Menschen mit Hilfe einer weiteren oder derselben Modalität eine Rückmeldung über die Bearbeitung. Dix et al. stellen den Ablauf jeder Mensch-Maschine Interaktion detailliert in ihrem "*Ausführungs-*

Evaluations-Zyklus" dar [Dix04]. Die Schritte des Zyklus werden von jeder Mensch-Maschine Interaktion durchlaufen:

1.! Die Definition des Ziels der Interaktion.

Beispiel: Der Benutzer möchte eine Nachricht schreiben.

2.! Bestimmung der Intention (spezifischer als die Definition des Ziels).

Beispiel: Der Benutzer möchte Text über die Tastatur eingeben.

3.! Den Ablauf der einzelnen notwendigen Schritte zur Erreichung des Ziels festlegen.

Beispiel: Reihenfolge der zu drückenden Buchstaben festlegen.

4.! Die Aktionen ausführen.

Beispiel: Die einzelnen Buchstaben drücken.

5.! Den Zustand des Systems erhalten.

Beispiel: Warten, bis die Buchstaben auf dem Bildschirm des Geräts erscheinen.

6.! Den Zustand des Systems interpretieren.

Beispiel: Die dargestellten Buchstaben lesen.

7.! Den Zustand des Systems in Bezug auf das definierte Ziel und die Intention evaluieren.

Beispiel: Die Buchstaben dem Benutzer darstellen, damit dieser im Bedarfsfall korrigieren kann.

Die unterschiedlichen Modalitäten der Maschine und die Sinne des Menschen erlauben, dass zur Kommunikation unterschiedliche Modalitäten genutzt werden. So kann sich die Modalität, über die der Benutzer Informationen an die Maschine weitergibt, von der Modalität, die die Maschine zur Rückmeldung nutzt, unterscheiden (vgl. folgendes Beispiel):

1. <u>Intention</u>: Der Benutzer möchte einen Text eingeben.
2. <u>Wahl der Modalität durch Benutzer</u>: Die Tastatur der Maschine.
3. <u>Wahl der Modalität für die Rückmeldung durch die Maschine</u>: Visuelle Ausgabe des Textes auf einem Display.

Eine mögliche Variante wäre:

1. <u>Intention</u>: Der Benutzer möchte einen Text eingeben.
2. <u>Wahl der Modalität durch Benutzer</u>: Die Spracheingabe über das Mikrophon der Maschine.

3. <u>Wahl der Modalität für die Rückmeldung durch die Maschine</u>: Auditive Rückmeldung der Maschine über die Lautsprecher.

In den Beispielen wurde bereits angedeutet, dass die Vielzahl an Modalitäten eine variable Verwendung in der Interaktion mit dem Menschen ermöglicht. Insbesondere, da Modalitäten der Maschine existieren, die nicht direkt auf einen der menschlichen Sinn abgebildet werden können, wie die Tastatur, die Maus, Bewegungssteuerungskonzepte, Handschrifterkennung etc. [JaS05].
Aufgrund dessen werden in der Literatur die Modalitäten kategorisiert. Karray et al. stellen in [KAS08] eine Kategorisierung der Modalitäten der Mensch-Maschine Interaktion auf Basis der menschlichen Sinne vor. Es gibt auditive, sensorische und visuelle Modalitäten. Abbildung 22 zeigt einen Auszug der Kategorisierung.

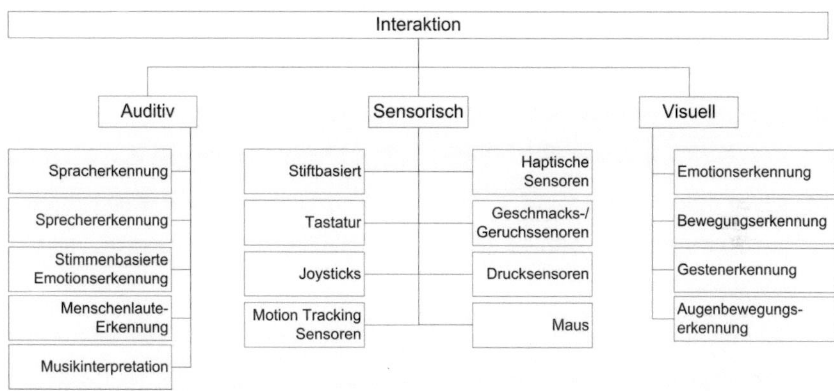

Abbildung 22: Kategorisierung der Mensch-Maschine Interaktion auf Basis der Modalitäten

Unter den Modalitäten, die von der Maschine zur Verfügung gestellt werden, haben sich im Bereich der stationären Arbeitsplatzrechner die Tastatur und die Maus als Modalitäten zur Eingabe und der Bildschirm und die Lautsprecher als Modalitäten zur Ausgabe etabliert [LiN09]. Auf dem Bildschirm erfolgt die Ausgabe graphisch. Die Lautsprecher arbeiten mit Signaltönen, die dem Benutzer ausgegeben werden.
Der Großteil der stationären Arbeitsplatzrechner verwendet bei der Darstellung der graphischen Benutzungsoberfläche auf dem Bildschirm zur Interaktion mit dem Benutzer den *WIMP-Aufbau* [Dix04]. *WIMP* beschreibt den Aufbau der grafischen Benutzungsoberfläche, unterteilt in einzelne *Fenster* (engl.: ***W****indows*),

Symbole (engl.: ***Icons***), *Menüstrukturen* (engl.: ***Menus***) und *Zeiger* (engl.: ***Pointer***) [Dou68, Fri99]. Die einzelnen Elemente haben folgende Funktionen:

Windows: Die Fenster sind abgeschlossene Bereiche, die auf dem Bildschirm dargestellt werden, und deren Bereich einer spezifischen Funktionalität zugeordnet werden kann (z.B.: Die Textverarbeitung des Arbeitsplatzrechners wird in einem eigenen Fenster dargestellt. Eine Warnmeldung, die dargestellt wird, besitzt ebenfalls ein eigenes Fenster).

Icons: Die Symbole sind kleine Bilder, die stellvertretend für Dateien und Anwendungen angezeigt werden (z.B.: Alle Textdokumente haben in einem Betriebssystem ihr eigenes Icon).

Menus: Die Menüstrukturen sind Listen von Anwendungsfunktionen, die meist hinter einem Icon, einer Aktion oder einem einzelnen Wort verborgen werden und im Bedarfsfall angezeigt werden können (z.B.: das Kontextmenü, welches mit der rechten Maustaste sichtbar gemacht werden kann).

Pointer: Der Mauszeiger ist ein bewegliches Element in Form eines Pfeils, der über die Maus gesteuert werden kann. Mit dem Zeiger kann die grafische Benutzungsoberfläche manipuliert werden und es können Befehle an die Maschine abgegeben werden (z.B.: mit der rechten Maustaste kann ein Kontextmenü, welches Bearbeitungsfunktionen für das "angeklickte" Element enthält, sichtbar gemacht werden).

Der WIMP-Aufbau wird aufgrund seiner weiten Verbreitung und seines Bekanntheitsgrads aus dem Bereich der Arbeitsplatzrechner auch auf hoch-mobilen Geräten in leicht abgewandelter Form[62] eingesetzt [LiN09, MHP00].

Darüber hinaus werden auf den hoch-mobilen Geräten durch die steigende Anzahl an Sensoren und neuen Hardwarekomponenten zunehmend weitere Modalitäten zur Eingabe verwendet. Lagesensoren, Bewegungssensoren, Kameras etc. können Eingaben des Benutzers verarbeiten und zur Interaktion mit dem Gerät verwendet werden. Vermehrt werden die verschiedenen Modalitäten zur multimodalen Interaktion eingesetzt. In der Literatur wird in unterschiedlichen Arbeiten die intel-

---

[62] Viele der hoch-mobilen Geräte besitzen anstatt einer Maus einen kleinen Joystick zur Zeigersteuerung. Das Zeigerelement kann aber auch durch ein Tippen des Menschen mit seinen Fingern oder einem Stift auf den Bildschirm umgesetzt werden. Letzteres ist bei Geräten mit Touchscreen möglich. Des Weiteren werden Fenster auf vielen hoch-mobilen Endgeräten aufgrund der Bildschirmgröße bildschirmfüllend eingeblendet, können aber trotzdem gewechselt werden.

ligente Verknüpfung der einzelnen Modalitäten untersucht. Ein Beispiel ist die *erweiterte Realität* (engl.: *Augmented Reality*), bei der das aufgenommene Kamerabild des hoch-mobilen Geräts mit virtueller Zusatzinformation erweitert wird. Darüber hinaus existieren weitere Ansätze der multimodalen Interaktion, die aber meist fallspezifisch entwickelt wurden. Weiterführende Informationen finden sich exemplarisch in [JaS05, JaS07, MPG08, SWV08, WiO05].

Mit Hilfe der Definitionen aus den letzten Abschnitten:

- der Definition von Mobilität,
- der Definition einer spezifischen Geräteklasse der mobilen IT,
- der Definition des Kontextes eines Aufgabenträgers sowie
- der Definition mobiler Mensch-Maschine Interaktion und der Vorstellung der dazu verwendeten Modalitäten

wird im nächsten Kapitel der Begriff des mobilen Teilprozesses, wie er im Rahmen der vorliegenden Arbeit verwendet wird, hergeleitet. Des Weiteren wird die ebenfalls im Rahmen dieser Arbeit entwickelte Methode zur teilautomatisierten Identifikation mobiler Teilprozesse in Geschäftsprozessen vorgestellt. Im darauf folgenden Kapitel fünf wird die im Rahmen der vorliegenden Arbeit entwickelte Methode zur hybriden Simulation mobiler Geschäftsprozesse detailliert erläutert.

4 Mobile Teilprozesse und deren Identifikation in Geschäftsprozessen

Im vorliegenden Kapitel 4 werden die *mobilen Teilprozesse und deren Identifikation in Geschäftsprozessen* vorgestellt. Basierend auf den Grundlagen der vorangegangenen Kapitel wird in Abschnitt 4.1 der Begriff des "mobilen Teilprozesses" präzise von einem nicht mobilen Teilprozess abgegrenzt. Darüber hinaus wird in Abschnitt 4.1 auf die Nutzung mobiler IT im Unternehmen und die daraus generierbaren Mehrwerte eingegangen. Der Abschnitt schließt mit einer Vorstellung der in der Literatur beschriebenen Methoden zur Identifikation mobiler Teilprozesse in Geschäftsprozessen. Die existierenden Methoden besitzen die Schwäche der manuellen Durchführung der Identifikation durch die Modellierenden. Gegenwärtig existiert keine die Modellierenden unterstützende Methode zur computergestützten Identifikation mobiler Teilprozesse in Geschäftsprozessen, die als Schemata vorliegen.

Dementsprechend wird in Abschnitt 4.2 die im Rahmen dieser Arbeit entwickelte innovative Methode "*Imopro*" zur *teilautomatisierten Identifikation mobiler Teilprozesse in Geschäftsprozessen* vorgestellt. Die Methode ist in mehrere Phasen unterteilt, die durch konzeptionelle Grundlagen eingeleitet werden (vgl. Abschnitt 4.2.1). Innerhalb der Vorstellung dieser Grundlagen werden anhand von Aspekten mobiler Teilprozesse, die erheblichen Einfluss auf die Nutzung mobiler IT im Unternehmen haben, Suchkriterien hergeleitet, die im Rahmen der Identifikation verwendet werden.

In der ersten Phase, der *Initialisierungsphase*, der Methode **Imopro** (vgl. Abschnitt 4.2.2) wird auf die Voraussetzungen für eine erfolgreiche Anlayse der Geschäftsprozess-Schemata eingegangen. Es wird die verwendete Modellierungssprache, eine spezifische Variante der Petri-Netze, in der die zu analysierenden Geschäftsprozess-Schemata modelliert sein müssen, vorgestellt. Des Weiteren müssen die Modellelemente der zu analysierenden Geschäftsprozesse mit in der Literatur genannten Richtlinien-konformen Inschriften beschriftet sein (vgl. [BRv00, MCH03, MeR08, Min96, MRA10, MRR10, ScR10]). Darüber hinaus werden in der *Initialisierungsphase* Datenstrukturen definiert, die extrahierte Informationen aus einem Geschäftsprozess-Schema aufnehmen und zu deren Weiterverarbeitung zwischenspeichern können.

In der *Analysephase* (vgl. Abschnitt 4.2.3) werden mit Hilfe der Suchkriterien Informationen, die zur Identifikation potenziell mobiler Teilprozesse verwendet werden können, aus dem modellierten Geschäftsprozess extrahiert und in die definierten Datenstrukturen gespeichert. In diesem Zusammenhang wird ein innovatives Verfahren zur Informationsextraktion vorgestellt, das u. a. die Existenz von Präpositionen zur Identifikation von Lokationsinformation nutzt. Abschnitt 4.2 schließt mit der Beschreibung der *Auswertungs- und Visualisierungsphase* (vgl. Abschnitt 4.2.4). In dieser Phase werden die extrahierten Informationen innerhalb der beschriebenen Datenstrukturen zusammengefasst und anschließend ausgewertet. Im Rahmen der Auswertung werden potenziell mobile Teilprozesse im Geschäftsprozess-Schema identifiziert und den Modellierenden als Empfehlungen visualisiert.

4.1 Mobiler Geschäftsprozess und mobiler Teilprozess

Bevor in Abschnitt 4.1.2 der Begriff des mobilen Teilprozesses und der des mobilen Geschäftsprozesses definiert werden, stellt der folgende Abschnitt 4.1.1 die Nutzung mobiler IT im Unternehmen vor. Der abschließende Abschnitt 4.1.3 gibt einen Überblick über Methoden zur Identifikation mobiler Teilprozesse, die in der Literatur beschrieben werden.

4.1.1 Nutzung mobiler IT im Unternehmen

Die Nutzung mobiler IT im Unternehmen hat als Ziel die Verbesserung der Effizienz und Effektivität der Geschäftsprozesse des Unternehmens. Eine Verbesserung kann bspw. wirtschaftlicher Art in Form von neuen Geschäftsmodellen sein oder es wird "schonender" mit Ressourcen innerhalb des Unternehmens umgegangen und es werden somit Kosten eingespart (bspw. kann durch die Nutzung mobiler IT der Einsatz von Papier reduziert werden[63] etc.). Das Ziel der Nutzung mobiler IT im Unternehmen, die Verbesserung der Geschäftsprozesse, kann durch die Generierung von Mehrwerten für das Unternehmen beschrieben werden [HeV02]. Es kann in kurzfristige und längerfristige Mehrwerte unterschieden werden [Rei02]. Kurzfristige Mehrwerte stellen sich durch die Nutzung der mobilen IT direkt nach der Einführung der mobilen IT ein. Längerfristige

---

[63] Die Vertriebsmitarbeiter eines Unternehmens können bspw. die jeweiligen Aufträge statt in Papierform direkt auf ihr hoch-mobiles Gerät erhalten.

Mehrwerte beschreiben den strategischen Nutzen der mobilen IT. Sie entstehen bspw. wenn die mobile IT und deren Nutzung in die Geschäftsprozesse des Unternehmens integriert werden. Diese längerfristigen Mehrwerte zu bestimmen, gestaltet sich für die Unternehmen als sehr schwierig, weil sich der strategische Nutzen einer Technologie erst zeigt, wenn diese über einen längeren Zeitraum im Unternehmen eingesetzt wird [HeV02]. Ein Vertriebsmitarbeiter kann bspw. durch die Unterstützung mobiler IT schneller zum Kunden gelangen, weil mit Hilfe der mobilen IT ein Verkehrsstau umfahren werden kann. Längerfristig ist durch die Aufzeichnung, Auswertung und anschließende Verbesserung der Routen der Vertriebsmitarbeiter eine Kosteneinsparung denkbar. Diese längerfristigen Mehrwerte können aber im Voraus lediglich geschätzt werden.

Eine Schätzung der Mehrwerte, die durch die Nutzung mobiler IT im Unternehmen generiert werden, kann durch die wesentlichen Eigenschaften, die die mobile IT von der stationären IT unterscheidet (vgl. Abschnitt 3.1.2), durchgeführt werden [KPW03, TuP04]. Turowski et al. bezeichnen diese Mehrwerte als informationelle (*informational added values, IAV*) und mobile Mehrwerte (*mobile added values, MAV*) [TuP04]. Die mobilen Mehrwerte lassen sich direkt aus den Eigenschaften der mobilen IT und deren Verwendung zur Aufgabenerfüllung im Unternehmen ableiten. Turowski et al. fassen folgende mobile Mehrwerte zusammen:

- *Allgegenwärtigkeit (Ubiquity):* beschreibt die Ortsunabhängigkeit durch die Nutzung mobiler IT.
- *Kontextsensitivität (Context-Sensitivity):* beschreibt die Möglichkeit, dass eine Anwendung ohne Interaktion mit dem Benutzer auf eine Situation, in der sich der Benutzer befindet, reagieren kann.
- *Identifizierungseigenschaften (Identifying Functions):* beschreibt die Möglichkeit, ein hoch-mobiles Gerät eindeutig zu identifizieren. Dies ist bspw. bei hoch-mobilen Geräten, die an das Mobilfunknetz angebunden sind, über die Kennung der Geräte im Netzwerk möglich.
- *Telemetrie-Eigenschaften* (*Command and Control Functions*): beschreibt die Möglichkeit, dass das hoch-mobile Gerät zur Steuerung, Kontrolle, Überwachung oder Bedienung von anderen Maschinen eingesetzt werden kann.

Die informationellen Mehrwerte sind dadurch charakterisiert, dass sie indirekt durch die Nutzung mobiler IT im Unternehmen entstehen und Auswirkungen auf das gesamte Unternehmen haben. Turowski et al. nennen u. a. folgende informationellen Mehrwerte:

- verbesserte Wirtschaftlichkeit
- verbesserte Wirksamkeit
- neue, verbesserte Organisationsstrukturen

Ein Beispiel für eine Effizienzwirkung im Rahmen der verbesserten Wirtschaftlichkeit ist die Zeit- und Kostenersparnis, die sich aus der Möglichkeit ergibt, dass die Mitarbeiter des Unternehmens mit Hilfe der mobilen IT an fast jedem Ort erreichbar sind. Der Informationsbeschaffungsprozess kann so unter bestimmten Rahmenbedingungen signifikant verbessert werden. Ein Beispiel für eine Effektivitätswirkung im Rahmen der verbesserten Wirksamkeit wäre die Möglichkeit, dass Mitarbeiter, nach Übertragung von Daten an das Informationssystem des Unternehmens mittels mobiler IT, umgehend eine Rückmeldung erhalten. So kann ein Mitarbeiter bspw. im Fall der Verfügbarkeit von Lagerbeständen einem Kunden, der nur innerhalb eines bestimmten Zeitfensters beauftragen würde, (quasi in Echtzeit) ein verbindliches Angebot machen. Der organisatorische Mehrwert spiegelt sich insbesondere in der stärkeren Fokussierung auf die Geschäftsprozesse, der verbesserten Ressourcenauslastung und der Verbesserung der Qualität von Informationen wider [Bas04, KöG04, PoT06, TuP04]. Basole nimmt in seiner Arbeit eine Kategorisierung der Bereiche, in denen vermehrt potenzielle Mehrwerte durch die Nutzung mobiler IT im Unternehmen entstehen, vor. Für ihn werden die Effizienz und die Effektivität in der Bearbeitung von Aufgaben innerhalb eines Unternehmens sowie der "Komfort" der Bearbeitung durch die Eigenschaften der mobilen IT wie bspw. Zugänglichkeit, Erreichbarkeit, Lokalisierbarkeit und Allgegenwärtigkeit verbessert [Bas04].
Den Mehrwerten stehen mögliche Nachteile gegenüber, die durch die Nutzung mobiler IT im Unternehmen entstehen können[64]. So entstehen direkte Kosten durch die Einführung (z.B. Anschaffungskosten der Geräte) und durch den lau-

---

[64] Die genannten Nachteile sind nicht ausschließlich spezifische Nachteile der mobilen IT. Manche bereits existierenden Nachteile werden durch die Nutzung mobiler IT verstärkt. Beispielsweise steigt das Sicherheitsrisiko durch die Nutzung mobiler Geräte erheblich an.

fenden Betrieb (z.B. Kosten durch die Wartung der Geräte). Weitere Nachteile sind u.a. Sicherheitsrisiken, der Schulungsbedarf der Mitarbeiter, die Notwendigkeit der Anpassung der Infrastruktur des Unternehmens, die Abhängigkeit von den Hardwareherstellern, der erhöhte Stress für die Mitarbeiter durch bspw. ständige Erreichbarkeit etc. [Hel99]. Die daraus entstehenden indirekten Kosten müssen in einer Kosten-/Nutzenanalyse ebenfalls berücksichtigt werden. In der betrieblichen Praxis wird vom Total Cost of Ownership[65] im Rahmen der Nutzung mobiler IT im Unternehmen gesprochen. Ein Unternehmen muss individuell vor der Nutzung mobiler IT analysieren, ob Mehrwerte durch die Nutzung der mobilen IT für das Unternehmen entstehen und ob die mit der Nutzung der mobilen IT einhergehenden Nachteile nicht überwiegen.

Um die Mehrwerte der Nutzung mobiler IT im Unternehmen konkret aufzeigen zu können, stellen Pousttchi et al. unterschiedliche Unternehmenssoftwarelösungen vor, deren Betrieb mittels mobiler IT erheblich verbessert werden kann [PoT06].

- *Mobiles Kundenbeziehungsmanagement (mobile Customer Relationship Management, mobile CRM):* Der Vertriebsmitarbeiter kann in der Kundenpflege durch den Einsatz mobiler IT unterstützt werden. Der Kommunikationsaufwand mit den stationären Prozessbeteiligten kann dadurch meist erheblich reduziert werden. Darüber hinaus können durch die mobile Schnittstelle mit der Unternehmenssoftware Entscheidungen (z.B. Vertragsänderungen im Vertrag mit dem Kunden) direkt vor Ort beim Kunden getroffen werden [BaT04]. Des Weiteren können mobile Produktkataloge genutzt oder Waren mobil bestellt werden.
- *Mobiles Lieferkettenmanagement (mobile supply chain management, mobile SCM):* Die gesamte Logistikkette kann mit Hilfe mobiler IT besser überwacht werden, indem bspw. die Position oder der Zustand der Güter zu jedem Zeitpunkt überprüft werden kann, da diese mit mobiler IT ausgestattet sind (Track & trace). Des Weiteren sind Lagerhaltungssysteme, die mittels mobiler IT organisiert werden, möglich.

---

[65] Das Total Cost of Ownership ist ein Verfahren zur Abschätzung der Gesamtbetriebskosten von Investitionsgütern [Krä07]. Im Rahmen der Nutzung mobiler IT im Unternehmen werden mit Hilfe des Total Cost of Ownership nicht nur die direkten Kosten sondern auch die indirekten Kosten betrachtet.

- *Mobile Beschaffungsfunktionen (mobile procurement):* Mittels mobiler IT können zentrale Beschaffungsfunktionen mobil ausgeführt werden. Beispielsweise kann eine Bewilligung eines Einkaufs direkt über mobile IT noch beim Händler beantragt werden.
- *Mobiler Zugriff auf aufbereitete Unternehmensdaten (mobile Business Intelligence):* Entscheidungsträger können durch eine mobile Schnittstelle zur Unternehmensinfrastruktur und der dort vorhandenen Daten in ihrer Aufgabenerfüllung unterstützt werden.

Zusammenfassend ist für die erfolgreiche Nutzung mobiler IT und der damit angestrebten Generierung von Mehrwerten entscheidend, dass die Integration der mobilen IT sowohl auf technologischer Ebene (die hoch-mobilen Geräte müssen angeschafft, mit der Unternehmensinfrastruktur verbunden und integriert werden) als auch auf organisatorischer Ebene durchgeführt wird [TuP04]. Im Zusammenhang mit der organisatorischen Integration der mobilen IT ist die Mobilisierung[66] der "richtigen" Geschäftsprozesse wesentlich [KPW03, PoT06, Sch08, Tho02]. Es entstehen per se keine längerfristigen Mehrwerte, indem die Mitarbeiter lediglich mit mobiler IT ausgestattet werden. In der betrieblichen Anwendung müssen grundsätzlich die Geschäftsprozesse des Unternehmens an die Nutzung der mobilen IT angepasst und die Prozessbeteiligten im Umgang mit der mobilen IT geschult werden (vgl. Kapitel 5). Um die mobilen Geschäftsprozesse von den nicht-mobilen Geschäftsprozessen differenzieren zu können, muss der Begriff des mobilen Geschäftsprozesses bzw. des mobilen Teilprozesses in einem Geschäftsprozess definiert sein. Auf Basis der Definition können die zu mobilisierenden Geschäftsprozesse präzise identifiziert werden.

4.1.2 Begriffsklärungen

Voraussetzung für die Mobilisierung von Geschäftsprozessen ist die Identifikation der dafür potenziell geeigneten Geschäftsprozesse (vgl. Abschnitt 4.2). Grundlage dieser Identifikation ist eine Definition mobiler Geschäftsprozesse bzw. mobiler

---

[66] Der Begriff der Mobilisierung der Geschäftsprozesse beschreibt die Maßnahmen, die unternommen werden müssen, damit die Aufgabenträger innerhalb der Geschäftsprozesse die mobile IT verwenden können. Diese Maßnahmen sind u.a. die Anschaffung der Geräte, die Anpassungen der Arbeitsschritte im Geschäftsprozess, die Anpassung der Unternehmensinfrastruktur, etc.

Teilprozesse in Geschäftsprozessen. In diesem Zusammenhang werden im Folgenden Definitionen mobiler Geschäftsprozesse aus der Literatur vorgestellt. Im Anschluss wird die Definition eines mobilen Geschäftsprozesses und der mobilen Teilprozesse in Geschäftsprozessen, wie sie im Rahmen dieser Arbeit verwendet wird, hergeleitet.

Basole nennt in [Bas04] einen Geschäftsprozess mobilisiert bzw. mobil, wenn ein Aufgabenträger im Geschäftsprozess spezifische Charakteristika aufweist[67]. Link beschreibt den mobilen Geschäftsprozess als einen Geschäftsprozess, in welchem hoch-mobile Geräte verwendet werden [Lin03] und der im Rahmen des Mobile Business ausgeführt wird[68]. Khodawandi et al. beschreiben einen mobilen Geschäftsprozess durch die Eigenschaft der vollständigen Integration mobiler Arbeitsplätze [KPW03]. Dabei beschreibt der Begriff des mobilen Arbeitsplatzes unterschiedliche Tätigkeitsprofile, die durch stationäre IT nicht ausreichend unterstützt werden können. Kunze et al. definieren einen mobilen Geschäftsprozess als eine Sequenz ablaufender (Remote-) Services[69], die über längere Dauer und auf verschiedenen Geräten ausgeführt werden können [KZL06]. Köhler und Gruhn wählen einen weniger technischen Ansatz zur Definition eines mobilen Geschäftsprozesses und charakterisieren den mobilen Geschäftsprozess durch die Mobilität der menschlichen Aufgabenträger im Geschäftsprozess. Nach Köhler und Gruhn (vgl. [KöG04]) handelt es sich um einen mobilen Geschäftsprozess, wenn für mindestens einen Teilprozess innerhalb des Geschäftsprozesses

a) *eine Unsicherheit des Ortes vorliegt* (der Ausführungsort einer Aufgabe kann sich verändern)
b) *die Unsicherheit des Ortes extern determiniert ist* (die menschlichen Aufgabenträger den Ausführungsort der Aufgabe nicht bestimmen können)
c) *am Ort der Ausführung des Teilprozesses eine Kooperation mit (aus Prozesssicht) externen Ressourcen notwendig ist* (es kann sich dabei um Kommunikations- oder Koordinationsbedarf mit anderen Personen oder um einen maschinellen Informationsaustausch handeln).

---

[67] Als spezifische Charakteristika nennt Basole die Erreichbarkeit, die Zugänglichkeit, die Portabilität, die Lokalisierbarkeit, die Allgegenwärtigkeit und die Konnektivität.

[68] Zur Definition von Mobile Business vgl. Definition 3.4

[69] Der Begriff des Remote-Service bezeichnet einen Dienst, der auf einem entfernten Rechner betrieben wird und auf den über ein Netzwerk zugegriffen wird.

Eine Gemeinsamkeit der Definitionen eines mobilen Geschäftsprozesses ist die Annahme, dass ein personeller Aufgabenträger im Geschäftsprozess mobil sein muss. Diese Bedingung schränkt die Menge der Geschäftsprozesse, die mobilisiert werden können, stark ein, da keine mobilen maschinellen Aufgabenträger berücksichtigt werden. Aufgrund dessen werden im Rahmen dieser Arbeit auf Basis der zugrundeliegenden Definitionen der Begriff des mobilen Geschäftsprozesses und der Begriff des mobilen Teilprozesses wie folgt definiert:

Definition 4.1: mobiler Geschäftsprozess

Ein Geschäftsprozess wird als *mobiler Geschäftsprozess* bezeichnet, wenn mindestens ein Teilprozess innerhalb dieses Geschäftsprozesses mobil ist.

Für einen mobilen Teilprozess eines Geschäftsprozesses gilt folgende Definition:

Definition 4.2: mobiler Teilprozess

Ein Teilprozess eines Geschäftsprozesses gilt als mobil, wenn mindestens ein Aufgabenträger (personell oder maschinell) der auszuführenden Aktivitäten im Teilprozess nach Definition 3.1 mobil ist. Aufgrund der Mobilität ändert sich der Kontext des Aufgabenträgers (inklusive dessen Lokation) bei der Ausführung der Aktivitäten innerhalb des Teilprozesses.

Definition 4.2 unterscheidet sich im Vergleich zu den anderen vorgestellten Definitionen insofern, als dass es sich nach Definition 4.2 auch um einen maschinellen Aufgabenträger innerhalb des Teilprozesses handeln kann. Beispielsweise ist die Ausführung eines Teilprozesses durch einen Lagerroboter, der den Strichcode eines Lagerguts einscannt, den Inhalt an das Informationssystem des Unternehmens sendet und eine Anweisung erhält, an welche Stelle im Lager das Lagergut gebracht werden soll, nach Definition 4.2 auch ein mobiler Teilprozess. Wesentlich in der Definition des mobilen Teilprozesses ist auch die Bedingung, dass mindestens ein Aufgabenträger der auszuführenden Aktivitäten mobil ist und die Aktivitäten dementsprechend an unterschiedlichen geographischen Orten ausgeführt werden. Durch diese Bedingung kann ein mobiler Teilprozess von einem verteilten Geschäftsprozess (vgl. Definition 2.1) abgegrenzt werden. Ein verteilter

Geschäftsprozess enthält laut Definition zwei Aktivitäten, die an unterschiedlichen geografischen Orten ausgeführt werden [Obe96 S. 14]. Da diese Aktivitäten aber nicht zwingend vom selben Aufgabenträger ausgeführt werden müssen, muss ein verteilter Geschäftsprozess nicht auch ein mobiler Geschäftsprozess sein.

Voraussetzung für eine Mobilisierung der Geschäftsprozesse ist die Identifikation der potenziell enthaltenen mobilen Teilprozesse. Daher werden im folgenden Abschnitt ausgewählte Methoden aus der Literatur zur Identifikation mobiler Teilprozesse beschrieben, bevor in Abschnitt 4.2 die innovative Methode **Imopro** vorgestellt wird.

4.1.3 Methoden zur Identifikation mobiler Teilprozesse

Die vorgestellten Methoden zur Identifikation mobiler Teilprozesse, die in der Literatur beschrieben werden, basieren alle auf manuellen Analysen der Geschäftsprozesse durch die Modellierenden. Die Modellierenden werden durch Analysemethoden, Vorgehensmodelle, Leitfäden oder durch Bewertungsschemata unterstützt. Im Folgenden werden die unterschiedlichen Methoden kurz vorgestellt.

4.1.3.1 Mobile Process Landscaping (MPL)

Das *Mobile Process Landscaping* nach Köhler und Gruhn ist ein Vorgehensmodell zur Identifikation und Analyse mobiler Geschäftsprozesse [GKK07]. Ziel ist neben der Identifikation der mobilen Teilprozesse auch die wirtschaftliche Bewertung einer eventuellen Neugestaltung der Geschäftsprozesse. Das Vorgehensmodell von Köhler und Gruhn ist unabhängig von der Modellierungssprache. Im Rahmen des Vorgehensmodells werden die Geschäftsprozesse in mehreren Stufen "top-down" modelliert und in ein spezifisches Geschäftsprozess-Schema integriert. Das spezifische Geschäftsprozess-Schema stellt die räumliche Verteilungsstruktur der prozessbeteiligten Personen und die Kooperation mit externen Ressourcen dar. Auf diese Art und Weise wird die Identifizierung von Teilprozessen unterstützt, die zur Nutzung mobiler IT umgestaltet werden müssen. Um eine Identifikation der mobilisierbaren Teilprozesse innerhalb der Geschäftsprozesse zu ermöglichen, gehen Köhler und Gruhn von einer vierstufigen Modellierung der Geschäftsprozesse aus. Mit jeder Stufe steigt der

Detaillierungsgrad der modellierten Geschäftsprozesse (zu sehen in Abbildung 23).

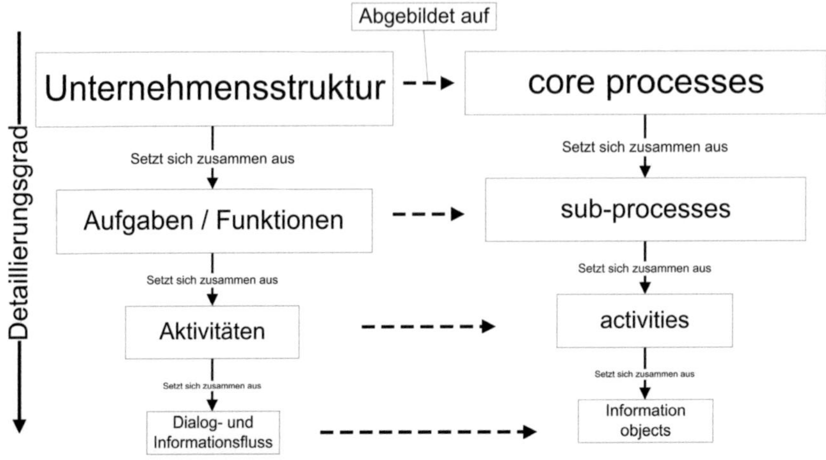

Abbildung 23: Vorgehensmodell des MPL in Anlehnung an [GKK07: S. 663]

- **Stufe 1:** *Core Processes*: Prozesslandschaft mit Kernprozessen eines Unternehmens, die sich an der Unternehmensstruktur orientiert.
- **Stufe 2:** *Sub Processes*: Die Kernprozesse setzen sich gemäß der Aufgaben und Funktionen im Unternehmen aus Subprozessen zusammen.
- **Stufe 3**: *Activities*: Die Subprozesse setzen sich aus Aktivitäten zusammen.
- **Stufe 4**: *Information objects*: Die Aktivitäten setzen sich aus Informationsobjekten[70] zusammen.

Um den Analyseaufwand zu reduzieren, wird nur an den Stellen, an denen Mobilitätspotenzial entdeckt wird, in die nächste Detailstufe übergegangen. Um potenziell mobile Teilprozesse zu identifizieren, werden vier Kriterien vorgestellt:

1. Verteilungsstruktur der Prozesse,
2. räumliche Trennung zwischen Mitarbeitern,

[70] Für Köhler und Gruhn sind information objects bspw. Dialogstrukturen oder Datenflüsse, die im Rahmen der Ausführung der Aktivitäten verwendet werden. Da sich die Anpassung der Geschäftsprozesse auch auf das verwendete Informationssystem auswirkt, müssen auch die elementaren Funktionen in diesem Informationssystem, repräsentiert durch die information objects, berücksichtigt werden.

3. räumliche Trennung zwischen Mitarbeitern und externen Partnern oder Kunden sowie
4. auftretende Medienbrüche.

Bei den vier Kriterien handelt es sich um hinreichende, aber nicht notwendige Bedingungen für Mobilität. Dies hat zur Folge, dass die Modellierenden, identifizieren sie einen potenziell mobilen Teilprozess, dessen Verfeinerung weiter untersuchen müssen, um ihre Vermutung zu bestätigen oder zu widerlegen.
Der Vorteil des von Köhler und Gruhn vorgestellten Vorgehensmodells ist die Unabhängigkeit von der Modellierungssprache sowie die Nähe zur technologischen Umsetzung. Das Vorgehensmodell umfasst nicht nur die Identifikation der potenziell mobilen Teilprozesse, sondern auch die Entwicklung der "mobilen Komponente" des Informationssystems, die den Aufgabenträger unterstützen soll. Ein wesentlicher Nachteil ist die fehlende maschinelle Unterstützung des Vorgehensmodells. Die Kriterien für die mobilen Teilprozesse sind lediglich Anhaltspunkte, die erst durch das Fachwissen der Modellierenden und entsprechenden Erfahrungswerte in der Analyse der Geschäftsprozess-Schemata genutzt werden können.

4.1.3.2 Mobility-M

Mobility-M ist ein Rahmenwerk entwickelt von Gumpp und Pousttchi zur visuellen Darstellung der organisatorischen Auswirkungen mobiler IT auf Geschäftsprozesse [GuP05]. Ziel von Mobility-M ist die Darstellung und Unterstützung der Nutzung mobiler IT. Das als "M" dargestellte Rahmenwerk lässt sich in vier Bereiche unterteilen (vgl. Abbildung 24).

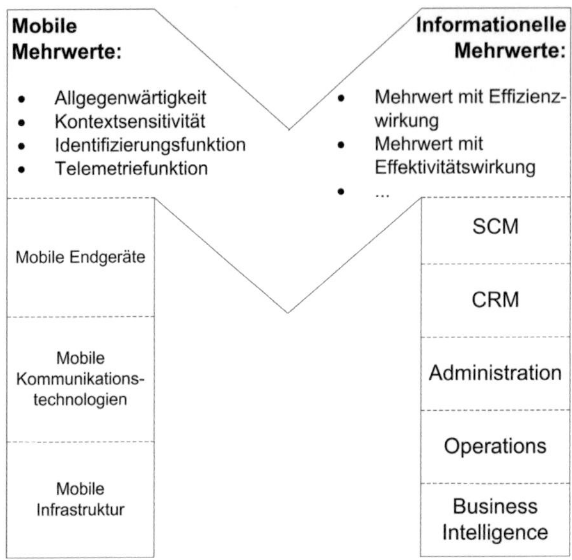

Abbildung 24: Das Mobility-M Rahmenwerk, in Anlehnung an [GuP05: S. 526]

In der linken Säule werden die technologischen Elemente der mobilen IT dargestellt. Die rechte Säule repräsentiert die Elemente, die für die Organisation der Geschäftsprozesse relevant sind wie bspw. die unterschiedlichen Anwendungsdomänen (Supply Chain Management, Customer Relationship Management, Operations, Business Intelligence etc.). Die Säulen werden durch die Potenziale und Wirkungen der mobilen IT verbunden (den mobilen Mehrwerten (MAV) und den informationellen Mehrwerten (IAV), vgl. Abschnitt 4.1) [GuP05]. Mit Hilfe des Rahmenwerks ist es möglich, die potenziellen Auswirkungen mobiler IT auf die einzelnen Anwendungsdomänen und deren Geschäftsprozesse transparent zu machen. Hierfür wird eine aus der Anordnung der Elemente implizierte Vorgehensweise im Rahmenwerk vorgeschlagen (vgl. Tabelle 5).

1. Im ersten Schritt sind die bestehenden Geschäftsprozesse sowie die verfügbare mobile IT im Unternehmen gegenüber zu stellen. In diesem Schritt ist eine Umgestaltung der Geschäftsprozesse auf Basis des Business Process Reengineering denkbar.

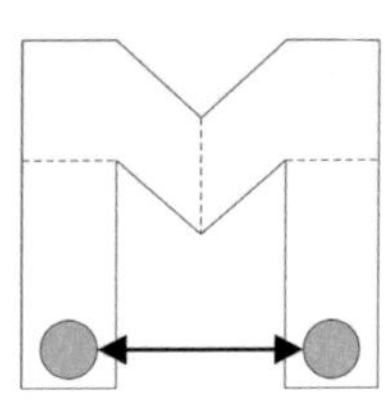

2. Im zweiten Schritt werden die neuen Geschäftsprozess-Schemata analysiert und bewertet. In diesem Schritt sollen die mobilen Mehrwerte realisiert werden, indem in den einzelnen technologischen Elementen des Unternehmens (Infrastruktur etc.) Veränderungen vorgenommen werden.	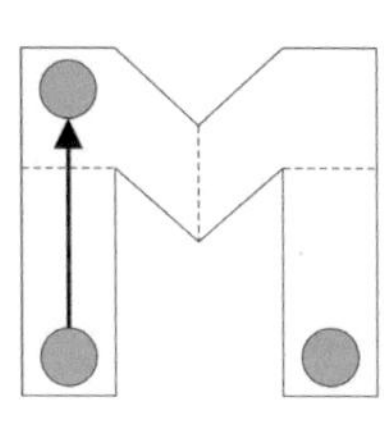
3. Im dritten Schritt werden die informationellen Mehrwerte auf Basis der mobilen Mehrwerte ermittelt. Es kann ein Abgleich mit vorab definierten Zielen stattfinden.	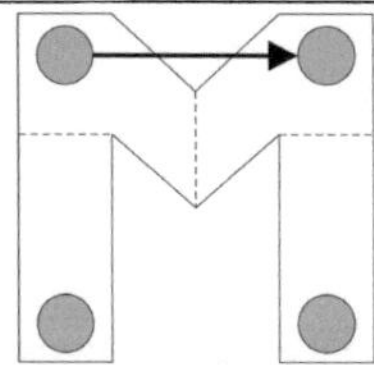
4. Im vierten Schritt wird entschieden, ob der neugestaltete Geschäftsprozess umgesetzt und die informationellen Mehrwerte realisiert werden können.	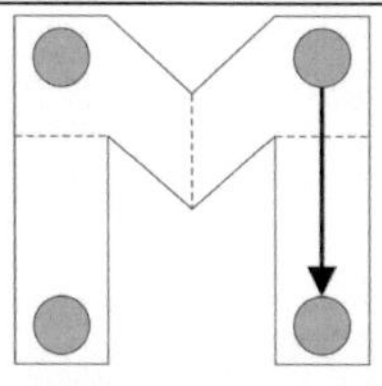

Tabelle 5: Vorgehensweise des Mobility-M Rahmenwerks nach [GuP05]

Ein Vorteil der Methode von Gumpp und Pousttchi ist die Abstraktion von der unternehmensspezifischen Darstellung der Geschäftsprozesse. Wie in der Methode von Köhler und Gruhn ist die Modellierungssprache, in der die Geschäftsprozesse modelliert werden, nicht vorgegeben. Des Weiteren werden allgemeine Einsatzmöglichkeiten der mobilen IT direkt auf die spezifischen Einsatzmöglichkeiten in den Anwendungsdomänen abgebildet. Das Verfahren besitzt aber auch offensichtlich Nachteile. Die Menge der mobilen Mehrwerte ist noch sehr klein. So werden bspw. weitere Vorteile der mobilen IT wie multimodale Interaktionsmöglichkeiten der Geräte bisher nicht berücksichtigt. Darüber hinaus geht das Rahmenwerk von einer manuellen Anwendung aus. Die Modellierenden müssen nicht nur ein Verständnis für die mobile IT besitzen, sondern auch über Expertise in den einzelnen Anwendungsdomänen verfügen.

4.1.3.3 Blueprinting

Die Methode von Ritz und Stender dient der systematischen Darstellung, Analyse und Gestaltung von Dienstleistungen [RiS03]. Ritz und Stender erweitern den Ansatz des *Service-Blueprinting* [Sho82], der eine Modellierung der Interaktionen zwischen den Anbietern und den Abnehmern einer Dienstleistung unterstützt. Die

Erweiterung beinhaltet graphische Notationselemente, die eine integrierte Modellierung von Geschäftsprozessen, verfügbaren technischen Ressourcen und Aufenthaltsorten der Aufgabenträger zulassen. Die Modellierenden werden bei der Identifikation von Anwendungsszenarien unterstützt, die nach Ritz und Stender für den Einsatz mobiler Anwendungen bei der überbetrieblichen Ad-hoc Anwendungsintegration[71] ökonomisch geeignet sind.

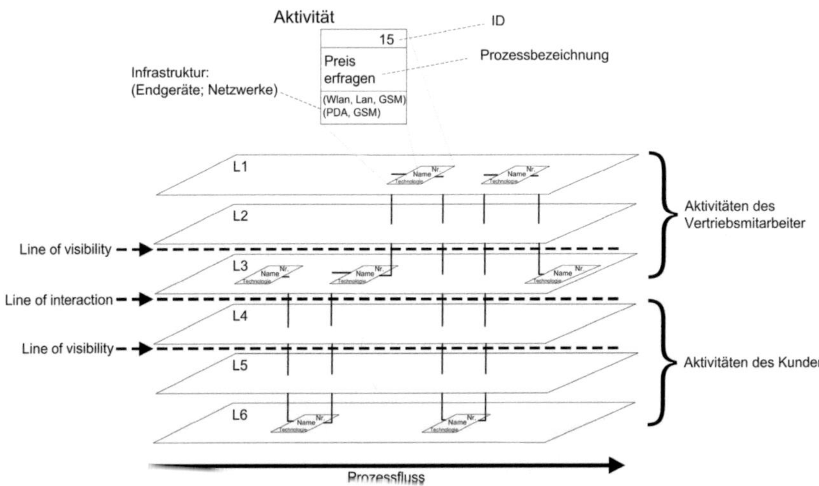

Abbildung 25: Modellierung nach der Blueprinting-Methode in Anlehnung an [RiS03: S. 35]

Abbildung 25 stellt die Modellierung gemäß der Blueprinting-Methode dar. Bei der Modellierung werden die einzelnen Aktivitäten des Geschäftsprozesses in entsprechender Reihenfolge von links nach rechts angeordnet. Die vertikale Anordnung der Aktivitäten beschreibt den jeweiligen Ausführungsort der Aktivität und kann jeweils genau einem Aufgabenträger zugeordnet werden. Die Aktivitäten werden vertikal in sechs Ebenen eingeordnet. In den ersten drei Ebenen (L_1 bis L_3) sind die Aktivitäten des Vertriebsmitarbeiters angeordnet, in den letzten drei Ebenen (L_4 bis L_6) die Aktivitäten des Kunden. Jede Aktivität wird mit der verfügbaren technischen Infrastruktur und dem Aufenthaltsort der Aufgabenträger annotiert (vgl. Abbildung 25 obere Darstellung einer Aktivität).

[71] Die Ad-hoc Anwendungsintegration bezeichnet nach Ritz und Stender eine neue Form der überbetrieblichen Anwendungsintegration, die dezentral, mobil und ad hoc erfolgt. Als eine mögliche Anwendung dieser Integration wird in [RiS03] ein vollständiger Verkaufsprozess von Gütern vorgestellt. Die Besonderheit in diesem Verkaufsprozess ist, dass vollständig auf Papierbelege verzichtet wird.

Durch die Modellierung einer sogenannten "*Line of interaction*" können die gesuchten überbetrieblichen Teilprozesse identifiziert werden, da über diese Linie hinweg (im hier exemplarisch dargestellten Szenario) eine Interaktion des Vertriebsmitarbeiters mit dem Kunden stattfindet. Die an dieser Linie modellierten Aktivitäten sind die Aktivitäten, die bisher in den Räumlichkeiten des Vertriebsmitarbeiters stattfanden. Diese Aktivitäten können durch den Einsatz von mobiler IT in Zukunft beim Kunden vor Ort ausgeführt werden. Anschaulich "wandern" die Aktivitäten in der Darstellung des Geschäftsprozesses auf die *Line of interaction* zu. Daran können die Modellierenden erkennen, dass die Aktivitäten direkt beim Kunden ablaufen und durch die Nutzung von mobiler IT verbessert werden können. Des Weiteren sind nach der Methode von Ritz und Stender im Modell Interaktionsszenarien identifizierbar (exemplarisch ist das "*at-Site-K*" Interaktionsszenario zu nennen, welches eine Interaktion zwischen dem Vertriebsmitarbeiter und dem Kunden darstellt. Der Vertriebsmitarbeiter ist dabei in den Räumen des Kunden tätig und daher für den Kunden sichtbar). Für die Beschreibung weiterer Interaktionsszenarien sei an dieser Stelle auf die Arbeit von Ritz und Stender [RiS03] verwiesen.

Auch die Methode von Ritz und Stender lässt die Wahl der Modellierungssprache der Geschäftsprozesse offen. In der Methode steht der spezifische Einsatz von mobiler IT im Vordergrund. Mit der Identifikation der Aktivitäten, die beim Kunden ablaufen, und deren Mobilisierung wird auch gleichzeitig eine Auswahl der IT getroffen.

Ein Nachteil der Methode ist ebenfalls die fehlende maschinelle Unterstützung. Dieser Nachteil ist in allen vorgestellten Methoden vorhanden. Die Modellierenden werden bisher bei der Identifikation der mobilen Teilprozesse bzw. der mobilen Geschäftsprozesse nicht ausreichend unterstützt. Tabelle 6 gibt eine zusammenfassende Übersicht der Stärken und Schwächen der unterschiedlichen vorgestellten Methoden zur Identifikation mobiler Teilprozesse.

Ansatz	Stärken	Schwächen
Mobile Process Landscaping (MPL)	• Bewertung der Wirtschaftlichkeit durch die Neugestaltung der Prozesse möglich • Einfacher Kriterienkatalog für die Identifikation • Unabhängig von der Modellierungssprache • Gewährleistung durch die manuelle Überprüfung durch die Modellierenden • Umfasst auch den Entwurf der mobilen Komponente	• Der Kriterienkatalog kann nicht erweitert werden • Als Initialisierung wird eine Identifikation der Aufgabenträger verlangt (wird manuell durchgeführt) • Die Modellierenden müssen manuell die einzelnen Schritte durchführen und die potenzielle Mobilisierbarkeit überprüfen • Wirtschaftlichkeitsüberprüfung und Entwurf der mobilen Komponente sind angegliederte Schritte, die ebenfalls manuell ausgeführt werden müssen
Mobility-M	• Der Einsatz der mobilen IT kann auf die Anwendungsdomäne abgebildet werden • Mobile und informationelle Mehrwerte mobiler IT sind miteinander verbunden • Unabhängig von der Modellierungssprache	• Menge der mobilen und informationellen Mehrwerte muss initial definiert werden • Manuelle Anwendung aufgrund von Business Process Reengineering • Modellierende benötigten spezifisches Fachwissen in den einzelnen Anwendungsdomänen • Mengen der Mehrwerte sind festgelegt • Mobilität der Aufgabenträger nicht zwingend notwendig

Blueprinting	• Unabhängig von der Modellierungssprache • Aktivitäten werden im Hinblick auf Aufgabenträger, Örtlichkeit und Infrastruktur untersucht	• Aufgabenträger werden als mobil identifiziert, wenn sie sich außerhalb einer spezifischen Infrastruktur aufhalten • Modellierende müssen die relevanten Aktivitäten identifizieren • Es werden nur über-betriebliche Geschäfts-prozesse untersucht • Modellierende benötigen Fachwissen über Infrastruktur

Tabelle 6: Stärken und Schwächen existierender Methoden zur Identifikation

In Tabelle 6 wird verdeutlicht, dass die existierenden Methoden zur Identifikation mobiler Geschäftsprozesse erhebliche Verbesserungspotenziale besitzen. Eine wesentliche Schwäche ist die fehlende maschinelle Unterstützung der Identifikation von zu mobilisierenden Aktivitäten. Des Weiteren müssen die Modellierenden über domänenspezifisches Wissen in den unterschiedlichen Anwendungsdomänen verfügen, um die Mobilitätspotenziale in den Aktivitäten der Geschäftsprozesse oder die potenziell mobilen Geschäftsprozesse identifizieren zu können. Zusätzlich müssen die Modellierenden über die technologischen Eigenschaften der hoch-mobilen Geräte detailliert informiert sein.

Die im Rahmen dieser Arbeit präsentierte Methode kann die Schwächen der vorgestellten Methoden überwinden. Die im nächsten Abschnitt eingeführte Methode zur Identifikation mobiler Teilprozesse (Imopro) ermöglicht erstmals eine teilautomatisierte Ausführung der bisher manuell durch die Modellierenden durchzuführende Identifikation der mobilen Teilprozesse. Darauf aufbauend unterstützt die in Kapitel 5 vorgestellte Methode die hybride Simulation der Nutzung mobiler IT in den identifizierten mobilen Teilprozessen. Die Modellierenden können sich ausschließlich auf die Nutzung der mobilen IT im Geschäftsprozess und die Mobilisierung der Geschäftsprozesse fokussieren ohne umfassendes Wissen über die Anwendungsdomäne und über die einzelnen hoch-mobilen Geräte, die verwendet werden sollen, zu besitzen.

4.2 Methode zur teilautomatisierten Identifikation mobiler Teilprozesse

Der folgende Abschnitt beschreibt die im Rahmen dieser Arbeit entwickelte Methode **Imopro** zur Identifikation mobiler Teilprozesse in Geschäftsprozessen. Ziel der Methode **Imopro** ist eine teilautomatisierte Identifikation mobiler Teilprozesse und mobiler Aufgabenträger in deren Rollen innerhalb existierender Geschäftsprozess-Schemata. Die Methode unterstützt die Modellierenden in der Identifikation mobiler Teilprozesse auf Schemaebene[72], indem potenziell mobile Teilprozesse von der Methode **Imopro** innerhalb des Geschäftsprozess-Schemas den Modellierenden empfohlen werden und von diesen validiert werden können. Die Methode **Imopro** ist in mehrere Phasen unterteilt (vgl. Abbildung 26), die durch konzeptionelle Grundlagen (vgl. Abschnitt 4.2.1) eingeleitet werden. Innerhalb der konzeptionellen Grundlagen werden auf Basis der Definition mobiler Teilprozesse (vgl. Abschnitt 4.1) Aspekte identifiziert, die die Nutzung mobiler IT im Unternehmen relevant beeinflussen (vgl. Abschnitt 4.2.1). Aus diesen Aspekten werden Suchkriterien für die Identifikation mobiler Teilprozesse hergeleitet.

[72] Die Planung und Verbesserung von Geschäftsprozessen wird auf Schemaebene durchgeführt. Auf dieser Ebene liegen die Instanzen der Geschäftsprozesse als idealisierte Abstraktionen vor. Die modellierten Geschäftsprozesse werden als Schemata angepasst und verändert [Dom11]. Konkrete Ausprägungen und Instanzen der Geschäftsprozesse befinden sich auf der Instanzebene. Die Schemata können als Vorlage zur mehrmaligen Instanziierung von Geschäftsprozessausprägungen dienen [Dom11].

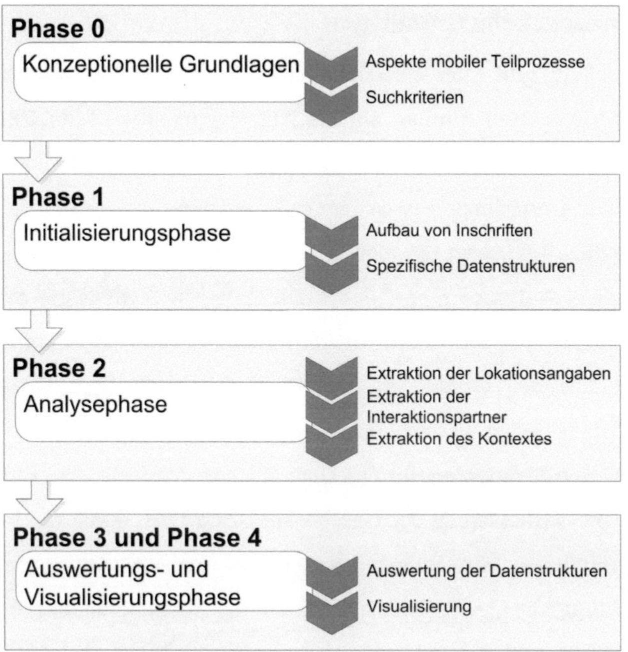

Abbildung 26: Aufbau der Methode Imopro

In Anlehnung an die Suchkriterien werden in der *Initialisierungsphase* der Methode **Imopro** (vgl. Abschnitt 4.2.2) spezifische Datenstrukturen zur Aufnahme von extrahierten Informationen aus den Geschäftsprozess-Schemata definiert. Darüber hinaus werden Richtlinien für Inschriften der Schemaelemente von Geschäftsprozess-Schemata, die der Literatur entnommen wurden, vorgestellt. Geschäftsprozess-Schemata mit Richtlinien-konformen Inschriften dienen der *Analysephase* als Eingabe. In dieser Phase (vgl. Abschnitt 4.2.3) werden die Geschäftsprozess-Schemata und deren Inschriften basierend auf den Suchkriterien aus Abschnitt 4.2.1 untersucht. Die Informationen werden aus den Inschriften extrahiert und in die Datenstrukturen aus Abschnitt 4.2.2 aufgenommen.

Um eine Auswertung der Datenstrukturen zu ermöglichen, werden diese abschließend in der *Auswertungs- und Visualisierungsphase* (vgl. Abschnitt 4.2.4) zusammengefasst und anschließend ausgewertet. Mit Hilfe der Resultate der Auswertung können die mobilen Teilprozesse identifiziert und anschließend im Geschäftsprozess-Schema den Modellierenden visualisiert werden.

4.2.1 Konzeptionelle Grundlagen

Dieser Abschnitt gibt eine Übersicht über die spezifischen Aspekte mobiler Teilprozesse und deren Einfluss auf die Nutzung mobiler IT im Unternehmen. Aus den Aspekten werden Suchkriterien hergeleitet, die zur Identifikation mobiler Teilprozesse in Geschäftsprozessen verwendet werden.

Nach Definition 4.2 besitzt ein mobiler Teilprozess spezifische Aspekte wie die Mobilität eines Aufgabenträgers der auszuführenden Aktivitäten. Die Aspekte beeinflussen bzw. bestimmen die Nutzung der mobilen IT im Unternehmen und lassen sich aus den Grundlagen mobiler Teilprozesse (vgl. Kapitel 3 und Abschnitt 4.1) herleiten. Die mobile IT muss die in Abschnitt 4.1.1 beschriebene Generierung von Mehrwerten für das Unternehmen gewährleisten. Ein Mehrwert impliziert eine Verbesserung der Geschäftsprozesse (z.B. durch die Vermeidung von Medienbrüchen, die Rationalisierung von Arbeitsschritten durch deren Automatisierung, die Qualitätssicherung durch die Nutzung mobiler IT etc.). Eine Generierung von Mehrwerten setzt voraus, dass die "richtigen" Aktivitäten der Aufgabenträger im Geschäftsprozess zur Mobilisierung ausgewählt werden. Zusätzlich müssen die Aufgabenträger mit den passenden hoch-mobilen Geräten ausgestattet werden. Beispielsweise kann die Aufgabenausführung der Nahrungsmittel-Bestandsaufnahmen eines Kochs durch die Nutzung mobiler IT verbessert werden. Angenommen der Koch erfasst bisher im Kühlhaus in jedem einzelnen Arbeitsschritt die Mengen der eingelagerten Nahrungsmittel, die er für ein Bankett benötigt, mit Stift und Papier, indem er sich von Regal zu Regal bewegt. Dann kann die Datenerfassung des Kochs durch die Nutzung mobiler IT (bspw. eines Tablet-PC) signifikant verbessert werden[73]. Es kann aber zu Behinderungen des Einsatzes der mobilen IT kommen, wenn der Koch bspw. aufgrund spezifischer Rahmenbedingungen (z.B. der Temperatur) im Kühlhaus Handschuhe trägt und diese zur Bedienung des Tablet-PC jedes Mal ausziehen muss[74].

---

[73] Im Beispiel kann durch die Verwendung mobiler IT ein Medienbruch vermieden werden, wenn die Mengendaten der Nahrungsmittel mit den digitalisierten Lieferdaten direkt verglichen werden können. Des Weiteren können die Bestände mit den digitalisierten Mengenangaben der Rezepte auf dem mobilen Gerät abgeglichen werden. Die Bestellung fehlender Bestände könnte umgehend vor Ort mittels der mobilen IT durchgeführt werden.

[74] Tablet-PCs wie bspw. das iPad von Apple® besitzen kapazitive Bildschirme (Touchscreens), die die Position der Berührung (die Touch-Position) mittels einer Veränderung der am

Die Aufgabenausführung des Kochs wäre dann durch die Nutzung der mobilen IT behindert.

Konstellationen dieser Art müssen bei der Nutzung mobiler IT im Geschäftsprozess berücksichtigt werden. Beispielsweise wäre u. U. eine Umstrukturierung der Aktivitäten des Geschäftsprozesses des Kochs möglich, so dass der Koch nur Bestandsmängel erfasst und infolgedessen die Handschuhe nur sehr selten ablegen muss oder über physische Tasten des Geräts mit der mobilen IT interagiert.

Das Beispiel verdeutlicht, dass die Nutzung mobiler IT wesentlich von den Aspekten der mobilen Teilprozesse und deren wechselseitigen Beziehungen untereinander abhängig ist (vgl. [DHR08, KrL99, KuB04] und Definition 4.2). Folgende vier Aspekte mobiler Teilprozesse beeinflussen die Nutzung mobiler IT im Unternehmen (vgl. Abbildung 27):

- die spezifische Aufgabe des Aufgabenträgers,
- die Mobilität des Aufgabenträgers,
- die Ressourcen, mit denen der Aufgabenträger interagiert und
- der Kontext des Aufgabenträgers.

Die Mobilität des Aufgabenträgers und damit einhergehend dessen Lokation, sowie die Ressourcen, mit denen der Aufgabenträger interagiert, sind nach Definition 3.6 Kontextinformationen. Demzufolge sind beide Aspekte Elemente des Kontextes des Aufgabenträgers (vgl. Definition 3.5). Dessen ungeachtet werden sowohl die Mobilität als auch die Ressourcen, mit denen der Aufgabenträger interagiert, im Rahmen der Identifikation mobiler Teilprozesse aufgrund ihrer Relevanz für die Identifikation gesondert betrachtet. Im Folgenden werden die einzelnen Aspekte und deren Einfluss auf die Nutzung der mobilen IT im Unternehmen näher erläutert.

Gerätebildschirm anliegenden elektrischen Spannung ermitteln [Hol03]. Aus diesem Grund können die Geräte nur mit dem Finger oder leitfähigen Eingabestiften bedient werden. Inzwischen existieren spezielle Handschuhe, deren Fingerkuppen aus leitfähigem Material hergestellt werden. So ist eine Bedienung eines Touchscreens auch mit Handschuhen denkbar. Diese Handschuhe sind aber bisher als Arbeitshandschuhe nicht einsetzbar.

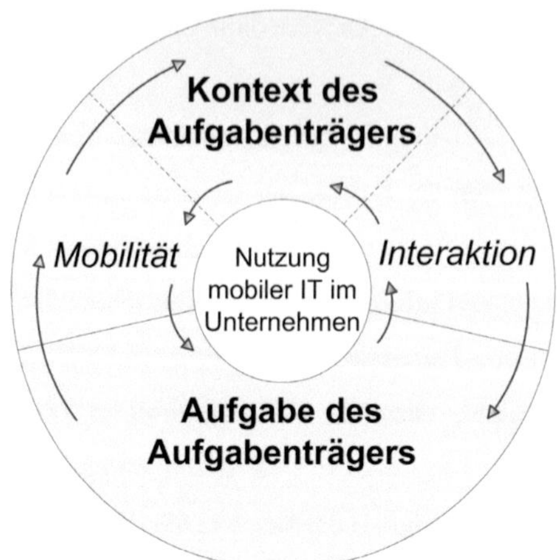

Abbildung 27: Aspekte mobiler Teilprozesse

Ausgangspunkt für die Nutzung mobiler IT ist die spezifische Aufgabe des Aufgabenträgers im Geschäftsprozess (vgl. Definition 2.1 und Abbildung 27). Die mobile IT muss die Aufgabenerfüllung unterstützen, unabhängig davon, ob es sich um einen menschlichen oder einen maschinellen Aufgabenträger handelt. Darüber hinaus ist die Unterstützung des Aufgabenträgers durch mobile IT von der Situation, in der er sich befindet, beschrieben durch den Kontext des Aufgabenträgers, abhängig. Ein Feuerwehrmann benötigt bspw. ein hoch-mobiles Gerät dessen Bildschirm in einem mit Rauch gefüllten Raum noch gut ablesbar ist. Das hoch-mobile Gerät der Fahrscheinkontrolleurin sollte bspw. aufgrund der engen Gänge in einem Zugabteil klein und handlich sein.

Einfluss auf die Nutzung der mobilen IT bzw. speziell auf die Geräteauswahl und die notwendigen Erweiterungen der Infrastruktur hat auch die Mobilität des Aufgabenträgers[75] (vgl. Abschnitt 3.1.3). Gleiches gilt für die Interaktion des Aufgabenträgers mit menschlichen und maschinellen Ressourcen. Beispielsweise ist die Interaktion mit unterschiedlichen menschlichen Ressourcen in vielen Fällen mit einer Mobilität des Interagierenden verknüpft. Des Weiteren beeinflusst die

---

[75] Steht bspw. auf dem gesamten Firmengelände ein unternehmenseigenes WLAN zur Verfügung, so benötigt ein Mitarbeiter, der sich nur außerhalb des Firmengeländes aufhält, eine anderes hoch-mobiles Gerät zur Verbindung mit dem unternehmensinternen Informationssystem als ein Mitarbeiter, der sich ausschließlich auf dem Firmengelände bewegt.

Interaktion des Aufgabenträgers mit maschinellen Ressourcen die Nutzung der mobilen IT bzw. die Geräteauswahl[76] (vgl. Abschnitt 3.3).

Die Aspekte mobiler Teilprozesse, die die Nutzung der mobilen IT im Unternehmen beeinflussen, müssen bei der Gestaltung und Mobilisierung der Geschäftsprozesse beachtet werden. Ferner dienen die Aspekte der mobilen Teilprozesse als Grundlage für das Herleiten von Suchkriterien, die eine Identifikation eines mobilen Teilprozesses in einem Geschäftsprozess ermöglichen. Drei der genannten Aspekte dienen als Grundlage für die Definition von Suchkriterien[77] (vgl. Abbildung 28):

- Der Lokationswechsel eines Aufgabenträgers ist eine notwendige Bedingung für dessen Mobilität und stellt dementsprechend ein Suchkriterium dar (vgl. Definition 4.2).
- Interagiert ein Aufgabenträger mit zwei unterschiedlichen menschlichen Ressourcen, so besteht die Möglichkeit, dass der Aufgabenträger zwischen den jeweiligen Interaktionen mobil war. Dies ist der Fall, wenn die Ressourcen sich an unterschiedlichen Orten befinden. Dementsprechend kann auch diese Eigenschaft als Suchkriterium verwendet werden.
- Wechselt der Kontext eines Aufgabenträgers, so besteht die Möglichkeit, dass der Aufgabenträger mobil war. Folglich ist ein Kontextwechsel ebenfalls als Suchkriterium verwendbar.

---

[76] Soll ein Aufgabenträger in der Interaktion mit einer maschinellen Ressource unterstützt werden, so muss die mobile IT auch mit der maschinellen Ressource bzw. deren Schnittstelle kommunizieren können.

[77] Die Eigenschaft der spezifischen Aufgabe eines Aufgabenträgers in einem mobilen Teilprozess wird nicht als Grundlage für ein Suchkriterium verwendet, da nach Definition 2.2 jeder Geschäftsprozess ein spezifisches Ziel und somit die Aufgabenträger auch eine spezifische Aufgabe im Geschäftsprozess besitzen.

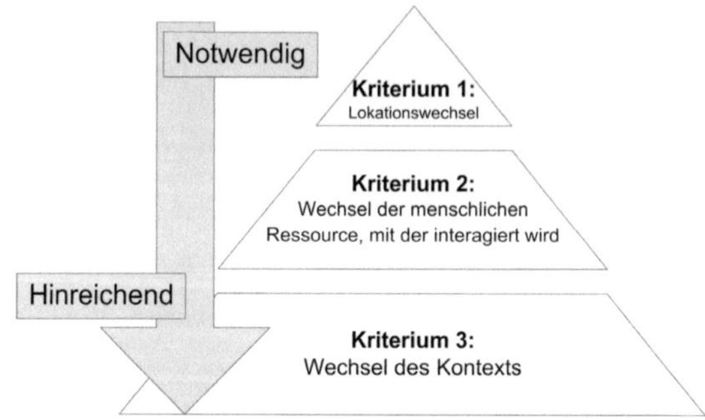

Abbildung 28: Suchkriterien für mobile Teilprozesse

Das erste Kriterium, der *Lokationswechsel*, ist eine notwendige Bedingung für die Mobilität eines Aufgabenträgers, während die nachfolgenden Bedingungen, der *Ressourcenwechsel* der menschlichen Ressource und der *Kontextwechsel* nur hinreichende Bedingungen für die Mobilität des Aufgabenträgers sind (vgl. Abbildung 28). Die formulierten hinreichenden Bedingungen beschreiben den Sachverhalt, dass ein Wechsel innerhalb der Bedingung stattfinden kann (Wechsel der menschlichen Ressource oder Wechsel des Kontextes), ohne dass der Aufgabenträger mobil war. Beispielsweise können sich alle menschlichen Ressourcen, mit denen der Aufgabenträger im Rahmen seiner Aufgabenausführung interagiert, an der Lokation des Aufgabenträgers aufhalten. Analog kann anhand eines Kontextwechsels wie bspw. der Änderung der Wetterlage nicht auf die Mobilität des Aufgabenträgers geschlossen werden.
Die Suchkriterien werden in Bezug auf deren Existenz im Geschäftsprozess wie folgt definiert:

Kriterium 1 (Lokationswechsel):

Kann in mindestens zwei Aktivitäten eines Geschäftsprozesses nachgewiesen werden, dass ein und derselbe Aufgabenträger der Aktivitäten diese an jeweils zwei geografisch unterschiedlichen Orten ausführt, so handelt es sich um einen mobilen Geschäftsprozess.

Um einen Geschäftsprozess respektive ein Geschäftsprozess-Schema auf Erfüllung des ersten Suchkriteriums hin zu analysieren, können die Aktivitäten (im Geschäftsprozess-Schema in Abhängigkeit der Modellierungssprache dargestellt) jeweils einzeln untersucht und in Zusammenhang mit den Aufgabenträgern auf "Übereinstimmung der Lokation" untersucht werden (vgl. Abschnitt 4.2.3). In

Abbildung 29 ist in einem als Petri-Netz modellierten Geschäftsprozess dargestellt, wie die Information über die Lokation pro Aktivität (repräsentiert durch eine Transition im Petri-Netz) und Aufgabenträger verglichen werden kann (in Abbildung 29 wird der Aufgabenträger in der Rolle `Mitarbeiter` betrachtet). Mit dem zweiten Suchkriterium werden Geschäftsprozesse bzw. deren Schemata adressiert, in denen der Aufgabenträger mit menschlichen Ressourcen interagiert und u. U. aus diesem Grund mobil sein muss.

Kriterium 2 (Ressourcenwechsel der menschlichen Ressource):

Interagiert ein Aufgabenträger in zwei unterschiedlichen Aktivitäten eines Geschäftsprozesses mit zwei unterschiedlichen menschlichen Ressourcen (pro Aktivität wird jeweils mit einer menschlichen Ressource interagiert), so kann dies ein Indikator dafür sein, dass der Aufgabenträger, um von der einen Ressource zur anderen zu gelangen, mobil war.

Zur Erfüllung des zweiten Suchkriteriums wird zunächst untersucht, welche weiteren Aufgabenträger an der Ausführung einer Aktivität eines spezifischen Aufgabenträgers, der auf Mobilität hin untersucht werden soll, beteiligt sind. In einem Geschäftsprozess-Schema können weitere an einer Aktivität beteiligte Aufgabenträger in ihren Rollen identifiziert werden. (vgl. Abbildung 29: An der ersten Aktivität des Aufgabenträgers in der Rolle `Mitarbeiter` ist der zusätzlich beteiligte Aufgabenträger, mit dem interagiert wird, in der Rolle `Sekretärin`. In der zweiten Aktivität des Aufgabenträgers in der Rolle `Mitarbeiter` ist der beteiligte Aufgabenträger in der Rolle `Pförtner`. Diese Information lässt darauf schließen, dass der Aufgabenträger in der Rolle `Mitarbeiter` zwischen den Aktivitäten mobil war).

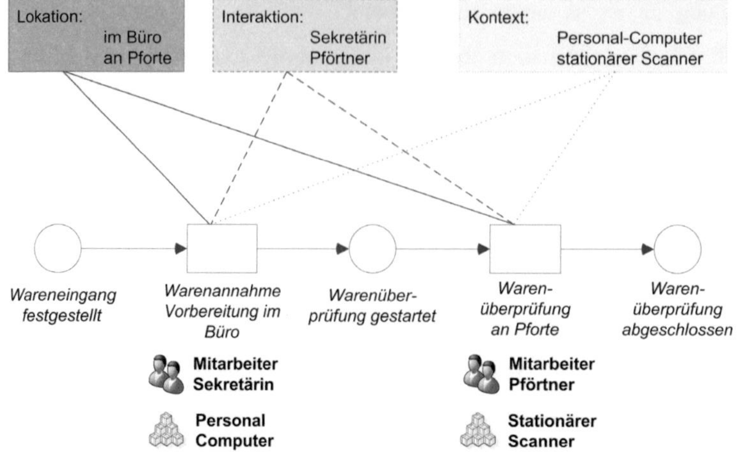

Abbildung 29: Extrahierte Informationen im als Petri-Netz dargestellten Geschäftsprozess

Das dritte Suchkriterium geht davon aus, dass sich aufgrund der Mobilität eines Aufgabenträgers sein Kontext verändert (vgl. Definition 3.5 und Definition 3.6). Verändert sich der Kontext eines Aufgabenträgers über mehrere Aktivitäten hinweg, so besteht Grund zur Annahme, dass der Aufgabenträger mobil war.

Kriterium 3 (Wechsel des Kontextes):

Besitzt ein Aufgabenträger in zwei Aktivitäten in einem Geschäftsprozess respektive dem entsprechenden Schema unterschiedlichen Kontext, d.h. der Kontext eines Aufgabenträgers in einer Aktivität unterscheidet sich im Vergleich zum Kontext desselben Aufgabenträgers in einer anderen Aktivität, so kann dies als Indikator für die Mobilität des Aufgabenträgers interpretiert werden.

Um einen Geschäftsprozess bzw. ein Geschäftsprozess-Schema auf Kontextwechsel eines Aufgabenträgers hin zu untersuchen, werden die Kontextinformationen der Aktivitäten des Aufgabenträgers aus dem Schema extrahiert und miteinander verglichen (vgl. Abschnitt 4.2.3 und Abschnitt 4.2.4). In Abbildung 29 beschränken sich die Kontextinformationen auf die benutzten maschinellen Ressourcen des Aufgabenträgers in der Rolle des `Mitarbeiters`. In der ersten Aktivität wird ein `Personal-Computer` verwendet. In der zweiten Aktivität wird ein `stationärer Scanner` benutzt. Wird unterstellt, dass sich die maschinellen Ressourcen in unterschiedlichen Räumlichkeiten befinden, so war der Aufgabenträger in der Rolle `Mitarbeiter` zwischen den Aktivitäten mobil.

Innerhalb der Methode **Imopro** werden die Geschäftsprozess-Schemata mit Hilfe der Suchkriterien auf mobile Teilprozesse hin untersucht. Die unterschiedlichen Phasen der Methode werden im Folgenden detailliert beschrieben.

4.2.2 Initalisierungsphase

Die *Initialisierungsphase* ist die erste Phase der Methode **Imopro**. In dieser Phase werden die Geschäftsprozess-Schemata für die Analysephase vorbereitet. Alle notwendigen Datenstrukturen werden aufgebaut, die innerhalb der Analysephase verwendet werden.

In der Literatur existieren diverse unterschiedliche Ansätze zur Analyse von einfachen Petri-Netzen (vgl. [Aav04, Abe90, Bau96, Rei10, Sta90]). Es wird zwischen zwei Analyseansätzen unterschieden. Die qualitative Analyse beschäftigt sich mit der Validierung und Verifikation der als Petri-Netz modellierten Geschäftsprozess-Schemata. Die quantitative Analyse betrachtet die Zielerreichung im Zusammenhang mit definierten Kenngrößen des Geschäftsprozesses. In der qualitativen Analyse kommen vornehmlich Verfahren zum Einsatz, die die präzise Definition der Petri-Netze nutzen. Anhand der präzisen Definition kann ein Petri-Netz mit Hilfe von graphentheoretischen Analysemethoden untersucht werden. Aussagen über u. a. die *Beschränktheit*, die *Lebendigkeit*, die *Erreichbarkeit* oder *Verklemmungen* im Petri-Netz können mathematisch fundiert formuliert werden [Abe90, Bau96, Sta90]. Hierfür werden Verfahren wie das Erstellen eines Erreichbarkeitsgraphen eingesetzt, mit deren Hilfe präzise Aussagen über das Verhalten der Petri-Netze gemacht werden können.

In der quantitativen Analyse wird vermehrt die Methode der Simulation eingesetzt (vgl. Abschnitt 5.1.2). Mit dieser Methode werden quantitative Größen wie bspw. die Durchlaufzeit des als Petri-Netz modellierten Geschäftsprozesses analysiert oder auch die Anzahl der Durchführung spezifischer Aktivitäten erfasst.

Anhand der Informationen sowohl aus der qualitativen als auch aus der quantitativen Analyse eines als Petri-Netz modellierten Geschäftsprozesses ist es nur schwer möglich, Aussagen über die Mobilität der Prozessbeteiligten oder über weitere Aspekte mobiler Teilprozesse zu machen. Dementsprechend kann die Existenz mobiler Teilprozesse im Geschäftsprozess nicht unmittelbar nachgewiesen werden. Hierfür müssen anderweitig Informationen aus dem Geschäftsprozess-Schema respektive dem Petri-Netz extrahiert und interpretiert werden.

Die Methode **Imopro** verfolgt einen Ansatz, der Informationen verwendet, die aus den Inschriften der Elemente eines als Petri-Netz dargestellten Geschäftsprozess-Schemas gewonnen werden [Ery11].

Wichtige Informationen über einen Geschäftsprozess, der als Petri-Netz modelliert wurde, finden sich in den Inschriften der Elemente des Geschäftsprozess-Schemas [DDv11, WHW10]. Dies sind bspw. Informationen über die beteiligten Aufgabenträger (z.B. Rollen, detaillierte Beschreibung der Aufgaben oder die Ressourcenverteilung etc.). Ein Beispiel für den Informationsgehalt der Inschriften eines Geschäftsprozess-Schemas, das als Petri-Netz modelliert wurde, ist in Abbildung 30 dargestellt. Aus dem oberen Schema des Geschäftsprozesses (Variante 1) ist intuitiv ableitbar, welche Arbeitsschritte innerhalb desselben ausgeführt werden. Darüber hinaus werden Informationen über die Rolle des Aufgabenträgers gegeben sowie Informationen über dessen Aufgaben innerhalb des Geschäftsprozesses. Das untere Petri-Netz (Variante 2), beschreibt zwar den gleichen Geschäftsprozess, enthält aber keine Informationen über die Rolle des Aufgabenträgers oder über Arbeitsschritte. Zwar kann die Reihenfolge der auszuübenden Arbeitsschritte aus dem Schema in Variante 2 ebenfalls ermittelt werden, über die Art der Arbeitsschritte bzw. was im Detail in einem Arbeitsschritt ausgeführt wird, kann allerdings keine Aussage getroffen werden.

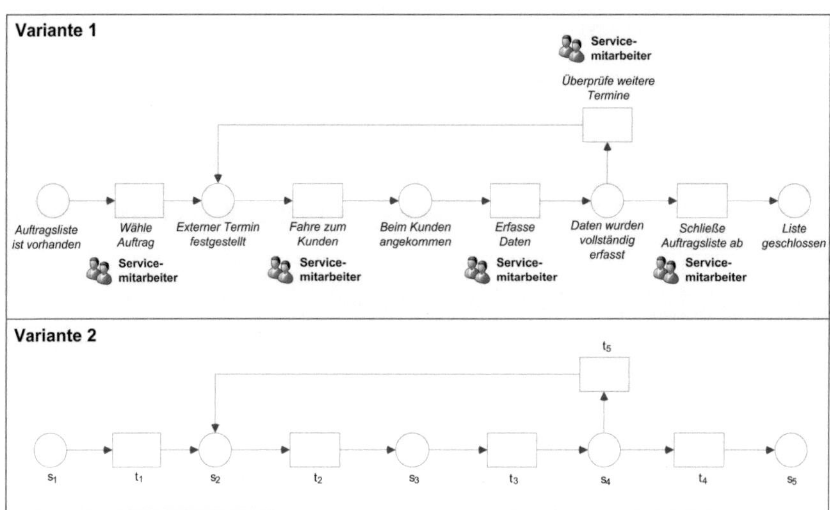

Abbildung 30: Vergleich: Geschäftsprozess-Schema mit und ohne aussagekräftige Inschriften

Um die Mobilität eines Prozessbeteiligten oder weitere Aspekte mobiler Teilprozesse in einem Geschäftsprozess nachweisen zu können, bedarf es der Zusatzinformation aus den Inschriften der Elemente des Geschäftsprozess-Schemas. Infolgedessen geht **Imopro** von Geschäftsprozessen aus, die als einfache Petri-Netze modelliert wurden. Ein einfaches Petri-Netz wird im Rahmen dieser Arbeit wie folgt definiert:

Definition 4.3: Einfaches Petri-Netz

Ein einfaches Petri-Netz ist ein Tupel $PN = (S, T, F, B, B_S, B_T)$, für welches gilt:

(I) (S, T, F) ist ein Netz,

(II) B ist eine endliche Menge aller aussagekräftigen, richtlinien-konformen Inschriften, die den Geschäftsprozess und die darin enthaltenen Aktivitäten beschreiben.

(III) $B_S: B \rightarrow S$ ist eine Funktion, die jeder Stelle aus S **genau eine** Inschrift aus B zuweist.

(IV) $B_T: B \rightarrow T$ ist eine Funktion, die jeder Transition aus T **genau eine** Inschrift aus B zuweist.

Die Elemente der Menge B werden über die Abbildungen B_s und B_T jeder Stelle aus S und jeder Transition aus T einzeln zugewiesen. So erhält jede Stelle und jede Transition des Petri-Netzes jeweils genau eine aussagekräftige, richtlinien-konforme Inschrift, deren Aufbau im Folgenden näher beschrieben wird.

Der interne Aufbau der Inschriften der Elemente in einem Geschäftsprozess-Schema, das als Petri-Netz dargestellt wird, ist maßgeblich für deren Aussage-kraft. Darüber hinaus ist der Aufbau somit für eine erfolgreiche Extraktion der Informationen über die Existenz mobiler Teilprozesse innerhalb des Geschäfts-prozess-Schemas verantwortlich. Daher existieren für den Aufbau aussage-kräftiger Inschriften in Geschäftsprozess-Schemata Richtlinien, die in unter-schiedlichen Quellen der Literatur beschrieben werden (vgl. [BRv00, MCH03, MeR08, Min96, MRA10, MRR10, ScR10]). Die Richtlinien schreiben einen spezifischen Aufbau der Inschriften der aktiven und der passiven Komponenten in einem Geschäftsprozess-Schema vor. Aktive Komponenten (die Transitionen) in einem als Petri-Netz modellierten Geschäftsprozess werden in einer *Prädikat-Objekt-Kombination* bzw. einer *Aktion-Objekt-Kombination* beschriftet. Die Kom-binationen müssen im Präsens formuliert werden. Die passiven Komponenten (die

Stellen) in einem als Petri-Netz modellierten Geschäftsprozess müssen in einer *Objekt-Prädikat-Kombination* im Perfekt beschriftet werden [BDH09, LSM11, LSM09]. Abbildung 31 zeigt den Aufbau Richtlinien-konformer Inschriften mit jeweils einem Beispiel.

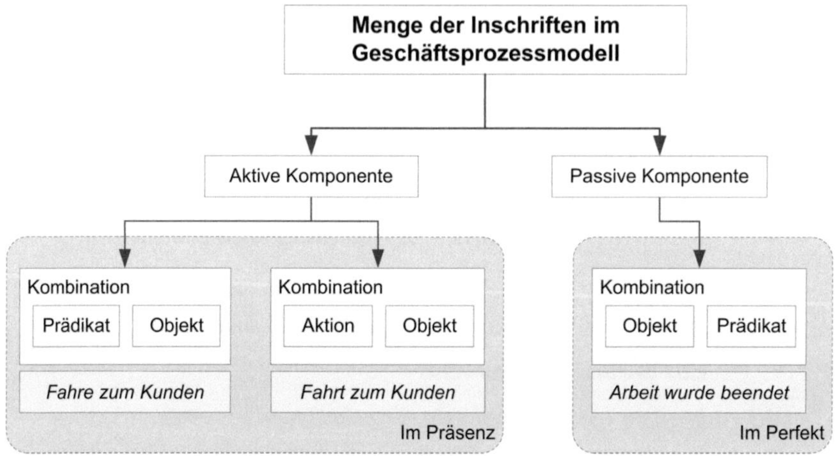

Abbildung 31: Richtlinien-konformer Aufbau von Inschriften

Innerhalb der Aktion-Objekt-Kombination beschreibt das "Aktionswort" die Tätigkeit, die ausgeführt wird. Dies kann eine Substantivierung[78] eines Verbs oder ein Substantiv, welches die Tätigkeit passend beschreibt, sein. Die Inschrift `Fahrt zum Kunden` (vgl. Abbildung 31) ist bspw. eine Inschrift einer aktiven Komponente in Aktion-Objekt-Kombination. Das Wort `Fahrt` ist kein Verb beschreibt aber durchaus die Tätigkeit/Aktion, die ausgeübt wird.

Ein Nachweis, dass die Richtlinien vermehrt eingehalten werden, wurde bereits in einer wissenschaftlichen Studie erbracht. Mendling et al. untersuchten ca. 20.000 Inschriften aktiver Komponenten in 604 verschiedenen Geschäftsprozess-Schemata. Über 94% der Inschriften waren in einer Prädikat-Objekt- oder in einer Aktion-Objekt-Kombination aufgebaut [MRR10]. Vermehrt werden die Richtlinien auch intuitiv eingehalten, da die Arbeitsschritte, die zur Ausführung einer Aktivität innerhalb eines Geschäftsprozesses notwendig sind, durch die Prädikat-Objekt- oder Aktion-Objekt-Kombinationen sehr gut beschrieben werden können.

---

[78] Die Substantivierung oder auch Nominalisierung beschreibt die Bildung eines Substantivs aus einer anderen Wortart [Ull77]. Bei Verben wird die Substantivierung häufig durch die Endung ¬ "-ung" herbeigeführt. Ein Beispiel wäre das Wort "drehen" und die dazugehörige Substantivierung "Drehung".

Darüber hinaus wurden bereits in der Literatur Methoden vorgestellt, die eine computergestützte Refaktorisierung der Inschriften der Elemente eines Geschäftsprozess-Schemas ermöglichen, falls diese nicht die beschriebene Formatierung aufweisen [LSM10].

Tabelle 7 zeigt einen Auszug einiger Prädikat-Objekt und Aktion-Objekt-Kombinationen.

Prädikat-Objekt-Kombination	Aktion-Objekt-Kombination
"fahre zum Kunden"	"Fahrt zum Kunden"
"erfasse die Daten"	"Erfassung der Daten"
"prüfe weitere Termine"	"Prüfung auf weitere Termine"
"arbeite an der Maschine"	"Arbeit an der Maschine"
"unterzeichne das Dokument"	"Unterzeichnung des Dokuments"
"transferiere zur Bank"	"Transfer zur Bank"

Tabelle 7: Inschriften in Prädikat-Objekt und Aktion-Objekt-Kombination

Die Informationen in den Inschriften der aktiven Komponenten eines als Petri-Netz modellierten Geschäftsprozesses werden innerhalb **Imopro** mit den Aufgabenträgern bzw. mit deren Rollen im Geschäftsprozess verknüpft.

Nach [Obe96] muss jeder Aktivität im Geschäftsprozess und somit jeder aktiven Komponente (repräsentiert durch eine Transition im Petri-Netz) im Geschäftsprozess mindestens ein Aufgabenträger zugeordnet werden. Darüber hinaus können maschinelle Ressourcen in den Aktivitäten verwendet werden.

Sind die Informationen über Rollen der Aufgabenträger sowie verwendete maschinelle Ressourcen zusätzlich zu den Inschriften der Elemente im Geschäftsprozess-Schema hinterlegt, so wird das Geschäftsprozess-Schema im Rahmen der vorliegenden Arbeit als *einfaches Petri-Netz mit Annotationsmustern* bezeichnet. Ein einfaches Petri-Netz mit Annotationsmustern wird wie folgt definiert.

Definition 4.4: Einfaches Petri-Netz mit Annotationsmustern (PN_A)

Ein *einfaches Petri-Netz mit Annotationsmustern* (kurz: PN_A) ist ein Tupel $PN_A = (S, T, F, B, B_S, B_T, A, R, G, R_A, R_T, G_T)$, für welches gilt:

(I) (S, T, F, B, B_S, B_T) ist ein einfaches Petri-Netz PN

(II) A ist die endliche Menge der menschlichen und nicht-menschlichen Aufgabenträger im Geschäftsprozess.

(III) R ist die endliche Menge aller Rollen, die im Geschäftsprozess von den Aufgabenträgern besetzt werden.

(IV) G ist die endliche Menge aller maschinellen Ressourcen im Geschäftsprozess.

(V) $R_A: A \rightarrow R$ ist eine Funktion, die jedem Aufgabenträger aus A **eine** oder **mehrere** Rollen zuweist.

(VI) $R_T: R \rightarrow T$ ist eine Funktion, die jeder Transition aus T **eine** oder **mehrere** Rollen, die von Aufgabenträgern erfüllt werden, aus R zuweist.

(V) $G_T: G \rightarrow T$ ist eine Funktion, die jeder Transition aus T **keine**, **eine** oder **mehrere** maschinelle Ressourcen aus G zuweist.

Ein einfaches Petri-Netz mit Annotationsmustern enthält wesentlich mehr Informationen als ein einfaches Petri-Netz. Die Informationen werden in der Analysephase (vgl. Abschnitt 4.2.3) aus dem Petri-Netz extrahiert und in Datenstrukturen, deren Aufbau im Folgenden beschrieben wird, gekapselt gespeichert. Durch die Extraktion und die anschließende strukturierte Speicherung ist eine vereinfachte Verarbeitung der Informationen möglich.

Ein Geschäftsprozess, der als PN_A modelliert wurde, wird in der Initialisierungsphase um folgende Datenstrukturen erweitert und als *einfaches Petri-Netz mit erweiterten Annotationsmustern* bezeichnet.

Definition 4.5: Einfaches Petri-Netz mit erweiterten Annotationsmustern (PN_E)

Ein *einfaches Petri-Netz mit erweiterten Annotationsmustern* (kurz: PN_E) ist ein Tupel $PN_E = (S, T, F, B, B_S, B_T, A, R, G, T_{n,R}, R_A, R_T, G_T, R_L, R_I, R_K)$, für welches gilt:

(I) $(S, T, F, B, B_S, B_T, A, R, G, R_A, R_T, G_T)$ ist ein einfaches Petri-Netz mit Annotationsmustern PN_A

(II) $T_{n,R}$ ist die Menge aller an einer Transition n beteiligten Rollen.

(III) $R_L: T_{n,R} \rightarrow V_L$ ist eine Funktion, die jedem Element aus $T_{n,R}$ einen Vektor V_L zuweist.

(IV) $R_I: T_{n,R} \rightarrow V_I$ ist eine Funktion, die jedem Element aus $T_{n,R}$ einen Vektor V_I zuweist.

(V) $R_K: T_{n,R} \rightarrow V_K$ ist eine Funktion, die jedem Element aus $T_{n,R}$ einen Vektor V_K zuweist.

Mit der Definition des PN_E ist die Voraussetzung für die Speicherung extrahierter Informationen aus Geschäftsprozess-Schemata geschaffen. Jeder Aufgabenträger in seiner Rolle erhält pro auszuführende Aktivität (repräsentiert durch die Transitionen im Petri-Netz) drei Vektoren, die die extrahierten Informationen speichern.

In den Vektoren werden folgende Informationen gespeichert: Die Lokationsinformation, die aus der Inschrift extrahiert wird, die Information über die menschlichen Ressourcen, mit denen der Aufgabenträger in seiner Rolle evtl. interagiert sowie die Informationen über den Kontext des Aufgabenträgers in seiner Rolle. In Abbildung 32 ist ein Beispiel der Vektoren dargestellt. Der Vektor V_K speichert im Beispiel die Information über die maschinellen Ressourcen, mit denen der jeweilige Aufgabenträger in seiner Rolle im Rahmen der Aufgabenausführung voraussichtlich interagiert.

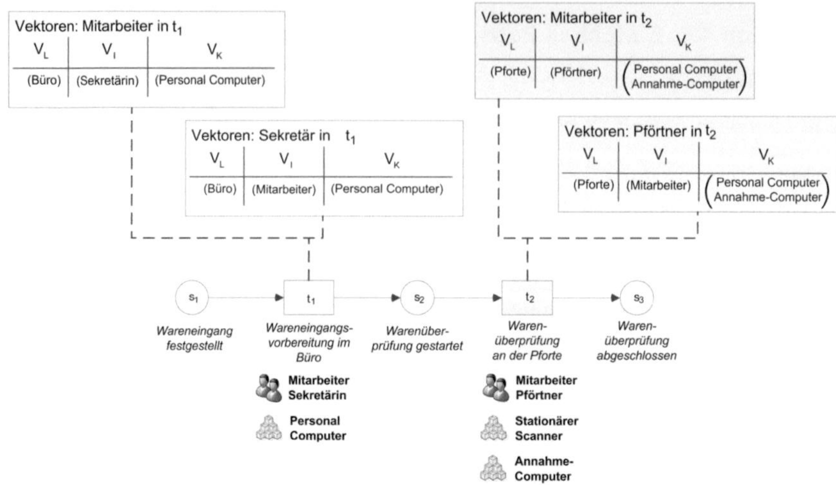

Abbildung 32: Auszug von Vektoren eines PN_E

Die Methode **Imopro** wird lediglich auf Schemaebene der Geschäftsprozesse angewandt werden. Folglich wird außer Acht gelassen, ob eine Rolle innerhalb eines Geschäftsprozess-Schemas in dessen Instanziierung von mehreren Aufgabenträgern ausgeübt wird oder ob ein Aufgabenträger u. U. mehrere Rollen besitzt.

In der der Initialisierungsphase anschließenden *Analysephase* werden die Suchkriterien zur Identifikation mobiler Teilprozesse verwendet und die extrahierten Informationen werden in die Datenstrukturen gespeichert. Der nächste Abschnitt beschreibt detailliert die Vorgehensweise im Rahmen der Analysephase.

4.2.3 Analysephase

In der *Analysephase* werden die als PN_A modellierten Geschäftsprozesse hinsichtlich der Suchkriterien aus Abschnitt 4.2.1 untersucht. Aufgrund der Anzahl der Suchkriterien (vgl. Abschnitt 4.2.1) wird die Analysephase in drei Schritte unterteilt. Im ersten Schritt werden die Inschriften der Elemente des Geschäftsprozess-Schemas im Hinblick auf Lokationswechsel der Aufgabenträger in ihren Rollen untersucht. Daran anschließend wird im zweiten Schritt das Geschäftsprozess-Schema auf Ressourcenwechsel der menschlichen Ressourcen, mit denen die Aufgabenträger in ihren Rollen interagieren, untersucht. Abschließend wird in mehreren Teilschritten überprüft, ob sich der Kontext eines der Aufgabenträger in seiner Rolle über mehrere Aktivitäten des Geschäftsprozesses hinweg verändert. Die als PN_A vorliegenden Geschäftsprozess-Schemata werden im Rahmen der Analysephase zu PN_E erweitert. Somit besteht die Möglichkeit, die Ergebnisse der einzelnen Analyseteilschritte in die Datenstrukturen des PN_E einzupflegen. Die Ergebnisse werden dann in der Auswertungs- und Visualisierungsphase (vgl. Abschnitt 4.2.4) ausgewertet. Die einzelnen Schritte der Analysephase werden im Folgenden detailliert vorgestellt.

Imopro geht davon aus, dass der Geschäftsprozess, der als PN_A modelliert wurde, als *PNML*-Datei in der *Petri Net Markup Language* (*PNML*) vorliegt. Die Petri Net Markup Language ist ein XML-basiertes Austauschformat für Petri-Netze [BCH03, JKW00, WeK03]. Die PNML ist nach ISO/IEC 15909-2 internationaler Standard.

Um möglichst viele Petri-Netz-Varianten zu unterstützen, existieren in der PNML elementare Darstellungselemente, die im Bedarfsfall, um bspw. eine Variante höherer Petri-Netze zu unterstützen, optional erweitert werden können. Mit den elementaren Elementen der PNML ist es möglich, einen einfachen beschrifteten Graphen zu beschreiben (vgl. ein einfaches Petri-Netz). Folgende elementaren Elemente werden hierfür verwendet:

- *Stellen, Transitionen und Kanten*, die die grundlegenden Objekte eines Petri-Netzes darstellen.
- *Identifikatoren*, mit deren Hilfe den Netzelementen eindeutige Kennzeichnungen zugewiesen werden können.
- *Labels*, die entweder Annotationen zu einem Netzelement oder Attribute der Netzelemente beinhalten.
- *Graphische Informationen*, die das "Aussehen" der Netzelemente definieren und
- *Werkzeugspezifische Informationen*, die Informationen über das Werkzeug enthalten, mit welchem das Petri-Netz modelliert wurde.

Um die Flexibilität der Sprache zu erhöhen, ist es möglich, die elementaren Elemente der PNML mit den *Petri Net Type Definitions* (*PNTD*) zu erweitern. Die Petri Net Type Definitions sind UML Metamodelle, mit denen die spezifischen Konzepte Petri-Netz-basierter Sprachen definiert und anschließend auf XML-Elemente abgebildet werden können [Kin06].

Ein einfaches Beispiel einer PNML-Datei und das dazugehörige Petri-Netz zeigt Abbildung 33. Auf der linken Seite ist das einfache Petri-Netz mit zwei Stellen, einer Transition und zwei Kanten abgebildet und auf der rechten Seite ist die korrespondierende PNML-Datei[79] dargestellt.

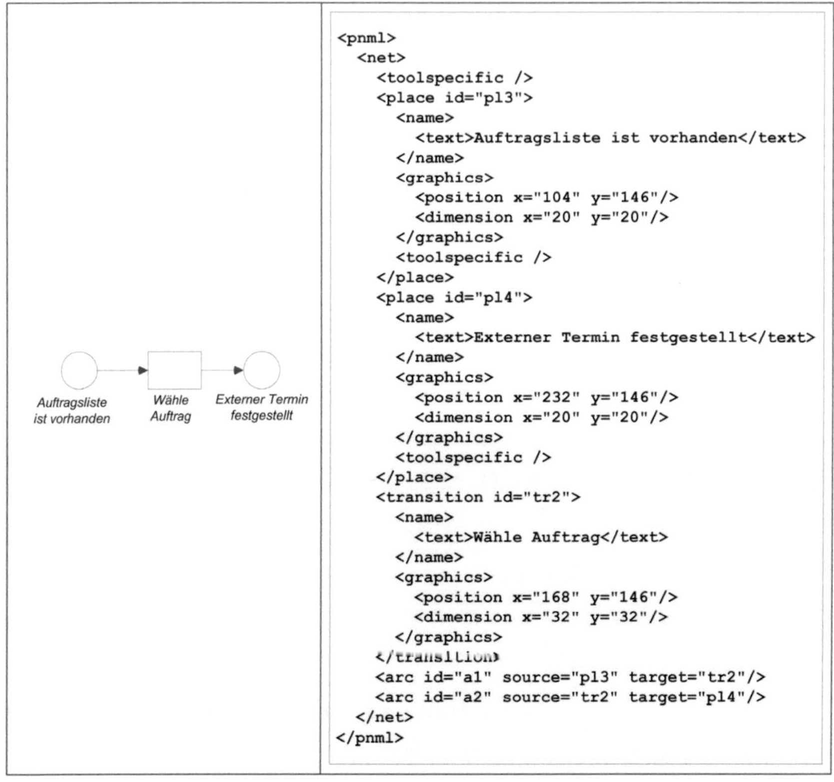


```
<pnml>
  <net>
    <toolspecific />
    <place id="pl3">
      <name>
        <text>Auftragsliste ist vorhanden</text>
      </name>
      <graphics>
        <position x="104" y="146"/>
        <dimension x="20" y="20"/>
      </graphics>
      <toolspecific />
    </place>
    <place id="pl4">
      <name>
        <text>Externer Termin festgestellt</text>
      </name>
      <graphics>
        <position x="232" y="146"/>
        <dimension x="20" y="20"/>
      </graphics>
      <toolspecific />
    </place>
    <transition id="tr2">
      <name>
        <text>Wähle Auftrag</text>
      </name>
      <graphics>
        <position x="168" y="146"/>
        <dimension x="32" y="32"/>
      </graphics>
    </transition>
    <arc id="a1" source="pl3" target="tr2"/>
    <arc id="a2" source="tr2" target="pl4"/>
  </net>
</pnml>
```

Abbildung 33: Petri-Netz und die korrespondierende PNML-Datei

Die PNML-Datei aus Abbildung 33 beschreibt das dargestellte Petri-Netz. Bei dem abgebildeten Petri-Netz aus Abbildung 33 handelt es sich aber um kein einfaches Petri-Netz mit Annotationsmustern (vgl. Definition 4.4). Wird ein PN_A in eine PNML-Datei umgewandelt, so gehen die Zusatzinformationen nicht verloren, sondern können bei einer Umwandlung mitgeführt werden. Hierfür unterstützt PNML die Speicherung der Zusatzinformationen in spezifischen Elementen der PNML. Zusatzinformationen wie Rollen der Aufgabenträger inner-

[79] In der PNML-Datei werden auch die Positionen der einzelnen Elemente des Petri-Netzes mitgeführt. Diese dienen bei der Interpretation der PNML-Datei der korrekten graphischen Darstellung des Petri-Netzes. In diesem Zusammenhang werden die Positionen im entsprechenden Modellierungswerkzeug, in welches die PNML-Datei geladen wird, anhand des Koordinatensystems der Darstellungskomponente des Modellierungswerkzeugs umgesetzt und dargestellt.

halb eines Geschäftsprozess-Schemas werden innerhalb der PNML-Datei in den werkzeugspezifischen Informationen gespeichert. Abbildung 34 zeigt einen vereinfachten Auszug aus einer PNML-Datei. Die PNML-Dateien, die im Rahmen dieser Arbeit dargestellt werden, wurden mit dem Modellierungswerkzeug Horus Business Modeler der Horus Software GmbH erstellt. Zur Verbesserung der Übersichtlichkeit werden relevante Informationen innerhalb der PNML-Dateien visuell hervorgehoben. Informationen, die für die Darstellung nicht relevant sind, werden entfernt. Die vollständigen PNML-Dateien sind jeweils im Anhang abgebildet.

```
<transition id="t13968401">
  <toolspecific tool="Horus" version="1.0.0">
    <elementGraphicsContribution alpha="255" hasGradient="false"
      index="2">
      <imageLabel
       typeId="edu.karlsruhe.horus.editors.roles.imageLabel.role"
       isVisible="true" isTextVisible="true">
         <text>Servicemitarbeiter</text>
         <graphics>...</graphics>
          ...
      </imageLabel>
!!!!!!<imageLabel
       typeId="biz.horus.editors.shm.horus.imageLabel.resource"
       isVisible="true" isTextVisible="true">
         <text>Dienstwagen</text>
         <graphics>...</graphics>
          ...
      </imageLabel>
    </elementGraphicsContribution>
    <transition>
      <viewName>
        <text>Fahre zum Kunden</text>
        <graphics>...</graphics>
          ...
      </viewName>
      ...
    </transition>
    <customProperties>...</customProperties>
  </toolspecific>
  <name>...</name>
  <graphics>
    <position x="200" y="39"/>
    <dimension x="50" y="30"/>
    <fill color="RGB {128, 128, 128}" gradient-color="RGB {255, 255,
     255}" gradient-rotation="vertical"/>
```

```
    <line color="RGB {0, 0, 0}" width="1" style="solid"/>
  </graphics>
</transition>
```

Abbildung 34: Auszug der in PNML-Format[80] dargestellten Transition **`Fahre zum Kunden`** *aus Abbildung 30*

In Abbildung 34 ist die Transition mit der Inschrift `Fahre zum Kunden` des in Abbildung 30 abgebildeten Geschäftsprozess-Schemas in PNML dargestellt. Hervorgehoben sind die Angaben zur Rolle des Aufgabenträgers, die verwendeten maschinellen Ressourcen sowie die Inschrift der Transition.

Die Rolle des Aufgabenträgers wird durch die in Abbildung 35 dargestellten Zeilen innerhalb der PNML-Datei beschrieben und trägt die Bezeichnung `Servicemitarbeiter`.

```
<imageLabel typeId="edu.karlsruhe.horus.editors.roles.imageLabel.role"
 isVisible="true" isTextVisible="true">
   <text>Servicemitarbeiter</text>
   <graphics>...</graphics>
   ...
</imageLabel>
```

Abbildung 35: Beschreibung der Rolle eines Aufgabenträgers in einer PNML-Datei

Die verwendete maschinelle Ressource wird innerhalb der PNML-Datei ebenfalls beschrieben (vgl. Abbildung 36) und trägt die Bezeichnung `Dienstwagen`.

```
<imageLabel typeId="biz.horus.editors.shm.horus.imageLabel.resource"
 isVisible="true" isTextVisible="true">
   <text>Dienstwagen</text>
   <graphics>...</graphics>
   ...
</imageLabel>
```

Abbildung 36: Beschreibung einer maschinellen Ressource in einer PNML-Datei

Die Inschrift der Transition im Geschäftsprozess-Schema steht im `<text>`-Element der PNML-Datei (vgl. Abbildung 37).

---

[80] Die vollständige Darstellung der Transition in PNML findet sich in Anhang C.

```
<transition>
  <viewName>
    <text>Fahre zum Kunden</text>
    <graphics>...</graphics>
    ...
  </viewName>
  ...
</transition>
```

Abbildung 37: Inschrift einer Transition in einer PNML-Datei

Auf Basis dieser in der PNML-Datei gespeicherten Informationen kann in der Analysephase Zusatzinformation aus der PNML-Datei extrahiert werden.

Zunächst werden die Rolle des Aufgabenträgers und die Inschrift einer Transition in Beziehung zueinander gebracht.

Jede Aktivität im Geschäftsprozess wird von mindestens einem Aufgabenträger ausgeführt. Im Rahmen der Ausführung einer Aktivität besitzt der Aufgabenträger eine spezifische Rolle. Menschliche Aufgabenträger können innerhalb einer PNML-Datei, die das Geschäftsprozess-Schema darstellt, durch das entsprechende XML-Element identifiziert werden (vgl. Abbildung 35).

Die Aktivitäten, die der Aufgabenträger in seiner Rolle im Geschäftsprozess ausführt, werden durch die Inschriften der Transitionen innerhalb des Geschäftsprozess-Schemas spezifiziert. Dies soll im Folgenden mit einem Beispiel verdeutlicht werden. Es wird eine Inschrift einer Transition aus dem Geschäftsprozess-Schema aus Abbildung 34 betrachtet. Die Inschrift lautet `Fahre zum Kunden`. Diese Inschrift ist konform mit den in Abschnitt 4.2.1 vorgestellten Richtlinien und besitzt eine spezifische Syntax. Eine Analyse, in deren Rahmen die Wörter der Inschrift ihren grammatikalischen Klassen zugeordnet werden, führt zu folgendem Ergebnis. Das erste Wort `Fahre` (zweite Person, Singular) ist ein konjugiertes Verb, welches sich vom Infinitiv "fahren" ableitet. Das konjugierte Verb beschreibt die Aktion, die im Rahmen der Transition ausgeführt wird. Das dritte Wort `Kunden` beschreibt das Objekt im vorliegenden Imperativsatz. Das Substantiv, das das Objekt repräsentiert, wird im Dativ dekliniert. Das zweite Wort `zum` ist eine kontrahierte Form einer Präposition. Eine Präposition beschreibt eine Beziehung zwischen verschiedenen Elementen hinsichtlich der Grundverhältnisse [BuG02]. Die Präposition bestimmt somit auch den Kasus der Wortgruppe oder des Wortes, zu dem sie gehört (im Beispiel wäre dies das Objekt). Präpositionen können anhand ihrer Semantik in Beziehungsklassen oder auch semantische Klassen unterteilt werden. Folgende semantische Klassen werden unterschieden:

- Klasse der lokalen Präpositionen:
  Die Klasse der Präpositionen, die die Örtlichkeit, den Raum, die Lage oder die Richtung beschreiben.
  Beispiel: *Der Mitarbeiter fährt **nach** Berlin.* Die Präposition ***nach*** beschreibt den Zielort oder die Richtung des Mitarbeiters, in welche er sich bewegt.
- Klasse der temporalen Präpositionen:
  Die Klasse der Präpositionen, die den Zeitpunkt oder die Dauer beschreiben.
  Beispiel: *Der Mitarbeiter kommt **vor** zwölf Uhr.* Die Präposition ***vor*** beschreibt das Verhältnis zur Zeitangabe.
- Klasse der kausalen Präpositionen:
  Die Klasse der Präpositionen, die die Ursache, den Grund oder den Zweck beschreiben.
- **Beispiel:** *Der Mitarbeiter arbeitet **aus** Überzeugung.* Die Präposition ***aus*** beschreibt den Grund.
- Klasse der modalen Präpositionen:
  Die Klasse der Präpositionen, die die Art und Weise beschreiben.
  Beispiel: *Der Mitarbeiter erklärt den Sachverhalt **auf** Deutsch.* Die Präposition ***auf*** beschreibt die Art und Weise, wie der Mitarbeiter den Sachverhalt erklärt.

Mit der Klasse der lokalen Präpositionen wird demzufolge die Lokation eines Objektes im Raum angegeben [Hel08, Lut85, ZHS97]. Ein einfaches Beispiel ist der Satz: "Peter ist aus Berlin". In diesem Satz beschreibt die Präposition "aus" die Beziehung von Peter zur Lokation Berlin. Daher kann auch in einer Inschrift einer Transition, wenn diese eine lokale Präposition enthält, auf die Lokation des Aufgabenträgers geschlossen werden. Hierfür müssen die Präpositionen identifiziert und ihren unterschiedlichen semantischen Klassen zugeordnet werden.
Präpositionen zählen zu den häufigsten Wortarten in der deutschen Sprache [Hof09]. Daher werden auch sehr unterschiedliche Werte in der Literatur in Bezug auf die Anzahl an Präpositionen genannt. Helbig und Buscha sprechen von lediglich 64 Präpositionen [HeB91]. Schröder erfasst in seiner empirischen Unter-

suchung 96 Präpositionen [Sch90]. Engel identifiziert in seiner Arbeit 120 Präpositionen [Eng04]. Da eine genaue Aussage nicht getroffen werden kann, wird im Rahmen dieser Arbeit die Häufigkeit der Präpositionen in der deutschen Sprache in die Auswahl derselben miteinbezogen. Unter der Menge der zweihundert häufigsten Wortformen der deutschen Sprache befinden sich vierundzwanzig Präpositionen [KöP11, KuW06, Mei78, RFG90] (vgl. Tabelle 8). Davon sind fünf Präpositionen kontrahiert[81].

Tabelle 8 zeigt die beschriebenen vierundzwanzig Präpositionen, die in der Menge der zweihundert häufigsten Wortformen in der deutschen Sprache existieren. Die kontrahierten Präpositionen sind in der Tabelle hervorgehoben.

Präposition	Status	Präposition	Status
in		am	kontrahiert
von		über	
zu		zum	kontrahiert
mit		vor	
auf		zur	kontrahiert
für		bis	
im	kontrahiert	durch	
an		gegen	
aus		vom	kontrahiert
nach		unter	
bei		zwischen	
um		ohne	

Tabelle 8: Menge der Präpositionen in den zweihundert häufigsten Wortformen

Um anhand einer Präposition aus Tabelle 8 die Lokation eines Objektes zu identifizieren, müssen die einzelnen Präpositionen zunächst klassifiziert werden, d.h. jede Präposition muss mindestens einer semantischen Klasse (lokal, temporal, modal und kausal) zugeordnet werden. Leider ist eine eindeutige Zuordnung einer einzelnen Präposition nur selten möglich. In den meisten Fällen gehört eine Präposition einer oder mehreren semantischen Klassen an [BuG02]. Dies kann mit

[81] Eine kontrahierte Präposition beschreibt die Verschmelzung einer Präposition mit einem Artikel eines Substantivs zu einem einzigen Wort. Präpositionen können nur mit den Artikeln *dem, den, das* und *der* kontrahiert werden. Beispiele für kontrahierte Präpositionen sind: *zum, am, beim, zur, im* etc.. Nur eine Teilmenge der genannten vierundzwanzig Präpositionen kann mit den genannten Artikeln verschmolzen werden. Lediglich die Präpositionen *an, auf, bei, durch, für, in, über, unter, von, vor, zu* können kontrahiert werden [KuW06].

einem Beispiel veranschaulicht werden. Die Präposition *auf* gehört allen vier genannten semantischen Klassen an und kann daher unterschiedliche Beziehungen beschreiben:

- Lokal:

  Beispiel: *Der Mitarbeiter ist* ***auf der Baustelle****.*

  Die Präposition beschreibt die Lokation des Mitarbeiters.
- Temporal:

  Beispiel: *Der Mitarbeiter kündigt* ***auf den 01.01.2013****.* Die Präposition beschreibt das Verhältnis des Objektes zur Zeitangabe.
- Kausalität:

  Beispiel: *Der Mitarbeiter wartet* ***auf den Bereichsleiter****.* Die Präposition beschreibt den Grund oder den Zweck des Wartens.
- Modalität:

  Beispiel: *Der Mitarbeiter sagt es* ***auf Deutsch.*** Die Präposition beschreibt die Art und Weise, wie der Mitarbeiter es sagt.

Da im Rahmen der Analysephase das Ziel die Extraktion der Lokation eines Aufgabenträgers in seiner Rolle aus den Inschriften der Elemente eines Geschäftsprozess-Schemas ist, werden im Folgenden die lokalen Präpositionen fokussiert. Vereinzelt besteht die Möglichkeit, dass die Präpositionen in einer Form verwendet werden, die sich keiner der semantischen Klassen zuordnen lässt. Ein Beispiel wäre: *das Recht* ***auf*** *Freiheit* oder *die Liebe* ***für*** *jemanden.* Um diese Ausnahmen zu behandeln, wird innerhalb der Methode **Imopro** bei unklaren Zuweisungen der Anwender der Methode zur Validierung miteinbezogen (vgl. Abschnitt 4.2.4).

Die Zuordnung der Präposition aus Tabelle 8 zu ihren semantischen Klassen ist in Tabelle 9 dargestellt.

Präposition	Semantische Klasse	Präposition	Semantische Klasse
in	lokal, temporal, modal	am	lokal, temporal
von	lokal, temporal, modal, kausal	über	lokal, temporal, kausal
zu	lokal, temporal, modal, kausal	zum	lokal, temporal, modal, kausal
mit	temporal, modal, kausal	vor	lokal, temporal, kausal
auf	lokal, temporal, modal, kausal	zur	lokal, temporal, modal, kausal
für	temporal, modal, kausal	bis	lokal, temporal, modal
im	lokal, temporal, modal	durch	lokal, kausal
an	lokal, temporal	gegen	lokal, temporal, modal
aus	lokal, temporal, modal, kausal	vom	lokal, temporal, modal, kausal
nach	lokal, temporal, kausal	unter	lokal, temporal, modal, kausal
bei	lokal, temporal, modal, kausal	zwischen	lokal, temporal
um	lokal, temporal, kausal	ohne	modal

Tabelle 9: Semantische Klassifizierung der Präpositionen in Anlehnung an [KuW06, Sch90]

Die grau hinterlegten Präpositionen in Tabelle 9 müssen aufgrund ihrer semantischen Klassifizierung im Rahmen dieser Arbeit nicht weiter betrachtet werden. Relevant für **Imopro** sind lediglich die Präpositionen, die der semantischen Klasse der lokalen Präpositionen zugeordnet werden können.

Diese Präpositionen werden bei der Identifikation der Lokation eines Aufgabenträgers in seiner Rolle verwendet.

Um eine computergestützte Verarbeitung der Identifikation lokaler Präpositionen in den Inschriften eines Geschäftsprozess-Schemas zu gewährleisten, werden diese strukturiert zusammengefasst. Die Methode **Imopro** arbeitet hierfür mit *Wörterbüchern* und sogenannten *Identifikationsregeln*, deren Aufbau im Folgenden erklärt wird.

Zur Identifikation der Mobilität eines Aufgabenträgers in seiner Rolle werden zwei Wörterbücher benötigt, die in Kombination mit den Identifikationsregeln benutzt werden [Ery11].

Die beiden Wörterbücher werden als W_1 und W_2 bezeichnet. W_1 enthält die Klasse der lokalen Präpositionen, die innerhalb der zweihundert häufigsten Wortformen im Deutschen vorkommen (die kontrahierten Präpositionen wurden entfernt). Abbildung 38 zeigt das Wörterbuch W_1.

W_1 = {`in, von, zu, auf, an, aus, nach, bei, um, über, vor, bis, durch, gegen, unter, zwischen`}

Abbildung 38: Wörterbuch lokaler Präpositionen

Das zweite Wörterbuch enthält alle kontrahierten Präpositionen der Klasse der lokalen Präpositionen innerhalb der zweihundert häufigsten Wortformen. Abbildung 39 zeigt das zweite Wörterbuch W_2.

W_2 = {`im, vom, zum, zur, am`}

Abbildung 39: Kontrahierte lokale Präpositionen

Durch die Aufteilung der Klasse der lokalen Präpositionen in Wörterbücher kann die Menge der zu identifizierenden Präpositionen verändert werden. Beispielsweise könnte das zweite Wörterbuch optional um alle weiteren kontrahierten Formen der Präpositionen aus W_1 erweitert werden. Die Präpositionen `beim, ins, aufm, überm, übern, übers, vorm, vorn, unterm, untern` inklusive der umgangssprachlich kontrahierten Präpositionen könnten der Menge W_2 hinzugefügt werden.

Da eine lokale Präposition immer in Verbindung mit einer Lokationsangabe verwendet wird [Hel08, Lut85, ZHS97], können Lokationsangaben in den Inschriften der Transitionen anhand der enthaltenen Präpositionen identifiziert werden. Eine Extraktion der Lokationsangabe erfolgt durch die Anwendung einer Identifikationsregel auf die Inschrift. Die einzelnen extrahierten Lokationsangaben werden in den dafür vorgesehenen Vektoren des PN_E gespeichert.

Die Identifikationsregel beschreibt alle Kombinationen einer richtlinienkonformen Inschrift einer aktiven Komponente innerhalb eines Geschäftsprozess-Schemas. Um die einzelnen Wörter einer Inschrift unabhängig von der Prädikat-Objekt- oder Aktion-Objekt-Kombination extrahieren zu können, ist die

Identifikationsregel in der *Backus-Naur-Form*[82] dargestellt. Abbildung 40 zeigt die Identifikationsregel, mit welcher es möglich ist, den Aufbau einer Richtlinien-konformen Inschrift einer Transition innerhalb eines Geschäftsprozess-Schemas nachzubilden. Folglich kann die Identifikationsregel in einer Rückführung der einzelnen Ableitungen auch zur Extraktion von Informationen respektive Lokationsangaben aus einer Inschrift genutzt werden. Da die Identifikationsregel von einem Richtlinien-konformen Aufbau der Inschriften ausgeht, sind diese entweder in Prädikat-Objekt- oder in Aktion-Objekt-Kombination dargestellt.

<Inschrift>	::=	<Aktionsbegriff> <Substantiv>
<Aktionsbegriff>	::=	<Verb> <PräpBegriff> | <SubVerb> <PräpBegriff> | <Aktionswort> <PräpBegriff>
<PräpBegriff>	::=	<Präposition> <Artikel> | <PräpArtikel>
<Präposition>	::=	*Element der Menge* W_1
<PräpArtikel>	::=	*Element der Menge* W_2
<Verb>	::=	*Menge* E_1
<SubVerb>	::=	*Menge* E_2
<Aktionswort>	::=	*Menge* E_3
<Substantiv>	::=	*Menge* E_4

Abbildung 40: Identifikationsregel für lokale Präpositionen

Die Anwendung der Identifikationsregel richtet sich nach deren Ableitungsregeln (vgl. die Ableitungsregeln innerhalb einer BNF [Knu64]). Es wird jeweils nur die Inschrift einer einzelnen Transition untersucht, da diese mit der Rolle des Aufgabenträgers im Geschäftsprozess-Schema verknüpft ist. Innerhalb der zu untersuchenden Inschrift wird zunächst nach Präpositionen der Mengen W_1 und W_2 gesucht. Wird in der Inschrift kein Element der genannten Mengen identifiziert, so wird die Inschrift der nächsten Transition im Geschäftsprozess-Schema untersucht. Wird innerhalb einer Inschrift ein Element der Menge W_1 oder der

---

[82] Die *Backus-Naur-Form* (auch *Backus-Normalform* genannt, kurz *BNF*) ist eine formale Metasprache zur Beschreibung kontextfreier Grammatiken. Zu diesen kontextfreien Grammatiken gehört ein Großteil aktueller höherer Programmiersprachen. Es werden auch Befehlssätze und Kommunikationsprotokolle mit der Backus-Naur-Form beschrieben [Knu64].

Menge W_2 gefunden, so wird mit Hilfe der Ableitungsregeln die Inschrift auf das Nichtterminalsymbol `<Inschrift>` zurückgeführt. In Abbildung 41 ist die Analyse einer Inschrift dargestellt.

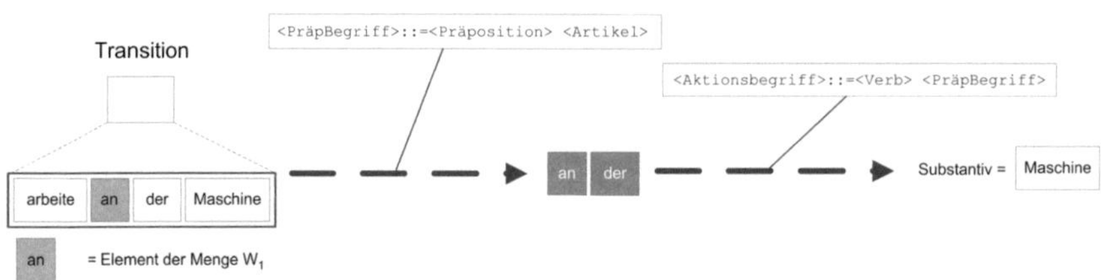

Abbildung 41: Analyse einer Inschrift anhand der Identifikationsregel

Zu Beginn wird die lokale Präposition `an` als Element der Menge W_1 identifiziert. Das Nichtterminalsymbol `<Präposition>` erhält den Wert `an`. Durch die nächste Rückführung und den Abgleich des nächsten Wortes mit dessen semantischer Bedeutung kann dem Nichtterminalsymbol `<PräpBegriff>` ein Wert in Form des Begriffs `an der` zugewiesen werden. Die Ableitungsregel des `<Aktionsbegriff>` ist die vorletzte Ableitungsregel, die in der Rückführung angewandt wird. Die Entscheidung, welche der Alternativen innerhalb der Regel verwendet werden soll, wird anhand der Wortformen in der Inschrift getroffen. Das Wort `arbeite` kann als Verb erkannt werden (vgl. Abbildung 41), folglich wird die Alternative `<Verb> <PräpBegriff>` gewählt. In einer letzten Rückführung können somit dem Nichtterminalsymbol `<Inschrift>` Werte zugewiesen werden. Daraus folgend besitzt das Nichtterminalsymbol `<Substantiv>` den Wert `Maschine`. Dieses stellt die Lokationsangabe, die in Kombination mit der lokalen Präposition auftritt, dar. Das Substantiv wird innerhalb des Vektors des PN_E gespeichert und für einen späteren Abgleich der Lokationen vorgehalten.

Das Vorgehen wird auf die Inschrift jeder Transition in der das Geschäftsprozess-Schema darstellenden PNML-Datei angewandt. Abbildung 42 beschreibt die Analyse der einzelnen Inschriften eines Geschäftsprozess-Schemas beispielhaft. Der Aufgabenträger hat die Rolle `Servicemitarbeiter` und ist an allen Transitionen beteiligt. In Transition 1 arbeitet er an der Maschine, in Transition 2 fährt er zum Kunden, in Transition 3 erfasst er Daten und in Transition 4 fährt er zurück zum Firmensitz. Nach Anwendung der Identifikationsregel inklusive der Wörterbücher auf die Inschriften besitzt der Aufgabenträger in seiner Rolle als

Servicemitarbeiter in Transition 1 die Lokation Maschine, in Transition 2 die Lokation Kunden und in Transition 4 die Lokation Firmensitz. Diese Lokationen werden in dem dafür vorgesehenen Vektor des PN_E gespeichert.

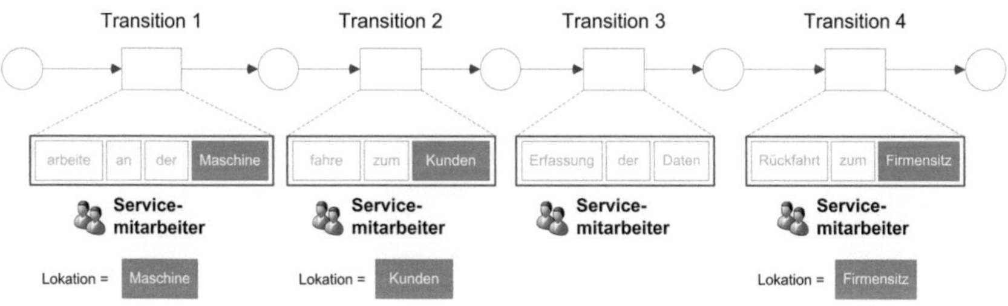

Abbildung 42: Extraktion der Lokationen aus den Inschriften

Im Rahmen der Identifikation existiert die Möglichkeit, dass die identifizierte Präposition einer Inschrift zwar der Klasse der lokalen Präpositionen angehört, zusätzlich aber noch in eine oder mehrere weitere semantische Klassen eingeordnet werden kann. **Imopro** unterstützt diese Zuordnung durch ein Farbcodesystem. Das Farbcodesystem arbeitet mit vier Farben. Wird eine Präposition identifiziert, die neben der Zugehörigkeit zur Klasse der lokalen Präpositionen auch noch in andere Klassen eingeordnet werden kann (wie bspw. die kontrahierte Präposition am), so wird der Vektoreintrag im PN_E gefärbt. In Tabelle 10 sind die verschiedenen Farben des Farbcodesystems aufgezählt. Die Einträge erhalten in den Vektoren die jeweilige Farbe.

Zugehörigkeit zur semantischen Klasse	Farbe
Lokal, temporal	Grün
Lokal, temporal, modal	Blau
Lokal, temporal, kausal	Orange
Lokal, temporal, modal, kausal	Rot

Tabelle 10: Ampelsystem zur semantischen Klassifizierung von Präpositionen

Die Funktionalität des Farbcodesystems wird an einem Beispiel veranschaulicht. Die Identifikationsregel würde in Kombination mit dem Wörterbuch aus der Inschrift Ankunft am Mittwoch das Substantiv Mittwoch identifizieren. Hierbei handelt es sich aber um keine Lokations- sondern um eine Zeitangabe. Mittels des Farbcodesystems ist gewährleistet, dass Anwender, bevor die entsprechenden Teilprozesse im Geschäftsprozess-Schema markiert werden, die falschen Identifikationen manuell korrigieren können.

Ein relevanter Spezialfall in der Analyse der Inschriften sind Vergröberungen im Geschäftsprozess-Schema (vgl. Abschnitt 2.4.3). In diesem Fall wird im Rahmen von **Imopro** davon ausgegangen, dass Vergröberungen im Geschäftsprozess-Schema vor der Analyse verfeinert werden (vgl. auch Abschnitt 6.2). Durch die Verfeinerung des Teilnetzes stehen mehr Informationen durch die zusätzlichen Inschriften zur Analyse zur Verfügung. Abbildung 43 zeigt ein Geschäftsprozess-Schema des Geschäftsprozesses *Reklamation*. Durch die Vergröberung wird das Teilnetz durch die Transition mit der Inschrift `Fertigstellen der Dokumente` ersetzt. Wird jedoch das Teilnetz in das Geschäftsprozess-Schema integriert und das Geschäftsprozess-Schema verfeinert, so können anstatt einer Inschrift der Transition vier Inschriften von vier Transitionen analysiert werden.

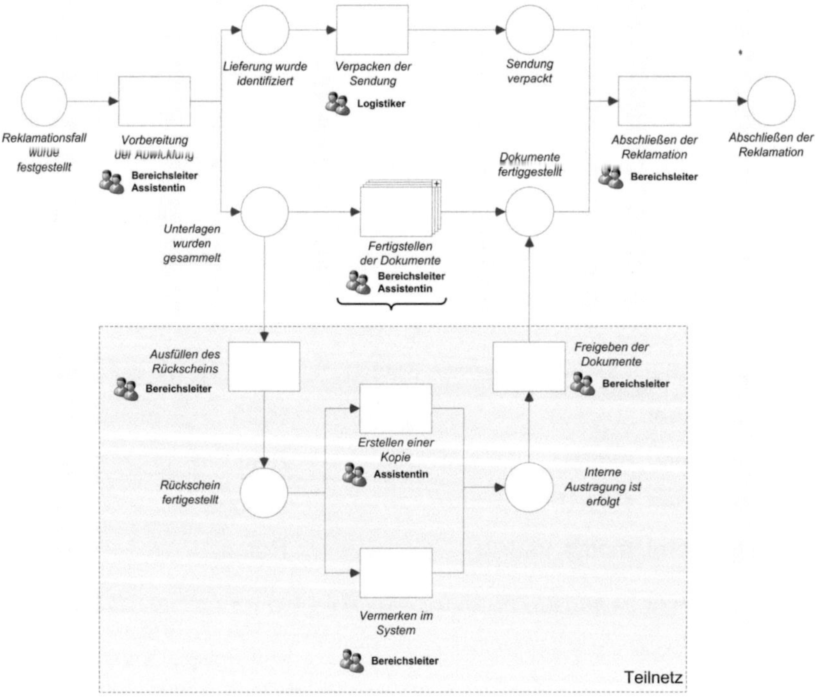

Abbildung 43: Verfeinerung eines Teilnetzes

Im zweiten Schritt der Analysephase bei Anwendung von **Imopro** wird das zweite Suchkriterium eingesetzt. Das Suchkriterium basiert auf der Annahme, dass der Wechsel des menschlichen Interaktionspartners (einer menschlichen

Ressource) eines Aufgabenträgers in einer weiteren Rolle (vgl. Abschnitt 4.2.1) auf die Mobilität des Aufgabenträgers schließen lässt. Der Wechsel der menschlichen Ressource, mit der der Aufgabenträger in seiner Rolle interagiert, ist eine hinreichende Bedingung für seine Mobilität. Aufgabenträger können mehrere kollaborative Aktivitäten am selben Ort durchführen. In einem PN_A sind lediglich die Rollen der Aufgabenträger spezifiziert. Das heißt es besteht grundsätzlich die Möglichkeit, dass ein Aufgabenträger zwei verschiedene Rollen einnimmt und kein realer Wechsel in der Interaktion stattfindet, da der Aufgabenträger mit sich selbst interagiert. Hierbei handelt es sich aber um einen seltenen Ausnahmefall.

Um die Interaktion eines Aufgabenträgers mit menschlichen Ressourcen innerhalb eines als PN_A modellierten Geschäftsprozess-Schemas zu identifizieren, werden die jeweiligen Zusatzinformationen jeder einzelnen Transition untersucht. Abbildung 44 zeigt einen als PN_A dargestellten Teilprozess und die korrespondierenden Auszüge der gespeicherten Informationen in der PNML-Datei.

Die Rollen der Aufgabenträger werden in Beziehung zueinander gebracht, indem für jeden Aufgabenträger und für jede Rolle eines Aufgabenträgers untersucht wird, welche weiteren Aufgabenträger in welchen Rollen an dessen Aktivitäten beteiligt sind. Werden weitere Rollen gefunden, so lässt sich daraus schließen, dass eine Interaktion stattfindet. In Abbildung 44 sind bspw. drei verschiedene Rollen von Aufgabenträgern an den Aktivitäten beteiligt.

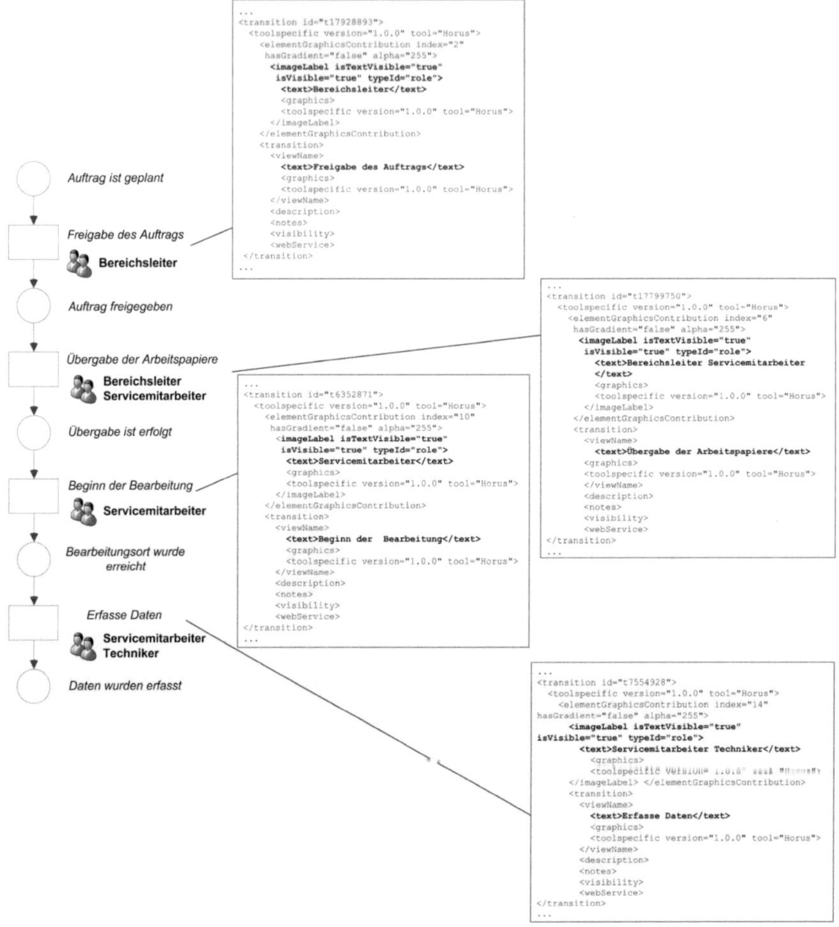

Abbildung 44: Auszüge PNML-formatierter Darstellungen von Rollen der Aufgabenträger

Tabelle 11 gibt einen Überblick über die verschiedenen Rollen der Aufgabenträger aus Abbildung 44 sowie deren Beteiligung an einer Aktivität. Zwei Transitionen sind mit jeweils zwei Rollen der Aufgabenträger beschriftet. Die `Übergabe der Arbeitspapiere` findet zwischen dem `Bereichsleiter` und dem `Servicemitarbeiter` statt. Die Aufgabe `Erfasse Daten` wird mit Beteiligung von `Servicemitarbeiter` und `Techniker` durchgeführt.

Rolle des Aufgabenträger	ebenfalls beteiligt	Inschrift der Transition
Bereichsleiter		Freigabe des Auftrags
Bereichsleiter	Servicemitarbeiter	Übergabe der Arbeitspapiere
Servicemitarbeiter	Bereichsleiter	Übergabe der Arbeitspapiere
Servicemitarbeiter		Beginn der Bearbeitung
Servicemitarbeiter	Techniker	Erfasse Daten
Techniker	Servicemitarbeiter	Erfasse Daten

Tabelle 11: Beteiligte Aufgabenträger am Geschäftsprozess aus Abbildung 44

Demzufolge kann angenommen werden, dass bei der Aufgabenausführung, die durch die Transition mit der Inschrift `Übergabe der Arbeitspapiere` und bei der Aufgabenausführung, die durch die Transition mit der Inschrift `Erfasse Daten` repräsentiert werden, zwei Aufgabenträger in ihren Rollen interagieren. In einem Folgeschritt muss im Rahmen der Analyse lediglich überprüft werden, ob an diesen beiden Aufgabenausführungen ein und derselbe Aufgabenträger in einer spezifischen Rolle beteiligt ist. Wie in Tabelle 11 dargestellt, ist an beiden Aufgabenausführungen der Aufgabenträger mit der Rolle `Servicemitarbeiter` beteiligt. Daher besteht die Möglichkeit, dass dieser zwischen den beiden Aufgabenausführungen mobil war.

Bei der Annahme, dass aus einem Wechsel der menschlichen Ressource, mit der interagiert wird, Mobilität des Aufgabenträgers folgen kann, handelt es sich um keine notwendige Bedingung für die Mobilität des Aufgabenträgers in der Rolle des `Servicemitarbeiters`. Beispielweise könnte im vorgestellten Szenario nicht der Servicemitarbeiter, sondern evtl. der Techniker mobil sein und sich zur Lokation des Servicemitarbeiters bewegt haben. Die extrahierten Informationen über weitere beteiligte Aufgabenträger in ihren Rollen werden ebenfalls in einem der Vektoren des PN_E zur späteren Auswertung gespeichert.

Im letzten Schritt der Analysephase wird das dritte Suchkriterium auf das Geschäftsprozess-Schema angewandt. Mit Hilfe der im Folgenden vorgestellten Analyseverfahren wird der Kontext eines jeden Aufgabenträgers innerhalb einer Aktivität ermittelt. Verändert sich dieser Kontext eines Aufgabenträgers innerhalb der Ausführung zweier Aktivitäten, so kann dies als ein Indikator für seine mögliche Mobilität angesehen werden. Im Rahmen der Anwendung dieses Suchkriteriums sei ebenfalls darauf hingewiesen, dass es sich auch bei einem Kontextwechsel eines Aufgabenträgers lediglich um eine hinreichende Bedingung für dessen Mobilität handelt.

Die Analyse des Kontextes eines Aufgabenträgers in einer Rolle ist im Rahmen von **Imopro** in zwei unterschiedliche Ansätze unterteilt, mit deren Hilfe weitere Informationen aus dem PN_A extrahiert werden.

Im ersten Ansatz werden die Informationen über die maschinellen Ressourcen, mit denen der Aufgabenträger in seiner Rolle interagiert, übergreifend über die einzelnen Aktivitäten analysiert. Der zweite Ansatz kann optional verwendet werden und bindet das Wissen des Anwenders/der Modellierenden durch die Verwendung von spezifischen Wörterbüchern und Identifikationsregeln in die Analyse unmittelbar mit ein.

Im ersten Ansatz der Analyse des Kontextes wird unterstellt, dass maschinelle Ressourcen (mit denen der Aufgabenträger in seiner Rolle interagiert) sich eventuell an unterschiedlichen Lokationen befinden. Folglich kann davon ausgegangen werden, dass der Aufgabenträger in seiner Rolle während der Aufgabenausführung die Lokation wechseln muss, also mobil ist.

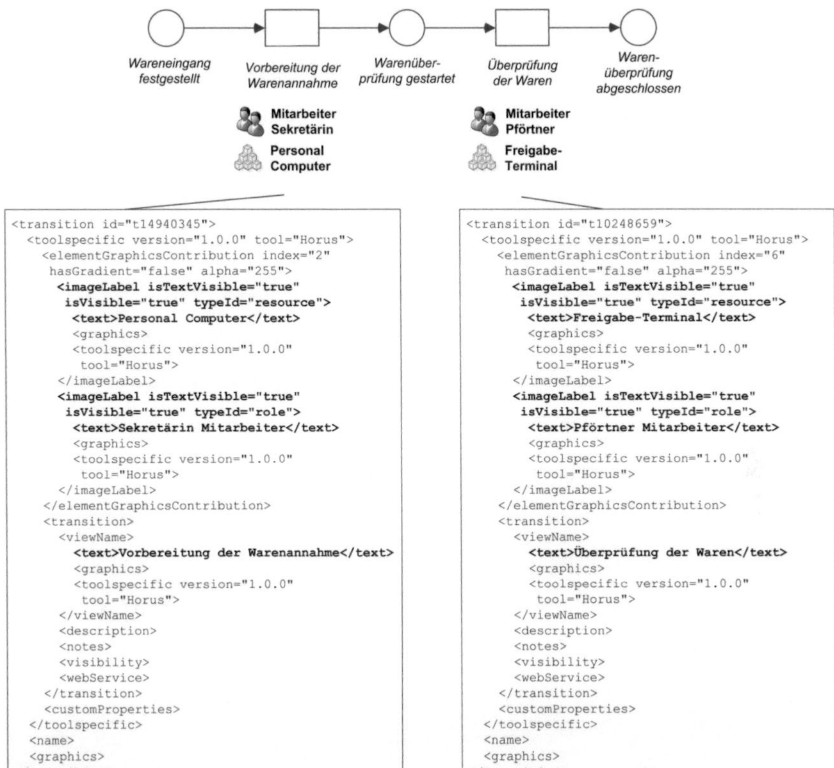


```
<transition id="t14940345">
  <toolspecific version="1.0.0" tool="Horus">
    <elementGraphicsContribution index="2"
     hasGradient="false" alpha="255">
      <imageLabel isTextVisible="true"
       isVisible="true" typeId="resource">
        <text>Personal Computer</text>
        <graphics>
        <toolspecific version="1.0.0"
         tool="Horus">
      </imageLabel>
      <imageLabel isTextVisible="true"
       isVisible="true" typeId="role">
        <text>Sekretärin Mitarbeiter</text>
        <graphics>
        <toolspecific version="1.0.0"
         tool="Horus">
      </imageLabel>
    </elementGraphicsContribution>
    <transition>
      <viewName>
        <text>Vorbereitung der Warenannahme</text>
        <graphics>
        <toolspecific version="1.0.0"
         tool="Horus">
      </viewName>
      <description>
      <notes>
      <visibility>
      <webService>
    </transition>
    <customProperties>
  </toolspecific>
  <name>
  <graphics>
</transition>
```

```
<transition id="t10248659">
  <toolspecific version="1.0.0" tool="Horus">
    <elementGraphicsContribution index="6"
     hasGradient="false" alpha="255">
      <imageLabel isTextVisible="true"
       isVisible="true" typeId="resource">
        <text>Freigabe-Terminal</text>
        <graphics>
        <toolspecific version="1.0.0"
         tool="Horus">
      </imageLabel>
      <imageLabel isTextVisible="true"
       isVisible="true" typeId="role">
        <text>Pförtner Mitarbeiter</text>
        <graphics>
        <toolspecific version="1.0.0"
         tool="Horus">
      </imageLabel>
    </elementGraphicsContribution>
    <transition>
      <viewName>
        <text>Überprüfung der Waren</text>
        <graphics>
        <toolspecific version="1.0.0"
         tool="Horus">
      </viewName>
      <description>
      <notes>
      <visibility>
      <webService>
    </transition>
    <customProperties>
  </toolspecific>
  <name>
  <graphics>
</transition>
```


Abbildung 45: Maschinelle Ressourcen und Auszüge der korrespondierenden PNML-Datei

In Abbildung 45 ist ein als PN_A modellierter Teilprozess inklusive der korrespondierenden PNML-Datei dargestellt. Die maschinellen Ressourcen können aus der PNML-Datei ausgelesen werden und anschließend im Vektor des PN_E gespeichert werden. Da der Aufgabenträger in der Rolle `Mitarbeiter` sowohl an der Transition mit der Inschrift `Vorbereitung der Warenannahme` als auch an der Transition mit der Inschrift `Überprüfung der Waren` beteiligt ist, werden die maschinellen Ressourcen der beiden Transitionen für einen späteren Abgleich gespeichert.

Der zweite Ansatz der Analyse des Kontextes eines Aufgabenträgers ermöglicht die Einbindung des spezifischen Wissens der Modellierenden und kann optional verwendet werden. Die Modellierenden können im Bedarfsfall durch die Definition individueller Wörterbücher und Identifikationsregeln das Geschäftsprozess-Schema hinsichtlich spezifischer Inschriften analysieren. Dies ist bspw. von Vorteil, wenn domänenspezifische Inschriften verwendet werden, die sich eventuell nicht an die genannten Richtlinien zur Gestaltung von Inschriften in

Geschäftsprozess-Schemata halten (vgl. Abschnitt 4.2.2). Der Aufbau des Wörterbuchs und der Identifikationsregeln ist den Modellierenden freigestellt. Es ist zu beachten, dass die Identifikationsregel der formalen Definition einer BNF genügt.

Das Wörterbuch kann bspw. aus den Inschriften aller Geschäftsprozess-Schemata eines Unternehmens generiert und anschließend von den Modellierenden "ausgedünnt" werden. Auf diese Weise kann nach spezifischen Teilprozessen gesucht werden, in denen Aufgabenträger in ihren Rollen wissentlich mobil sind und vom Anwender durch dessen domänenspezifisches Wissen identifiziert werden können. In diesem Zusammenhang besteht ebenso die Möglichkeit, die Wörterbücher anhand eines bereits existierenden Glossars[83], das u.U. bereits als Hilfsmittel zur Modellierung der Geschäftsprozesse innerhalb des Unternehmens dient [PeW09], aufzubauen.

Ein einfaches Beispiel für die Identifikation spezifischer Inschriften durch die Modellierenden zeigt Abbildung 46.

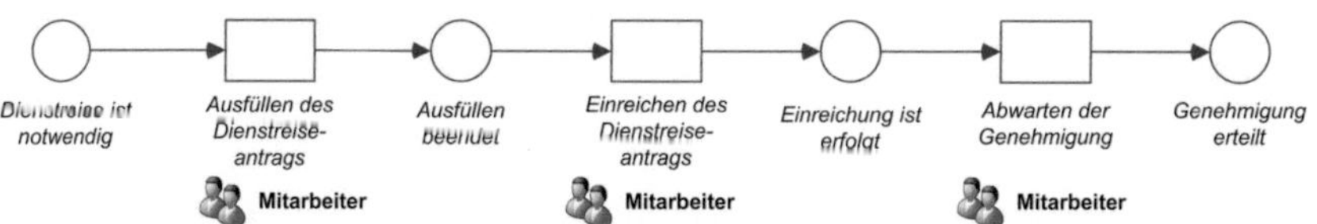

Abbildung 46: Auszug eines Geschäftsprozess-Schemas: Dienstreiseantrag-Bewilligung

Im Geschäftsprozess-Schema ist anhand einer Inschriftenanalyse nach Lokationswechseln oder anhand der Analyse der menschlichen Ressourcen, mit denen der Aufgabenträger in der Rolle `Mitarbeiter` interagiert, keine Schlussfolgerung auf seine Mobilität möglich. Der Aufgabenträger in der Rolle `Mitarbeiter` kann aber u.U. trotzdem mobil sein, weil er sich zwischen den Räumlichkeiten (dem Büro des Aufgabenträgers in der Rolle des Mitarbeiters und dem Personalbüro, in welchem der Antrag abgegeben wird) bewegt. Ist dieser Sachverhalt den Modellierenden bewusst, so können sie mittels eines Wörterbuchs nach einem spezifischen Schlüsselwort in den Inschriften suchen, bspw. dem Schlüsselwort `Dienstreiseantrag`. Eine Anpassung der Identifikationsregel erlaubt die Extraktion der Verben in den Inschriften. Die Verben werden

---

[83] Ein Glossar ist ein spezifisches Wörterbuch, welches Begrifflichkeiten und deren Erklärung enthält [Haß01].

dann als Resultate im entsprechenden Vektor des PN_E gespeichert. Die gespeicherten Informationen werden in der Auswertungs- und Visualisierungsphase analysiert.

Mit der Untersuchung des Kontextes der Aufgabenträger in ihren Rollen ist die Analysephase von **Imopro** abgeschlossen. Die Datenstrukturen des PN_E sind mit den relevanten Informationen der Geschäftsprozesse, die als PN_A modelliert wurden, gefüllt. In der letzten Phase von **Imopro** werden die extrahierten Informationen hinsichtlich der Mobilität der Aufgabenträger in deren Rollen und folglich der Existenz potenziell mobiler Teilprozesse ausgewertet. Innerhalb dieser Phase findet auch die Markierung der potenziell mobilen Teilprozesse statt.

4.2.4 Auswertungs- und Visualisierungsphase

Die Auswertungs- und Visualisierungsphase ist die letzte Phase von **Imopro**. In dieser Phase werden die extrahierten Informationen innerhalb des PN_E zusammengefasst und ausgewertet. Die Resultate der Auswertung werden im jeweils analysierten Geschäftsprozess-Schema visualisiert respektive die potenziell mobilen Teilprozesse werden markiert.

Nach Abschluss der Analysephase existieren im PN_E laut Definition 4.5 pro Transition und für jede Rolle, die von einem Aufgabenträger in der Transition ausgeübt wird, drei Vektoren. Die Vektoren sind mit folgenden extrahierten Informationen gefüllt:

- den Lokationen des Aufgabenträgers in dessen Rolle, falls Lokationen aus den Inschriften extrahiert werden konnten,
- den menschlichen, ebenfalls an der Transition beteiligten Ressourcen, falls diese vorhanden sind und der Aufgabenträger in seiner Rolle mit diesen interagiert und
- dem Kontext des Aufgabenträgers in dessen Rolle in Form der u.U. vorhandenen maschinellen Ressourcen.

Wurde von den Modellierenden nach weiteren optionalen Informationen gesucht, so werden diese Informationen in weiteren Vektoren gespeichert.

Um die Informationen innerhalb der Vektoren vereinfacht auszuwerten und übersichtlicher darzustellen, werden diese in Matrizen zusammengefasst. Durch die Zusammenfassung der Vektoreneinträge sind drei Matrizen für die Darstellung aller extrahierten Informationen eines Geschäftsprozess-Schemas, welches als PN_A vorliegt, notwendig. Es werden folgende Matrizen erstellt:

- Die *Lokationsmatrix* M_L: Die Matrix enthält die Lokationen aller Aufgabenträger in ihren Rollen in allen Transitionen des zu analysierenden Geschäftsprozess-Schemas.
- Die *Interaktionsmatrix* M_I: Die Matrix enthält in Abhängigkeit eines Aufgabenträgers in seiner Rolle alle weiteren Aufgabenträger in deren Rollen, die an der gleichen Transition beteiligt sind.
- Die *Kontextmatrix* M_K: Die Matrix enthält die maschinellen Ressourcen, die im Rahmen der Aufgabenausführung in einer Transition von einem Aufgabenträger in dessen Rolle verwendet werden.

Wurde nach anwenderspezifischen Informationen im Geschäftsprozess-Schema gesucht, so existieren weitere Matrizen, die aber nach dem gleichen Vorgehen analysiert werden.

$$M_L = \begin{pmatrix} L_{1,A_1} & \cdots & L_{1,A_n} \\ \vdots & \ddots & \vdots \\ L_{i,A_1} & \cdots & L_{i,A_n} \end{pmatrix}$$

Abbildung 47: Lokationsmatrix M_L

In Abbildung 47 ist eine *Lokationsmatrix* M_L dargestellt. Die Matrix M_L enthält alle extrahierten Informationen über die Lokationen L_{i,A_n} $, mit\ i \leq |T|\ und\ n = |A|$, wobei T die Menge der Transitionen im als PN_A modellierten Geschäftsprozess darstellt und A die Menge der Aufgabenträger in deren Rollen im Geschäftsprozess repräsentiert und somit n die Anzahl der Aufgabenträger bzw. deren Rollen abbildet. Folglich sind in den Zeilen der Matrix die einzelnen Transitionen gelistet. Die Transitionen werden anhand ihres Vorkommens in der PNML-Datei durchnummeriert. In den Spalten der Matrix stehen die Aufgabenträger in deren Rollen. Vereinzelt werden die Einträge der Lokationsmatrix M_L aufgrund des Farbcodesystems (vgl. Abschnitt 4.2.3) farblich markiert, da die Möglichkeit besteht, dass Präpositionen mehreren semantischen Klassen zugeordnet werden können. Die Anwender von **Imopro** können die farblich hervorgehobenen Einträge als Lokationen manuell überprüfen. Nach deren

Überprüfung kann der Eintrag der Lokation entweder beibehalten oder gelöscht werden.
Analog dem Aufbau der Lokationsmatrix werden die Interaktionsmatrix M_I und die Kontextmatrix M_K aufgebaut. Einziger Unterschied im Vergleich zur Lokationsmatrix sind die Einträge in den Matrizen. Bei den Einträgen sowohl der Interaktionsmatrix als auch der Kontextmatrix handelt es sich nicht ausschließlich um atomare Einträge. Da der Aufgabenträger in seiner Rolle evtl. mit mehr als einer maschinellen Ressource interagiert und folglich in den Vektoren des PN_E Tupel gespeichert sind, sind diese Tupel auch als Einträge in den Matrizen vorhanden. Für die Auswertung ist dies von untergeordneter Relevanz.
Die Auswertung einer Matrix wird durch den Vergleich der einzelnen Einträge innerhalb einer Matrix durchgeführt. Sind zwei einzelne Einträge einer Spalte innerhalb einer Matrix unterschiedlich, so werden die beiden Transitionen, an denen die unterschiedlichen Einträge identifiziert wurden, inklusive der Transitionen, die zwischen diesen beiden liegen, markiert. Auf diese Weise entsteht in einer einzelnen Spalte ein *Markierungsblock* (vgl. Abbildung 48 innerhalb der Lokationsmatrix M_L). Sind mehrere Einträge unterschiedlich, so wird der Markierungsblock immer so gebildet, dass alle unterschiedlichen Einträge eingeschlossen sind.

$$M_L = \begin{pmatrix} L_{1,A_1} & \cdots & \boxed{L_{1,A_5}} & \cdots & L_{1,A_n} \\ \vdots & & \vdots & & \vdots \\ \boxed{L_{5,A_1}} & \cdots & L_{5,A_5} & \cdots & \boxed{L_{5,A_n}} \\ \vdots & & \vdots & & \vdots \\ L_{i,A_1} & \cdots & L_{i,A_n} & \cdots & L_{i,A_n} \end{pmatrix}$$

Abbildung 48: Lokationsmatrix M_L mit Markierungsblöcken

Abbildung 48 zeigt exemplarisch eine Lokationsmatrix mit Markierungsblöcken. Ein Markierungsblock innerhalb einer Spalte stellt im als PN_A dargestellten Geschäftsprozess-Schema einen Teilprozess dar (ein transitionsberandetes Teil-Netz). In Abbildung 48 ist bspw. der Eintrag L_{5,A_1} ungleich dem Eintrag L_{i,A_1}. Folglich ist der Aufgabenträger, der in seiner Rolle in dieser Spalte der Matrix gelistet ist, im Teilprozess von Transition t_5 bis t_i mobil.

Innerhalb des Markierungsblocks zwischen L_{5,A_1} und L_{i,A_1} können weitere Einträge ungleich anderen Einträgen sein. Dann liegen diese aber bereits im identifizierten potenziell mobilen Teilprozess.

Analog dem Beispiel der Lokationsmatrix werden die Interaktionsmatrix M_I und die Kontextmatrix M_K untersucht. Es werden jeweils die einzelnen Tupel auf Übereinstimmungen analysiert. Dabei ist die Reihenfolge der Einträge im jeweiligen Tupel irrelevant. Auch in diesen Matrizen werden in Abhängigkeit der identifizierten ungleichen Einträge Markierungsblöcke eingetragen. Abbildung 49 zeigt auf der linken Seite eine Interaktionsmatrix M_I und auf der rechten Seite eine Kontextmatrix M_K mit eingetragenen Markierungsblöcken.

$$M_I = \begin{pmatrix} I_{1,A_1} & \cdots & I_{1,A_5} & \cdots & I_{1,A_n} \\ \vdots & & \vdots & & \vdots \\ I_{3,A_1} & \cdots & I_{3,A_5} & \cdots & I_{3,A_n} \\ \vdots & & \vdots & & \vdots \\ I_{i,A_1} & \cdots & I_{i,A_n} & \cdots & I_{i,A_n} \end{pmatrix} \qquad M_K = \begin{pmatrix} K_{1,A_1} & \cdots & K_{1,A_5} & \cdots & K_{1,A_n} \\ \vdots & & \vdots & & \vdots \\ K_{7,A_1} & \cdots & K_{7,A_5} & \cdots & K_{7,A_n} \\ \vdots & & \vdots & & \vdots \\ K_{i,A_1} & \cdots & K_{i,A_n} & \cdots & K_{i,A_n} \end{pmatrix}$$

Abbildung 49: Interaktionsmatrix M_I und Kontextmatrix M_K mit Markierungsblöcken

Nach Erstellung der Matrizen und der Berechnung der Markierungsblöcke kann im Rahmen von **Imopro** bereits eine Empfehlung mobiler Teilprozesse berechnet werden. Hierfür werden die jeweiligen Teilprozesse, die durch die Markierungsblöcke in der jeweiligen Matrix repräsentiert werden, im Geschäftsprozess-Schema markiert und visualisiert.

In einem Folgeschritt werden die Markierungsblöcke der einzelnen Matrizen miteinander "geschnitten". Es wird nach Schnittmengen der einzelnen Markierungsblöcke gesucht, da durch die Identifikation von Schnittmengen sich die Wahrscheinlichkeit einer Mobilität des Aufgabenträgers in dessen Rolle erhöht. Ausgehend von der Lokationsmatrix, steigt mit jeder identifizierten Schnittmenge mit einem weiteren Markierungsblock innerhalb einer der beiden zusätzlichen Matrizen die Wahrscheinlichkeit, dass es sich beim markierten Bereich um einen mobilen Teilprozess handelt.

Als Beispiel werden die Matrizen aus Abbildung 48 und Abbildung 49 geschnitten. Anhand der Lokationsmatrix kann die Aussage getroffen werden, dass der Aufgabenträger A_1 in seiner Rolle, der Aufgabenträger A_5 in seiner Rolle und der Aufgabenträger A_n in seiner Rolle mobil sind. Wird in einem weiteren Schritt die Interaktionsmatrix aus Abbildung 49 berücksichtigt, so ergibt sich aus den Schnittmengen, dass der Aufgabenträger A_1 von Transition t_5 bis Transition t_i mobil ist und der Aufgabenträger A_n von Transition t_3 bis Transition t_5. Wird abschließend noch die Kontextmatrix mit den errechneten Markierungsbereichen geschnitten, so steigt die Wahrscheinlichkeit weiter, dass der Aufgabenträger A_1 in seiner Rolle für den Teilprozess von Transition t_7 bis Transition t_i mobil ist. Dementsprechend kann **Imopro** den Modellierenden eine innovative Entscheidungsunterstützung zur Verfügung stellen.

Eine ausschließlich maschinelle Verifikation wird jedoch nicht unterstützt. **Imopro** repräsentiert eine Heuristik, denn ob es sich bei den markierten Teilprozessen tatsächlich um mobile Teilprozesse handelt, muss letztlich von den Modellierenden spezifiziert werden.

Imopro unterstützt die Identifikation mobiler Teilprozesse erheblich. Dies wird insbesondere durch die vielfachen Konfigurationsmöglichkeiten der Methode gewährleistet. Die Identifikation in der Methode kann bspw. mit nur einer Matrix oder evtl. zwei Matrizen durchgeführt werden. Darüber hinaus können die Markierungsbereiche der unterschiedlichen Matrizen nicht geschnitten werden, sondern es kann auch die Verknüpfung der Markierungsbereiche berechnet werden.

Imopro beinhaltet den Freiheitsgrad, die Identifikation anwenderspezifisch zu konfigurieren und optional vorhandenes Domänenwissen in die Identifikation zu integrieren. Den Modellierenden kann bspw. bekannt sein, dass die Maschinen, mit denen ein Aufgabenträger in seiner Rolle interagiert, in unterschiedlichen Räumlichkeiten stehen, dann ist eine Identifikation mit nur einer Matrix möglich.

Imopro beinhaltet im Vergleich zu den vorgestellten bisherigen Methoden signifikante Verbesserungen. Tabelle 12 stellt **Imopro** und die im Rahmen dieses Kapitels vorgestellten relevanten Methoden zusammenfassend gegenüber. In den mittleren Spalten wird jeweils mit einem "+" oder einem "-" symbolisiert, ob es sich um eine Stärke oder eine Schwäche der jeweiligen Methode handelt.

Mobile Process Landscaping		Methode Imopro
Der Kriterienkatalog kann nicht erweitert werden.	- +	Es können weitere Suchkriterien mittels anwenderspezifischer Konfiguration definiert werden.
Als Initialisierung wird eine Identifikation der Aufgabenträger verlangt (wird manuell durchgeführt).	- +	Es ist keine Initialisierung notwendig. Die Aufgabenträger müssen nicht manuell identifiziert werden.
Methode ist unabhängig von der Modellierungssprache.	+ -/+	Basiert auf der Modellierungssprache der Petri-Netze.
Die Modellierenden müssen manuell die einzelnen Schritte durchführen und die potenzielle Mobilität überprüfen.	- -/+	Keine Überprüfung jedes einzelnen Schrittes durch den/die Anwender/In notwendig.
Gewährleistung durch die manuelle Überprüfung durch die Modellierenden.	+ +	Gewährleistung durch die Anwender von **Imopro**.

Mobility-M		Methode Imopro
Abstraktion über die Modellierungssprache.	+ -/+	Basiert auf der Modellierungssprache der Petri-Netze.
Manuelle Anwendung aufgrund von Business Process Reengineering.	- +	Computerunterstützung realisierbar.
Die Modellierenden benötigen Fachwissen in den einzelnen Anwendungsdomänen.	- +	Modellierende können Fachwissen in die Methode einbringen. Methode kann aber auch ohne zusätzliches Fachwissen angewandt werden.
Mengen der Mehrwerte ist festgelegt.	- +	**Imopro** kann erweitert werden.

Blueprinting		Methode Imopro
Abstraktion über die Modellierungssprache der Geschäftsprozesse.	- + / +	Basiert auf der Modellierungssprache der Petri-Netze.
Aktivitäten werden auf Aufgabenträger, Örtlichkeit und Infrastruktur untersucht.	+ +	Aktivitäten werden auf Aufgabenträger in deren Rollen, beteiligte menschliche und maschinelle Ressource sowie Kontext untersucht.
Aufgabenträger werden als mobil identifiziert, wenn sie sich außerhalb einer spezifischen Infrastruktur aufhalten.	- +	Mobilität der Aufgabenträger in deren Rollen wird aus unterschiedlichen Faktoren hergeleitet.
Die Modellierenden müssen manuell die Aktivitäten untersuchen.	- +	Teilautomatisierte Untersuchung möglich.
Es werden nur überbetriebliche Geschäftsprozesse untersucht.	- +	Es können alle Geschäftsprozesse eines Unternehmens untersucht werden.
Die Modellierenden benötigen Fachwissen über Infrastruktur.	- +	Modellierende können Fachwissen einfließen lassen. Dies ist aber nicht notwendig.

Tabelle 12: Vergleich von Imopro mit Methode aus der Literatur

Der Vergleich der vorgestellten Methoden mit **Imopro** zeigt, dass **Imopro** signifikante Vorteile besitzt wie bspw. die Möglichkeit, die Identifikation teil-automatisiert durchzuführen.

Sind die mobilen Teilprozesse innerhalb der Geschäftsprozesse identifiziert, so kann mit der Mobilisierung der Geschäftsprozesse begonnen werden. Im Rahmen der Mobilisierung der Geschäftsprozesse kann mit Hilfe von Simulationsexperimenten die effiziente und effektive Nutzung der mobilen IT im Geschäftsprozess wesentlich verbessert werden. Es können bspw. in der Simulation die passenden hoch-mobilen Geräte für die Aufgabenausführung der Aufgabenträger in deren Rollen identifiziert werden.

Um die Mobilisierung zu unterstützen, wird im folgenden Kapitel die im Rahmen dieser Arbeit entwickelte Methode zur hybriden Simulation mobiler Geschäftsprozesse vorgestellt.

5 Hybride Simulation mobiler Geschäftsprozesse

Im vorliegenden Kapitel 5 wird die *Methode zur hybriden Simulation mobiler Geschäftsprozesse "Hysimopro"* vorgestellt. Die Methode adressiert die Analyse mobiler Geschäftsprozesse respektive die Analyse der effizienten und effektiven Nutzung mobiler IT durch einen Aufgabenträger zur Unterstützung seiner Aufgabenausführungen im Geschäftsprozess.

Soll ein Geschäftsprozess hinsichtlich der Nutzung mobiler IT zur Unterstützung einer Aufgabenausführung eines Aufgabenträgers analysiert werden, so muss sich die Analyse möglichst nahe an der Realität orientieren. Sämtliche Faktoren, die die Aufgabenausführung des mobilen Aufgabenträgers beeinflussen können [MoA04, Tru11], müssen berücksichtigt werden. Diese Berücksichtigung ist mit bisherigen Ansätzen zur Analyse von Geschäftsprozessen nur mit erheblichem Aufwand oder unter Umständen gar nicht zu realisieren. In diesem Zusammenhang bedarf es einer Methode, die die Analyse der Nutzung mobiler IT zur Unterstützung einer Aufgabenausführung im Geschäftsprozess unter "realen Bedingungen" ermöglicht. Darüber hinaus soll die Methode die Analyse der Nutzung einer Vielzahl zu berücksichtigender hoch-mobiler Geräte mit akzeptablem Aufwand realisieren. Dementsprechend wird im folgenden Kapitel ein Lösungsansatz zur realitätsnahen simulativen Analyse von mobilen Geschäftsprozessen mit akzeptablem Aufwand vorgestellt.

Hierfür werden zunächst in Abschnitt 5.1 existierende Methoden erläutert, mit deren Hilfe Geschäftsprozesse, die als einfache Petri-Netze mit Annotationsmustern modelliert wurden[84], analysiert werden können (vgl. [AaH04, Abe90, Bau96, Rei10, Sta90]). In diesem Zusammenhang wird die simulative Analyse von Geschäftsprozessen erläutert (vgl. [Obe96] und Abschnitt 5.1.2).

Im darauffolgenden Abschnitt 5.2 wird der Begriff der "hybriden Simulation" definiert. Des Weiteren wird die Methode **Hysimopro** zur hybriden Simulation

---

[84] Ein einfaches Petri-Netz mit Annotationsmustern ist nach Definition 4.4 ein einfaches Petri-Netz, welches um Annotationen erweitert wurde. Daher besitzen einfache Petri-Netze mit Annotationsmustern die gleichen formalen Grundlagen wie einfache Petri-Netze und können folglich mit den gleichen Methoden analysiert werden. Die in Abschnitt 5.1 vorgestellten Methoden beziehen sich auf die Analyse von einfachen Petri-Netzen und können daher ebenfalls zur Analyse einfacher Petri-Netze mit Annotationsmustern verwendet werden.

mobiler Geschäftsprozesse vorgestellt. Die Methode ermöglicht eine realitätsnahe simulative Analyse der Geschäftsprozesse mit akzeptablem Aufwand. Die Methode ist in einzelne Phasen aufgebaut, die detailliert erläutert werden.

In der ersten Phase, der *Interaktionsidentifikation*, werden Aufgabenausführungen der Aufgabenträger, die durch mobile IT unterstützt werden können, innerhalb des Geschäftsprozess-Schemas identifiziert (vgl. Abschnitt 5.2.1). Diese Aufgabenausführungen werden auf mobile Mensch-Maschine Interaktionen mit hochmobilen Geräten abgebildet.

In der zweiten Phase, der *Interaktionsunterstützung* (vgl. Abschnitt 5.2.2), werden Maßnahmen beschrieben, die die Ausführung der mobilen Mensch-Maschine Interaktionen in der Realität unterstützen. Unter anderem werden Maßnahmen beschrieben, die eine effiziente Gestaltung von Benutzungsoberflächen für Interaktionen mit hoch-mobilen Geräten ohne Programmierkenntnisse und mit akzeptablem Aufwand ermöglichen.

In der letzten Phase, der *Interaktionsinterpretation*, wird detailliert dargestellt, welche einzelnen Schritte im Rahmen der hybriden Simulation auf den hochmobilen Geräten ausgeführt werden (vgl. Abschnitt 5.2.3). In diesem Zusammenhang wird auf die Interpretation der Benutzungsoberflächen auf den hochmobilen Geräten eingegangen.

5.1 Methoden zur Analyse von Geschäftsprozessen

Im folgenden Abschnitt werden Methoden vorgestellt, die die Analyse von Geschäftsprozess-Schemata ermöglichen. Die Schemata können bspw. im Hinblick auf die Zielerreichung im Zusammenhang mit definierten Kenngrößen der Geschäftsprozesse analysiert werden. Des Weiteren ist eine Prüfung auf Korrektheit und Vollständigkeit[85] möglich [Obe96]. Eine Analyse eines Geschäftsprozess-Schemas wird bspw. im Zuge der Integration einer neuen Technologie wie der mobilen IT und den daraus resultierenden Anpassungen des Geschäftsprozesses erforderlich (vgl. Abschnitt 2.3.3).

Im Bereich der Analyse von Geschäftsprozessen, die als Petri-Netze modelliert wurden, werden zwei Methoden unterschieden, die strukturelle und dynamische

---

[85] Die Korrektheit bezieht sich in diesem Zusammenhang auf den Output der einzelnen Aktivitäten im Geschäftsprozess. Die Vollständigkeit beschreibt die erforderliche Funktionalität, die durch den Geschäftsprozess zur Verfügung gestellt wird [Obe96].

Eigenschaften eines Geschäftsprozesses identifizieren können [AaH04]: die *qualitative* und die *quantitative Analyse*.

Die qualitative Analyse befasst sich mit der strukturellen Validierung und Verifikation der Geschäftsprozess-Schemata (vgl. Abschnitt 5.1.1). Die quantitative Analyse fokussiert die Erreichung der definierten Ziele eines Geschäftsprozesses im Zusammenhang mit spezifischen Kenngrößen (vgl. Abschnitt 5.1.2). Beide Methoden bedienen sich unterschiedlicher Verfahren, von denen exemplarisch in den folgenden Abschnitten einige vorgestellt werden.

5.1.1 Qualitative Analyse von Geschäftsprozessen

Die qualitative Analyse von Geschäftsprozessen, die als Petri-Netze modelliert wurden, nutzt die mathematische Fundierung der Petri-Netze. Auf deren Basis werden die Geschäftsprozess-Schemata mit graphentheoretischen Methoden analysiert. Mit Hilfe dieser Methoden werden bspw. Modellierungsfehler in den Geschäftsprozess-Schemata festgestellt. Zur Identifikation von Modellierungsfehlern werden u.a. die syntaktischen und semantischen Eigenschaften (*free-choice*, *well-handled* bzw. *well-structured*, *Sicherheit*, *Deadlock-Freiheit* und *Erreichbarkeit*) der Petri-Netze genutzt (vgl. [Aal95, Abe90, Bau96, Sta90]).

Zwei der wesentlichen Methoden der qualitativen Analyse, mit deren Hilfe spezifische Modellierungsfehler wie bspw. Deadlocks[86] identifiziert werden können, sind die *Erreichbarkeitsanalyse* und die *Strukturanalyse*.

Innerhalb der Erreichbarkeitsanalyse wird ein *Erreichbarkeitsgraph* erstellt [Bau96]. Mit Hilfe dieses Graphen werden ausgehend von einer Anfangsmarkierung M_0 alle erreichbaren Folgemarkierungen im Petri-Netz dargestellt. Der Erreichbarkeitsgraph ist ein gerichteter Graph, dessen Knoten jeweils einen Zustand repräsentieren, der im Petri-Netz, von der Anfangsmarkierung ausgehend, erreicht werden kann. Die Kanten des Graphen repräsentieren die Übergänge von einem Zustand in den nächsten. Darüber hinaus eignet sich der

---

[86] Ein Deadlock ist eine nicht auflösbare Verklemmung in einem Geschäftsprozess, d.h. es existiert eine Markierung in dem den Geschäftsprozess darstellenden Petri-Netz, so dass eine oder mehrere Transitionen innerhalb des Petri-Netzes nicht mehr schalten können [Mur89, Sta90].

Erreichbarkeitsgraph als Hilfestellung in der Ermittlung von strukturellen Eigenschaften wie bspw. Verklemmungen bzw. Deadlocks[87].

Abbildung 50 zeigt exemplarisch das Geschäftsprozess-Schema aus Abbildung 30 und den korrespondierenden Erreichbarkeitsgraphen. Die Anfangsmarkierung zeigt eine Marke in der Stelle s_1. Folglich kann die Anfangsmarkierung des Erreichbarkeitsgraphen durch den Zustand $M_0 = (1, 0{,}0{,}0{,}0)$ beschrieben werden. Der Anfangszustand wird durch das Schalten der Transition t_1 in den Zustand $M_1 = (0{,}1{,}0{,}0{,}0)$ überführt. Da der Zustand $M_3 = (0{,}0{,}0{,}1{,}0)$ sowohl in den Zustand $M_4 = (0{,}0{,}0{,}0{,}1)$ durch Schalten der Transition t_4 als auch in den Zustand M_1 durch Schalten der Transition t_5 überführt werden kann, ist eine Identifikation der strukturellen Eigenschaft einer Schleife durch den Erreichbarkeitsgraphen möglich.

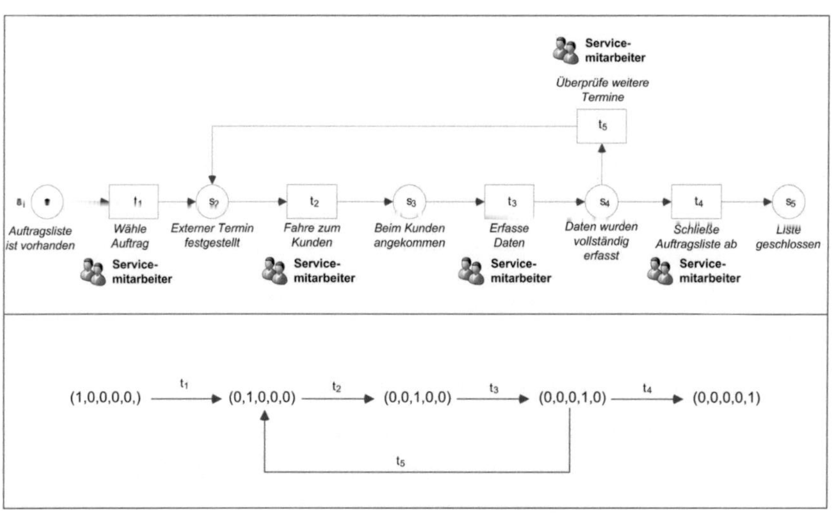

Abbildung 50: Petri-Netz und korrespondierender Erreichbarkeitsgraph

Neben der manuellen Erstellung eines Erreichbarkeitsgraphen kann mit dem *Erreichbarkeitsalgorithmus BF ("breadth first")* eine Erreichbarkeitsanalyse durchgeführt werden. Der Algorithmus stellt den Erreichbarkeitsgraphen in einer Tabelle dar [Bau96]. Die Tabellenspalten enthalten die Markierungen, die

[87] Existiert in einem als Petri-Netz modellierten Geschäftsprozess eine Verklemmung, so findet sich diese Verklemmung im Erreichbarkeitsgraphen des Petri-Netzes wieder. Im Erreichbarkeitsgraphen existiert dann ein Knoten, der keinen Übergang zu einem weiteren Knoten besitzt.

Markierungsnummern und die Schaltfolgen. Die Darstellung in einer Tabelle verbessert die computergestützte Analyse des Erreichbarkeitsgraphen durch die vereinfachte Verarbeitung der Daten. Die Erstellung eines Erreichbarkeitsgraphen kann durch die Anzahl der Stellen und Transitionen und folglich der unterschiedlichen Schaltfolgen schnell sehr aufwendig bzw. unmöglich werden, falls unendliche viele Zustände erreichbar sind [GiV03].

Neben der Erreichbarkeitsanalyse existiert als eine weitere Methode der qualitativen Analyse von Petri-Netzen die *Strukturanalyse*. Diese kann strukturelle Eigenschaften innerhalb der Petri-Netze identifizieren. Im Rahmen einer Strukturanalyse wird untersucht, ob bspw. Teile der Geschäftsprozesse umstrukturiert werden können, um eine Verbesserung des gesamten Geschäftsprozesses zu erreichen [SaO99]. So kann bspw. die parallele Ausführung von Teilen der Geschäftsprozesse, die bisher sequentiell ausgeführt werden, die Gesamtdurchlaufzeit des Geschäftsprozesses verringern. Im Rahmen der Strukturanalyse wird auf spezifische informale Regeln hingewiesen, die bei der Modellierung von Geschäftsprozessen eingehalten werden sollten, damit die Schemata auch bei ansteigender Anzahl von Stellen und Transitionen weiterhin analysierbar sind [AaH04]. Es werden drei wesentliche Anforderungen an Geschäftsprozess-Schemata gestellt [Aal95]:

- Jeder gestartete Geschäftsprozess muss auch terminieren können.
- Jedes Prozessobjekt muss nach der Terminierung des Geschäftsprozesses bearbeitet worden sein.
- Jeder Teil des Geschäftsprozesses ist erreichbar und kann daher in mindestens einer Instanz des Geschäftsprozesses ausgeführt werden.

Sind diese Anforderungen erfüllt, so ist die Strukturanalyse eines Geschäftsprozess-Schemas möglich.

Demzufolge können Geschäftsprozess-Schemata mit den Methoden der qualitativen Analyse validiert und verifiziert werden. Eine Identifikation von Modellierungsfehlern in den Geschäftsprozess-Schemata aufgrund der Anpassungen, die bspw. im Rahmen der Mobilisierung der Geschäftsprozesse vorgenommen wurden, ist so möglich.

Ist eine Überprüfung notwendig, inwieweit die Geschäftsprozesse vordefinierte Ziele erreichen, so wird auf Methoden der quantitativen Analyse zurückgegriffen. Im Folgenden werden die wichtigsten Methoden vorgestellt.

5.1.2 Quantitative Analyse von Geschäftsprozessen

Die quantitative Analyse von Petri-Netzen untersucht quantitative Aspekte der Geschäftsprozesse wie bspw. die Gesamtdurchlaufzeit eines Geschäftsprozesses. Die Analyse orientiert sich dabei an vordefinierten Kenngrößen, die im Rahmen der Zielerreichung des Geschäftsprozesses festgelegt wurden [AaH04]. Es existieren unterschiedliche Methoden, die zur quantitativen Analyse von Geschäftsprozessen verwendet werden. Exemplarisch werden im Folgenden *Markov-Ketten* und die *Warteschlangentheorie* vorgestellt, bevor detailliert auf die Methode der *simulativen Analyse* eingegangen wird.

Markov-Ketten sind eine Methode zur Analyse von Geschäftsprozessen [AaH04]. In Markov-Ketten wird mit Übergangswahrscheinlichkeiten zwischen den einzelnen Transitionen gearbeitet. Eine Markov-Kette ist ein spezifischer Erreichbarkeitsgraph, der mit Übergangswahrscheinlichkeiten erweitert wird. Die Markov-Kette enthält analog zum Erreichbarkeitsgraphen eines Petri-Netzes alle Zustände, die den Stellen im Petri-Netz entsprechen, sowie die Übergänge zwischen den einzelnen Zuständen. Dazu werden die Übergangswahrscheinlichkeiten, die jeweils die Wahrscheinlichkeit des Schaltens einer Transition beschreiben, im Graphen mitgeführt. Diese Übergangswahrscheinlichkeiten müssen empirisch ermittelt werden und ermöglichen, kombiniert mit bspw. Kosten- oder Zeitangaben, die Überprüfung weiterer Leistungsgrößen des jeweiligen Geschäftsprozesses. Ein Nachteil der Markov-Ketten ist deren Abhängigkeit vom Erreichbarkeitsgraphen des Petri-Netzes. Ist dessen Erstellung aufwendig, so erfordert auch der Aufbau der Markov-Kette erhöhten Aufwand.

Eine weitere Methode der quantitativen Analyse von Geschäftsprozessen ist die *Warteschlangentheorie* [AaH04, NeM02]. Die Warteschlangentheorie geht davon aus, dass es innerhalb eines Geschäftsprozesses zu Ressourcenengpässen kommen kann, aufgrund derer eine Aufgabe nicht ausgeführt werden kann oder sich evtl. verzögert. Zur Analyse verwendet die Warteschlangentheorie ein einfaches Grundmodell, welches gegebenenfalls auf den jeweiligen Geschäftsprozess angepasst wird. Das Grundmodell ist in Abbildung 51 dargestellt.

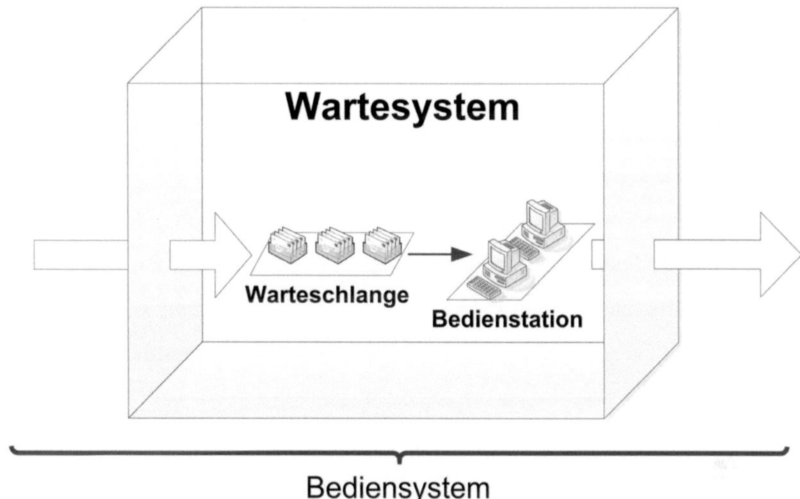

Abbildung 51: Grundmodell der Warteschlangentheorie

Das Grundmodell der Warteschlangentheorie dient zur Beschreibung eines Bediensystems, welches aus einer Bedienstation, die mehrere parallele Arbeitsplätze (z.B. Maschinen) besitzt, und einer vorgelagerten Warteschlange besteht. Die Warteschlange enthält alle Aufträge, die zu zufälligen Zeitpunkten eingetroffen sind und nicht bearbeitet werden konnten, weil in der Bedienstation kein freier Arbeitsplatz zur Verfügung stand. Innerhalb des Bediensystems können Leistungsgrößen wie bspw. die mittlere Auslastung der Ressourcen an den Arbeitsplätzen oder die mittlere Anzahl der Aufträge über einen spezifischen Zeitraum ermittelt werden. Dies lässt eine Analyse des gesamten Systems im Hinblick auf mittlere Wartezeiten etc. zu. Das Grundmodell der Warteschlangentheorie kann auf andere Systeme wie bspw. Geschäftsprozesse adaptiert werden und ermöglicht so Aussagen über Leistungsgrößen innerhalb des Systems/Geschäftsprozesses. Ein Nachteil der Warteschlangentheorie ist die Tatsache, dass nur ein spezifischer Systemzustand im Bediensystem betrachtet wird [Kie06]. Des Weiteren kann mit dem Analysemodell der Warteschlangentheorie lediglich eine Näherungslösung der Kenngrößen angestrebt werden, da mit Zufallsvariablen operiert wird.

Als eine weitere Methode zur quantitativen Analyse von Geschäftsprozessen wird im Rahmen dieser Arbeit die Methode der *computergestützten Simulation* vorgestellt. Mit der Methode der computergestützten Simulation kann der Ablauf der einzelnen Aktivitäten eines Geschäftsprozesses "virtuell durchgespielt" werden. In

Anlehnung an [VDI93] und [Obe96] wird die computergestützte Simulation im Rahmen dieser Arbeit wie folgt definiert:

Definition 5.1: Computergestützte Simulation

Die computergestützte Simulation ist das computergestützte Ausführen von Operationen auf Testobjekten in einem Simulationsmodell, um zu Erkenntnissen zu gelangen, die auf die Wirklichkeit übertragbar sind. Simulation ist das Vorbereiten, Durchführen und Auswerten gezielter Simulationsexperimente.

Ein Simulationsexperiment wird im Rahmen dieser Arbeit in Anlehnung an [VDI93] wie folgt definiert.

Definition 5.2: Simulationsexperiment

Ein Simulationsexperiment ist die gezielte Untersuchung des Verhaltens eines Simulationsmodells durch wiederholte Ausführung von Simulationsläufen mit systematischer Parameter- und/oder Strukturvariation.

Innerhalb der computergestützten Simulation von Geschäftsprozessen dient das Geschäftsprozess-Schema als Simulationsmodell. Werden die Geschäftsprozesse als Petri-Netze dargestellt, so dienen die Petri-Netze in der computergestützten Simulation als Simulationsmodelle.

Das "virtuelle Durchspielen" des Geschäftsprozesses innerhalb der computergestützten Simulation unterstützt den gesamten Modellierungsprozess des Geschäftsprozesses [Obe96]. Eine Unterstützung wird bspw. durch die vereinfachte Identifizierung syntaktischer und semantischer Mängel durch Überprüfung der Korrektheit des Geschäftsprozess-Schema in der Übereinstimmung mit dem Ablauf in der Realität erreicht [NRS05]. Darüber hinaus kann das Verhalten des Geschäftsprozesses im Hinblick auf Ausnahmesituationen und Erreichbarkeit von Fehlerzuständen noch vor der realen Ausführung des Geschäftsprozesses getestet werden [Mev06]. Werden den einzelnen Aktivitäten im Geschäftsprozess Kosten- und Zeitangaben für deren Ausführung zugewiesen, so sind innerhalb der computergestützten Simulation Aussagen über Durchlaufzeiten und Gesamtkosten des Geschäftsprozesses möglich. Darüber hinaus können alternative Abläufe analysiert werden [Obe96].

Überdies erlaubt die Methode der computergestützten Simulation eine "verständliche" Darstellung des Geschäftsprozesses [Zim01]. "Verständlich" bedeutet in diesem Zusammenhang, dass der Ablauf der einzelnen Aktivitäten durch die computergestützte Simulation sichtbar gemacht wird. Auswirkungen einer Veränderung der Eingangsparameter auf die Geschäftsprozesszielgrößen werden durch die computergestützte Simulation analysierbar.

Die computergestützte Simulation besitzt auch einige Nachteile, die im Folgenden erläutert werden:

- Da lediglich das Geschäftsprozess-Schema simuliert wird, ist die Qualität der Simulation durch das Geschäftsprozess-Schema determiniert. Je abstrakter das Geschäftsprozess-Schema die Realität abbildet, desto ungenauer wird die Simulation [Bos92].
- Die Eingangsdaten bzw. die Parametervariationen bestimmen die Qualität der Ergebnisse der Simulation. Die Erstellung der Geschäftsprozess-Schemata, die zur computergestützten Simulation verwendet werden, kann sehr kostenintensiv sein [Ban98].
- Vereinzelt ist die Interpretation der Ergebnisse der Simulation anspruchsvoll, weil diese auf Zufallswerten basieren. So kann bspw. in manchen Fällen nicht eindeutig festgestellt werden, ob Ergebnisse zufällig entstanden sind [Ban98].

Die computergestützte Simulation kann in unterschiedliche Arten unterteilt werden. Tabelle 13 gibt in Anlehnung an [DoD90] einen Überblick über die Arten computergestützter Simulation.

Art der computergestützten Simulation	Beschreibung
Kontinuierliche Simulation	Die kontinuierliche Simulation ermöglicht eine Analyse von Systemen, deren Zustandsvariablen sich ständig ändern. Um die Änderungen mit der Zeit in Bezug zu bringen, besitzen die Simulationsmodelle typischerweise eine oder mehrere Differentialgleichungen.
Ereignisdiskrete Simulation	Innerhalb der ereignisdiskreten Simulation wird ein Simulationsmodell verwendet, welches zeitabhängige Zustandsvariablen benutzt, die zu diskreten Zeitpunkten ihren Zustand ändern. Dieser Zustand kann sich ggf. durch den Eintritt eines Ereignisses ändern. Die ereignisdiskrete Simulation wird auch als Ablaufsimulation bezeichnet.
Monte Carlo Simulation	Die Monte-Carlo Simulation wird zur Simulation stochastischer Prozesse ohne Zeitbezug, bzw. bei denen der Zeitbezug keine Relevanz besitzt, verwendet.

Tabelle 13: Arten computergestützter Simulation

Eine weitere Ausprägung der computergestützten Simulation ist die *hybride Simulation*. Da es sich bei dieser lediglich um eine Kombination der kontinuierlichen und der ereignisdiskreten Simulation handelt, wird diese in Tabelle 13 nicht explizit aufgeführt. In der hybriden Simulation werden kontinuierliche Simulationsmodelle innerhalb ereignisdiskreter Simulationsmodelle verwendet.

Im Rahmen der vorliegenden Arbeit wird der Begriff der hybriden Simulation in Verbindung mit mobilen Geschäftsprozessen verwendet. In diesem Zusammenhang erhält der Begriff eine neue Bedeutung, die in Abschnitt 5.2 näher erläutert und definiert wird.

Die computergestützte Simulation von Geschäftsprozessen, die als Petri-Netze modelliert wurden, kann nach [Obe96] anhand des Grades ihrer Computer-unterstützung in zwei Formen unterteilt werden. Es wird die *interaktive Simulation* von der *automatischen Simulation* der Geschäftsprozesse unterschieden.

Die interaktive Simulation dient der Validierung des im Geschäftsprozess-Schema dargestellten Ablaufs. In dieser Form der Simulation wird in jedem Simulationslauf die Menge von aktivierten Transitionen, die in der nächsten Markierung schalten, vom Anwender der Simulation manuell ausgewählt [Obe96]. Der Simulationslauf endet, wenn der Anwender diesen abbricht oder wenn keine weiteren aktivierten Transitionen vorhanden sind.

Die automatische Simulation verwendet stochastische Petri-Netze für die Analyse quantitativer Aspekte im Geschäftsprozess. Die Simulation wird hierbei automatisch ausgeführt und vom entsprechenden Software-Werkzeug kontrolliert [Obe96]. Das Software-Werkzeug legt die Menge der zu schaltenden und bereits aktivierten Transitionen fest. Dies kann entweder eine maximale, eine anhand einer Ordnung festgelegte oder eine zufällig ausgewählte Teilmenge von aktivierten Transitionen sein. Die automatische Simulation eignet sich vornehmlich für Geschäftsprozess-Schemata mit vielen Ablaufvarianten oder für Schemata, die parallel zu schaltende Transitionen enthalten.

Sowohl in der interaktiven als auch in der automatischen Simulation werden ausgehend von einer Startmarkierung innerhalb der Simulation Markierungsfolgen erzeugt [Obe96]. Folglich spielt die Wahl der Startmarkierungen eine wesentliche Rolle [DOZ97]. Bezüglich der sinnvollen Wahl der Startmarkierungen wird an dieser Stelle auf die Arbeit von Zimmer verwiesen [Zim01].

Sowohl die Resultate einer interaktiven als auch die einer automatischen Simulation eines Geschäftsprozesses-Schemas, werden graphisch innerhalb des spezifischen Software-Werkzeugs, welches zur Simulation verwendet wird, dargestellt. Dabei unterscheiden sich die beiden Formen der Simulation in der Ergebnisdatenmenge, die im Zuge der Simulation generiert wird. Diese Menge kann im Rahmen einer automatischen Simulation sehr umfangreich sein [Obe96]. Daher

bietet es sich an, die Daten in Dateien in einer Datenbank zu speichern, um den Zugriff und die Verwaltung der Daten zu vereinfachen [Obe96].
Im Zusammenhang mit der Visualisierung der Markierungsfolgen des Simulationsmodells innerhalb des entsprechenden Software-Werkzeugs können nach Oberweis [Obe96] verschiedene Ebenen der Anwendungsnähe der Simulation unterschieden werden. Die verschiedenen Ebenen der Anwendungsnähe sind in Abbildung 52 dargestellt.

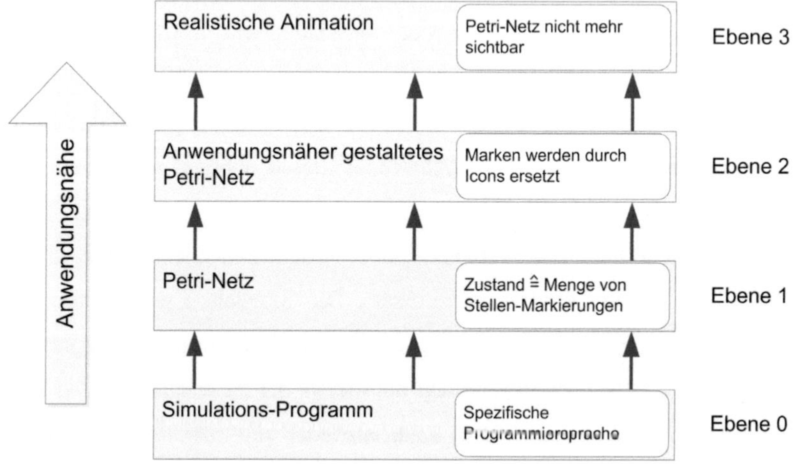

Abbildung 52: Ebenen der Anwendungsnähe bei der Simulation mit Petri-Netzen

Auf der untersten Ebene findet die Simulation in einer spezifischen Programmiersprache statt. Die Simulation entspricht dem Ausführen eines Programms. In der Ebene darüber wird das Petri-Netz dargestellt. Eine erreichte Markierung bzw. ein erreichter Zustand innerhalb der Simulation wird durch die Markierung der Stellen im Netz repräsentiert. In der nächsthöheren Ebene wird das markierte Petri-Netz durch semi-formale Symbole anwendungsnäher gestaltet. Auf der obersten Ebene wird eine realistische Animation dargestellt, in welcher das den Geschäftsprozess darstellende Petri-Netz als Simulationsmodell ausgeblendet ist [Obe96]. Die Simulation wird auf den unterschiedlichen Ebenen unterschiedlich abstrakt visualisiert. Dies erleichtert die Einbindung der prozessbeteiligten Aufgabenträger in den Modellierungs- und Validierungsvorgang, da aufgrund der abstrakten Darstellung die Simulation für die Aufgabenträger in vielen Fällen verständlicher ist. Die Aufgabenträger können auf diese Weise frühzeitig in den Modellierungsprozess eingebunden werden und ihr domänenspezifisches Wissen über die Aufgabenausführung in die Verbesserung der Geschäftsprozesse einbringen. Ein Aufgabenträger besitzt bspw. detailliertes Wissen über spezifische Arbeitsschritte und Ressourcen, die zur Aufgabenausführung verwendet werden. Im Bereich der mobilen Geschäftsprozesse ergibt sich typischerweise die Problemstellung, dass sich die Situationen der Aufgabenträger aufgrund deren Mobilität dynamisch verändern. Diese Veränderungen wirken sich auf die Aufgabenausführung aus (vgl. [MoA04, Tru11]). Diese flexiblen Änderungen in einer computergestützten Simulation zu animieren und derart darzustellen, dass alle prozessbeteiligten Aufgabenträger die Abbilder der Realität im Schema verstehen, ist in vielen Anwendungsfällen nicht realisierbar. Mit der Methode zur hybriden Simulation wird im Rahmen dieser Arbeit vorgestellt, wie die Simulation realitätsnäher und für alle Prozessbeteiligten verständlicher gemacht werden kann. Die hierfür notwendigen Phasen der Methode werden im Folgenden detailliert eingeführt.

5.2 Methode zur hybriden Simulation mobiler Geschäftsprozesse

Die Methode **Hysimopro** zur hybriden Simulation mobiler Geschäftsprozesse ist eine Erweiterung der computergestützten Simulation mobiler Geschäftsprozesse , die als einfache Petri-Netze mit Annotationsmustern modelliert wurden. Die Methode erweitert die herkömmliche computergestützte Simulation u.a. um zwei wesentliche Eigenschaften:

- Die Simulation wird realitätsnäher. Die Validierung des Geschäftsprozesses kann signifikant verbessert werden (vgl. auch Kapitel 7). Die Anpassung der Geschäftsprozesse hinsichtlich der Nutzung mobiler IT wird erheblich vereinfacht.
- Darüber hinaus ist die Einbindung der menschlichen Aufgabenträger in die Anpassung und Validierung des Geschäftsprozesses auf die Nutzung mobiler IT hin zielführend im Hinblick auf Rückmeldungen von Seiten der Aufgabenträger bezüglich möglicher Verbesserungen [Law07, ObS96]. Durch die Mithilfe der Aufgabenträger können u.U. Verbesserungen angestoßen werden, die die Anwender von **Hysimopro** respektive die Modellierenden aufgrund des fehlenden domänenspezifischen Fachwissens nicht identifizieren können.

Darüber hinaus besitzt die Methode **Hysimopro** zur hybriden Simulation den Vorteil, dass wesentliche Elemente der mobilen Komponente[88], die die Aufgabenträger im Geschäftsprozess unterstützen soll, im Rahmen der Methode bereits entworfen und im Dialog mit den Aufgabenträgern verbessert werden (vgl. Kapitel 7). So können Software-Komponenten wie die Benutzungsoberflächen, die zur hybriden Simulation gestaltet werden, nach erfolgter Anpassung, Validierung und Verbesserung der Geschäftsprozesse in der Mobilisierung[89] der Geschäftsprozesse in den produktiven Systemen umgehend verwendet werden. Durch dieses Vorgehen werden Arbeitsschritte der Mobilisierung der Geschäftsprozesse wie bspw. die Konzeption und Entwicklung der Software für die hochmobilen Geräte überflüssig.
Im Folgenden wird vorgestellt, wie die Methode **Hysimopro** die computergestützte Simulation erweitert.

Computergestützte Simulation bietet die Möglichkeit, unterschiedliche Wertezuweisungen der Eingangsparameter des Geschäftsprozesses im Rahmen der Simulation zu testen, um zu überprüfen, ob definierte Vorgaben im Rahmen der Geschäftsprozesszielgrößen erreicht werden (vgl. Abschnitt 5.1.2). Des Weiteren ist es mit Hilfe von Simulation möglich, die Aufgabenträger des Geschäftsprozesses in die Anpassung, Validierung und Verbesserung des Geschäftsprozesses miteinzubeziehen [Obe96]. Diese Einbindung der Aufgabenträger basiert bisher auf der dynamischen Präsentation (Animation) der Simulation als graphische Veranschaulichung einzelner Aktivitäten des Geschäftsprozesses im entsprechenden Software-Werkzeug [Obe96].
Besonders im Bereich der mobilen Geschäftsprozesse ist die Einbindung der Aufgabenträger wesentlich. Entscheidungen über die Wahl des passenden hochmobilen Geräts, das den Aufgabenträger in seiner Aufgabenausführung unterstützen soll, müssen in der Regel im Dialog mit dem Aufgabenträger getroffen

---

[88] Die mobile Komponente beinhaltet das ausgewählte hoch-mobile Gerät sowie die Anwendung und deren Benutzungsoberfläche auf dem Gerät, die den Aufgabenträger in dessen Aufgabenausführung unterstützen soll. Ähnlich des Ansatzes von Köhler und Gruhn werden im Rahmen von **Hysimopro** Elemente der mobilen Komponente entworfen [GKK07].

[89] Der Begriff der Mobilisierung der Geschäftsprozesse umfasst alle notwendigen Anpassungen, die unternommen werden müssen, damit die mobile IT im Unternehmen genutzt werden kann (z. B. auch die Anpassung der Systemlandschaft des Unternehmens).

werden. Andernfalls kann die Produktivität des Aufgabenträgers aufgrund der Wahl eines ungeeigneten Geräts nachteilig beeinflusst werden[90].

Trotz der abstrakten Darstellung der Simulation als Animation (vgl. [Obe96] und Abbildung 52) besteht die Möglichkeit, dass die Aufgabenträger die Ausführung des mobilen Geschäftsprozesses in der computergestützten animierten Simulation nicht verstehen und sich demzufolge nicht in die Anpassung, Validierung und Verbesserung des mobilen Geschäftsprozesses einbringen können [Law07]. Erschwerend kommt hinzu, dass ein Großteil existierender Software-Werkzeuge, die eine computergestützte Petri-Netz-basierte Simulation von Geschäftsprozessen ermöglichen, lediglich eine Darstellung der Simulation auf Ebene eins der Anwendungsnähe (vgl. Abbildung 52) oder eine Darstellung auf Ebene zwei der Anwendungsnähe unterstützen[91].

Die Einbindung der Aufgabenträger mit deren domänenspezifischem Wissen sowie die Realitätsnähe der Simulation werden von der Methode **Hysimopro** im Vergleich zur herkömmlichen computergestützten Simulation signifikant verbessert. **Hysimopro** erweitert (in Form einer weiteren Ebene der Anwendungsnähe) hierzu die computergestützte Simulation um eine "Simulation in der Realität" (vgl. Abbildung 53).

---

[90] Ein Notarzt benötigt bspw. zur Erfassung der Anamnese eines Patienten im Rettungswagen ein hoch-mobiles Gerät mit großem Bildschirm, da bspw. Daten während der Fahrt gelesen werden müssen. Demgegenüber benötigt bspw. ein Forstarbeiter, der die Position zu schlagender Bäume mit dem hoch-mobilen Gerät markiert, ein Gerät mit einem Bildschirm, der auch bei direkter Sonneneinstrahlung noch ablesbar ist.

[91] Anhang D enthält eine Übersicht über die verschiedenen Software-Werkzeuge zur Petri-Netz-basierten Simulation von Geschäftsprozessen in Anlehnung an [HeM11].

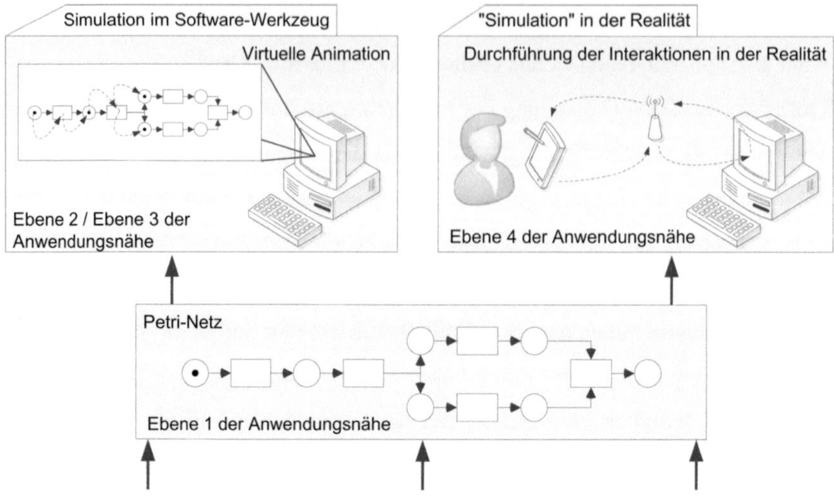

Abbildung 53: Erweiterung der computergestützten Simulation

Mittels **Hysimopro** wird die Simulation sowohl virtuell als auch in der Realität ausgeführt. Damit schließt **Hysimopro** an die Methode **Imopro** zur Identifikation mobiler Teilprozesse (vgl. Kapitel 4) an. Nachdem durch **Imopro** die mobilen Teilprozesse innerhalb eines Geschäftsprozesses identifiziert wurden, ist es mit **Hysimopro** möglich, die Nutzung der mobilen IT im Geschäftsprozess zu analysieren. Hierfür wird davon ausgegangen, dass die Anwender von **Hysimopro** spezifische Aufgabenausführungen im mobilen Geschäftsprozess, bei denen die Aufgabenträger explizit mit mobiler IT unterstützt werden sollen, manuell identifizieren. In diesem Zusammenhang fokussiert **Hysimopro** mobile Mensch-Maschine-Interaktionen mit hoch-mobilen Geräten in den Geschäftsprozessen. Die mit mobiler IT zu unterstützenden Aufgabenausführungen im Geschäftsprozess werden innerhalb der hybriden Simulation durch **Hysimopro** auf hoch-mobile Geräte "ausgelagert" und in der Realität ausgeführt (vgl. Abschnitt 5.2.1 ff. und Abbildung 53). Eine wesentliche Verbesserung der Analyse der Nutzung mobiler IT im Geschäftsprozess ist die Folge.

Dementsprechend wird die hybride Simulation im Rahmen dieser Arbeit als Erweiterung der computergestützten Simulation wie folgt definiert:

Definition 5.3: Hybride Simulation von Geschäftsprozessen

Die hybride Simulation ist eine spezifische Erweiterung der computergestützten Simulation. In der hybriden Simulation werden Teile des als Petri-Netz mit Annotationsmustern modellierten Geschäftsprozesses in der Realität ausgeführt. Die real simulierten Aufgaben repräsentieren mobile Mensch-Maschine-Interaktionen zwischen einem am Geschäftsprozess beteiligten menschlichen Aufgabenträger in einer Rolle und einem hoch-mobilen Gerät.

Auf Basis der Definition der hybriden Simulation wird ein hybrides Simulationsexperiment im Rahmen dieser Arbeit wie folgt definiert:

Definition 5.4: Hybrides Simulationsexperiment

Ein hybrides Simulationsexperiment ist die gezielte Untersuchung des Verhaltens eines Geschäftsprozess-Schemas inklusive der beteiligten Aufgabenträger und deren Interaktionen mit hoch-mobilen Geräten durch wiederholte Ausführung von Simulationsläufen mit systematischer Parameter- und/oder Strukturvariation.

Die Methode **Hysimopro** wird zur interaktiven benutzergesteuerten Simulation[92] von mobilen Geschäftsprozessen verwendet. Im Vergleich zur herkömmlichen computergestützten Simulation besitzt die hybride Simulation wesentliche Vorteile in der Analyse mobiler Geschäftsprozesse. Diese Vorteile leiten sich aus den Vorteilen der computergestützten Simulation ab und sind in Tabelle 14 erläutert. Die in der Tabelle gelisteten Vorteile der herkömmlichen computergestützten Simulation sind der Literatur entnommen (vgl. [Len03, Mev06, Obe96, Zim01]). Ergänzend wird in Tabelle 14 beschrieben, welche Einschränkungen die herkömmliche computergestützte Simulation in der Simulation mobiler Geschäftsprozesse besitzt und wie diese Einschränkungen durch **Hysimopro** überwunden werden.

[92] Vgl. Abschnitt 5.1.2.

Vorteil:	Planungsrisiken vermindern
Herkömmlich:	Planungsrisiken werden durch frühzeitiges Erkennen von Fehlplanungen vermindert.
Einschränkung:	Die Gesamtheit aller Einflüsse der Umwelt auf einen mobilen Aufgabenträger zu prognostizieren und deren Behandlung im Geschäftsprozess fehlerlos zu berücksichtigen, ist auch unter erheblichem Aufwand nicht realisierbar[93].
Hysimopro:	Durch die realitätsnahe Ausführung der Interaktion der Aufgabenträger mit den hoch-mobilen Geräten kann die Menge der Einflüsse der Umwelt auf den mobilen Aufgabenträger innerhalb der spezifischen Aufgabenausführungen signifikant eingeschränkt werden. Die Identifikation der wesentlichen Einflüsse und deren Behandlung innerhalb des Geschäftsprozesses werden vereinfacht.

Vorteil:	Gesamtverständnis über den Geschäftsprozess wird verbessert.
Herkömmlich:	Durch die Visualisierung der dynamischen Aktivitäten im Geschäftsprozess wird das Verständnis darüber sowohl bei den Modellierenden als auch bei den Prozessbeteiligten gefördert.
Einschränkung:	Die Visualisierung der Nutzung hoch-mobiler Geräte in einer virtuellen Simulation ist u.U. nicht ausreichend realitätsnah, um das Verständnis über den Geschäftsprozess zu fördern.
Hysimopro:	Durch die realitätsnahe Simulation der Aufgabenausführungen auf den hoch-mobilen Geräten und die Einbindung der Aufgabenträger in die Simulation wird das Verständnis über den mobilen Geschäftsprozess erheblich verbessert.

[93] Durch dynamische Veränderungen des Kontexts eines mobilen Aufgabenträgers kann sich bspw. der Verbindungszustand des hoch-mobilen Geräts mit dem Unternehmensnetzwerk ändern. Diese Ausnahmesituationen müssen im Geschäftsprozess berücksichtigt werden [Tru11]. Eine Berücksichtigung ist aber bisher nicht möglich, da die virtuelle Simulation nur unter "Laborbedingungen" durchgeführt wird.

Vorteil:	Bewertung alternativer Ausführungen eines Geschäftsprozesses.
Herkömmlich:	Durch die Dokumentation, Analyse und Visualisierung der Ergebnisse unterschiedlicher Simulationsexperimente mit unterschiedlichen Parametereinstellungen können alternative Prozessinstanzen bewertet werden.
Einschränkung:	Alternative Prozessinstanzen, in denen bspw. Funktionen unterschiedlicher hoch-mobiler Geräte zur Aufgabenausführung genutzt werden, können nicht präzise simuliert werden[94].
Hysimopro:	Die Methode ermöglicht eine einfache Einbindung unterschiedlicher hoch-mobiler Geräte in die Simulation. Darüber hinaus ist die Interaktion mit diesen in der Realität simulierbar. Alternative Prozessinstanzen werden sowohl virtuell als auch mit realen Anteilen simuliert.

Vorteil:	Geringer Aufwand bei der Durchführung von Korrekturen im Geschäftsprozess-Schema im Vergleich zu Korrekturen nach der Implementierung der Prozesse.
Herkömmlich:	Notwendige Korrekturen können im Rahmen der herkömmlichen computergestützten Simulation erkannt werden. Resultierende Änderungen am Geschäftsprozess-Schema erzeugen verhältnismäßig geringe Kosten.
Einschränkung:	Die Auswirkungen der Nutzung unterschiedlicher hoch-mobiler Geräte und deren Funktionalitäten kann im Geschäftsprozess-Schema nicht erkannt oder analysiert werden. Die Geräte müssen beschafft und die darauf notwendige Software implementiert werden. Bedarf es bspw. einer Änderung der Software oder die Unterstützung durch die Geräte ist nicht wie geplant möglich, so können hohe Kosten entstehen.
Hysimopro:	Die Entwicklung der spezifischen Software zur Unterstützung der Aufgabenausführung ist für die Durchführung der Simulation nicht notwendig. Es wird lediglich ein Prototyp der Benutzungs-

[94] In einer virtuellen Simulation ist es nicht möglich, die Nutzung spezifischer Eigenschaften bspw. eines Smartphone von den Eigenschaften eines Tablet-PC innerhalb des Geschäftsprozesses zu unterscheiden. Die Eigenschaften können lediglich als maschinelle Ressourcen in den Geschäftsprozess aufgenommen werden.

	oberfläche kostengünstig erstellt, der als Vorlage für spätere Entwicklungen verwendet werden kann. Unterschiedliche Geräte können einfach und kostengünstig in die Simulation eingebunden werden.

Tabelle 14: Vorteile von Hysimopro

Ein weiterer wichtiger Vorteil von **Hysimopro** besteht in der Möglichkeit, auf die schnellen Innovationszyklen im Bereich der hoch-mobilen Geräte mittels vereinfachter Anpassungen und anschließender Analyse der mobilen Geschäftsprozesse reagieren zu können. Im Bereich der hoch-mobilen Geräte werden in einjährigen, vereinzelt auch zweijährigen Innovationszyklen neue Hardware-Generationen vorgestellt [BPK11, SFG02, VeL12]. Die neuen Geräte verfügen über verbesserte Ressourcen im Vergleich zu den Vorgängergenerationen. Vermehrt werden auch neue Hardware-Komponenten in die Geräte verbaut, die neue Standards oder Technologien unterstützen. Die Simulation der Nutzung neuer Technologien und die daraus resultierende zusätzliche Unterstützung in der Aufgabenausführung der Aufgabenträger werden durch **Hysimopro** wesentlich vereinfacht (vgl. Abschnitt 5.2.2 ff.). Auf diese Weise kann ein Unternehmen sehr schnell am Nutzen einer neuen Technologie und der damit evtl. verbundenen Kostenersparnis partizipieren.

Hysimopro kann in drei Phasen unterteilt werden (vgl. Abbildung 54).

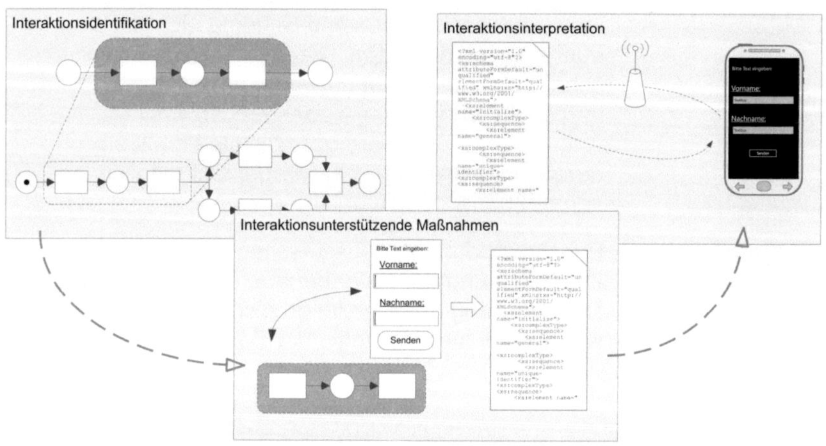

Abbildung 54: Darstellung der einzelnen Phasen von Hysimopro

In der ersten Phase von **Hysimopro**, der *Interaktionsidentifikation*, werden Aufgabenausführungen der Aufgabenträger, die mit mobiler IT unterstützt werden können, innerhalb des Geschäftsprozess-Schemas identifiziert. Die Aufgabenausführungen werden auf durchzuführende Interaktionen mit hoch-mobilen Geräten abgebildet, die in der hybriden Simulation "in der Realität" ausgeführt werden (vgl. Abschnitt 5.2.1).

In der zweiten Phase von **Hysimopro**, der *Interaktionsunterstützung*, werden Maßnahmen beschrieben, die im Rahmen von **Hysimopro** zur Unterstützung der Durchführung der Interaktionen ergriffen werden. Dies ist bspw. die Gestaltung von Benutzungsoberflächen, mit deren Hilfe die Interaktionen mit den hoch-mobilen Geräten durchgeführt werden (vgl. Abschnitt 5.2.2).

Die dritte und abschließende Phase von **Hysimopro**, die *Interaktionsinterpretation*, beschreibt die Darstellung und Interpretation der Benutzungsoberflächen auf den hoch-mobilen Geräten (vgl. Abschnitt 5.2.3).

Das Vorgehen in den einzelnen Phasen wird detailliert im Folgenden beschrieben.

5.2.1 Interaktionsidentifikation

Die *Interaktionsidentifikation* ist die erste Phase von **Hysimopro**. In dieser Phase werden die Voraussetzungen für die hybride Simulation auf Basis der Geschäftsprozess-Schemata geschaffen. **Hysimopro** fokussiert Aufgabenausführungen menschlicher Aufgabenträger innerhalb des Geschäftsprozesses, die mit hoch-mobilen Geräten unterstützt werden können[95].

Eine zu identifizierende Aufgabenausführung der Aufgabenträger, die mit mobiler IT unterstützt werden kann, wird im Petri-Netz-basierten Geschäftsprozess-Schema durch eine Transition und deren Inschrift (vgl. Abbildung 55 a) oder mehrere Transitionen und deren Inschriften (vgl. Abbildung 55 b) repräsentiert. Die Transition/en wird/werden von den Anwendern von **Hysimopro** manuell im Geschäftsprozess-Schema identifiziert und ausgewählt. Werden mehrere Transitionen ausgewählt, so können diese analog einer Vergröberung in einem

---

[95] Nach Büllingen et al. [BHS10] können bspw. kleine und mittelständische Unternehmen durch den effizienten Einsatz von mobiler IT 20% der Unternehmenskosten einsparen (z.B. durch die Vermeidung von Medienbrüchen, die Rationalisierung von Arbeitsschritten durch deren Automatisierung oder die Qualitätssicherung durch die Nutzung mobiler IT etc.).

Petri-Netz zusammengefasst werden. Die Zusammenfassung stellt ein transitionsberandetes Teilnetz dar.

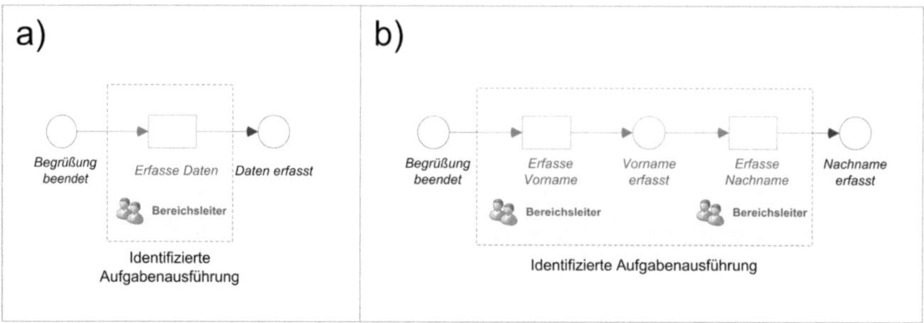

Abbildung 55: Interaktionsidentifikation in einem als PN_A modellierten Geschäftsprozess

Die identifizierte/n Aufgabenausführung/en innerhalb eines Geschäftsprozess-Schemas, unabhängig von deren Repräsentation im Schema, wird/werden im Rahmen dieser Arbeit als *hybride Schemakomponente/n* bezeichnet. Eine *hybride Schemakomponente* repräsentiert die Aufgabenausführung eines Aufgabenträgers, die durch ein hoch-mobiles Gerät und der Interaktion mit dem hoch-mobilen Gerät unterstützt werden kann. Dementsprechend wird eine hybride Schemakomponente im Rahmen dieser Arbeit wie folgt definiert.

Definition 5.5: Hybride Schemakomponente

Eine *hybride Schemakomponente* ist ein Dokument im XML-Format, welches eine mobile Mensch-Maschine-Interaktion eines menschlichen Aufgabenträgers mit einem spezifischen hoch-mobilen Gerät repräsentiert. Eine *hybride Schemakomponente* kann die Definition einer spezifischen Modalität in Form einer Benutzungsoberfläche, die im WIMP-Aufbau dargestellt wird, zur Unterstützung einer Interaktion enthalten. Eine *hybride Schemakomponente* wird auf hoch-mobilen Geräten von spezifischen Anwendungen interpretiert und kann während der Interpretation durch die Anwendung abgebrochen bzw. beendet werden. Die durch die *hybride Schemakomponente* repräsentierte Interaktion wird entweder automatisiert oder vom Interagierenden explizit beendet. Das Ergebnis der Interaktion wird in die entsprechende *hybride Schemakomponente* gespeichert. Eine *hybride Schemakomponente* wird im Geschäftsprozess-Schema durch eine einzelne Transition oder durch ein transitionsberandetes Teilnetz repräsentiert und ist einem einzelnen Aufgabenträger in dessen Aufgabenausführung spezifisch zugeordnet.

Eine hybride Schemakomponente repräsentiert nach Definition 5.5 eine einzelne Aufgabenausführung oder mehrere zusammengefasste Aufgabenausführungen, die auf eine Interaktion mit einem hoch-mobilen Gerät abgebildet werden können. Dabei wird in implizite und explizite Interaktionen mit den hoch-mobilen Geräten unterschieden[96]. Eine implizite Interaktion eines menschlichen Aufgabenträgers mit einem hoch-mobilen Gerät beschreibt die Abfrage von Sensorik im hoch-mobilen Gerät ohne explizites Handeln des Aufgabenträgers. Im Fall einer impliziten Interaktion enthält die hybride Schemakomponente die Beschreibung der abzufragenden Sensorik-Komponente des hoch-mobilen Geräts. Wurde die Sensorik erfolgreich abgefragt, wird das Ergebnis der Abfrage ebenfalls in die hybride Schemakomponente integriert.

Die Durchführung expliziter Interaktionen mit den hoch-mobilen Geräten wird durch Benutzungsoberflächen, die in der hybriden Schemakomponente definiert werden, unterstützt.

---

[96] Hinsichtlich impliziter und expliziter Interaktion vgl. Abschnitt 3.3.

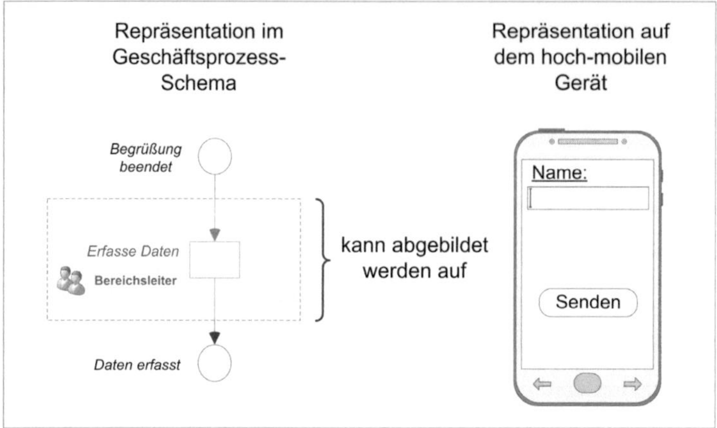

Abbildung 56: Abbildung einer Aufgabenausführung auf eine Interaktion

Abbildung 56 stellt schematisch dar, wie die identifizierte Aufgabenausführung `Erfasse Daten` auf eine Interaktion mit einem hoch-mobilen Gerät, die durch eine Benutzungsoberfläche unterstützt wird, abgebildet wird. Da in der Inschrift der Transition lediglich der Aufgabenträger in der Rolle des Bereichsleiters genannt wird, muss in der hybriden Schemakomponente nicht unterschieden werden, welchem Aufgabenträger die hybride Schemakomponente zugewiesen wird (vgl. Definition 5.5).

Die Benutzungsoberfläche zur Unterstützung der expliziten Interaktion muss manuell von den Anwendern von **Hysimopro** gestaltet werden (vgl. Abschnitt 5.2.2), da die Beschreibung der Aufgabenausführung durch die Inschrift der Transition unterschiedlich interpretiert werden kann. Im dargestellten Beispiel der Inschrift `Erfasse Daten` können unterschiedliche Benutzungsoberflächen zur Unterstützung der Aufgabenausführung gestaltet werden und folglich unterschiedliche Varianten existieren (vgl. Abbildung 57 a).

- Wird innerhalb der Aufgabenausführung bspw. nur ein einzelner Name erfasst, so ist nur ein Steuerelement für eine Texteingabe innerhalb der zu gestaltenden Benutzungsoberfläche notwendig (vgl. Variante 1 in Abbildung 57 a).
- Werden mehrere Wörter, evtl. voneinander getrennt, erfasst (z.B. die Erfassung von Vor- und Nachnamen), so müssen mehrere Steuerelemente zur Eingabe in der dazugehörigen Benutzungsoberfläche dargestellt werden (vgl. Variante 2 in Abbildung 57 a).

Darüber hinaus ist denkbar, dass weitere Varianten existieren.

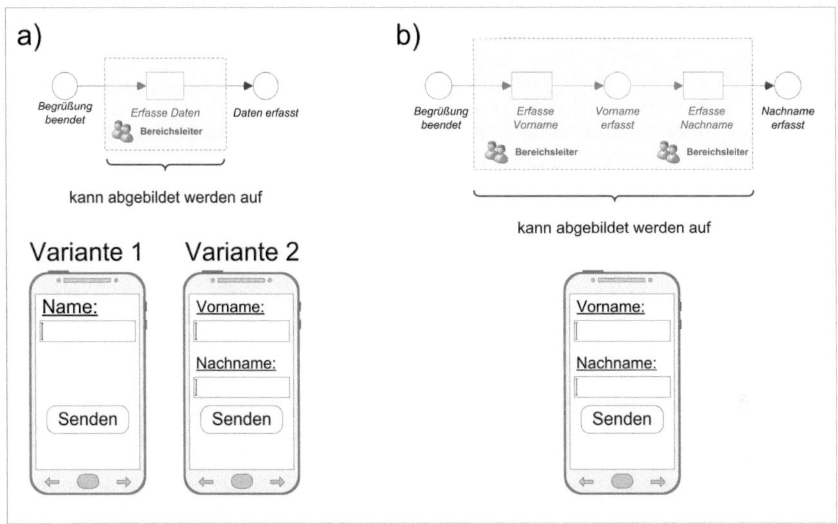

Abbildung 57: Vereinfachte Darstellung interaktionsunterstützender Benutzungsoberflächen

Analog besteht im Rahmen der Identifikation der Aufgabenausführungen die Möglichkeit, dass mehrere Aufgabenausführungen, die durch ein transitionsberandetes Teilnetz im Geschäftsprozess-Schema repräsentiert werden, von den Anwendern von **Hysimopro** zusammengefasst werden (vgl. Definition 5.5). Das transitionsberandete Teilnetz wird folglich auf eine einzelne hybride Schemakomponente abgebildet. Exemplarisch ist dies in Abbildung 57 b dargestellt. Das transitionsberandete Teilnetz mit den Transitionen `Erfasse Vorname` und `Erfasse Nachname` wird auf eine einzige hybride Schemakomponente abgebildet. Die hybride Schemakomponente enthält die Definition einer Benutzungsoberfläche, die die Interaktion der Texteingabe des Vor- und des Nachnamens unterstützt (vgl. Abbildung 57 b). Aufgrund der Tatsache, dass an beiden Transitionen nur ein Aufgabenträger in der Rolle des Bereichsleiters beteiligt ist, ist keine spezifische Zuweisung zu einem Aufgabenträger notwendig (vgl. Definition 5.5).

Im Rahmen der manuellen Identifikation der Aufgabenausführungen und der Zuweisung von Interaktionen durch die Anwender soll eine Verbesserung der Aufgabenausführungen durch die Nutzung hoch-mobiler Geräte erreicht werden. Beispielsweise können durch die Nutzung der Sensorik im hoch-mobilen Gerät Arbeitsschritte, die bisher von den Aufgabenträgern manuell ausgeführt wurden, automatisiert werden (vgl. [HPS00, JoM06, RLC06]). Die Erfassung einer Kundenadresse, die bisher im Geschäftsprozess vom Aufgabenträger manuell ausgeführt wurde, kann bspw. mittels der integrierten GPS-Sensorik eines hoch-mobilen Geräts in Verknüpfung mit einer Adressdatenbank realisiert oder zumindest unterstützt werden[97]. Diese implizite Interaktion der Abfrage der Sensorik des hoch-mobilen Geräts unterliegt spezifischen Bedingungen [Sch00]. Die Geschäftsprozessverbesserung durch Automatisierung ist im dargestellten Szenario nur dann möglich, wenn die GPS-Sensorik während der Aufgabenausführung des Aufgabenträgers nutzbare Daten übermittelt. Folglich ist die Überprüfung der situationsbezogenen Funktionalität der GPS-Sensorik des hoch-mobilen Geräts in der Aufgabenausführung der Aufgabenträger zwingend notwendig. Diese Funktionalität ist innerhalb der hybriden Simulation "überprüfbar" (vgl. Abschnitt 5.2.2). Die Aufgabenausführung wird in der Realität ausgeführt und die Daten der GPS-Sensorik werden unter realen Bedingungen erfasst.

In diesem Zusammenhang ist zu beachten, dass im Rahmen von impliziten Interaktionen die Sensorik der hoch-mobilen Geräte situationsbezogen evtl. keine nutzbaren Daten übermitteln kann. Daraus folgt, dass eine zeitabhängige Abbruchbedingung innerhalb einer hybriden Schemakomponente formuliert werden muss. Andernfalls würde die hybride Schemakomponente bei deren Interpretation auf dem hoch-mobilen Gerät auf die Dateneingabe der Sensorik "endlos" warten. Tritt im oben eingeführten Szenario der Fall ein, dass die GPS-Sensorik keine nutzbaren Daten übermittelt, würde die hybride Simulation und somit auch die computergestützte Simulation nicht weiter ausgeführt werden. Das Schalten der Transition in der computergestützten Simulation würde blockiert werden (vergleichbar mit einer Verklemmung im Petri-Netz), da das Ergebnis der Abfrage der Sensorik nicht vorliegt. Demzufolge benötigt eine hybride Schemakomponente eine zeitabhängige Abbruchbedingung für implizite/explizite Interaktionen. Das spezifische Zeitintervall, nach dem eine Interaktion innerhalb der hybriden Simulation abgebrochen wird, wird jeweils von den Anwendern von **Hysimopro** festgelegt und ist in die jeweilige hybride Schemakomponente

[97] Auf Geräten wird diese Funktion über Schnittstellen der Betriebssysteme zur Verfügung gestellt; beispielsweise ist es auf dem Apple® iPhone 4S möglich, die Adresse zu einer Koordinate, die von der GPS-Sensorik ermittelt wurde, über eine spezifische Schnittstelle des Betriebssystems zu erhalten (vgl. [App11]).

integriert. Bei einer impliziten Interaktion ist das Zeitintervall vornehmlich von der Reaktionsgeschwindigkeit der Sensorik im hoch-mobilen Gerät abhängig[98]. Die Anwender von **Hysimopro** besitzen die Möglichkeit, die Reaktionsgeschwindigkeit der Sensorik innerhalb hybrider Simulationsexperimente "zu testen", indem mit unterschiedlichen Werten für die Abbruchbedingung experimentiert wird.

Analog wird mit der Abbruchbedingung von expliziten Interaktionen verfahren. Interagieren die Aufgabenträger während einer expliziten Interaktion über einen längeren Zeitraum nicht mit dem hoch-mobilen Gerät, so wird die Simulation nach dem spezifisch festgelegten Zeitintervall innerhalb der hybriden Schemakomponente abgebrochen. Die Anwender von **Hysimopro** werden anschließend über die abgebrochene Interaktion des Aufgabenträgers durch eine Nachricht in der hybriden Schemakomponente informiert.

Darüber hinaus ist im Fall einer expliziten Interaktion nach Definition 5.5 eine weitere zusätzliche explizite Interaktion in der hybriden Schemakomponente zwingend notwendig und dient als Abschluss- oder Abbruchbedingung. Auf diese Weise kann die Interaktion von den Aufgabenträgern nach der Durchführung explizit abgeschlossen werden. Dies ist notwendig, da bspw. der Abschluss einer Texteingabe am hoch-mobilen Gerät anhand der Eingabe des Textes nicht automatisch festgestellt werden kann. Es bedarf einer Bestätigung der vollständigen Eingabe. Diese zusätzliche explizite Interaktion wird ebenfalls von den Anwendern von **Hysimopro** festgelegt. Die Texteingabe in Abbildung 57 b kann bspw. sowohl vom Aufgabenträger durch Drücken der dargestellten "Senden"-Taste (diese entspricht der zusätzlichen expliziten Interaktion) beendet, als auch unabhängig von der Eingabe des Aufgabenträgers nach einem spezifischen Zeitintervall abgebrochen werden.

Neben der manuellen Identifikation der Aufgabenausführungen im Geschäftsprozess-Schema, die durch mobile IT unterstützt werden kann, müssen die Anwender von **Hysimopro** die entsprechenden Interaktionen mit den hoch-mobilen Geräten und die dazugehörige/n Modalität/en zur Durchführung der Interaktionen auswählen. Um eine Unterstützung in der Auswahl der Interaktion/en und Modalität/en zu erhalten, können die Anwender die "Meinung" der

---

[98] Die einzelnen Sensoren eines hoch-mobilen Geräts besitzen unterschiedliche Reaktionszeiten, in denen Daten nach einer Anfrage geliefert werden [Mob07].

Aufgabenträger in einem Expertengespräch einholen. Die Aufgabenträger besitzen das Wissen, dass sie im Rahmen der Aufgabenausführung spezifische Arbeitsschritte miteinander verknüpfen oder parallelisieren. Folglich können diese Rahmenbedingungen bei der Auswahl der Modalität/en durch die Anwender von **Hysimopro** berücksichtigt werden[99].

Eine weitere Unterstützung in der Auswahl der Interaktion mit dem hoch-mobilen Gerät und der dazugehörigen Modalität zur Unterstützung der Aufgabenausführung mit mobiler IT wird im Rahmen von **Hysimopro** gegeben. Die Anwender erhalten Empfehlungen für explizite Interaktionen und die damit verbundenen Benutzungsoberflächen (vgl. Abschnitt 5.2.2). Es existieren bspw. für die explizite Interaktion, die die Aufgabenausführung der Erfassung von Daten mit mobiler IT unterstützt, mehrere vordefinierte Benutzungsoberflächen, die eine Texteingabe ermöglichen (vgl. Abschnitt 5.2.2). Die Empfehlungen orientieren sich an Studien über die alltägliche Nutzung hoch-mobiler Geräte und die damit verbundenen interaktionsunterstützenden Benutzungsoberflächen und Modalitäten. Daraus lassen sich folgende Vorteile unmittelbar ableiten:

1. Besitzt ein Aufgabenträger bereits ein hoch-mobiles Gerät, so besteht die Möglichkeit, dass der Aufgabenträger mit spezifischen Interaktionen und den dazugehörigen Modalitäten bereits vertraut ist. Werden diese Interaktionen und Modalitäten auch im Rahmen seiner Aufgabenausführung innerhalb des Unternehmens von den dort verwendeten Geräten unterstützt, so benötigt er eine kürzere Einarbeitungszeit [Rot10, Wel07].
2. Die Betriebssysteme hoch-mobiler Geräte sind überwiegend auf eine effiziente und benutzerfreundliche Bedienung im Alltag ausgelegt [LNF11b] (vgl. Abschnitt 5.2.2).

In der Literatur werden unterschiedliche Interaktionen und Modalitäten beschrieben, die im alltäglichen Gebrauch hoch-mobiler Geräte vornehmlich genutzt werden. Im Folgenden werden die spezifischen Interaktionen und Modalitäten, die im Rahmen von **Hysimopro** als Empfehlungen zur Unterstützung der Aufgabenausführung der Aufgabenträger (vgl. Abschnitt 5.2.2) vorliegen, beschrieben:

---

[99] Ein Notarzt notiert bspw. einhändig die Daten des Patienten während er den Puls des Patienten mit der anderen Hand überwacht. Folglich muss die Modalität zur Unterstützung der expliziten Interaktion der Datenerfassung mit dem hoch-mobilen Gerät auch einhändig bedienbar sein.

Eine Interaktion, die vermehrt ausgeführt wird, ist die *Interaktion der Texteingabe* mittels der geräte- und betriebssystemspezifischen Tastatur [Mar11]. Dies lässt sich bspw. durch die intensive Nutzung von Diensten wie dem Short Message Service[100] (kurz: SMS) auf den Geräten herleiten. Das Schreiben von SMS ist nach dem "Telefonieren" die zweithäufigste Interaktion[101], die Nutzer mit ihrem hoch-mobilen Gerät ausführen [Lit10]. Eine weitere Studie bezieht sich ebenfalls auf die Texteingabe als eine der häufigsten Interaktionen, da vermehrt Emails mit hoch-mobilen Geräten verfasst werden [Com11]. Auch in [BuC02] und [JaR01] wird die Texteingabe als eine der häufigsten Interaktionen mit hoch-mobilen Geräten genannt. In den Studien wird dies durch die wachsende Verbreitung von Anwendungen, die lediglich eine Interaktion über die Textein- und -ausgabe zulassen[102], begründet.

Um die Interaktion der Texteingabe zu ermöglichen, besitzen die Geräte unterschiedliche Modalitäten. Dies ist bspw. die in das Betriebssystem integrierte Tastatur (unabhängig davon, ob es sich um eine virtuelle Tastatur oder bspw. ein Keypad handelt). Manche Betriebssysteme stellen die Möglichkeit der Spracheingabe über das Mikrofon als Texteingabe zur Verfügung.

Es existieren vordefinierte Benutzungsoberflächen zur Durchführung der Texteingabe als Hilfestellung in der Auswahl einer Interaktion zur Unterstützung der Aufgabenausführung der Aufgabenträger durch die Anwender von **Hysimopro** (vgl. Abschnitt 5.2.2). Eine einfache Texteingabe, die die Modalität der virtuellen Tastatur auf einem hoch-mobilen Gerät nutzt (vgl. Abbildung 58 linke Seite) ist bspw. als Empfehlung in Form einer vordefinierten Benutzungsoberfläche vorhanden (vgl. Abschnitt 5.2.2).

---

[100] Der Short Message Service ist ein Dienst der Mobilfunkprovider zum Versand von kurzen Textnachrichten. Eine Textnachricht umfasst maximal 160 Zeichen und wird in betriebssystemspezifischen Anwendungen auf den Geräten verfasst. Zur Texteingabe werden betriebssystemspezifische Modalitäten verwendet [HeJ04].

[101] Dies setzt voraus, dass das hoch-mobile Gerät das Schreiben von SMS unterstützt. Dies ist bei einigen Geräten nicht der Fall (manche Tablet-PC können keine SMS versenden). Bei einem Großteil der hoch-mobilen Geräte trifft dies aber zu.

[102] Anwendungen, die mobilen Zugang zu sozialen Netzwerken ermöglichen oder virtuelle Unterhaltungen mit anderen Nutzern hoch-mobiler Geräte ermöglichen (sogenannte Messaging-Dienste), verwenden vermehrt die Interaktion der Texteingabe des Nutzers mit dem Gerät [Ker11].

Ein weiteres Beispiel für eine vordefinierte Benutzungsoberfläche zur Unterstützung von Interaktionen ist in Abbildung 58 dargestellt. Auf der rechten Seite der Abbildung 58 sind zwei Gestaltungsmöglichkeiten von Benutzungsoberflächen für die *Interaktion des Berührens/Tippens* oder *Mehrfachberührens/ Mehrfachtippens* (engl.: *Touch* oder *Multi-Touch*) *zur Auswahl/ Manipulation von Objekten* abgebildet. Die *Touch-Interaktion zur Auswahl/Manipulation von Objekten* ist eine Interaktion auf hoch-mobilen Geräten, die vermehrt im Alltag ausgeführt wird. Dementsprechend werden im Rahmen von **Hysimopro** vordefinierte Benutzungsoberflächen zur Unterstützung der Touch-Interaktion zur Objektauswahl/-manipulation zur Verfügung gestellt. Ursache für die vermehrte Verwendung dieser Interaktion auf hoch-mobilen Geräten ist die Modalität des berührungsempfindlichen Bildschirms, der als Ein- und Ausgabemodalität verwendet wird[103].

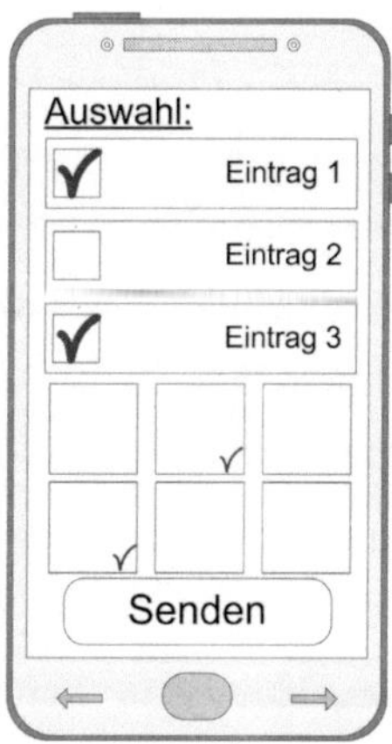

Abbildung 58: Benutzungsoberfläche zur Texteingabe und Objektauswahl

Die Touch-Interaktion zur Objektauswahl/-manipulation kann in drei Gruppen unterteilt werden [KAD09]. Das direkte Tippen auf dargestellten Inhalt mit einem Finger. Die Touch-Interaktion mit beiden Händen und die Touch-Interaktio mit einer Hand aber mehreren Fingern. Die erste und die letzte Interaktion werden aufgrund unterschiedlicher Vorteile vermehrt auf hoch-mobilen Geräten ein-

[103] Der berührungsempfindliche Bildschirm (der sogenannte Touchscreen) orientiert sich an der Art und Weise, wie Menschen miteinander kommunizieren. Möchte ein Mensch einem anderen etwas zeigen, dann wird durch ihn darauf gedeutet. Ein Touchscreen adaptiert dieses Prinzip und lässt den Nutzer auf Inhalte, mit denen er interagieren möchte, deuten bzw. tippen [YoP04].

gesetzt. Die Touch-Interaktion erlaubt eine erhebliche Beschleunigung der Objektauswahl/-manipulation im Vergleich zu anderen Interaktionen, die das gleiche Ziel verfolgen [KAD09]. An einem stationären Arbeitsplatzrechner wird die Objektauswahl/-manipulation bspw. vermehrt über die Eingabemodalität der Maus realisiert. Die Interaktion der Objektauswahl/-manipulation mit einer Maus ist nachweislich langsamer als die Interaktion zur Objektauswahl/-manipulation mittels Touch-Interaktion [KAD09].

Ein weiterer Grund für die zunehmende Häufigkeit der Touch-Interaktion ist die rasant ansteigende Nutzung des mobilen Internets auf hoch-mobilen Geräten [OGT10]. Die Nutzer hoch-mobiler Geräte interagieren mit einer/m angezeigten Internetseite/Webdokument, indem sie einen spezifischen Bereich innerhalb der/s Seite/Dokuments markieren bzw. "anklicken" oder berühren. Die Anzahl der Nutzer, die solche Interaktionen regelmäßig im Alltag ausführen, ist stark zunehmend. Bereits 2010 waren 91% der Besitzer eines iPhone von Apple® regelmäßig mobil im Internet [Acc10]. Des Weiteren beziehen immer mehr Nutzer Informationen mobil über das Internet oder verbinden sich über das Internet zu sozialen Netzwerken [Fae10, Mal11]. Dies führt ebenfalls zu einer vermehrten Ausführung der Touch-Interaktion zur Objektauswahl/-manipulation. Darüber hinaus werden von Betriebssystemen der hoch-mobilen Geräte vermehrt Gesten, die durch Touch-Interaktion realisiert werden, zur Objektmanipulation eingesetzt [WMW09]. Das Auseinanderführen zweier Finger oder das Zusammenführen der Finger ist bspw. auf vielen Geräten dem Heraus- und Hineinzoomen gleichzusetzen. Auch wird nach Maurer et al. die Darstellung von Webdokumenten/ Internetseiten, die eigentlich für größere Bildschirme entwickelt wurden, inzwischen auf kleinen Bildschirmen der hoch-mobilen Geräte vollständig akzeptiert, da mittels Gesten in den Dokumenten/Seiten besser navigiert werden kann [MHL10].

Aufgrund der Popularität spezifischer Interaktionen im Alltag werden im Rahmen von **Hysimopro** den Anwendern unterschiedliche vordefinierte Benutzungsoberflächen zur Unterstützung dieser Interaktionen angeboten (vgl. Abschnitt 5.2.2).

Allerdings handelt es sich bei den Interaktionen inklusive der vordefinierten Benutzungsoberflächen um Empfehlungen zur Unterstützung der Aufgabenausführung durch mobile IT. Darüber hinaus wird im Rahmen von **Hysimopro** in

der Phase der *Interaktionsunterstützung* die manuelle Gestaltung von Benutzungsoberflächen zur Unterstützung weiterer Interaktionen und der damit angestrebten Unterstützung der Aufgabenausführung der Aufgabenträger ermöglicht (vgl. Abschnitt 5.2.2).
Die Phase der Interaktionsidentifikation von **Hysimopro** endet mit der Identifikation der Aufgabenausführungen, die mit mobiler IT unterstützt werden sollen. Die identifizierten Aufgabenausführungen werden im Geschäftsprozess-Schema gekennzeichnet und können in weiteren Schritten durch die Anwender zu hybriden Schemakomponenten transformiert werden und folglich auf Interaktionen der Aufgabenträger mit den hoch-mobilen Geräten abgebildet werden (vgl. Kapitel 6).
In der anschließenden Phase der *Interaktionsunterstützung* wird vorgestellt, wie **Hysimopro** die Anwender in der Generierung der hybriden Schemakomponenten inklusive der expliziten/impliziten Interaktionen unterstützt. Eine wesentliche Hilfestellung erfahren die Anwender in der Gestaltung der Benutzungsoberflächen zur Unterstützung expliziter Interaktionen.

5.2.2 Interaktionsunterstützung

In der Phase der *Interaktionsunterstützung* wird beschrieben, wie die Anwender im Rahmen von **Hysimopro** in der Generierung der hybriden Schemakomponenten und deren Übertragung an die hoch-mobilen Geräte innerhalb der hybriden Simulation Hilfestellung erhalten. Um die hybride Simulation mit unterschiedlichen hoch-mobilen Geräten zu realisieren, werden im Rahmen von **Hysimopro** unterschiedliche Maßnahmen spezifiziert:

- Eine definierte Aufgabenteilung erlaubt eine hohe Unabhängigkeit von Geräte- und Betriebssystemspezifikationen der hoch-mobilen Geräte. Dessen ungeachtet können die unterschiedlichen Funktionen der Geräte und deren Betriebssysteme im Rahmen der hybriden Simulation genutzt werden.
- Durch die Beschreibung der zu gestaltenden interaktionsunterstützenden Benutzungsoberflächen in einer deklarativen Auszeichnungssprache wird die Wiederverwendung auf unterschiedlichen Geräten realisiert. Die Benutzungsoberflächen müssen nicht für jedes Gerät innerhalb eines Simulationsexperiments einzeln gestaltet werden.

- Die Gestaltung der Benutzungsoberflächen wird im Rahmen von **Hysimopro** wesentlich vereinfacht, indem die Oberflächen aus einzelnen vordefinierten Steuerelementen von den Anwendern von **Hysimopro** lediglich "zusammengebaut" werden.

Folglich ermöglicht **Hysimopro**, dass Anwender zur Durchführung der hybriden Simulation nicht zwingend über domänenspezifisches Expertenwissen im Bereich der hoch-mobilen Geräte und der Gestaltung von Benutzungsoberflächen verfügen müssen. Auch Modellierende, die für die Anpassung der Geschäftsprozesse im Hinblick auf die Nutzung mobiler IT im Geschäftsprozess verantwortlich sind und keine vertiefenden Kenntnisse in der Gestaltung von Benutzungsoberflächen besitzen, können die hybride Simulation der mobilen Geschäftsprozesse durchführen.

Im Zusammenhang mit der Unterstützung der Durchführung expliziter Interaktionen und der damit verbundenen Gestaltung von Benutzungsoberflächen für hoch-mobile Geräte muss zunächst der Unterschied in der Darstellungsform von Benutzungsoberflächen auf den Geräten beachtet werden [Bar09, CEW11, SpH10, VeL12]. Eine Benutzungsoberfläche innerhalb einer Anwendung kann nativ auf einem hoch-mobilen Gerät ausgeführt werden. In diesem Fall befinden sich alle Daten (Steuerelemente etc.) der Benutzungsoberfläche vor der Darstellung bereits auf dem Gerät [SpH10]. Dem gegenüber kann eine Benutzungsoberfläche innerhalb einer Anwendung auch interpretiert und dargestellt werden. Die Daten befinden sich auf einem weiteren, evtl. stationären Gerät. Die Daten werden vor der Darstellung der Benutzungsoberfläche an das hoch-mobile Gerät übermittelt. Auf dem hoch-mobilen Gerät werden die Daten von einer weiteren Anwendung interpretiert und dargestellt.

Benutzungsoberflächen, deren Daten sich nicht auf dem Gerät befinden und die von einer Anwendung interpretiert werden, werden in einer Auszeichnungssprache gestaltet. Beispiele für Anwendungen, die Benutzungsoberflächen in dieser Form darstellen, sind die sogenannten Web-Apps oder auch HTML5-Anwendungen[104]. HMTL5-Anwendungen besitzen aufgrund von Sicherheits-

[104] HTML5-Anwendungen sind spezifische Webdokumente/Internetseiten, die auf Basis der Hypertext Markup Language (kurz: HTML) in der fünften Version [Wor11] erstellt werden. Die Webdokumente/Internetseiten werden im Aussehen und der Anordnung der einzelnen Elemente

richtlinien Zugriffseinschränkungen auf die Sensorik der hoch-mobilen Geräte, auf denen sie ausgeführt werden. Darüber hinaus besitzen HTML5-Anwendungen nicht die Darstellungsmöglichkeiten, die Anwendungen besitzen, die nativ auf den Geräten ausgeführt werden [Bar09, ChL11a, VeL12]. Folglich sind HTML5-Anwendungen für die Verwendung in **Hysimopro** nicht geeignet.

Benutzungsoberflächen, die nativ auf dem Gerät in einer Anwendung ausgeführt werden, sind aufgrund der nicht vorhandenen Einschränkungen für die Verwendung in **Hysimopro** wesentlich besser geeignet. In diesem Zusammenhang werden unterschiedliche softwaretechnische Ansätze zur Gestaltung solcher Benutzungsoberflächen unterschieden (vgl. exemplarisch [Bar09, ChL11a, HMZ11, Lau05, MyR92, Shn98, VeL12]). Eine Benutzungsoberfläche innerhalb einer Anwendung, die nativ auf einem hoch-mobilen Gerät ausgeführt wird, kann entweder durch die Verwendung einer externen Grafikbibliothek, die dem Betriebssystem hinzugefügt wird oder durch die Verwendung von Bibliotheken, die im Betriebssystem enthalten sind, gestaltet werden [BFa05, Ryu09]. Die Gestaltung kann sich im Aufwand wesentlich unterscheiden. Die Gestaltung von Benutzungsoberflächen, die mit Hilfe einer dem Betriebssystem hinzugefügten Grafikbibliothek umgesetzt werden, kann u.U. sehr aufwendig sein. Das Design und die Verwendung der einzelnen Steuerelemente der Benutzungsoberfläche wie Eingabefelder oder virtuelle Tasten müssen manuell gestaltet und implementiert werden. Die Gestaltung einer Benutzungsoberfläche mittels der Nutzung der Bibliotheken des jeweiligen Betriebssystems ist weniger aufwendig, da das spezifische Design und die Verwendung der einzelnen Steuerelemente größten-

---

(engl.: *Design* und *Layout*) nativer Anwendungen auf den jeweiligen Plattformen, auf denen sie angezeigt werden, nachempfunden und daher als Anwendung bezeichnet. Da es sich bei HMTL5 lediglich um eine Auszeichnungssprache handelt, müssen die Webdokumente/Internetseiten von einer nativ auf dem jeweiligen hoch-mobilen Gerät installierten Anwendung (z.B. einem "Internetbrowser") interpretiert und angezeigt werden. Des Weiteren ist eine Verbindung ins Internet notwendig, um die Anwendungen "auszuführen" bzw. die Webdokumente/Internetseiten und die Daten zur Interpretation zu beziehen [SpH10]. Die Steuerelemente der Benutzungsoberflächen lagern nicht auf dem Gerät, sondern werden über das Internet bezogen. Aus diesem Grund unterliegen die Anwendungen spezifischen Sicherheitsrichtlinien, die bspw. den Zugriff auf konkrete Betriebssystemfunktionen nicht zulassen.

teils durch die Bibliotheken vorgegeben werden[105]. Design und Nutzung der einzelnen Steuerelemente der Benutzungsoberflächen sind wesentliche Aspekte in der Nutzererfahrung mit einem hoch-mobilen Gerät. In diesem Zusammenhang werden in der Literatur drei Ebenen der Nutzererfahrung mit hoch-mobilen Geräten unterschieden [Rot10, Wel07].

Die erste Ebene beschreibt die Nutzererfahrung in der Interaktion mit der Hardware eines hoch-mobilen Geräts. Die zweite Ebene beschreibt die Nutzererfahrung in der Interaktion mit den Benutzungsoberflächen des Betriebssystems des Geräts. Die dritte Ebene beschreibt die Nutzererfahrung in der Bedienung der Benutzungsoberflächen der Anwendungen, die auf den Geräten ausgeführt oder angezeigt werden. Ähneln sich die Erfahrungen der dritten und der zweiten Ebene, kann das hoch-mobile Gerät effizienter verwendet werden [OHH12, Rot10, VeL12, Wel07]. Daraus folgt, dass ein Aufgabenträger in seiner Aufgabenausführung von einem hoch-mobilen Gerät effizienter unterstützt wird, wenn erlernte Interaktionen, die im Rahmen der Benutzungsoberflächen des Betriebssystems implementiert sind, funktionsgleich in den Benutzungsoberflächen der Anwendungen auf dem hoch-mobilen Gerät umgesetzt werden [Pus10, Woo11].

Ein Beispiel ist das Ausführen einer Geste auf einem Listeneintrag einer Benutzungsoberfläche, das dem Wischen mit dem Finger von rechts nach links entspricht (vgl. Abbildung 59). Die Interaktion des Löschens des Eintrags wird von der Benutzungsoberfläche durch das Wischen unterstützt. Durch das Wischen erscheint ein Dialogfeld, welches eine Sicherheitsabfrage beinhaltet, ob der Eintrag wirklich gelöscht werden soll. Diese Form der Unterstützung einer Interaktion durch eine Benutzungsoberfläche des Betriebssystems eines hoch-mobilen Geräts wird vereinzelt von den Benutzungsoberflächen der Anwendungen auf den hoch-mobilen Geräten ebenfalls verwendet (vgl. Abbildung 59).

---

[105] Um die Gestaltung der Benutzungsoberflächen mit Hilfe der in die Betriebssysteme integrierten Bibliotheken zu vereinfachen, veröffentlichen die Hersteller der Betriebssysteme/der Geräte mit annähernd jeder neuen Version des Betriebssystems/des Geräts, Design-Richtlinien für die Gestaltung der Benutzungsoberflächen. Diese Richtlinien enthalten eine Beschreibung der korrekten Verwendung der einzelnen Steuerelemente der Bibliotheken. Eine Übersicht wesentlicher betriebssystem- und herstellerspezifischer Design-Richtlinien für die Gestaltung von Benutzungsoberflächen wird in Anhang E gegeben.

Abbildung 59: Interaktionen mit Benutzungsoberflächen (Betriebssystem und Anwendung)

In Abbildung 59 ist auf der linken Seite die Interaktion des Löschens eines Kurzbefehls in den Einstellungen des Betriebssystems eines hoch-mobilen Geräts dargestellt (Apple® iOS Version 5.0.1). Wischt der Aufgabenträger von rechts nach links, so wird ein "Löschen"-Dialogfeld angezeigt (vgl. Abbildung 59). Diese Unterstützung der Interaktion durch die Benutzungsoberfläche des "Wischen, um zu löschen" wird von der Anwendung runtastic Pro[106] (Version 2.6) ebenfalls verwendet und zum Löschen einer in dieser Anwendung angelegten sportlichen Aktivität benutzt (vgl. Abbildung 59 auf der rechten Seite).

Analoges gilt für das Design der Benutzungsoberflächen. Ist das Design einer Benutzungsoberfläche einer Anwendung dem Design einer Benutzungsoberfläche des Betriebssystems ähnlich, so ist der Aufgabenträger mit der Benutzungsoberfläche schneller vertraut [Pus10, Woo11]. Ein Beispiel zeigt Abbildung 60, in der drei verschiedene Benutzungsoberflächen auf einem hoch-mobilen Gerät abgebildet sind.

---

[106] Vgl. http://www.runtastic.com/

Abbildung 60: Verschiedene Benutzungsoberflächen auf einem hoch-mobilen Gerät

Auf der linken Seite ist die Benutzungsoberfläche der Einstellungen der Anwendung *Chess Free*[107] (Version 1.40) auf einem Apple® iPhone 4S mit iOS Version 5.0.1 dargestellt. In der Mitte ist die Benutzungsoberfläche für die Einstellungen in den Tönen des Betriebssystems des gleichen Geräts dargestellt und auf der rechten Seite ist die Benutzungsoberfläche der Einstellungen der Anwendung *GoodReader*[108] abgebildet (Version 3.14.1, ebenfalls auf einem Apple® iPhone 4S mit iOS Version 5.0.1). Die Ähnlichkeit der rechten und der mittigen Benutzungsoberfläche ist deutlich zu erkennen. Interaktionen, die durch die Benutzungsoberfläche des Betriebssystems in der Mitte von Abbildung 60 unterstützt werden, werden vom Aufgabenträger intuitiv auf die Benutzungsoberfläche der Anwendung übertragen und in dieser ebenfalls angewandt. Die Oberfläche der Anwendung Chess Free auf der linken Seite ist zwar übersichtlich, ähnelt aber der Darstellung der Benutzungsoberfläche des Betriebssystems nur vereinzelt. Es besteht die Möglichkeit, dass der Aufgabenträger zur Nutzung dieser Benutzungsoberfläche eine spezifische Einarbeitungszeit benötigt, bis er gleichermaßen von dieser Oberfläche in der Durchführung von Interaktionen unterstützt wird.

Die Tatsache, dass ein Aufgabenträger von einer Benutzungsoberfläche mit betriebssystemähnlichem Design und Interaktionsmechanismen effizienter in der Durchführung seiner Interaktionen mit dem hoch-mobilen Gerät unterstützt wird

---

[107] Vgl. http://www.optimesoftware.com/products/iphone/chess_free/

[108] Vgl. http://www.goodreader.net/goodreader.html

[OHH12, Rot10, VeL12, Wel07], wird explizit im Rahmen von **Hysimopro** genutzt. Die Benutzungsoberflächen, die innerhalb von **Hysimopro** gestaltet werden können, werden auf den hoch-mobilen Geräten ausschließlich im Design der Benutzungsoberflächen des Betriebssystems des jeweiligen Geräts dargestellt. Aufgrund der unterschiedlichen Gerätespezifikationen und der unterschiedlichen Betriebssysteme müssen Anwendungen inklusive der Benutzungsoberflächen für jedes einzelne Gerät und jedes Betriebssystem und jede Betriebssystemversion einzeln gestaltet werden (vgl. exemplarisch [EVP01, Sat96, Tid06]). So muss bspw. die Benutzungsoberfläche für ein hoch-mobiles Gerät mit einem kleinen Bildschirm in anderer Art und Weise gestaltet werden als die Benutzungsoberfläche für ein hoch-mobiles Gerät mit größerem Bildschirm [BFa05]. Ein Beispiel zeigt Abbildung 61. Auf der linken Seite ist die Benutzungsoberfläche einer Anwendung auf einem hoch-mobilen Gerät mit kleinem Bildschirm abgebildet. Auf der rechten Seite ist eine Benutzungsoberfläche auf einem hoch-mobilen Gerät mit großem Bildschirm dargestellt.

Abbildung 61: Benutzungsoberflächen hoch-mobiler Geräten mit unterschiedlicher Bildschirmgröße

Aufgrund des größeren Bildschirms sind in der rechten Benutzungsoberfläche mehr Steuerelemente dargestellt als in der linken Benutzungsoberfläche.

Aufgrund der individuellen Gestaltung der Benutzungsoberflächen wäre dementsprechend für jedes Simulationsexperiment, jedes Gerät, jedes Betriebssystem und evtl. jede Betriebssystemversion im Rahmen von **Hysimopro** eine Benutzungsoberfläche zu gestalten. Dies bedeutet, dass jede Variation in der

Kombination der Geräte und der Betriebssysteme sowie deren Versionen als Multiplikator auf die Anzahl der zu gestaltenden Benutzungsoberflächen wirkt. Dies wird anhand eines Beispiels in Tabelle 15 verdeutlicht. Im Beispiel soll die Unterstützung eines Mitarbeiters eines Wachdienstes durch mobile IT analysiert werden. Die bisherigen Arbeitsschritte des Mitarbeiters beinhalten die Notiz der aktuellen Uhrzeit in einem Ablaufprotokoll in Papierform am entsprechenden Kontrollpunkt auf der abzulaufenden Route. Nach Ablaufen der vollständigen Route werden die Zeiten im Protokoll vom Mitarbeiter in das entsprechende Formular einer digitalen Verwaltungssoftware an seinem stationären Arbeitsplatz zur Archivierung eingegeben. Der Medienbruch, der in diesem Zusammenhang existiert, soll durch die Verwendung von mobiler IT verhindert werden. Die Integration der Nutzung eines hoch-mobilen Geräts in den Geschäftsprozess soll in Simulationsexperimenten analysiert werden. In den Experimenten sollen drei Geräte verwendet werden, die sich in den jeweiligen Hardware-Spezifikationen voneinander unterscheiden. Auf jedem Gerät wird ein gerätespezifisches Betriebssystem in einer spezifischen Betriebssystemversion ausgeführt. Es werden vier Simulationsexperimente durchgeführt, in denen die Eingabe der Uhrzeit bzw. des Kontrollpunktes über eine Benutzungsoberfläche durch den Mitarbeiter realisiert werden soll. Des Weiteren sollen in der Simulation Informationen über die Qualität der Daten der GPS-Sensorik sowie die Akkulaufzeit der Geräte ermittelt werden.

Die zu verwendenden Benutzungsoberflächen unterscheiden sich aufgrund unterschiedlicher Sicherheitsrichtlinien, die von den Auftraggebern des Wachdienstes vorgegeben wurden, in den jeweiligen Eingabemöglichkeiten:

1. Kennung des Kontrollpunktes wird eingegeben, Uhrzeit automatisch erfasst
2. Kennung des Mitarbeiters und des Kontrollpunktes wird eingegeben, Uhrzeit automatisch erfasst
3. Uhrzeit wird eingegeben und Kontrollpunkt wird ausgewählt
4. Kontrollpunkt wird lediglich ausgewählt

In Abbildung 62 ist exemplarisch die Benutzungsoberfläche für die Eingabemöglichkeit des vierten Simulationsexperiments dargestellt.

Abbildung 62: Benutzungsoberfläche für Simulationsexperiment

Bei den Geräten handelt es sich um ein iPhone 4 von Apple®, einem Lumia 800 von Nokia® und einem Galaxy SII von Samsung®. Das erste Gerät soll sowohl mit dem Betriebssystem iOS in Version 4.0 als auch mit iOS in Version 5.0 betrieben werden, da sich das Design der Steuerlemente des iOS in Version 5.0 vom Design der Steuerelemente des iOS in Version 4.0 minimal unterscheidet. Folglich muss die Version des jeweiligen Betriebssystems in der Gestaltung der Benutzungsoberflächen ebenfalls unterschieden werden (in Tabelle 15 wird die Betriebssystemversion durch *OSV* abgekürzt). Wird die Betriebssystemversion bei der Gestaltung der Benutzungsoberflächen für die drei Geräte zunächst nicht beachtet, so müssen "lediglich" zwölf Benutzungsoberflächen für die einzelnen Simulationsexperimenten gestaltet werden[109]. Wird zusätzlich die Version des Betriebssystems berücksichtigt, so müssen sechszehn verschiedene Benutzungsoberflächen gestaltet werden.

Anzahl der Simulationsexperimente: 4

	$Gerät_1$ $Gerät_2$ $Gerät_3$ $Gerät_1$	OS_1V_1 OS_2V_1 OS_3V_1 OS_1V_2
Anzahl der zu gestaltenden Benutzungsoberflächen	**4*3 = 12**	**4*4 = 16**

Tabelle 15: Beispiele für die Berechnung der Anzahl zu gestaltender Benutzungsoberflächen

[109] Es wird eine Benutzungsoberfläche pro Gerät und pro Simulationsexperiment gestaltet. Da im vierten Simulationsexperiment das erste Gerät ein weiteres Mal zum Einsatz kommt, bedarf es nur zwölf verschiedener Benutzungsoberflächen.

Folglich ist der Aufwand für die Gestaltung der einzelnen Benutzungsoberflächen bei mehreren Simulationsexperimenten erheblich. Die Nutzung von **Hysimopro** zur Analyse der Geschäftsprozesse bzw. zur Analyse der Unterstützung der Aufgabenträger durch mobile IT wäre ineffizient.

Aus diesem Grund ermöglicht **Hysimopro** die Reduzierung des gesamten Aufwands im Rahmen der hybriden Simulation. Mit **Hysimopro** sind im oberen Beispiel (in Tabelle 15) lediglich vier Benutzungsoberflächen zu gestalten. Darüber hinaus wird der Aufwand in der Gestaltung der Benutzungsoberflächen reduziert. Diese Reduzierung wird durch folgende Schritte realisiert:

1. Vereinfachte Gestaltung:

   Für die Gestaltung der Benutzungsoberflächen nutzt **Hysimopro** einen erweiterten Ansatz des *Prototyping*[110] (vgl. [FNT05, GoS81, TBM00]). Im Zusammenhang mit Benutzungsoberflächen beschreibt das Prototyping die Gestaltung prototypischer Benutzungsoberflächen, die über grundlegende Funktionalitäten für die Unterstützung einer Interaktion verfügen, aber durchaus in Design und Layout noch verbessert werden können.

2. Hohe Geräteunabhängigkeit durch Aufgabenteilung:

   Die Unterstützung unterschiedlicher hoch-mobiler Geräte und der Darstellung der Benutzungsoberflächen auf diesen wird im Rahmen von **Hysimopro** durch eine Aufgabenteilung einer Client-Server-Architektur[111] realisiert. Für die hoch-mobilen Geräte stehen im Rahmen von **Hysimopro**

---

[110] Prototyping beschreibt eine Methode des Software Engineering. In dieser Methode wird noch vor der endgültigen Entwicklung der Lösung eines Problems ein Prototyp als Lösungsansatz erstellt. Dieser Prototyp besitzt einen reduzierten Funktionsumfang und ist in Design und Layout nicht mit der endgültigen Lösung vergleichbar. Durch den Prototyp können in der Entwicklungsphase schnelle und frühzeitige Rückmeldungen zu einer ersten Umsetzung konkreter Lösungen innerhalb des gesamten Lösungsansatzes eingeholt werden [FNT05, GoS81, TBM00]. Prototyping wird bei der Gestaltung von Benutzungsoberflächen für hoch-mobile Geräte vermehrt eingesetzt, da zahlreiche Anwender der zu gestaltenden Benutzungsoberflächen sich nicht vorstellen können, wie diese auf dem hoch-mobilen Gerät dargestellt werden bzw. welche Modalitäten zum Einsatz kommen [BMR07].

[111] Die Client-Server-Architektur beschreibt ein Systemdesign, bei dem die Aufgabe, die bearbeitet wird, in Teilaufgaben strukturiert wird. Die Teilaufgaben werden jeweils vom Client und vom Server bearbeitet. Dabei sind Server und Client über ein Netzwerk miteinander verbunden. Darüber hinaus ist es möglich, dass mehrere Clients mit einem einzelnen Server kommunizieren und die Aufgabe auf diese Art und Weise weiter aufgeteilt werden kann [Dad96, NiF96].

betriebssystem- und/oder geräteabhängige Anwendungen zur Verfügung, die eine betriebssystem- und gerätespezifische Interpretation der Benutzungsoberflächen ermöglichen. Die Abhängigkeit der Benutzungsoberflächen von den einzelnen Geräten wird minimiert.

3. Wiederverwendung und betriebssystemspezifische Darstellung:
   Um die geräte- und betriebssystemunabhängige Gestaltung der Benutzungsoberflächen zu realisieren, werden die von den Anwendern gestalteten Benutzungsoberflächen im Rahmen von **Hysimopro** unter Verwendung einer deklarativen Auszeichnungssprache in spezifisch formatierte Dokumente (den hybriden Schemakomponenten) transformiert. Die in der Auszeichnungssprache dargestellten Benutzungsoberflächen werden auf den jeweiligen Geräten von den spezifischen Anwendungen interpretiert. Auf diese Weise ist es möglich, dass Benutzungsoberflächen nur einmalig gestaltet werden und trotzdem auf jedem Gerät die betriebssystemspezifische Darstellung der Benutzungsoberflächen realisiert wird.

Die einzelnen Schritte innerhalb **Hysimopro** veranschaulicht Abbildung 63.

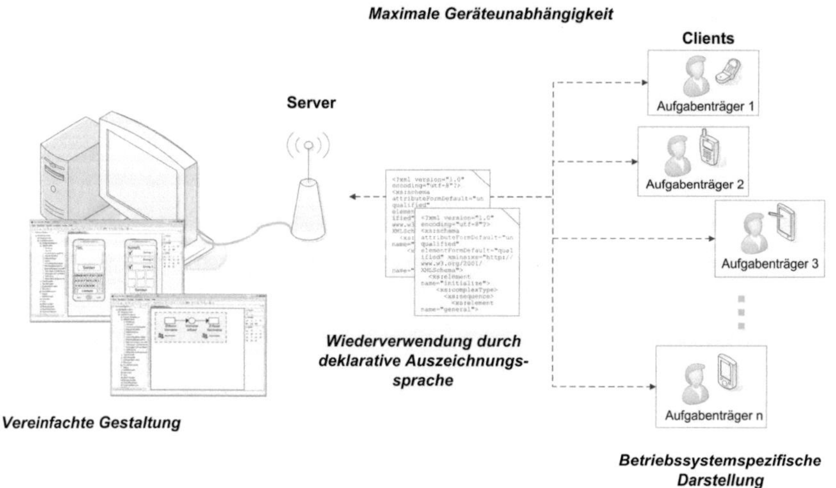

Abbildung 63:Schematische Darstellung der Schritte zur Aufwandsminimierung

Die Benutzungsoberflächen werden nach deren Gestaltung automatisiert in hybride Schemakomponenten transformiert. Die hybriden Schemakomponenten werden auf den hoch-mobilen Geräten von spezifischen Anwendungen interpretiert. Die Steuerelemente der Benutzungsoberflächen werden auf betriebssystemspezifische Steuerelemente des jeweiligen Geräts abgebildet. Dementsprechend besitzen die Benutzungsoberflächen in der Darstellung auf dem hoch-mobilen Gerät das Design der Steuerelemente des Betriebssystems des jeweiligen hoch-mobilen Geräts. Das Ergebnis der anschließenden Interaktionen der Aufgabenträger, bspw. die Eingabe eines Textes, wird von den jeweiligen Anwendungen in die hybriden Schemakomponenten integriert. Durch die Client-Server-Architektur ist eine Weiterverarbeitung der Ergebnisse der Interaktionen in der computergestützten Simulation möglich.

Im Folgenden werden die einzelnen Schritte im Detail beschrieben:

Im Rahmen von **Hysimopro** werden den Anwendern Werkzeuge zur Verfügung gestellt, die ein einfaches Prototyping der Benutzungsoberflächen in Form von *generischen Benutzungsoberflächen* ermöglichen. Generisch bedeutet in diesem Zusammenhang, dass die Benutzungsoberflächen kein spezifisches Design eines Betriebssystems eines hoch-mobilen Geräts besitzen. Ein Beispiel ist in Abbildung 64 dargestellt. Auf der linken Seite ist das generische Steuerelement einer *Auswahlbox* zur Auswahl eines Eintrags abgebildet. Die rechts davon abgebildeten Steuerelemente verdeutlichen, dass das Steuerelement auf verschiedenen Betriebssystemen jeweils unterschiedlich dargestellt wird. In Abbildung 64 sind die jeweiligen Umsetzungen der Betriebssysteme iOS 5.0.1 von Apple®, Windows Phone 7.5 von Microsoft® und Android 4.0.3 von Google® dargestellt.

Abbildung 64: Betriebssystemspezifische Darstellung eines Steuerelements

Durch die im Rahmen von **Hysimopro** verwendete Aufgabenteilung innerhalb der Client-Server-Architektur wird die Minimierung der betriebssystem- und gerätespezifischen Abhängigkeiten einer Benutzungsoberfläche realisiert [Gol08, JHE99]. Es steht pro Gerät, Betriebssystem und Betriebssystemversion eine spezifische Anwendung zur Verfügung, die die gestalteten Benutzungsoberflächen auf dem jeweiligen hoch-mobilen Gerät interpretiert und darstellt. So ist es nicht notwendig, jede Benutzungsoberfläche für jedes Gerät, jedes Betriebssystem und jede Betriebssystemversion einzeln zu gestalten.

Um die unterschiedlichen Gerätespezifikationen der einzelnen Geräte in der hybriden Simulation zu berücksichtigen und evtl. in einer impliziten Interaktion nutzen zu können, werden im Rahmen von **Hysimopro** sogenannte *Initialisierungsdateien* verwendet. Eine *Initialisierungsdatei* wird von der spezifischen Anwendung auf dem hoch-mobilen Gerät erstellt. Eine Initialisierungsdatei ist ein Dokument im XML-Format, welches anhand eines spezifischen XML-Schemas [Wor06] validiert werden kann[112]. Initialisierungsdateien enthalten alle wesentlichen Gerätespezifikationen des jeweiligen hoch-mobilen Geräts. Aufgrund eindeutiger Einträge in der Datei kann jede Initialisierungsdatei innerhalb der hybriden Simulation als Fingerabdruck eines hoch-mobilen Gerätes verwendet werden[113]. Durch diesen individuellen Fingerabdruck wird eine eindeutige Zuordnung eines Gerätes bzw. einer hybriden Schemakomponente, die ein Gerät adressiert, zu einem Aufgabenträger in der Aufgabenausführung ermöglicht (vgl. Definition 5.5).

Ein Auszug einer Initialisierungsdatei, in dem die Beschreibung des Bildschirms des hoch-mobilen Gerätes enthalten ist, ist in Abbildung 65 aufgelistet.

```
. . .
<interfaces>
      <display>
        <resolution>640,960</resolution>
        <orientationmode>landscape</orientationmode>
        <inches>3.5</inches>
        <ppi>326</ppi>
        <type>led</type>
      </display>
      <hardwarekeys>
. . .
```

Abbildung 65: Auszug einer Initialisierungsdatei eines hoch-mobilen Gerätes

Anhand der Gerätespezifikationen, die in den einzelnen Initialisierungsdateien enthalten sind, können die Anwender von **Hysimopro** überprüfen, ob die von

[112] Eine Initialisierungsdatei wird auf Basis des in Anhang F beschriebenen XML-Schemas validiert. Das XML-Schema orientiert sich an den Eigenschaften hoch-mobiler Geräte und kann individuell erweitert werden (vgl. Abschnitt 3.1.2).

[113] In den Initialisierungsdateien werden eindeutige Kennungen der Geräte in WLAN- und Mobilfunknetzwerken mitgeführt. Darüber hinaus werden die Seriennummern der Geräte in die Dateien integriert.

ihnen adressierten impliziten Interaktionen auf den hoch-mobilen Geräten durchführbar sind. Die Abfrage der GPS-Sensorik im Rahmen einer impliziten Interaktion ist bspw. nur ausführbar, wenn das hoch-mobile Gerät GPS-Sensorik besitzt. Die Verfügbarkeit eines solchen Dienstes kann von den Anwendern von **Hysimopro** mit Hilfe der Initialisierungsdatei des Geräts überprüft werden. Darüber hinaus dienen die Einträge der Initialisierungsdateien als Basis für die Gestaltung der Benutzungsoberflächen, die die Durchführung der expliziten Interaktionen im Rahmen der hybriden Simulation unterstützen. Im Rahmen von **Hysimopro** wird die Information in den Einträgen der Initialisierungsdateien zur Konfiguration der Arbeitsfläche innerhalb des Werkzeugs zur Gestaltung der generischen Benutzungsoberflächen genutzt (vgl. Abbildung 66 und Abschnitt 6.3.1). Die Anwender wählen aus den zur hybriden Simulation zu verwendenden hoch-mobilen Geräten ein Referenzgerät aus. Anhand der Daten der Initialisierungsdatei über den Bildschirm dieses Referenzgerätes wird die Arbeitsfläche zur Gestaltung der Benutzungsoberflächen aufgebaut. Auf diese Art und Weise erlaubt **Hysimopro** den Anwendern eine Vorschau der Anordnung der Steuerelemente auf dem Bildschirm des hoch-mobilen Gerätes.

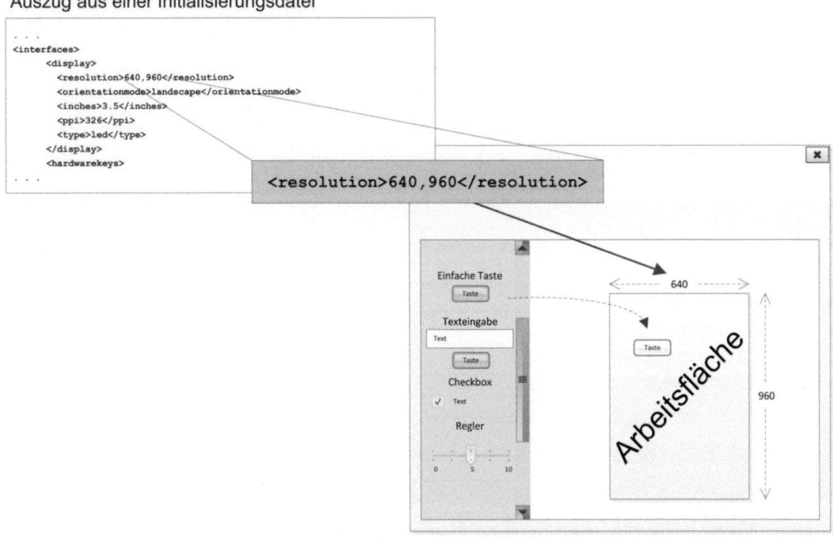

Abbildung 66:Schematische Darstellung der Benutzungsoberflächen-Gestaltung

Die Gestaltung der Benutzungsoberflächen wird darüber hinaus durch den Einsatz des WYSIWYG-Prinzips[114] innerhalb von **Hysimopro** im dazugehörigen Werkzeug vereinfacht. Die einzelnen Benutzungsoberflächen werden nicht in einer abstrakten Auszeichnungssprache gestaltet, sondern die Steuerelemente der Benutzungsoberflächen besitzen bereits ein generisches Design, das dem endgültigen Design der Steuerelemente der Benutzungsoberflächen, wenn diese auf den hoch-mobilen Geräten dargestellt werden, sehr ähnlich ist (vgl. Abbildung 64 und Abbildung 67). Dies vereinfacht die Gestaltung der Benutzungsoberflächen wesentlich [Chl11b]. Die Positionen und Größen der einzelnen Steuerelemente einer gestalteten Benutzungsoberfläche werden anhand eines Gitternetzes, das auf der Arbeitsfläche angezeigt wird, ermittelt (vgl. Abbildung 67). Die Zellengröße des Gitternetzes wird anhand der Bildschirmgröße des Referenzgerätes und dem goldenen Schnitt[115] errechnet. Die Positionen- und Größenangaben der Steuerelemente werden relativ berechnet und im Verhältnis zur Bildschirmgröße gespeichert. Folglich kann die Benutzungsoberfläche auch auf Bildschirmen hochmobiler Geräte dargestellt werden, die eine andere Größe als das Referenzgerät besitzen. Zusätzlich können die Anwender von **Hysimopro** den durch den goldenen Schnitt errechneten Verhältniswert manuell korrigieren.

Die Steuerelemente werden entlang der Zellen des Gitternetzes ausgerichtet. Das Werkzeug, welches im Rahmen von **Hysimopro** zum Einsatz kommt, gibt vor, dass sich keine Elemente überlappen dürfen. Vor Abschluss der Gestaltung einer Benutzungsoberfläche werden die Anwender von **Hysimopro** angehalten, ein zusätzliches oder spezifisches Steuerelement zur Beendigung der expliziten Interaktion durch den Aufgabenträger festzulegen sowie ein spezifisches Zeitintervall zu definieren, nach der die Interaktion abgebrochen wird.

---

[114] Das WYSIWYG-Prinzip (WYSIWYG steht für "What you see is what you get", "Was Du siehst, ist was Du bekommst") beschreibt eine spezifische Darstellung von Benutzereingaben die der Ausgabe auf dem Zielmedium gleicht. Im Zusammenhang mit Benutzungsoberflächen bedeutet dies, dass das Design der Steuerelemente bereits dem Aussehen der endgültigen Darstellung der Benutzungsoberfläche sehr ähnlich ist [PrD10].

[115] Der goldene Schnitt beschreibt ein spezifisches Verhältnis zwischen zwei Zahlen oder zwei Mengen. Das Verhältnis hat den Wert 1,618 und wird als ideale Proportion in der Kunst und der Architektur verwendet. Im Design von Benutzungsoberflächen wird der goldene Schnitt als Richtwert für die Aufteilung der verfügbaren Bildschirmfläche verwendet [CRC10].

Nach Festlegung des Zeitintervalls ist die Gestaltung der Benutzungsoberfläche abgeschlossen. In einem nächsten Schritt wird aus der gestalteten Benutzungsoberfläche inklusive weiterer Informationen eine hybride Schemakomponente generiert.

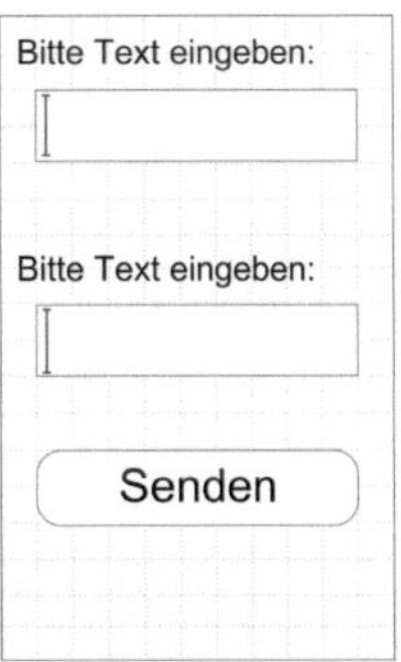

Abbildung 67: Benutzungsoberfläche einer erweiterten Texteingabe

Um innerhalb von **Hysimopro** ausschließlich Steuerelemente von Benutzungsoberflächen zu verwenden, deren Darstellung auf den hoch-mobilen Geräten unterstützt wird, verfügt **Hysimopro** über eine spezifische Menge an Steuerelementen. Diese Menge entspricht einer Schnittmenge der Steuerelemente der Benutzungsoberflächen spezifischer Betriebssysteme auf hoch-mobilen Geräten.

Im Rahmen von **Hysimopro** wird eine Schnittmenge von Steuerelementen der Benutzungsoberflächen der Betriebssysteme iOS 5.0.1 von Apple®, Android Version 4.0 von Google®, Windows Phone 7.5 von Microsoft®, Blackberry OS 7 von Research in Motion® und Bada 2.0.4 von Samsung® verwendet. Diese Auswahl deckt über 99 Prozent der genutzten Betriebssysteme der hoch-mobilen Geräte ab [CMZ12]. Darüber hinaus ähneln sich die Betriebssysteme im grundlegenden Aufbau der jeweiligen Benutzungsoberflächen. Für die Betriebssysteme Windows Phone, iOS und Android wurde dies in der Arbeit von Larysz et al. gezeigt [LNF11a].

Die Steuerelemente der Benutzungsoberflächen, die im Rahmen von **Hysimopro** verwendet werden, können in Kategorien unterteilt werden. Die Kategorisierung innerhalb von **Hysimopro** orientiert sich an den Kategorien, die von Cooper et al. für Steuerelemente von Benutzungsoberflächen in [CRC10] vorgestellt wurden:

- *Befehlselemente*, mit denen der Nutzer spezifische Funktionen ausführen kann.

- *Auswahlelemente*, die den Nutzer Inhalte aus einer Menge auswählen lassen.
- *Eingabeelemente*, die dem Nutzer erlauben, Daten einzugeben und
- *Anzeigeelemente*, die innerhalb einer Benutzungsoberfläche zur Anzeige von Daten dienen.

Eine Übersicht über die einzelnen Kategorien inklusive der Unterkategorien, Ausprägungen und Beispielsteuerelementen, die im Rahmen von **Hysimopro** verwendet werden, ist in Abbildung 68 dargestellt.

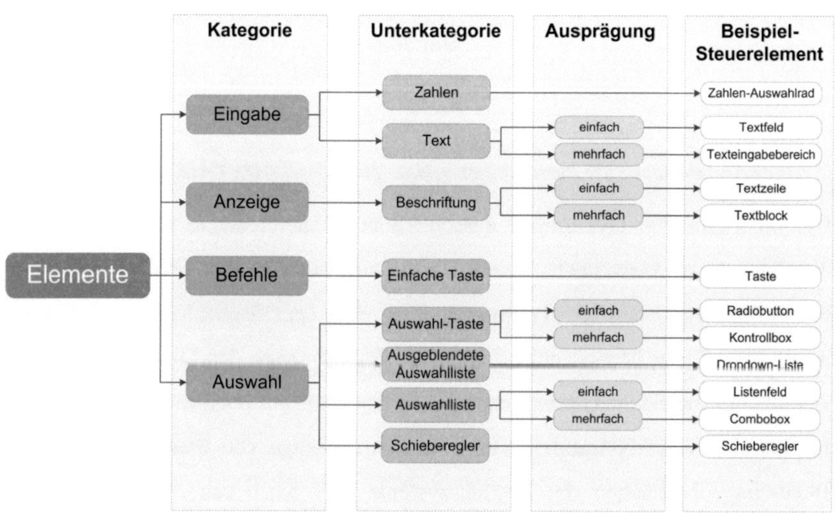

Abbildung 68:Kategorisierung der Steuerelemente

Neben der manuellen Gestaltung der Benutzungsoberfläche mit Hilfe der beschriebenen Steuerelemente besteht die Möglichkeit, bereits vordefinierte Benutzungsoberflächen, die sich aus verschiedenen Steuerelementen aufbauen, zu verwenden (vgl. Abschnitt 5.2.1). Die Benutzungsoberflächen dienen zur Unterstützung der Interaktionen, die vermehrt mit hoch-mobilen Geräten ausgeführt werden (vgl. Abschnitt 5.2.1). Abbildung 69 zeigt exemplarisch einen Auszug bereits vordefinierter Benutzungsoberflächen im Rahmen von **Hysimopro**.

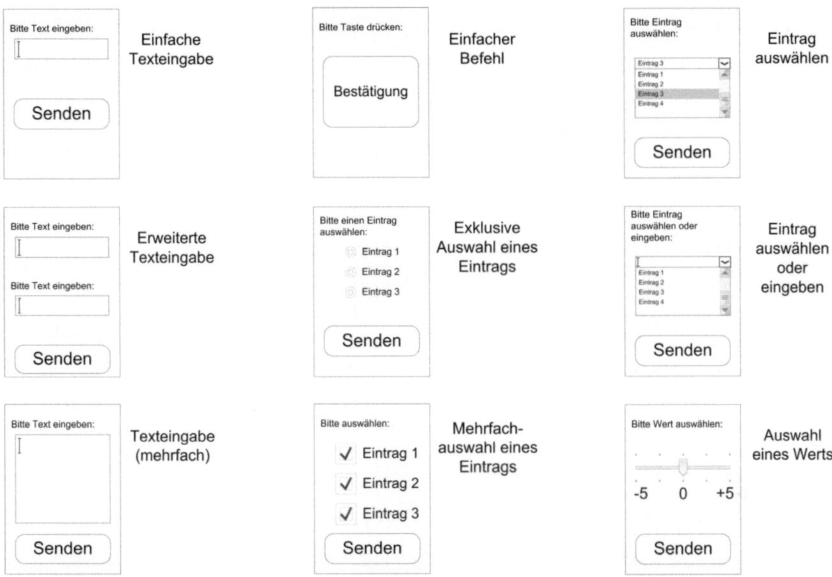

Abbildung 69:Schematischer Auszug vordefinierter Benutzungsoberflächen in Hysimopro

Sowohl die vordefinierten als auch die manuell erstellten generischen Benutzungsoberflächen werden im Rahmen von **Hysimopro** automatisiert in eine textuelle Beschreibung im XML-Format umgewandelt. Das Format wird von einer im Rahmen der vorliegenden Arbeit entwickelten Auszeichnungssprache vorgegeben. Es handelt sich um eine XML-basierte deklarative Auszeichnungssprache [Rei80], die im Rahmen der Arbeit u.a. zur Beschreibung von Benutzungsoberflächen verwendet wird. Darüber hinaus werden sämtliche Informationen, die in der hybriden Simulation zwischen den hoch-mobilen Geräten und dem Software-Werkzeug ausgetauscht werden, durch die Auszeichnungssprache abstrakt beschrieben.

Im Bereich der XML-basierten deklarativen Auszeichnungssprachen für Benutzungsoberflächen existieren viele unterschiedliche Sprachen (vgl. exemplarisch [CWF11, FaV10, GGV09, SJG08]). Anhang G enthält eine Übersicht ausgewählter XML-basierter deklarativer Auszeichnungssprachen für Benutzungsoberflächen. Die im Rahmen dieser Arbeit entwickelte und von **Hysimopro** verwendete Auszeichnungssprache beschreibt vornehmlich die Anordnung der einzelnen Steuerelemente einer Benutzungsoberfläche und nicht das Design derselben. Des Weiteren besitzt die Sprache Sprachelemente, die eine Integration der Ergebnisse der durchgeführten Interaktionen, unabhängig davon, ob es sich um implizite oder explizite Interaktionen handelt, in die hybriden

Schemakomponenten ermöglicht. Durch die definierten Sprachelemente ist eine unmittelbare Rückführung der Ergebnisse der Interaktionen in die computergestützte Simulation möglich. Darstellungsspezifische Angaben zu den Steuerelementen sind nicht notwendig, da die Interpretation und Darstellung der Steuerelemente in den Anwendungen, die im Rahmen von **Hysimopro** zur Verfügung gestellt werden, auf den hoch-mobilen Geräten bereits definiert sind (vgl. Abschnitt 6.3.2). Des Weiteren werden in der Sprache die Beschreibungen der impliziten Interaktionen an die hoch-mobilen Geräte übermittelt. Diese werden in abstrakter Form dargestellt und auf den hoch-mobilen Geräten ebenfalls interpretiert. Durch die Auszeichnungssprache wird eine Wiederverwendung einer bereits gestalteten Benutzungsoberfläche auf hoch-mobilen Geräten mit unterschiedlichen Betriebssystemen realisiert. Die Auszeichnungssprache wird mit Hilfe eines XML-Schemas validiert. Das XML-Schema ist in Anhang H dargestellt. Über das XML-Schema kann die Auszeichnungssprache optional erweitert werden. Auf diese Weise können zusätzliche Steuerelemente in die hybride Simulation aufgenommen werden (vgl. Abschnitt 5.2.3).

Im Anschluss an die automatisierte Transformation einer generischen Benutzungsoberfläche in eine spezifische Darstellung in der beschriebenen Auszeichnungssprache, wird die entsprechende hybride Schemakomponente zur Aufnahme dieser Darstellung generiert. Darüber hinaus werden weitere Informationen, die ebenfalls mittels der Auszeichnungssprache abstrakt dargestellt werden, in die hybride Schemakomponente mit aufgenommen. Eine vollständige hybride Schemakomponente, die im Rahmen von **Hysimopro** generiert wird, enthält folgende Informationen:

1. <u>Die eindeutige Kennung des Zielgerätes</u>

   Im Rahmen von **Hysimopro** wird den Geräten eine eindeutige Kennung durch die Informationen in den Initialisierungsdateien zugeordnet. Auf Basis der Kennung ist eine präzise Zuordnung der hybriden Schemakomponente zu einem einzelnen Gerät möglich. Die eindeutige Zuordnung ist notwendig, da evtl. spezifische Hardware-Komponenten des hochmobilen Gerätes abgefragt werden.

2. <u>Die eindeutige Zuordnung zu einem Aufgabenträger und Rolle</u>

   Innerhalb eines Geschäftsprozess-Schemas können auch mehrere Aufgabenträger in unterschiedlichen Rollen an einer Aufgabenausführung, die durch eine Transition dargestellt wird, beteiligt sein. Folglich muss die hybride Schemakomponente einem spezifischen Aufgabenträger in seiner Rolle zugeordnet werden, da evtl. nur dieser in seiner Aufgabenausführung mit mobiler IT unterstützt werden soll[116].

3. Die verknüpfte Transition oder das verknüpfte transitionsberandete Teilnetz

   Die Verknüpfung der hybriden Schemakomponente mit der entsprechenden Aufgabenausführung im Geschäftsprozess-Schema ermöglicht die Verwendung mehrerer hybrider Schemakomponenten in der hybriden Simulation.

4. Die Beschreibung der impliziten/expliziten Interaktion, die in der hybriden Simulation durchgeführt wird

   In diesem Zusammenhang werden explizite von impliziten Interaktionen unterschieden:

   - Handelt es sich um eine implizite Interaktion, so wird die Hardware-Komponente, die im Zuge der impliziten Interaktion abgefragt wird, beschrieben.
   - Handelt es sich um eine explizite Interaktion, so enthält die hybride Schemakomponente die Beschreibung der Steuerelemente, deren Position und Größe sowie eine weitere explizite Interaktion, die zum Abschluss der Interaktion durch den Aufgabenträger dient.

5. Die Beschreibung des spezifischen Zeitintervalls als Abbruchbedingung

   Das spezifische Zeitintervall beschreibt die Dauer, die die jeweilige Anwendung auf Input von der Sensorik oder auf Eingabe des Aufgabenträgers wartet. Nach Ablauf dieses Zeitintervalls wird die Aufgabenausführung respektive die Interaktion, die durch die hybride Schemakomponente repräsentiert wird, ohne Ergebnis abgebrochen. Falls es zu einem Abbruch der Interaktion im Rahmen der hybriden Simulation kommt, wird dies ebenfalls in der hybriden Schemakomponente anhand eines spezifischen Rückgabenwertes vermerkt.

---

[116] In Hysimopro wird davon ausgegangen, dass eine Rolle von einem Aufgabenträger ausgeführt wird. Eine prozentuale Aufteilung einer Rolle auf mehrere Aufgabenträger wird nicht unterstützt.

6. Die Beschreibung des Ergebnisses der durchgeführten Interaktion
   In diesem Zusammenhang wird ebenfalls unterschieden, ob es sich um eine explizite oder implizite Interaktion handelt:
   - Handelt es sich um eine implizite Interaktion, so besteht das Ergebnis aus den Daten, die von der Hardware-Komponente übermittelt wurden.
   - Wird eine explizite Interaktion durch eine Benutzungsoberfläche unterstützt, so ist das Ergebnis die Eingabe des Aufgabenträgers in die Benutzungsoberfläche.

Durch die automatisierte Generierung der hybriden Schemakomponenten müssen die Anwender von **Hysimopro** über die interne Struktur der hybriden Schemakomponente keine Kenntnis besitzen. Es ist dennoch möglich, auf Veränderungen der Betriebssysteme durch Aktualisierungen der Hersteller oder auf neue Geräte inklusive deren Spezifikationen zu reagieren und deren Verwendung innerhalb der hybriden Simulation zu realisieren. **Hysimopro** ist erweiterbar. Es ist möglich, weitere Steuerelemente und Benutzungsoberflächen in **Hysimopro** zu integrieren. Hierfür wird den Anwendern ein spezifisches Vorgehen vorgeschlagen, welches in Abschnitt 5.2.3 beschrieben wird.

Eine hybride Schemakomponente wird im Rahmen der hybriden Simulation in ihrer XML-basierten Darstellung an das entsprechende hoch-mobile Gerät oder an die entsprechende Anwendung auf dem Gerät gesandt. Auf dem hoch-mobilen Gerät wird die hybride Schemakomponente interpretiert. Die Interpretation findet in der letzten Phase von **Hysimopro** statt, die im folgenden Abschnitt beschrieben wird.

5.2.3 Interaktionsinterpretation

Die *Interaktionsinterpretation* ist die letzte Phase von **Hysimopro**. In dieser Phase werden die hybriden Schemakomponenten von den jeweiligen Anwendungen (den Clients) auf den hoch-mobilen Geräten interpretiert. Im Folgenden werden die einzelnen Schritte innerhalb der Phase der Interaktionsinterpretation detailliert beschrieben. Des Weiteren werden die Vorgehensweisen dargelegt, die im Rahmen von **Hysimopro** zur Integration neuer Geräte und/oder neuer Betriebssysteme in die hybride Simulation und der damit einhergehenden Erweiterung der deklarativen Auszeichnungssprache existieren.

Im Rahmen von **Hysimopro** werden spezifische Anwendungen auf den hoch-mobilen Geräten verwendet, die die Clients in der Client-Server-Architektur repräsentieren. Die Anwendungen kommunizieren über ein Netzwerk mit dem Software-Werkzeug, in dem die computergestützte Simulation ausgeführt wird (vgl. Kapitel 6). Die Anwendungen werden nativ auf den hoch-mobilen Geräten ausgeführt, da sie Zugriff auf die unterschiedlichen Hardware-Komponenten der Geräte benötigen (vgl. Abschnitt 5.2.2). Es wird jeweils eine Anwendung für jedes Gerät inklusive des entsprechenden Betriebssystems und der jeweiligen Betriebssystemversion im Rahmen von **Hysimopro** zur Verfügung gestellt. Die Anwendungen werden in den unterschiedlichen Simulationsexperimenten wieder-verwendet. Der Aufbau einer Anwendung wird in Kapitel 6 beschrieben.

Eine Anwendung besitzt unterschiedliche Funktionalitäten (vgl. Abschnitt 6.3.2). Beispielsweise analysiert eine Anwendung die Hard- und Software-Spezifikationen eines hoch-mobilen Gerätes und protokolliert deren Verfügbarkeit in einer Initialisierungsdatei. Des Weiteren verfügt eine Anwendung über die Funktionalität, die in der Auszeichnungssprache dargestellten Steuerelemente der Benutzungsoberflächen zu interpretieren und diese auf betriebssystemspezifische Steuerelemente der Geräte abzubilden (vgl. Abschnitt 5.2.2). Die Abbildung auf betriebssystemspezifische Steuerelemente ist in Abbildung 70 skizziert. Die gestaltete generische Benutzungsoberfläche wird zunächst in eine hybride Schemakomponente transformiert und anschließend in einer Anwendung auf dem Zielgerät, in Abbildung 70 einem Gerät mit Windows Phone 7 Betriebssystem, interpretiert und dargestellt.

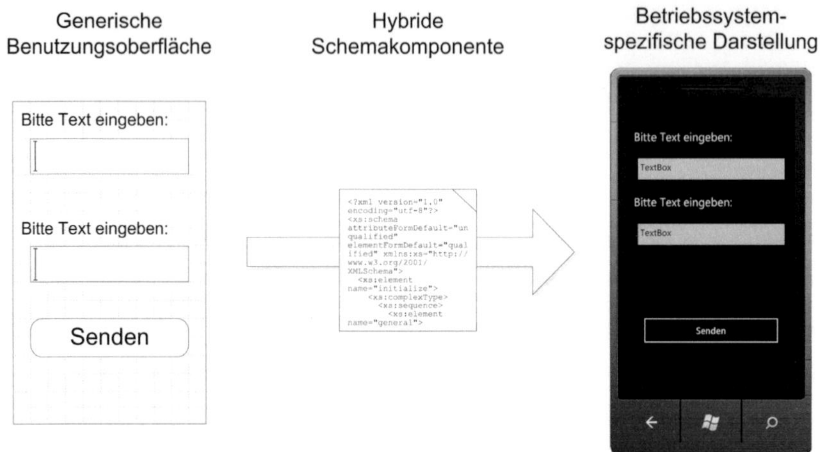

Abbildung 70: Generische Benutzungsoberfläche dargestellt auf dem hoch-mobilen Gerät

Durch die Interpretation wird gewährleistet, dass die Benutzungsoberflächen, die im Rahmen der hybriden Simulation verwendet werden, ausschließlich das Design der Benutzungsoberflächen des Betriebssystems des hoch-mobilen Geräts besitzen. Ob eine Benutzungsoberfläche im Rahmen der Interpretation der hybriden Schemakomponente von den Anwendungen dargestellt wird, ist vom Inhalt der hybriden Schemakomponente abhängig. Enthält eine hybride Schemakomponente die Beschreibung einer impliziten Interaktion, so wird von der Anwendung die entsprechende Hardware-Komponente abgefragt und die entsprechenden Daten werden erfasst. In diesem Zusammenhang wird die Abfrage unabhängig von der Rückmeldung der Hardware-Komponente nach dem in der hybriden Schemakomponente definierten Zeitintervall von der Anwendung abgebrochen. Werden vor Ablauf des Zeitintervalls Daten übermittelt, so werden diese von der Anwendung in die hybride Schemakomponente integriert (vgl. Abschnitt 5.2.2). Ist eine Benutzungsoberfläche im Zuge der Unterstützung einer expliziten Interaktion in der hybriden Schemakomponente definiert, so wird nach der Durchführung der Interaktion durch den Aufgabenträger das Resultat der Interaktion ebenfalls in die hybride Schemakomponente integriert. Durch die Integration kann bspw. der Text einer Texteingabe durch den Aufgabenträger im Rahmen der Aufgabenausführung protokolliert werden.

Da die Ziele von **Hysimopro** sowohl die realitätsnahe Simulation eines Geschäftsprozesses als auch die Integration der Aufgabenträger in die Validierung und Verbesserung des Geschäftsprozesses umfassen, wird im Rahmen von

Hysimopro mit Hilfe von definierten *Reports* der Dialog zwischen den Aufgabenträgern und den Anwendern von **Hysimopro** gefördert.

Durch einen Report wird die mit der Sensorik des Geräts erfassbare situationsbezogene Information der Situation, in der sich ein Aufgabenträger befindet, protokolliert. Realisiert wird dies durch eine Abfrage aller Hardware-Komponenten eines hoch-mobilen Gerätes während der Aufgabenausführung durch einen Aufgabenträger. Die erfassten Daten werden in die hybride Schemakomponente integriert und als *Report* verfügbar gemacht. Mit diesen *Reports* erhalten die Modellierenden Zusatzinformationen, die sie bei der simulativen Analyse des Geschäftsprozesses unterstützen. Beispielsweise ist es den Modellierenden möglich, Ausnahmesituationen während der Aufgabenausführung des Aufgabenträgers zu identifizieren. Diese Ausnahmesituationen zu erkennen, stellt einen wesentlichen Mehrwert in der Analyse der Geschäftspro-zesse dar [Tru11]. Auch ist die Nutzung der mobilen IT über die gesamte Aufgabenausführung hinweg analysierbar. Beispielweise kann die Laufzeit des Akkus des hoch-mobilen Geräts durch Reports über mehrere Aufgabenausführungen hinweg protokolliert werden[117].

Darüber hinaus wird der Dialog zwischen den Anwendern von **Hysimopro** und den Aufgabenträgern verbessert, indem die Anwender über die Situationen, in der sich die Aufgabenträger während der Aufgabenausführung befinden, mehr Informationen erhalten.

Um auf neue Geräte oder neue Betriebssystemversionen reagieren zu können, kann **Hysimopro** erweitert werden. In diesem Zusammenhang werden zwei Vorgehensweisen unterschieden. Beide Vorgehensweisen haben eine Änderung der XML-Schemata, die auch als Grundlage für die deklarative Auszeichnungssprache verwendet werden, zur Folge. Die erste Vorgehensweise wird angewandt, wenn ein neues Gerät im Rahmen von **Hysimopro** unterstützt und dieses Gerät in die hybride Simulation eingebunden werden soll. Die zweite Vorgehensweise wird verwendet, wenn eine neue Version eines Betriebssystems oder ein neues Betriebssystem auf einem bereits verwendeten Gerät unterstützt werden soll. Es kann bspw. im Zuge der Einführung einer neuen Betriebssystemversion ein neues

---

[117] Ein Weinbauer, der ein hoch-mobiles Gerät zur Erfassung der Analysedaten der Qualität der Weinreben verwendet, besitzt evtl. keine Möglichkeit, den Akku des Geräts in regelmäßigen Abständen zu laden.

Steuerelement existieren, das evtl. im Rahmen der hybriden Simulation ebenfalls verwendet werden soll. Für die Integration einer neuen Betriebssystemversion oder eines neuen Betriebssystems wird im Rahmen von **Hysimopro** folgende Vorgehensweise angewendet:

1. Identifikation des relevanten Steuerelements der Benutzungsoberfläche im Betriebssystem auf dem hoch-mobilen Gerät.
2. Erweiterung des XML-Schemas um das zusätzliche Steuerelement respektive Erweiterung der Auszeichnungssprache um die abstrakte Darstellung des zusätzlichen Steuerelements.
3. Entwurf einer generischen grafischen Darstellung des Steuerelements für das Werkzeug, welches im Rahmen von **Hysimopro** zum Prototyping benutzt wird.
4. Implementierung der Funktionen innerhalb der Generierung der hybriden Schemakomponenten.
5. Implementierung der Interpretations- und Darstellungsfunktion in der Anwendung auf dem hoch-mobilen Gerät.

Soll ein neues Gerät in die hybride Simulation integriert werden, so wird im Rahmen von **Hysimopro** folgendes Vorgehen angewendet:

1. Identifikation der Steuerelemente der Benutzungsoberfläche des Betriebssystems auf dem hoch-mobilen Gerät, die den generischen Steuerelementen entsprechen.
2. Implementierung der Anwendung auf dem hoch-mobilen Gerät
    a. Implementierung der Funktion zur Kommunikation mit dem stationären Software-Werkzeug zur computergestützten Simulation.
    b. Implementierung der Funktion zur Interpretation der hybriden Schemakomponenten und der im XML-Format dargestellten Benutzungsoberflächen.
    c. Implementierung der Funktion zur Abfrage der einzelnen Hardware-Komponenten.

Diese Vorgehensweise unterstützt unmittelbar die Integration neuer Geräte in die hybride Simulation.

In beiden Vorgehensweisen werden die XML-Schemata, die im Rahmen von **Hysimopro** verwendet werden, erweitert. Diese Schemata werden auch zur Validierung der hybriden Schemakomponenten und der Initialisierungsdateien genutzt (vgl. Abschnitt 5.2.2). Folglich bilden sie die Basis für eine valide Kommunikation innerhalb der Client-Server-Architektur. Eine valide Kommunikation ist aufgrund der angedachten Verwendung mehrerer hoch-mobiler Geräte von unterschiedlichen Aufgabenträgern im Rahmen von **Hysimopro** zwingend notwendig. Abbildung 71 stellt die Kommunikation im Rahmen von **Hysimopro** schematisch dar.

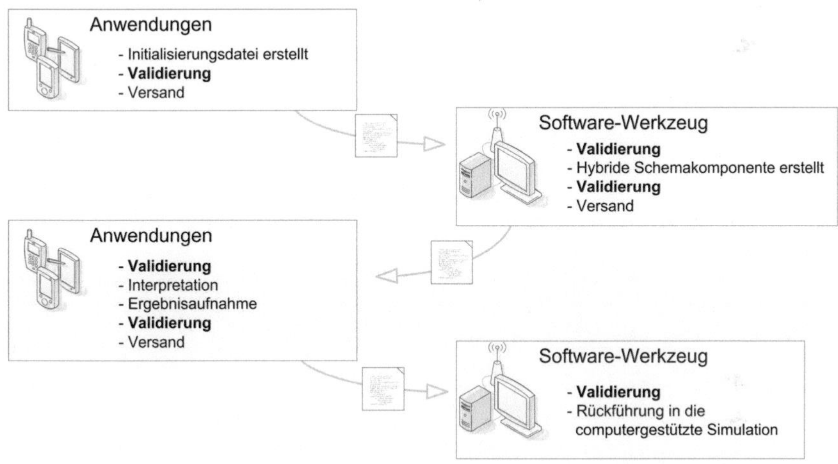

Abbildung 71: Schematische Darstellung der Validierung mittels XML-Schemata

Bevor eine Anwendung eine Initialisierungsdatei oder eine hybride Schemakomponente an das Software-Werkzeug kommuniziert, wird diese mit Hilfe des XML-Schemas validiert. Eine analoge Validierung erfolgt im Software-Werkzeug, in dem die computergestützte Simulation ausgeführt wird. Auf diese Art und Weise kann in der hybriden Simulation eine valide Kommunikation unterstützt werden.

Die Phase der Interaktionsinterpretation ist die letzte Phase der Methode **Hysimopro**. Durch die Anwendung von **Hysimopro** wird eine hybride Simulation mobiler Geschäftsprozesse ermöglicht. Dabei werden die Aufgabenausführungen der Aufgabenträger mit mobiler IT unterstützt. Diese Unterstützung wird durch die Durchführung der entsprechenden Interaktionen der Aufgabenträger mit den hoch-mobilen Geräten in der Realität "durchgespielt". Folglich ist die hybride Simulation, wie sie durch **Hysimopro** ermöglicht wird, eine Erweiterung der computergestützten Simulation, die explizit die simulative Analyse mobiler Geschäftsprozesse erweitert. Im Rahmen der vorliegenden Arbeit wurde als Software-Werkzeug der *Horus Business Modeler* der Horus Software GmbH zur computergestützten Simulation von Petri-Netz-basierten Geschäftsprozessen verwendet. Dieses Werkzeug wurde um prototypische Werkzeuge zur Realisierung der vorgestellten Methoden **Imopro** und **Hysimopro** im Rahmen der hybriden Simulation mobiler Geschäftsprozesse erweitert.

Die Erweiterungen des Software-Werkzeugs Horus Business Modeler werden im folgenden Kapitel im Rahmen der Vorstellung des Software-Werkzeuges *Nemti* zur hybriden Simulation mobiler Geschäftsprozesse vorgestellt.

6 Das Software-Werkzeug Nemti

In Kapitel 6 wird das Software-Werkzeug **Nemti**[118] vorgestellt, welches im Rahmen der vorliegenden Arbeit zur computergestützten Realisierung der Methoden Imopro (vgl. Kapitel 4) und Hysimopro (vgl. Kapitel 5) konzipiert und prototypisch implementiert wurde. Das Software-Werkzeug integriert sich in eine bestehende Architektur eines bereits existierenden Software-Werkzeugs (dem *Horus Business Modeler*) zur Modellierung und Simulation von Geschäftsprozessen. **Nemti** ermöglicht die Identifikation mobiler Teilprozesse mittels Imopro und deren simulative Analyse mittels Hysimopro. Ziel der Entwicklung war die vermehrte Wiederverwendung bereits existierender Methoden des bestehenden Software-Werkzeugs Horus Business Modeler sowie die vollständige Integration in den Horus Business Modeler. **Nemti** ergänzt die Funktionalitäten des Horus Business Modeler sinnvoll und erscheint dabei nicht als isolierte Erweiterung des bestehenden Software-Werkzeugs. Dementsprechend wurden spezifische Benutzerführungen oder Visualisierungsmechanismen etc. des existierenden Software-Werkzeugs Horus Business Modeler in **Nemti** verwendet.

Darüber hinaus wurden im Rahmen der Entwicklung von **Nemti** aufgrund der Realisierung der hybriden Simulation mobiler Geschäftsprozesse Anwendungen für die hoch-mobilen Geräte konzipiert und implementiert. Diese Anwendungen besitzen die Funktionalitäten der mobilen Komponenten von Hysimopro (vgl. Kapitel 5).

Die Implementierung wurde im Rahmen der vorliegenden Arbeit und des Forschungsprojekts "Plastische Simulation von Geschäftsprozessen" realisiert.

In Abschnitt 6.1 wird zunächst auf die Anforderungen an das Software-Werkzeug **Nemti** eingegangen, bevor in den Abschnitten 6.2 und 6.3 die einzelnen Komponenten von **Nemti** vorgestellt werden. **Nemti** besitzt eine modulare Systemstruktur und ist in die Komponente zur Realisierung der Methode Imopro (*Imopro-Komponente*), beschrieben in Abschnitt 6.2, und in die Komponente zur Realisierung der Methode Hysimopro (*Hysimopro-Komponente*), die in Abschnitt 6.3 vorgestellt wird, unterteilt.

---

[118] Nemti war einen altägyptischer Gott, genannt "Der Schreitende". Er war der Gott der Mobilen und Wanderer [Bon05].

6.1 Anforderungen an Nemti

Dieser Abschnitt beschreibt die Anforderungen an das Software-Werkzeug **Nemti**. Zentrales Ziel von **Nemti** ist die computergestützte Realisierung der Methoden Imopro und Hysimopro. Dabei soll **Nemti** in das existierende Software-Werkzeug Horus Business Modeler integriert werden. Horus Business Modeler ist ein Software-Werkzeug der Horus Software GmbH zur Modellierung und Simulation von Geschäftsprozessen. Horus Business Modeler unterstützt die Modellierungssprache der Petri-Netze sowie deren simulative Analyse[119]. Abbildung 72 zeigt das Software-Werkzeug Horus Business Modeler. Folgende Teilbereiche der Ansicht sind in der Abbildung markiert:

1. <u>Workspace Explorer:</u> In dieser Ansicht sind die Elemente und Kategorien des mit Horus Business Modeler verbundenen Workspace[120] dargestellt.
2. <u>Modellierungs- und Visualisierungseditor:</u> In dieser Ansicht werden die Geschäftsprozess-Schemata dargestellt. In der Ansicht können darüber hinaus Geschäftsprozess-Schemata modelliert werden.
3. <u>Werkzeug-Palette:</u> In dieser Ansicht sind die Modellierungs- und Bearbeitungswerkzeuge gelistet und können ausgewählt werden.
4. <u>Eigenschaftenauflistung:</u> In dieser Ansicht werden die Eigenschaften eines im Modellierungs- und Visualisierungseditor ausgewählten Elements eines Geschäftsprozess-Schemas dargestellt.

---

[119] In der simulativen Analyse wird das auf Schaltregeln basierende "Fließen" anonymer Prozessobjekte, die durch Marken dargestellt werden, im als Petri-Netz modellierten Geschäftsprozess-Schema animiert dargestellt. Das animierte "Fließen" wird auch als Markenspiel bezeichnet.

[120] Der Workspace beschreibt eine Ordnerstruktur, in der die unterschiedlichen Geschäftsprozess-Schemata, Rollendefinitionen, Geschäftsregeln etc. in Dateien gespeichert sind.

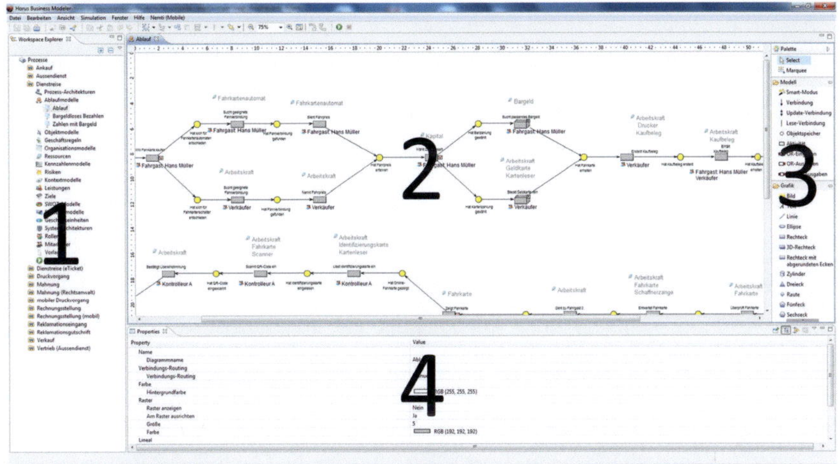

Abbildung 72: Ansicht des Software-Werkzeugs Horus Business Modeler

Horus Business Modeler wurde auf Basis der *Eclipse Rich Client Platform*[121] entwickelt. Folglich besteht die Möglichkeit, zusätzliche Komponenten (sogenannte *Plugins*) für Horus Business Modeler zu entwickeln [SBJ08]. Diese Plugins sind Software-Werkzeuge, die in das existierende Software-Werkzeug Horus Business Modeler integriert werden können und dieses um zusätzliche Funktionalität erweitern.

Für Software-Werkzeuge zur Simulation von Geschäftsprozessen werden in der Literatur unterschiedliche Anforderungen genannt (vgl. exemplarisch [FrG08, Gad10, GeG99, LSZ06, Obe96]). Diese Anforderungen wurden bereits bei der Implementierung von Horus Business Modeler berücksichtigt [SVO11]. Dementsprechend wird im Folgenden auf die spezifischen Anforderungen an **Nemti** zur Implementierung der computergestützten Realisierung von Imopro und Hysimopro eingegangen. Die Anforderungen wurden im Rahmen einer *Anforderungsanalyse*[122] ermittelt.

---

[121] Die *eclipse Rich Client Platform* (RCP) dient als Entwicklungsumgebung für Anwendungsentwickler, die auf Basis der Entwicklungsumgebung *eclipse* und deren Programmierbibliotheken unabhängige Anwendungen entwickeln möchten [SBJ08].

[122] In einer Anforderungsanalyse, die Teil des Anforderungsmanagements ist (engl.: *requirements engineering*), werden die Anforderungen an ein zu entwickelndes System ermittelt [AbM05]. In der Software-Entwicklung werden in der Anforderungsanalyse Anforderungen an das zu entwickelnde Software-Werkzeug erarbeitet und beschrieben. Vereinzelt kann bereits ein Entwurf eines Lösungsansatzes (ein Systemdesign) erarbeitet werden.

Die Anforderungen an **Nemti** können gemäß der allgemeinen Unterteilung von Anforderungen an Software-Werkzeuge (vgl. exemplarisch [RoR11, Sch02b]) in funktionale und nicht-funktionale Anforderungen unterteilt werden. Die funktionalen Anforderungen beschreiben spezifische Funktionalitäten, die zur Realisierung von Imopro und Hysimopro notwendig sind. Nicht-funktionale Anforderungen beschreiben die Qualität der Erbringung der Funktionalitäten. Beispielsweise entscheidet der Grad der Integration von **Nemti** in das Software-Werkzeug Horus Business Modeler über die Qualität der Benutzbarkeit. Wäre eine erhebliche Einarbeitungszeit zur Erlernung des Umgangs mit **Nemti** notwendig, da bspw. vorhandene Bedienmechanismen des Software-Werkzeugs Horus Business Modeler in **Nemti** nicht verwendet werden, so wäre die Qualität der Benutzbarkeit minderwertig.

Im folgenden Abschnitt werden die funktionalen Anforderungen an das Software-Werkzeug **Nemti** im Zusammenhang mit der Implementierung der Methode Imopro und Hysimopro beschrieben. Es wird zunächst auf die Imopro-Komponente eingegangen.

6.1.1 Funktionale Anforderungen der Imopro-Komponente

Folgende funktionale Anforderungen an **Nemti** im Hinblick auf die Implementierung der Methode Imopro wurden im Rahmen der Anforderungsanalyse ermittelt:

1.! Vollständige Integration in Horus Business Modeler

Daraus ergeben sich folgende Teilanforderungen:

a) **Nemti** wird als ein Plugin für Horus Business Modeler implementiert.
b) **Nemti** verwendet das Datenmodell von Horus Business Modeler als Basis für spezifische Datenmodelle, die in **Nemti** genutzt werden.
c) **Nemti** verwendet den Modellierungs- und Visualisierungseditor[123] in Horus Business Modeler für spezifische Visualisierungen bspw. im Rahmen der Ergebnisdarstellung der Methode Imopro.
d) **Nemti** verwendet, wenn realisierbar, existierende Routinen des Software-Werkzeugs Horus Business Modeler zur Umsetzung spezifischer

[123] Der Modellierungs- und Visualisierungseditor ist das Bearbeitungsprogramm innerhalb *Horus Business Modeler* mit dem die Geschäftsprozess-Schemata modelliert und dargestellt werden. Der Editor besitzt hierfür unterschiedliche Werkzeuge und Darstellungsmethoden.

Funktionalität in **Nemti**. So werden bspw. zur Auflösung von Vergröberungen im Geschäftsprozess-Schema existierende Routinen verwendet.

2.! *Analyse der Inschriften der Transitionen sowie der Ressourcen und Aufgabenträger in deren Rollen innerhalb des Geschäftsprozess-Schemas*
Anhand der vorgegebenen Identifikationsregeln werden die Inschriften der Transitionen, Ressourcen und Aufgabenträger in deren Rollen von **Nemti** analysiert und in einem internen Datenmodell abgespeichert.

3.! *Unterstützung der Entscheidungsfindung bei der Klassifikation von Präpositionen*
Die Entscheidungsfindung der semantischen Klassenzugehörigkeit der Präpositionen wird von **Nemti** durch Visualisierungsmethoden unterstützt.

4.! *Visualisierungs- und Kombinationsmöglichkeiten der Ergebnisse einer Analyse auf Basis der in Abschnitt 4.2.1 genannten Kriterien*
Ergebnisse einer Analyse auf Basis der in Abschnitt 4.2.1 genannten Kriterien werden von **Nemti** visualisiert, d.h. mittels unterschiedlicher Methoden werden die Ergebnisse der Analyse im dargestellten Geschäftsprozess-Schema visuell hervorgehoben.

5.! *Erweiterung der Suchkriterien*
Nemti ermöglicht die Definition spezifischer Wörterbücher und Identifikationsregeln über individuelle Eingabemasken.

Im folgenden Abschnitt werden die funktionalen Anforderungen beschrieben, die im Zusammenhang mit einer Implementierung der stationären Komponente der Methode Hysimopro erarbeitet wurden.

6.1.2 Funktionale Anforderungen der stationären Komponente von Hysimopro

Im Zuge der Implementierung der Methode Hysimopro müssen mehrere Komponenten unterschieden werden. Da in die hybride Simulation hoch-mobile Geräte eingebunden werden, wird in **Nemti** die stationäre Komponente von den mobilen Komponenten unterschieden (vgl. Abschnitt 5.2.3). Für die stationäre Komponente (die *Server-Komponente*) gelten folgende Anforderungen, die in der Anforderungsanalyse ermittelt wurden:

1.! Vollständige Integration in Horus Business Modeler

Daraus ergeben sich die Teilanforderungen:

a) **Nemti** wird als ein Plugin für Horus Business Modeler implementiert.

b) **Nemti** verwendet das Datenmodell des Software-Werkzeugs Horus Business Modeler.

c) **Nemti** nutzt den Modellierungs- und Visualisierungseditor sowie die Routinen zur Simulationsausführung des Software-Werkzeugs Horus Business Modeler.

2.! Möglichkeit der Selektion von Transitionen und transitionsberandeten Teilnetzen

Nemti unterstützt die Selektion von Transitionen und transitionsberandeten Teilnetzen in einem Geschäftsprozess-Schema. Das Geschäftsprozess-Schema wird dabei im Modellierungs- und Visualisierungseditor des Software-Werkzeugs Horus Business Modeler dargestellt. Des Weiteren wird die Speicherung der Transitionen und transitionsberandeten Teilnetze in einem hierfür erstellten Datenmodell unterstützt.

3.! Verbindung zu einem Netzwerk und Identifikation hoch-mobiler Geräte innerhalb des Netzwerks

Nemti unterstützt den Verbindungsaufbau und die automatische Identifikation sowie Kommunikation mit hoch-mobilen Geräten, die zur hybriden Simulation verwendet werden können. Voraussetzung hierfür ist die Installation der entsprechenden mobilen Komponenten auf den Geräten.

4.! Empfang und Darstellung der Initialisierungsdateien

5.! Bereitstellung eines Katalogs bereits gestalteter Benutzungsoberflächen

Realisierung einer visualisierten Auswahlmöglichkeit für die Wahl bereits gestalteter Benutzungsoberflächen.

6.! Dateneingabe für die automatisierte Generierung der hybriden Schemakomponenten

Nemti ermöglicht mittels Eingabemasken die Dateneingabe für die Daten einer hybriden Schemakomponente (bspw. die Eingabe des spezifischen Zeitintervalls zur Fortführung der Simulation bei ausbleibender Interaktion der Anwender mit den Geräten).

7.! *Editor zur Gestaltung prototypischer Benutzungsoberflächen auf hoch-mobilen Geräten*
Dieser Editor ist in das Software-Werkzeug Horus Business Modeler integriert. Dies bedeutet, dass sich Bedienmechanismen der Gestaltung der Benutzungsoberflächen von Bedienmechanismen des Software-Werkzeugs Horus Business Modeler unwesentlich unterscheiden.

8.! *Integration in die computergestützte, benutzergesteuerte Simulation eines Geschäftsprozess-Schemas in Horus Business Modeler*
Nemti integriert die hybride Simulation in die benutzergesteuerte Simulation des Software-Werkzeugs Horus Business Modeler.

9.! *Empfang und Darstellung der Ergebnisse der hybriden Simulation*
Die Ergebnisse sowie die Reports der hoch-mobilen Geräte werden verständlich für die Anwender visualisiert.

Im folgenden Abschnitt werden die erarbeiteten funktionalen Anforderungen an die mobilen Komponenten im Zusammenhang mit der Implementierung von Hysimopro vorgestellt.

6.1.3 Funktionale Anforderungen der mobilen Komponenten von Hysimopro

Für die mobilen Komponenten in der Realisierung von Hysimopro (die *Client-Komponenten*) gelten folgende funktionale Anforderungen:

1.! *Abfrageroutinen für die gesamte Sensorik des hoch-mobilen Geräts*
Eine einzelne Client-Komponente besitzt Routinen zur Abfrage der gesamten Sensorik im Gerät und der Speicherung der Sensordaten in einer Initialisierungsdatei. Es kann auch nur ein einzelner Sensor zur Realisierung einer impliziten Interaktion abgefragt werden.

2.! *Interpretation und Darstellung von Benutzungsoberflächen, die in der deklarativen Auszeichnungssprache (vgl. Kapitel 5) formatiert vorliegen*
Die Client-Komponenten ermöglichen die Abbildung der in der Auszeichnungssprache dargestellten Steuerelemente auf Steuerelemente des entsprechenden Betriebssystems auf dem jeweiligen hoch-mobilen Gerät. Darüber hinaus existieren Routinen, die die Eingabe über die Steuerelemente ermöglichen und ebenfalls speichern.

3.! *Abbruch einer Interaktion nach einem spezifischen Zeitintervall*

4.! *Übertragung von Initialisierungsdateien sowie Versand und Empfang von hybriden Schemakomponenten.*
Die Client-Komponenten ermöglichen die Kommunikation über ein Netzwerk inklusive der Übertragung von Initialisierungsdateien sowie hybriden Schemakomponenten und deren Validierung.

Die nicht-funktionalen Anforderungen an **Nemti** beschreiben die Qualität der Erbringung der beschriebenen Funktionalitäten [Rup01]. Dies kann sich bspw. auf die Art und Weise der Erbringung der Funktionalitäten beziehen (wie benutzbar das Software-Werkzeug ist oder in welcher Geschwindigkeit die Funktionalitäten erbracht werden etc.). Nach dem ISO Standard 9126 [Int11] werden u.a. folgende nicht-funktionale Anforderungen identifiziert:

- Zuverlässigkeit
- Benutzbarkeit
- Design
- Effizienz
- Änderbarkeit
- Übertragbarkeit
- Sicherheit

Im Rahmen der prototypischen Implementierung von **Nemti** wurde die Entwicklung der Grundfunktionalitäten zur Realisierung der Methoden Imopro und Hysimopro fokussiert. Zusätzlich wurden u. a. folgende nicht-funktionale Anforderungen in der Implementierung von **Nemti** berücksichtigt (vgl. Tabelle 16).

Nicht-funktionale Anforderung	Berücksichtigung in der Implementierung
Benutzbarkeit	Es wurden Bedienmechanismen aus Horus Business Modeler adaptiert, d.h. die Benutzung der Werkzeuge in **Nemti** ist vergleichbar mit der Benutzung der Werkzeuge in Horus Business Modeler. Des Weiteren wurden Visualisierungsmethoden aus Horus Business Modeler in **Nemti** wiederverwendet.
Design	Durch die Verwendung der Bibliotheken von Horus Business Modeler zur Darstellung der Ansichten in **Nemti**, besitzen diese das gleiche Design wie Ansichten in Horus Business Modeler.
Übertragbarkeit	Die Client-Komponenten können durch die vorgegebenen Grundfunktionalitäten einfach auf neue Plattformen angepasst und portiert werden.
Sicherheit	Durch die Kommunikation in einem abgeschlossenen Netzwerk kann die Sicherheit in **Nemti** gewährleistet werden.

Tabelle 16: Nicht-funktionale Anforderungen und deren Berücksichtigung

Im Entwicklungsprozess des Software-Werkzeugs **Nemti** wurde aufgrund der bereits existierenden Definitionen der Methoden Imopro und Hysimopro nach dem Wasserfallmodell vorgegangen. Das Wasserfallmodell beschreibt das lineare Vorgehen im Entwicklungsprozess [PfR11]. **Nemti** wurde mit der Entwicklungsumgebung *Eclipse for RCP and RAP Developers*[124] in der Version *Indigo Service Release 2* implementiert. Als Programmiersprache kam die Sprache Java in Version *Standard Edition 6 Runtime Environment*[125] zum Einsatz. Zur Programmierung der Benutzungsoberflächen von **Nemti** wurden lediglich Bibliotheken verwendet, die auch in Horus Business Modeler eingesetzt werden. So wurden bspw. alle Benutzungsoberflächen mit den Bibliotheken des *Standard Widget Toolkit*[126] (*SWT*) implementiert.

Die Realisierung der einzelnen Komponenten und die Umsetzung der Anforderungen an **Nemti** werden im Folgenden detailliert vorgestellt. Es wird zunächst auf die Imopro-Komponente eingegangen.

6.2 Aufbau und Funktionalität der Imopro-Komponente

Um eine strikte Trennung der Daten von deren Präsentation und den Operationen auf den Daten zu gewährleisten, wurde die Architektur der Imopro-Komponente zur Realisierung der Methode Imopro nach dem Model-View-Controller Architekturmuster aufgebaut [GaR03, Mös93, Som07]. Das Model-View-Controller-Architekturmuster wurde bereits im Horus Business Modeler verwendet. Folglich konnte die Imopro-Komponente vereinfacht in die vorhandene Architektur integriert werden.

Um die Analyseschritte der Methode Imopro durchführen zu können (vgl. Abschnitt 4.2.3), bedarf es einer Extraktion der relevanten Daten (Inschriften der Transitionen, Aufgabenträger in deren Rollen und verwendete Ressourcen) aus dem zu analysierenden Geschäftsprozess-Schema. Hierfür wird das Datenmodell von Horus Business Modeler genutzt. Horus Business Modeler verwendet als Datenmodell eine Instanz der Klasse `PetriNetDiagram`, die ein vollständiges Geschäftsprozess-Schema und dessen Informationen kapselt. Diese Instanz wird in einem Initialisierungsschritt erzeugt und parallel zur Anzeige des Geschäftsprozess-Schemas im Modellierungs- und Visualisierungseditor von Horus Business Modeler ausgeführt. Die Instanz wird mit Daten aus der entsprechenden Datei im PNML-Format, die das Geschäftsprozess-Schema repräsentiert, initialisiert.

---

[124] http://www.eclipse.org/downloads/packages/eclipse-rcp-and-rap-developers/indigor

[125] http://www.java.com/

[126] http://www.eclipse.org/swt/

Um **Nemti** auf ein Geschäftsprozess-Schema anzuwenden, muss das Geschäftsprozess-Schema im Modellierungs- und Visualisierungseditor von Horus Business Modeler angezeigt werden. Auf Basis der Daten des Geschäftsprozess-Schemas wird das Datenmodell der Imopro-Komponente aufgebaut. Das Datenmodell der Imopro-Komponente kapselt in einem Vektor die einzelnen Aufgabenträger in deren Rollen. Die Transitionen, an denen die Aufgabenträger beteiligt sind, sind mit den Vektoreinträgen verknüpft. Des Weiteren sind mit jeder Transition die verbundenen maschinellen Ressourcen sowie die jeweilige Inschrift der Transition assoziiert. Das Datenmodell ist als UML-Klassendiagramm in Abbildung 73 dargestellt. Die Inschriften der einzelnen Transitionen werden zur schnelleren Analyse der Lokationswechsel auf Basis des Suchkriteriums 1 (vgl. Abschnitt 4.2.1) in das Attribut *Prädikat/Substantiv* der Klasse *Inschrift* und in eine Instanz der Klasse *Objekt* mit den Attributen *Präposition* und *Substantiv* aufgeteilt.

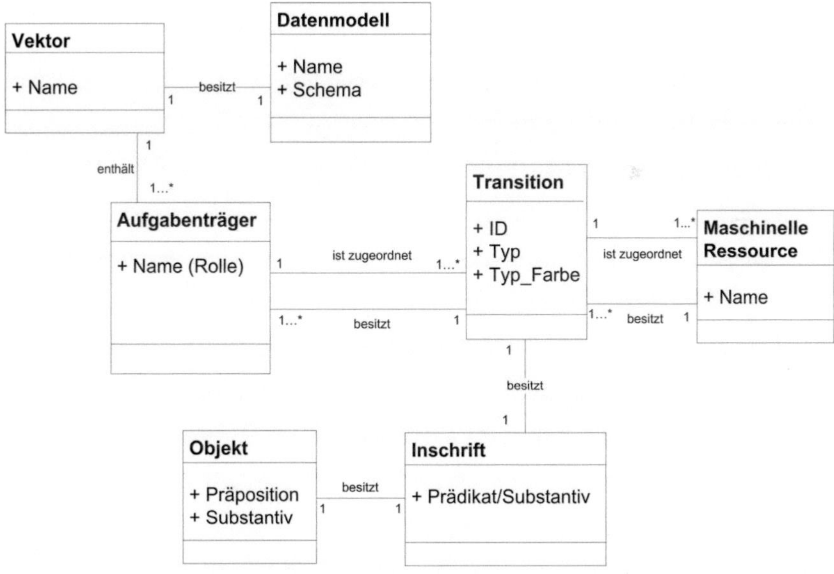

Abbildung 73: Datenmodell der Imopro-Komponente als UML-Klassendiagramm

Die Analyseschritte der Imopro-Komponente werden manuell gestartet. Hierfür wurde ein Menü in das Menü des Horus Business Modeler integriert. Der entsprechende Menüeintrag besitzt den Namen *"Nemti (Mobile)"* (vgl. Abbildung 74).

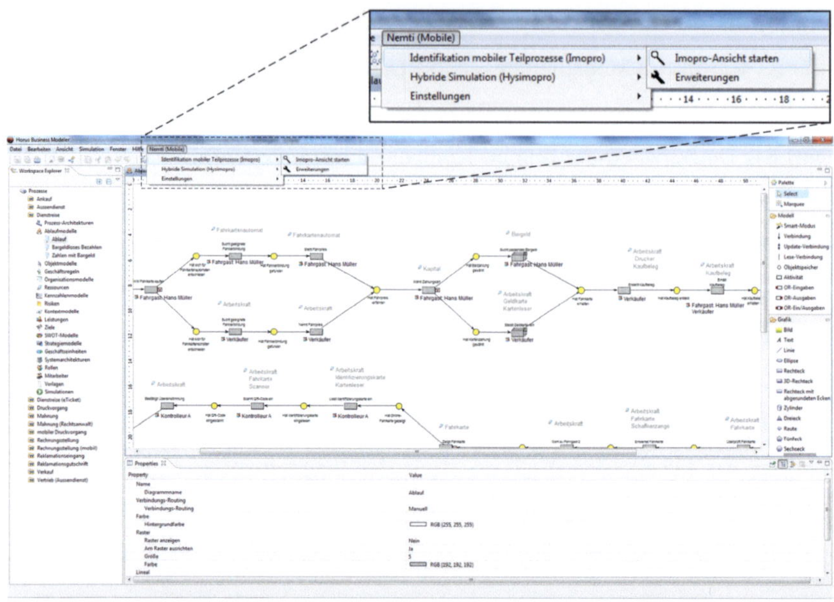

Abbildung 74: Menüeintrag von Nemti in Horus Business Modeler

Nach dem Start der Imopro-Ansicht wird überprüft, ob im Editor von Horus Business Modeler ein Geschäftsprozess-Schema geladen ist. Ist dies der Fall, so wird die Ansicht im unteren Bereich des Modellierungs- und Visualisierungseditors dargestellt. Ist dies nicht der Fall, so wird eine Fehlermeldung ausgegeben. Der Anwender von Nemti kann den Aufbau des Datenmodells manuell über die "*Analyse-Taste*" innerhalb der Imopro-Ansicht (vgl. Abbildung 75) in der Imopro-Komponente starten. Auszüge des Datenmodells werden in einer tabellarischen Darstellung in der Imopro-Ansicht angezeigt (vgl. Abbildung 75). Die tabellarische Darstellung enthält die identifizierten Aufgabenträger in deren Rollen sowie Aktivierungsmöglichkeiten in Form von Auswahlboxen für die einzelnen Suchkriterien und die den Suchkriterien automatisch zugewiesenen Farben (vgl. Abbildung 75).

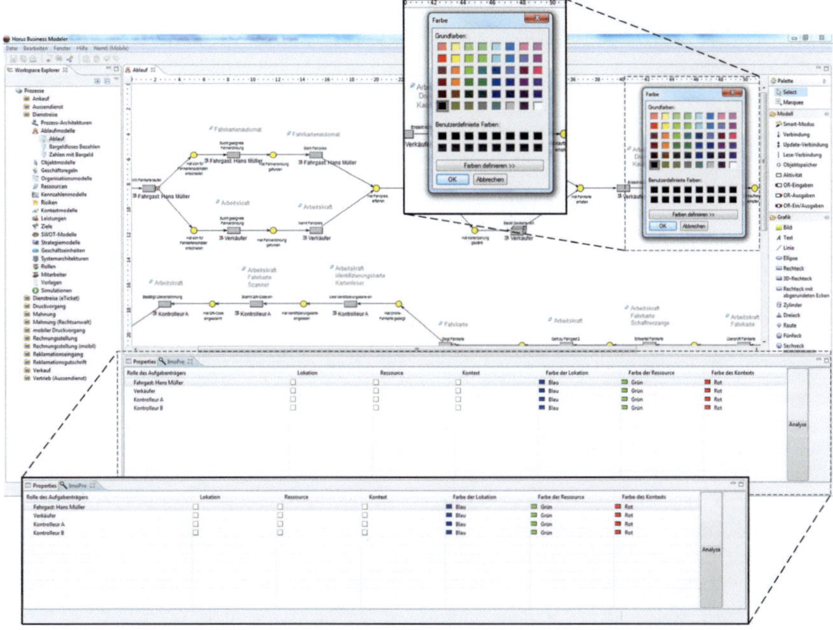

Abbildung 75: Die Imopro-Ansicht integriert in Horus Business Modeler

Mit der Farbgebung ist die unterscheidbare Visualisierung der Analyseergebnisse auf Basis der Suchkriterien im Geschäftsprozess-Schema möglich. Die jeweilige Farbe kann über einen Farbdialog manuell gewählt werden (vgl. Abbildung 75). Möchten die Anwender beispielsweise das Geschäftsprozess-Schema auf Basis des Suchkriteriums 3 (dies entspricht der Suche nach einem Kontextwechsel bzw. einem Wechsel der maschinellen Ressourcen) für einen Aufgabenträger in dessen Rolle durchsuchen, so kann initial die Farbe für den jeweiligen Aufgabenträger im Farbdialog ausgewählt werden (vgl. Abbildung 75). Anschließend ist eine Visualisierung der Ergebnisse durch Aktivierung der entsprechenden Auswahlbox in der entsprechenden Tabellenzeile möglich. Ist die aktivierte Analyse beendet und es wurde ein Wechsel der maschinellen Ressourcen des Aufgabenträgers in dessen Rolle identifiziert, so wird der entsprechende Teilprozess von einem farblich gefüllten Rechteck markiert (vgl. Abbildung 76). Das farbige Rechteck wird halbtransparent gezeichnet, damit die Darstellung des Geschäftsprozess-Schemas weiterhin lesbar ist. Analog arbeitet die Routine der Analyse auf Basis des Suchkriteriums 2.

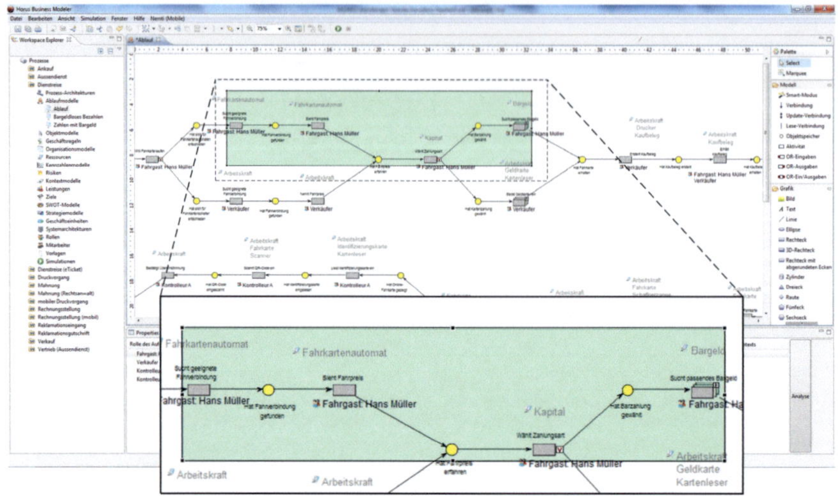

Abbildung 76: Markierter Wechsel des Kontextes im Geschäftsprozess-Schema

Die Aktivierung der Analyse auf Basis des Suchkriteriums 1 initiiert eine Untersuchung der Inschriften der Transitionen hinsichtlich lokaler Präpositionen. Werden Präpositionen identifiziert, die mehreren semantischen Klassen zugeordnet werden können, so wird die entsprechende Inschrift mit einem Rechteck in der dem Ampelsystem entsprechenden Farbe (vgl. Abschnitt 4.2.3) hervorgehoben und die Anwender müssen die Zuordnung der Präpositionen manuell spezifizieren. Ein einfacher Abfragedialog dient als Benutzungsoberfläche zur Spezifikation der Klassenzugehörigkeit der Präposition (vgl. Abbildung 77).

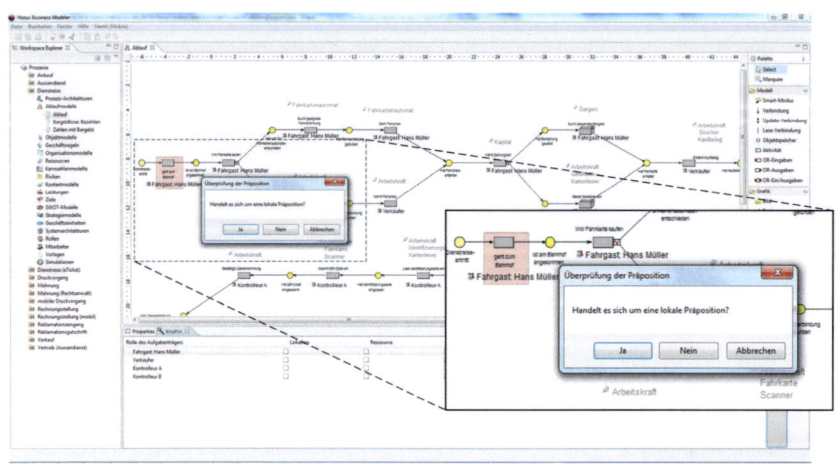

Abbildung 77: Abfrage zur manuellen Identifikation einer lokalen Präposition

Sind alle relevanten Präpositionen eindeutig zugeordnet, so werden die Identifikationsregeln computergestützt auf die jeweiligen Inschriften der Transitionen angewandt. Wird ein Lokationswechsel für den gewählten Aufgabenträger in seiner Rolle festgestellt, so wird der entsprechende Teilprozess farblich hervorgehoben (vgl. Abbildung 78).

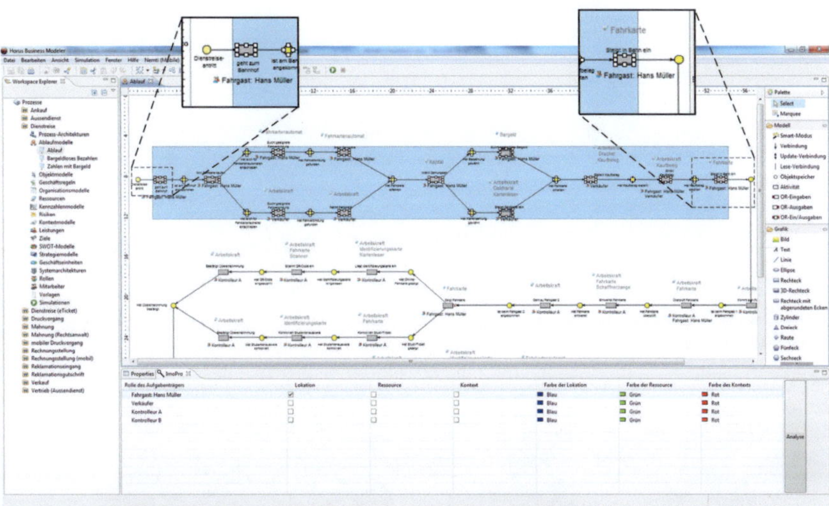

Abbildung 78: Markierter Teilprozess eines Aufgabenträgers in seiner Rolle

Wie in Abschnitt 4.2.4 beschrieben, können nach der Analyse auf Basis eines Suchkriteriums mehrere Teilprozesse identifiziert worden sein. Die Visualisierung der unterschiedlichen Teilprozesse im Modellierungs- und Visualisierungseditor von Horus Business Modeler wird wie folgt realisiert: Ist die Analyse beendet und es wurden mehrere Teilprozesse identifiziert, so wird zunächst der Teilprozess visualisiert, der alle weiteren Teilprozesse beinhaltet. Beispielhaft dargestellt ist dies in Abbildung 79. Der markierte Teilprozess im Geschäftsprozess-Schema beschriftet mit "Vor Verschieben" enthält eine weitere Lokation mit lokaler Präposition in der Transition t_3. Folglich wäre auch das transitionsberandete Teilnetz von Transition t_1 bis zu Transition t_3 ein identifizierter Teilprozess. Dieser Teilprozess ist bereits durch die Markierung des Teilprozesses von Transition t_1 bis zu Transition t_4 hervorgehoben. Möchten die Anwender überprüfen, ob innerhalb des markierten Teilprozesses ein weiterer Teilprozess identifiziert wurde, so kann ein Verkleinern des Markierungsrechtecks angedeutet werden. Die Größe des Markierungsrechtecks kann nicht beliebig verändert werden, da das Rechteck automatisch auf die Größe der Markierung des nächsten Teilprozesses verkleinert wird (vgl. Abbildung 79 das Geschäftsprozess-Schema "Nach Verschieben"). Analog kann das Markierungsrechteck wieder "vergrößert" werden, um den ursprünglichen Teilprozess anzuzeigen. So kann die Markierung von Teilprozess zu Teilprozess "verschoben" werden. Wurde kein weiterer Teilprozess innerhalb eines bereits markierten Teilprozesses identifiziert, so lässt sich das Markierungsrechteck nicht weiter verkleinern.

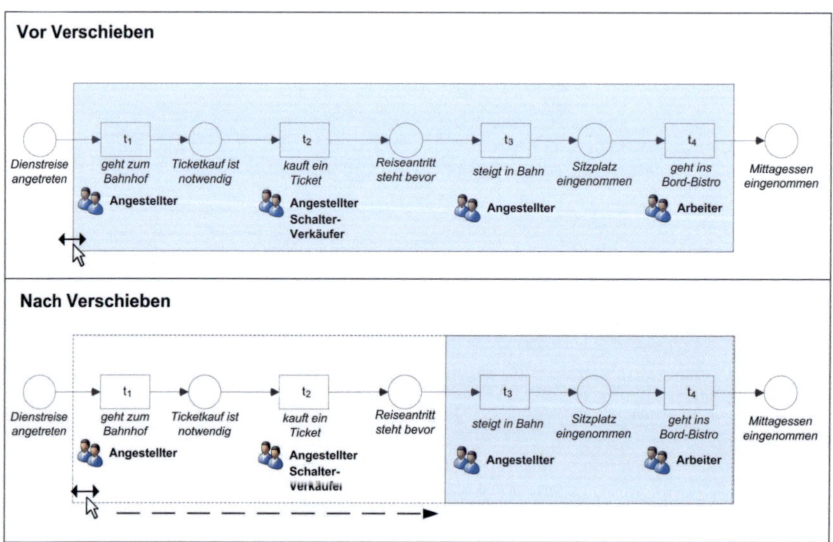

Abbildung 79: Schematische Darstellung der Visualisierung mehrerer potenziell mobiler Teilprozesse

Neben der Markierung einzelner, anhand eines Suchkriteriums identifizierter Teilprozesse besitzt die Imopro-Komponente die Möglichkeit, mehrere Teilprozesse, die anhand mehrerer Suchkriterien identifiziert wurden, anzuzeigen. Werden mehrere Suchkriterien in der tabellarischen Ansicht aktiviert, so werden die einzelnen Teilprozesse respektive deren Schnittmengen (falls vorhanden) visualisiert. Entscheidend ist eine passende Farbwahl durch die Anwender, da sich die Markierungen überlappen können. Durch die halbtransparente Darstellung der Markierungen ist es möglich, bei entsprechender Farbwahl die Schnittmenge aller identifizierten Teilprozesse farblich hervorzuheben.

Neben der Analyse anhand der vordefinierten Suchkriterien ermöglicht die Imopro-Komponente die Definition spezifischer Suchkriterien in Form von Wörterbüchern und Identifikationsregeln. Hierfür existiert ein Erweiterungsdialog, der die Definition eines individuellen Wörterbuchs und einer individuellen

Identifikationsregel unterstützt (vgl. Abbildung 80). Über den Erweiterungsdialog kann die Bezeichnung des Suchkriteriums, das Wörterbuch sowie die Identifikationsregel eingeben werden.

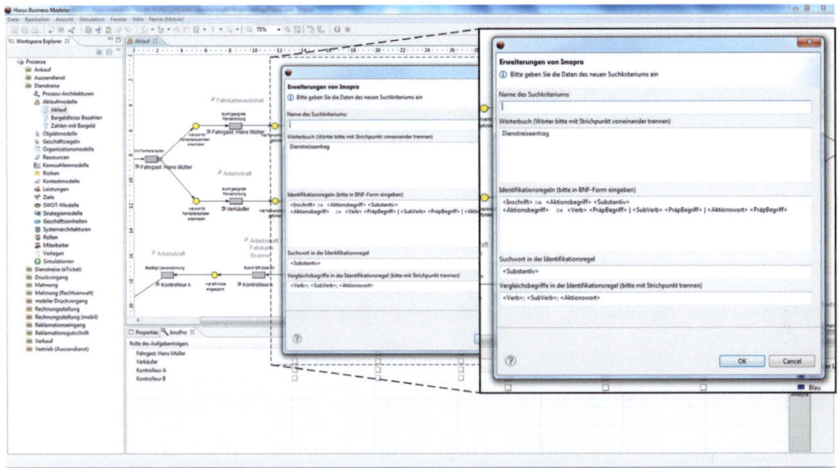

Abbildung 80: Erweiterungsdialog zur Definition eines spezifischen Suchkriteriums

Da die Inschriften der Transitionen nach den Vorkommen der Wörterbucheinträge analysiert werden und anschließend Teile der Inschrift mittels der Identifikationsregel extrahiert werden (vgl. Kapitel 4), besitzt der Erweiterungsdialog zusätzliche Einstellungsmöglichkeiten. In der Definition des spezifischen Suchkriteriums müssen Angaben gemacht werden, welcher Eintrag der Identifikationsregel mit den Einträgen aus dem Wörterbuch verknüpft werden soll. Des Weiteren muss angegeben werden, hinsichtlich welcher Einträge die Inschriften aufgelöst werden sollen. Beide Angaben können im Erweiterungsdialog vorgenommen werden. Nach der erfolgreichen Definition wird das spezifische Suchkriterium mit einer Farbauswahl in der tabellarischen Imopro-Ansicht gelistet.

Wurden mit der Imopro-Komponente Teilprozesse identifiziert, so kann mit der Anpassung der Geschäftsprozesse im Hinblick auf die effiziente und effektive Nutzung der mobilen IT im Geschäftsprozess fortgefahren werden. In diesem Zusammenhang kann die Hysimopro-Komponente innerhalb von **Nemti** verwendet werden. Die Hysimopro-Komponente unterstützt die realitätsnahe simulative Analyse der Geschäftsprozesse. Der folgende Abschnitt beschreibt den Aufbau und die Funktionalität der Hysimopro-Komponente.

6.3 Aufbau und Funktionalität der Hysimopro-Komponente

Die Hysimopro-Komponente ermöglicht die Realisierung der Methode Hysimopro innerhalb von **Nemti**. Hierfür ist die Komponente selbst wieder aus mehreren Komponenten aufgebaut. Es existieren die stationäre Server-Komponente, die in Horus Business Modeler integriert ist, sowie mehrere Client-Komponenten, die auf den hoch-mobilen Geräten ausgeführt werden. Die Komponenten werden im Folgenden vorgestellt.

6.3.1 Aufbau und Funktionalität der stationären Komponente

Die stationäre Server-Komponente integriert sich vollständig in Horus Business Modeler. Sie ist analog der Imopro-Komponente nach dem Model-View-Controller Architekturmuster aufgebaut. Ein zentrales Datenmodell kapselt die zur hybriden Simulation notwendigen Daten und baut auf dem Datenmodell von Horus Business Modeler auf (vgl. Abschnitt 6.2).

Die Server-Komponente wird ebenfalls manuell über das Menü *"Nemti (Mobile)"* innerhalb von Horus Business Modeler gestartet (vgl. Abbildung 74). Nach dem Start wird analog zur Imopro-Komponente eine zusätzliche tabellarische Ansicht (Hysimopro-Ansicht) dargestellt. Die Server-Komponente besitzt einen "Definitionsmodus" (vgl. Abbildung 81), in dem der Anwender einzelne Transitionen bzw. transitionsberandete Teilnetze im Geschäftsprozess-Schema als hybride Schemakomponenten markieren kann. Nach der Identifikation der hybriden Schemakomponenten kann diesen eine eindeutige Bezeichnung und eine Beschreibung gegeben werden. Die hybriden Schemakomponenten werden in der Hysimopro-Ansicht und im Geschäftsprozess-Schema visualisiert (vgl. Abbildung 81).

Durch die Vergabe eines eindeutigen Namens für jede hybride Schemakomponente wird ermöglicht, dass in einem Schema mit einer hohen Anzahl an Stellen und Transitionen einzelne hybride Schemakomponenten anhand ihres Namens identifiziert werden können. Hierzu existiert eine Suchmaske, die in die Hysimopro-Ansicht integriert ist (vgl. Abbildung 81).

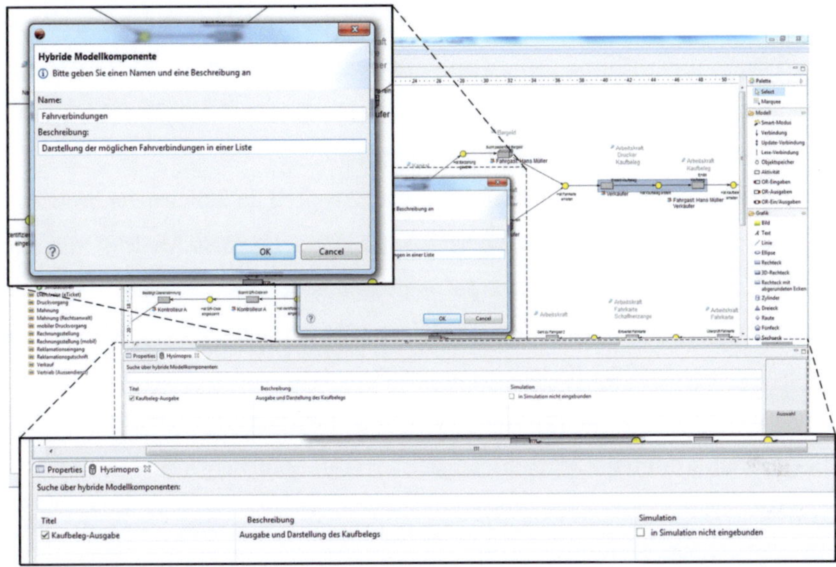

Abbildung 81: Markierung einer hybriden Schemakomponente im Geschäftsprozess-Schema

Eine Einbindung einer hybriden Schemakomponente in die Simulation eines Geschäftsprozess-Schemas wird durch Aktivieren einer Auswahlbox initiiert. Wird die Option zur Simulation in der Ansicht aktiviert, so startet ein Assistent, der die Definition der hybriden Schemakomponente und ihrer Bestandteile wie Interaktionen, Zeitintervall etc. (vgl. Abschnitt 5.2.2) unterstützt.

Mit dem Start des Assistenten wird eine Routine der Server-Komponente als Instanz der Klasse `ConnectionManager` gestartet. Diese Routine durchsucht das gesamte Netzwerk nach bereits in **Nemti** registrierten Client-Komponenten. Die Instanz übernimmt die gesamte Kommunikation zwischen der Server-Komponente und den Client-Komponenten von **Nemti** und speichert auch bereits registrierte Verbindungsmodalitäten spezifischer Client-Komponenten. Die Kommunikation des `ConnectionManager` mit den Routinen der Client-Komponenten verläuft verbindungsorientiert[127], damit Informationsverluste während der Kommunikation vermieden werden [Tan11]. Der Assistent gliedert sich in mehrere Ansichten, die dem Anwender die Möglichkeit bieten, die Bestandteile einer hybriden Schemakomponente wie das entsprechende hoch-mobile Gerät, die

[127] Unter einer verbindungsorientierte Kommunikation ist zu verstehen, dass die Verbindung zu Beginn der Kommunikation explizit aufgebaut und nach Beendigung der Kommunikation explizit beendet wird [Tan11].

Beschreibungen der impliziten oder explizite Interaktion inklusive der Gestaltung der Benutzungsoberfläche etc. zu spezifizieren. Die Ansichten des Assistenten sind detailliert in Anhang I erläutert. Nach Beendigung des Assistenten wird die entsprechende hybride Schemakomponente erstellt.

Die hybriden Schemakomponenten werden automatisch im Rahmen der benutzergesteuerten Simulation (des Markenspiels) in Horus Business Modeler von der Server-Komponente an die Client-Komponenten verteilt. Ist eine Transition innerhalb der benutzergesteuerten Simulation aktiviert und wird das Schalten der Transition innerhalb der Simulation angestoßen, dann wird von der Server-Komponente überprüft, ob es sich um eine hybride Schemakomponente handelt. Ist dies der Fall, so wird das Markenspiel pausiert (vgl. Abbildung 82).

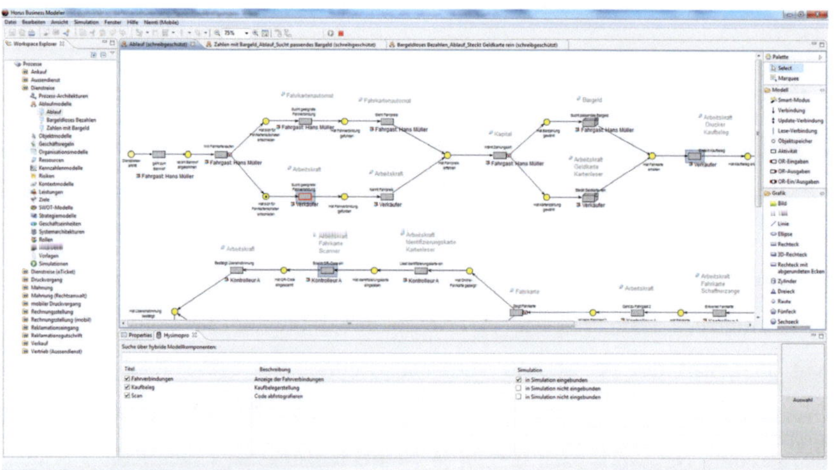

Abbildung 82: Markenspiel mit integrierter hybrider Simulation

Während der Pause wird die hybride Schemakomponente an die entsprechende Client-Komponente versandt. Die Client-Komponente interpretiert die hybride Schemakomponente (vgl. Abschnitt 6.3.2). Die Interpretation wird entweder durch die Anwender der Client-Komponente abgeschlossen oder nach dem a priori definierten Zeitintervall abgebrochen.

Nach Abschluss der Simulation besteht die Möglichkeit, die Daten, die während der hybriden Simulation erfasst wurden (bspw. die Daten der Reports), zu analysieren. Hierzu wird durch Markieren der entsprechenden hybriden Schemakomponente in der Hysimopro-Ansicht eine weitere Ansicht geöffnet, die die erhaltenen Daten anzeigt.

Die Interpretation einer hybriden Schemakomponente wird auf den hoch-mobilen Geräten durch die mobilen Client-Komponenten ausgeführt, deren Aufbau und Funktionalität im Folgenden näher erläutert wird.

6.3.2 Aufbau und Funktionalität der mobilen Komponenten

Die Client-Komponenten der Hysimopro-Komponente sind die mobilen Komponenten, die auf den hoch-mobilen Geräten ausgeführt werden. Eine Client-Komponente erlaubt nach dem Start auf dem hoch-mobilen Gerät in einer Eingabemaske die Konfiguration der Verbindungsmodalitäten. Die Konfiguration wird einmalig vorgenommen und muss nur geändert werden, wenn die Server-Komponente eine neue Internet-Protokoll-Adresse (IP-Adresse) im Netzwerk oder einen neuen Netzwerkanschluss erhält. Folglich erscheint die Ansicht lediglich, wenn keine Verbindung zur Server-Komponente aufgebaut werden kann.

Aufgrund der nativen Ausführung der Client-Komponenten auf den jeweiligen Plattformen werden diese in den plattformspezifischen Programmiersprachen der jeweiligen Plattform entwickelt. Anhand der definierten Programmierschnittstellen (engl.: *Application Programming Interfaces, API* [Gam11]) der einzelnen Plattformen ist es möglich, die Daten der Hardware der hoch-mobilen Geräte sowie die Daten der Sensorik auszulesen. Der Aufbau einer einzelnen Client-Komponente ist von der jeweiligen Plattform abhängig, auf der sie betrieben wird. Im Rahmen der vorliegenden Arbeit wurde im Forschungsprojekt "Plastische Simulation von Geschäftsprozessen" sowohl eine Client-Komponente für die Plattform Windows Phone (in Version 7.5) als auch für die Plattform iOS (in Version 5.0) prototypisch implementiert. In Abbildung 83 sind vier Ansichten der Client-Komponente der Windows Phone Plattform dargestellt. Eine Client-Komponente verfügt über folgende Ansichten:

- *Eine Ansicht zur Eingabe der Verbindungsmodalitäten*

  In dieser Ansicht können die Verbindungsmodalitäten zur Konfiguration der Verbindung eingegeben werden (vgl. Abbildung 83 linke Darstellung).
- *Eine Ansicht mit der Darstellung des Schriftzugs „Abfrage läuft“*

  Erhält die Client-Komponente eine hybride Schemakomponente, so wird im Falle einer impliziten Interaktion der Schriftzug: "*Abfrage läuft...*" und ein Fortschrittsbalken angezeigt (vgl. Abbildung 83 zweite Darstellung von links).

- *Eine Ansicht zur Darstellung der Benutzungsoberflächen*

  Erhält die Client-Komponente eine hybride Schemakomponente, in der eine explizite Interaktion spezifiziert wurde, so wird die entsprechende Benutzungsoberfläche auf Basis von Steuerelementen der entsprechenden Plattform erstellt und dargestellt. Abbildung 83 zeigt in den beiden rechten Darstellungen Benutzungsoberflächen einer mehrfachen Texteingabe und einer exklusiven Auswahl eines Eintrags auf der Windows Phone 7 Plattform.

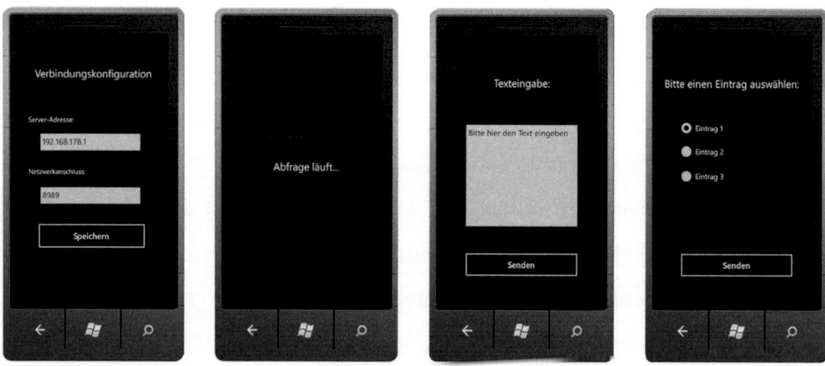

Abbildung 83: Ansichten einer Client-Komponente auf der Windows Phone Plattform

Ist die Interaktion auf dem hoch-mobilen Gerät abgeschlossen bzw. wurde die Interaktion evtl. nach Ablauf des Zeitintervalls abgebrochen, werden die Ergebnisdaten von der Client-Komponente in die hybride Schemakomponente integriert und an die Server-Komponente zur Auswertung zurückgeschickt. So kann die Unterstützung der Aufgabenausführung eines Aufgabenträgers in seiner Rolle mittels eines hoch-mobilen Geräts effizient analysiert werden. Dementsprechend verbessert die hybride Simulation die simulative Analyse der Geschäftsprozesse.

Die Verbesserungen in der Identifikation und Analyse mobiler Geschäftsprozesse durch die Anwendung der Methoden Imopro und Hysimopro konnten in unterschiedlichen Forschungsprojekten evaluiert werden. Die Ergebnisse des Einsatzes der Methoden werden im folgenden Kapitel sieben näher erläutert.

7 Evaluation

In Kapitel 7 wird die Anwendung der Methoden Imopro (vgl. Kapitel 4) und Hysimopro (vgl. Kapitel 5) in unterschiedlichen Anwendungsszenarien beschrieben. Im Rahmen dieser Anwendungsszenarien wurden die Methoden Imopro und Hysimopro evaluiert. Die Daten zur Evaluation der Methoden wurden in einem Praxisprojekt mit einem Dienstleistungsunternehmen, im Forschungsprojekt "Plastische Simulation von Geschäftsprozessen"[128] sowie im Rahmen eines strategischen Kooperationsprojekts mit einem kommunalen Dienstleistungsunternehmen erhoben. Sämtliche Projekte wurden am FZI Forschungszentrum Informatik[129] durchgeführt.

In der Literatur wird unter Evaluation die systematische Untersuchung des Nutzens oder Wertes eines Gegenstandes verstanden (vgl. [Deu12, Hei00, WoT03]). Gegenstand der Evaluation kann ein Software-Werkzeug, ein Produkt, eine Dienstleistung, eine Methode etc. sein. Darüber hinaus werden verschiedene Evaluationsmethoden unterschieden (vgl. [GöI93, Kro01, Sto07]), die alle ein zentrales Ziel besitzen: die Beurteilung bzw. Bewertung des zu evaluierenden Gegenstand im Hinblick auf die Problemlösung und den Nutzen, der durch den Ansatz geschaffen werden kann (vgl. [HMP04, MaS95]). Es wird zwischen summativer und formativer Evaluation unterschieden [Heg03]. In der formativen Evaluation wird der zu evaluierende Gegenstand iterativ während der Entwicklung regelmäßig bewertet [Heg03]. In der summativen Evaluation wird der Gegenstand nach dessen Fertigstellung bewertet [Heg03]. Im Rahmen der vorliegenden Arbeit wurden die Methoden Imopro und Hysimopro summativ evaluiert. Die gewonnenen Erkenntnisse über die Problemlösung durch die Methoden und ihren Nutzen werden in den Abschnitten 7.1 und 7.2 detailliert dargestellt. Dabei wird auf die Datenerhebung in den einzelnen genannten Projekten und die Anwendung der Methoden Imopro und Hysimopro sowie deren Evaluation eingegangen.

---

[128] Vgl. http://www.fzi.de/index.php/de/forschung/forschungsbereiche/se/projekte/7858-simulation-von-geschaeftsprozessen

[129] Vgl. http://www.fzi.de

7.1 Projektbezogene Anwendung der Methode Imopro

Die Methode Imopro wurde anhand erhobener Daten aus einem Praxisprojekt mit einem Dienstleistungsunternehmen sowie dem Forschungsprojekt "Plastische Simulation von Geschäftsprozessen" am FZI Forschungszentrum Informatik bewertet.

Ziel des Praxisprojektes war die Entwicklung von Lösungen zur effizienten und effektiven Unterstützung von Wartungsmitarbeitern mittels mobiler IT. Die Wartungsmitarbeiter sind in unterschiedlichen Anwendungsdomänen tätig und sollten in ihrer Aufgabenausführung innerhalb der Wartungsprozesse beim Kunden durch hoch-mobile Geräte unterstützt werden. In diesem Zusammenhang wurden die bereits existierenden Geschäftsprozesse im Unternehmen modelliert und auf potenzielle Mobilität der Aufgabenträger in deren Rollen hin analysiert.

Im Forschungsprojekt "Plastische Simulation von Geschäftsprozessen" wurden neue Methoden zur Simulation von Geschäftsprozessen in unterschiedlichen Anwendungsdomänen erforscht. In diesem Zusammenhang wurden bspw. die Abläufe einer Fertigungsstraße in der Anwendungsdomäne Prozessautomation mit Modellen der Fischertechnik®[130] nachgebaut (vgl. Abbildung 84). Die Abläufe können im digitalen Schema sowie im realen Modell simuliert werden.

Abbildung 84: Modell einer Fertigungsstraße aus Fischertechnik-Bauteilen

[130] Fischertechnik umfasst unterschiedliche Elemente eines Konstruktionsbaukastens. Die Menge der Elemente enthält aus Kunststoff gefertigte Grundbausteine sowie spezifische Bauelemente wie Achsen, Getriebe, Motoren, Sensoren, Zahnräder etc. Die Elemente können (weitgehend) beliebig kombiniert werden. Es ist möglich, die Motoren sowie die Sensoren mittels Software zu steuern und so automatisierte Arbeitsabläufe der Modelle festzulegen (vgl. http://www.fischertechnik.de/).

Im Rahmen des Forschungsprojektes wurden darüber hinaus eine Vielzahl an Geschäftsprozessen in unterschiedlichen Anwendungsdomänen erfasst und als Petri-Netze modelliert. Die Geschäftsprozess-Schemata wurden in einem Repository[131] des Horus Business Modeler abgelegt und zur Evaluation der Methode Imopro herangezogen.

Die Methode Imopro konnte auf Basis der Daten des Forschungsprojektes unter Laborbedingungen evaluiert werden. Die praxisnahe Evaluation der Methode wurde im Rahmen des beschriebenen Praxisprojektes in Form einer *Feldstudie* (vgl. [Gom09, Yin09]) durchgeführt. Ziel der Evaluation war die Bewertung der teilautomatisierten Identifikation mobiler Teilprozesse in Geschäftsprozessen der Methode Imopro im Vergleich zu anderen Ansätzen wie bspw. einer manuellen Analyse der Geschäftsprozesse. Hierzu wurden in den Projekten die Ansätze der manuellen Analyse und der Analyse mittels Imopro von den beteiligten Projektpartnern durchgeführt. Mittels Protokollbögen bzw. Interviews wurde im Anschluss an die jeweilige Analyse die Bewertung der Ansätze ermittelt.

7.1.1 Anwendungsfall 1: Forschungsprojekt "Plastische Simulation von Geschäftsprozessen"

Im Rahmen des Forschungsprojektes "Plastische Simulation von Geschäftsprozessen" wurden fünfundzwanzig Geschäftsprozess-Schemata hinsichtlich potenziell enthaltener mobiler Teilprozesse untersucht. Die Schemata waren innerhalb des Forschungsprojektes erfasst worden und stellten Geschäftsprozesse unterschiedlicher Anwendungsdomänen dar. Es wurden u.a. Geschäftsprozess-Schemata aus folgenden Anwendungsdomänen verwendet:

- Kreditwesen
- Gesundheitswesen
- Logistik
- Versicherungswesen
- Kleingewerbe mit handwerklicher Tätigkeit
- Wartung und Instandhaltung

---

[131] Ein Repository ist ein verwaltetes Verzeichnis bzw. eine Datenbank auf einem Datenträger. In diesem Verzeichnis werden digitale Daten gespeichert und sind einfach abrufbar [HaL93].

Die Schemata wurden sowohl manuell als auch mittels der Methode Imopro auf potenzielle Mobilität der Aufgabenträger in deren Rollen hin analysiert. Um die Resultate der beiden Analysen vergleichen zu können, wurde ein einheitliches Vorgehen gewählt. Das in diesem Zusammenhang entwickelte Vorgehensmodell ist in Abbildung 85 dargestellt: Nach der Auswahl eines spezifischen Geschäftsprozess-Schemas wurden Metadaten (vgl. Tabelle 17) des jeweiligen Schemas erfasst (vgl. Abbildung 85 Schritt 2). Im nächsten Schritt wurde mit der Analyse des Geschäftsprozess-Schemas und der Protokollierung der Analyse fortgefahren. Das ausgewählte Schema wurde von mehreren Modellierenden manuell hinsichtlich der potenziellen Mobilität von Aufgabenträgern in deren Rollen analysiert. Diese manuelle Analyse wurde als Kontrollanalyse durchgeführt, um die nachfolgende Analyse mit Hilfe der Methode Imopro verifizieren zu können. Es wurde davon ausgegangen, dass im Rahmen der manuellen Analyse sämtliche mobilen Teilprozesse inklusive der mobilen Aufgabenträger in deren Rollen durch das Wissen der beteiligten Modellierenden identifiziert werden können. Die erhobenen Analysedaten wurden in einem weiteren Schritt ausgewertet. Im letzten Schritt wurden die gewonnenen Resultate der Auswertung bewertet. Die Schritte werden im Folgenden näher erläutert.

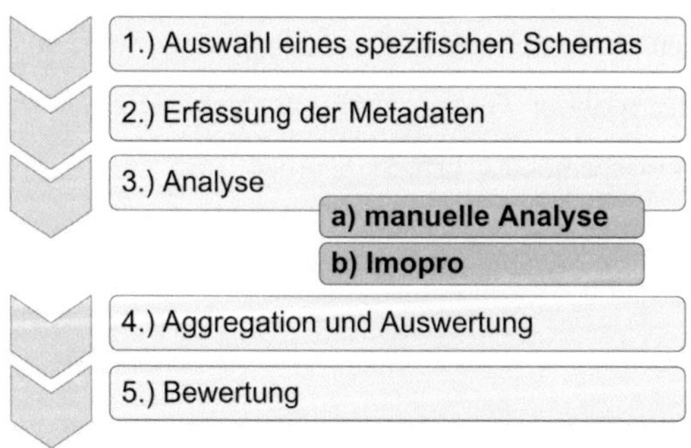

Abbildung 85: Vorgehensweise zur Datenerhebung in den Fallstudien

Schritt 1:

Um die Übertragbarkeit der Methode Imopro zu zeigen und sich in der Bewertung nicht auf eine einzelne Anwendungsdomäne zu beschränken, wurden im Rahmen des Forschungsprojektes Geschäftsprozess-Schemata aus unterschiedlichen Anwendungsdomänen zur Analyse ausgewählt.

Schritt 2:

Nach Auswahl eines spezifischen Geschäftsprozess-Schemas wurden die Metadaten des Geschäftsprozess-Schemas protokolliert. Mit Hilfe dieser Metadaten konnte die manuelle Analyse mit der Analyse durch Imopro in weiteren Details (wie bspw. der Geschwindigkeit der Analyse im Vergleich zur Anzahl der analysierten Transitionen im Geschäftsprozess-Schema) verglichen werden. Tabelle 17 enthält eine Übersicht über die spezifischen Kategorien der Daten, die erfasst wurden.

Datenkategorie	**Nähere Beschreibung**
Anwendungsdomäne	Kurzbeschreibung der Anwendungsdomäne
Geschäftsprozess	Textuelle Beschreibung des modellierten Geschäftsprozesses
Stellen	Anzahl der Stellen
Transitionen	Anzahl der Transitionen (und deren Inschriften)
Aufgabenträger	Anzahl der verschiedenen Aufgabenträger in deren Rollen im Geschäftsprozess-Schema
Ressourcen	Anzahl der verschiedenen verwendeten maschinellen Ressourcen im Geschäftsprozess-Schema

Tabelle 17: Erhobene Daten eines Geschäftsprozess-Schemas

Es wurden sowohl Daten, die Modellierungssprachen-spezifische Eigenschaften des Geschäftsprozess-Schemas beschreiben (Anzahl der Stellen, Anzahl der Transitionen etc.), als auch Metadaten des Geschäftsprozess-Schemas erfasst (bspw. eine kurze Beschreibung des Geschäftsprozesses in Fließtext).

Schritt 3:

Nach der Erhebung der Metadaten wurde mit der Analyse des Geschäftsprozess-Schemas und der Protokollierung der Analysedaten fortgefahren. Im Rahmen der Analyse wurde das ausgewählte Geschäftsprozess-Schema jeweils durch einen Modellierenden manuell analysiert und zusätzlich von einem weiteren Modellierenden einer Analyse mit der Methode Imopro unterzogen. Tabelle 18 gibt eine Übersicht über die zu protokollierenden Datenkategorien im Rahmen der Analyse.

Datenkategorie	Beschreibung
Notwendige Dauer	Zeit, die zur Analyse benötigt wurde
Identifizierte Teilprozesse	Beschreibung der identifizierten Teilprozesse (anhand der Inschriften der Transitionen) pro Aufgabenträger in dessen Rolle im Geschäftsprozess-Schema
Mobile Aufgabenträger	Aufgabenträger in deren Rollen, die im Teilprozess mobil sind

Tabelle 18: Zu protokollierende Daten einer Analyse eines Geschäftsprozess-Schemas

Schritt 4:

Nach Abschluss der Analyse[132] der unterschiedlichen Geschäftsprozess-Schemata wurde mit der Auswertung der protokollierten Daten begonnen.

Schritt 5:

Auf Basis der Resultate der Analyse mit der Methode Imopro und deren Vergleich mit den Resultaten der manuellen Analyse[133] konnte die Methode Imopro bewertet werden.

Anhang J enthält eine Übersicht über die Anwendungsdomänen der Geschäftsprozess-Schemata sowie die textuellen Beschreibungen der modellierten Geschäftsprozesse. In Anhang K sind exemplarisch drei ausgewählte Geschäftsprozess-Schemata aus der Menge der zu untersuchenden Schemata dargestellt. Folgende Durchschnittswerte wurden erfasst: Die Schemata enthielten jeweils fünfundzwanzig Stellen und sechsundzwanzig Transitionen. An einem Geschäftsprozess-Schema waren drei Aufgabenträger in ihren jeweiligen Rollen beteiligt und es wurden sechs unterschiedliche maschinelle Ressourcen verwendet. Insgesamt wurden annähernd 650 Inschriften mit der Methode Imopro analysiert. In

---

[132] Der Abschluss der Analyse wurde von den Modellierenden bestimmt. Wenn diese nach eigener Aussage das gesamte Geschäftsprozess-Schema durchsucht hatten, wurde das Ende der Analyse terminiert.

[133] Es wurde davon ausgegangen, dass die Resultate der manuellen Analyse im Hinblick auf die Mobilität der einzelnen Aufgabenträger in ihren Rollen mit der Realität übereinstimmen. Um dies zu belegen, wurden stichprobenartig Domänenexperten einzelner Anwendungsdomänen hinsichtlich der Mobilität spezifischer Aufgabenträger in deren Rollen der entsprechenden Geschäftsprozessen befragt. In diesen Befragungen wurden die Annahmen, die in der manuellen Analyse gemacht worden waren, von den Domänenexperten bestätigt.

den einzelnen Analysen wurde davon ausgegangen, dass die zu untersuchenden Schemata mit Richtlinien-konformen Inschriften (vgl. Abschnitt 4.2.1) beschriftet worden waren und keine syntaktischen Modellierungsfehler aufwiesen.

Anhand eines Beispiels[134] wird das Vorgehen im Rahmen einer Analyse eines Geschäftsprozess-Schemas dargestellt. Im Schema ist der Geschäftsprozess einer Arztvisite in einem Krankenhaus modelliert (vgl. Abbildung 86). Das Schema wurde im Horus Business Modeler erstellt.

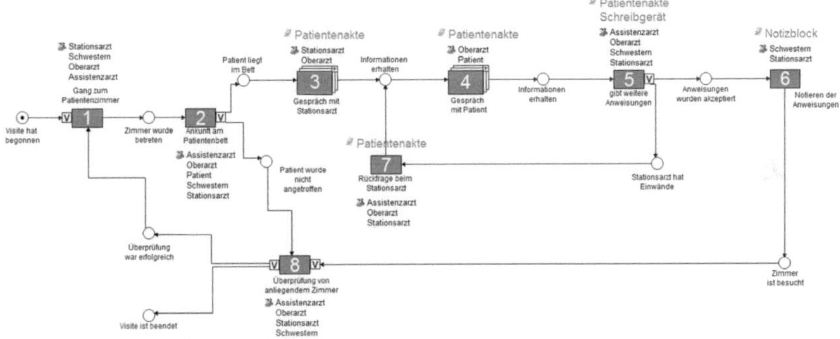

Abbildung 86: Geschäftsprozess-Schema einer Arztvisite

Für das obige Beispiel wurden in der manuellen Analyse von den Modellierenden folgende Daten notiert (vgl. Tabelle 19):

Datenkategorie	Beschreibung		
Notwendige Dauer	00:04:56		
Identifizierte mobile Teilprozesse	**Aufgabenträger in Rolle**	**Von Transition mit Inschrift**	**Bis Transition mit Inschrift**
	Oberarzt	"Gang zum Patientenzimmer"	"Überprüfungvon anliegendem Zimmer"
	Assistenzarzt	"Gang zum Patientenzimmer"	"Überprüfungvon anliegendem Zimmer "
	Schwestern	"Gang zum Patientenzimmer"	"Überprüfungvon anliegendem Zimmer "
	Stationsarzt	"Gang zum Patientenzimmer"	"Überprüfungvon anliegendem Zimmer "
Mobile Aufgabenträger in den Rollen	Oberarzt, Assistenzarzt, Schwestern, Stationsarzt		

Tabelle 19: Ergebnisse der manuellen Analyse des Geschäftsprozess-Schemas

[134] Im Beispiel sind Verfeinerungen aufgrund der Übersichtlichkeit nicht in das Geschäftsprozess-Schema eingebettet.

Die Daten (vgl. Tabelle 19) wurden von den Modellierenden nach der manuellen Analyse der Inschriften der Transitionen und der beteiligten Aufgabenträger in ihren Rollen erarbeitet. Die Modellierenden entnahmen den Inschriften die Information, dass sich die Aufgabenträger in ihren Rollen in der Ausführung des Geschäftsprozesses von einem Patientenbett zum nächsten bewegten. Folglich konnten die potenziell mobilen Teilprozesse, in denen Aufgabenträger in ihren Rollen potenziell mobil waren, manuell identifiziert werden. Insgesamt wurden vier potenziell mobile Aufgabenträger in ihren Rollen und dementsprechend vier potenziell mobile Teilprozesse identifiziert. Die benötigte Zeit zur manuellen Analyse des Geschäftsprozess-Schemas und der Identifikation der potenziell mobilen Aufgabenträger in ihren Rollen in den potenziell mobilen Teilprozessen betrug ca. 5 Minuten.

Bei der Analyse mit Hilfe der Methode Imopro wurde eine Verbesserung der Analysedauer erzielt. Diese Verbesserung war vornehmlich auf die automatisierte Analyse auf Basis der unterschiedlichen Suchkriterien zurückzuführen. Imopro konnte den Modellierenden Empfehlungen für potenziell mobile Teilprozesse geben. Die Modellierenden mussten daher lediglich die Empfehlungen auf deren "Korrektheit" hin untersuchen.

Zunächst mussten in der Analyse mittels Imopro die Präpositionen innerhalb des Geschäftsprozess-Schemas von den Modellierenden klassifiziert werden. Folgende Präpositionen wurden von Imopro in der Analyse des oberen Beispiels den Modellierenden zur Validierung übergeben: *zum, am, beim, von.* Nach der Klassifizierung der Präpositionen wurden durch die automatisierte Analyse mittels Imopro anhand der unterschiedlichen Suchkriterien (vgl. Abschnitt 4.2.2) verschiedene potenziell mobile Teilprozesse identifiziert. Die von Imopro identifizierten Teilprozesse unterschieden sich teilweise von den Teilprozessen, die mit Hilfe der manuellen Analyse identifiziert worden waren (vgl. Tabelle 20).

Rolle des Aufgabenträgers	*Suchkriterium*	*Von Transition mit Nummer*	*Bis Transition mit Nummer*
Stationsarzt	Lokationswechsel	1	8
Stationsarzt	Ressourcenwechsel	1	7
Stationsarzt	Kontextwechsel	3	6
Schwestern	Lokationswechsel	1	8
Schwestern	Ressourcenwechsel	1	6
Schwestern	Kontextwechsel	5	6
Oberarzt	Lokationswechsel	1	8
Oberarzt	Ressourcenwechsel	1	7
Oberarzt	Kontextwechsel	3	5
Assistenzarzt	Lokationswechsel	1	8
Assistenzarzt	Ressourcenwechsel	1	7
Assistenzarzt	Kontextwechsel	-	-

Tabelle 20: Identifizierte Teilprozesse der einzelnen Aufgabenträger in ihren Rollen

Die Empfehlungen für potenziell mobile Teilprozesse der Methode Imopro mussten von den Modellierenden validiert werden. Die Modellierenden besaßen die Möglichkeit, aus der Menge der identifizierten potenziell mobilen Teilprozesse auszuwählen oder einzelne Teilprozesse isoliert zu untersuchen. Es konnte auch die Schnittmenge oder Verknüpfung einzelner Teilprozesse gebildet werden. Im Rahmen der Anwendung der Methode Imopro wurden folgende Resultate erzielt (vgl. Tabelle 21):

Datenkategorie	**Beschreibung**		
Notwendige Dauer	00:04:09		
Identifizierte Teilprozesse	**Aufgabenträger in Rolle**	**Von Transition mit Inschrift**	**Bis Transition mit Inschrift**
	Oberarzt	"Gang zum Patientenzimmer"	"Überprüfungvon anliegendem Zimmer "
	Assistenzarzt	"Gang zum Patientenzimmer"	"Überprüfungvon anliegendem Zimmer "
	Schwestern	"Gang zum Patientenzimmer"	"Überprüfungvon anliegendem Zimmer "
	Stationsarzt	"Gang zum Patientenzimmer"	"Überprüfungvon anliegendem Zimmer "
Mobile Aufgabenträger in den Rollen	Oberarzt, Assistenzarzt, Schwestern, Stationsarzt		

Tabelle 21: Ergebnisse der Analyse mit Hilfe der Methode Imopro

Die protokollierte Dauer der Analyse mit Imopro errechnete sich aus der Klassifizierung der Präpositionen, der automatisierten Analyse des Geschäftsprozess-Schemas sowie der Validierung der Empfehlungen durch die Modellierenden. Mit der Methode Imopro war eine schnellere Analyse des Geschäftsprozess-Schemas möglich, da die Modellierenden mittels Imopro eine Vorauswahl an potenziell mobilen Teilprozessen innerhalb des Geschäftsprozess-Schemas erhielten.

Das Resultat der schnelleren Analyse wurde in den Analysen der einzelnen Geschäftsprozess-Schemata im Forschungsprojekt bestätigt. Abbildung 87 zeigt die Resultate der Analysen, die im Rahmen des Forschungsprojektes an besagten fünfundzwanzig Geschäftsprozess-Schemata durchgeführt wurden. Die Achsen des Diagramms sind mit den verschiedenen Anwendungsdomänen und der benötigten Zeit zur Analyse beschriftet. Die Methode Imopro ermöglichte bei jeder einzelnen Analyse schnellere Resultate im Vergleich zur manuellen Analyse.

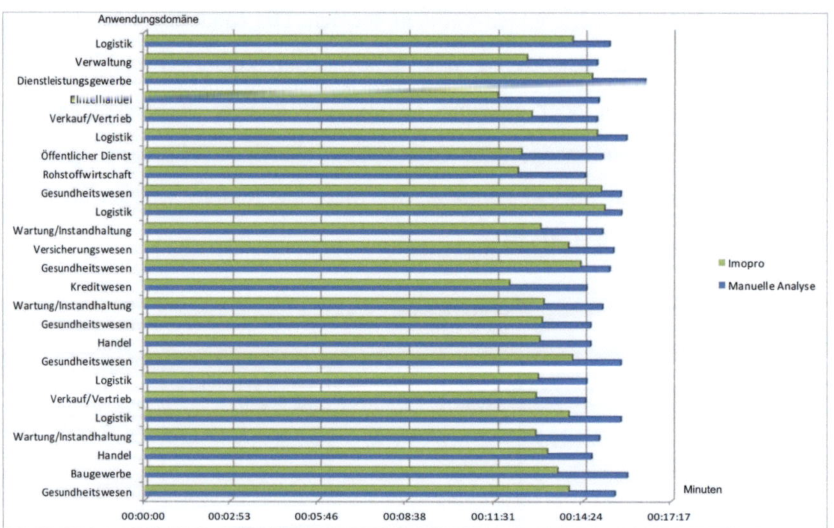

Abbildung 87: Dauer einer manuellen Analyse und einer Analyse mit Imopro mehrerer Geschäftsprozess-Schemata

Des Weiteren konnte nachgewiesen werden, dass auch die identifizierten Aufgabenträger in der manuellen Analyse mit den identifizierten Aufgabenträgern der Methode Imopro deckungsgleich waren: In dreiundzwanzig Geschäftsprozess-Schemata konnten mobile Aufgabenträger in ihren Rollen identifiziert werden (vgl. Tabelle 22).

	Mobile Aufgabenträger	
Anwendungsdomäne	**Manuell**	**Imopro**
Gesundheitswesen	3	3
Baugewerbe	2	2
Handel	1	1
Wartung/Instandhaltung	1	1
Logistik	2	2
Vertrieb	1	1
Logistik	4	4
Gesundheitswesen	2	2
Handel	2	2
Gesundheitswesen	2	2
Wartung/Instandhaltung	2	2
Kreditwesen	1	1
Gesundheitswesen	2	2
Versicherungswesen	1	0
Wartung/Instandhaltung	2	2
Logistik	1	1
Gesundheitswesen	4	4
Rohstoffwirtschaft	2	2
Öffentlicher Dienst	2	2
Logistik	1	1
Verkauf/Vertrieb	1	1
Einzelhandel	0	0
Dienstleistungsgewerbe	4	4
Verwaltung	1	1
Logistik	3	3

Tabelle 22: Identifizierte Aufgabenträger der manuellen Analyse und der Analyse mit Imopro

In Tabelle 22 sind die Geschäftsprozess-Schemata zweier Anwendungsdomänen hervorgehoben. Es handelt sich um Schemata der Anwendungsdomänen "Versicherungswesen" und "Einzelhandel". Im Geschäftsprozess-Schema der Anwendungsdomäne "Einzelhandel" wurden sowohl bei der manuellen Analyse als auch bei der Analyse mittels Imopro keine mobilen Aufgabenträger in ihren Rollen identifiziert. Bei der Analyse des Geschäftsprozess-Schemas der Anwendungsdomäne "Versicherungswesen" kam es zu unterschiedlichen Ergebnissen in der Analyse. In einer Kontrolluntersuchung des Geschäftsprozess-Schemas wurden Inschriften identifiziert, die nicht Richtlinien-konform waren. Folglich konnte Imopro die Inschriften nicht analysieren und es kam zu einem verfälschten Ergebnis. Da die Modellierenden in der manuellen Analyse die Informationen der Inschriften des Geschäftsprozess-Schemas trotz des nicht

Richtlinien-konformen Aufbaus der Inschriften erfassen konnten, wirkte sich der Aufbau der Inschriften lediglich auf die Analyse mit der Methode Imopro aus. Darüber hinaus konnten vereinzelt kleinere Unterschiede zwischen der manuellen Analyse und der Analyse mittels Imopro in den identifizierten Transitionen der potenziell mobilen Teilprozesse der jeweiligen Aufgabenträger in deren Rollen festgestellt werden. Gelegentlich variierten Beginn oder Ende der Teilprozesse, d.h. bei der manuellen Analyse "begannen" die identifizierten Teilprozesse bspw. eine Transition früher als bei der Identifikation mittels Imopro. Um diese Unterschiede zu untersuchen, wurden die entsprechenden Modellierenden[135], die die manuelle Analyse der Schemata durchgeführt hatten, interviewt. Es stellte sich heraus, dass Hintergrundwissen der Modellierenden in die Identifikation miteingebracht worden war. Vereinzelt war aus den Inschriften im Geschäftsprozess-Schema für die Modellierenden der manuellen Analyse erkennbar, dass der Aufgabenträger in seiner Rolle noch vor der Transition mit der entsprechenden Inschrift bereits mobil gewesen sein musste. Darüber hinaus wurden in der manuellen Analyse von den Modellierenden auch die Inschriften der Stellen in die Analyse miteinbezogen. Folglich variierte die Anzahl der den einzelnen Teilprozessen zugehörigen Transitionen. Des Weiteren konnte festgestellt werden, dass Imopro in der Analyse von Geschäftsprozess-Schemata spezifischer Anwendungsdomänen in der Qualität der Empfehlungen variierte. Die Empfehlungen von Imopro waren nach Aussage der Modellierenden in den Anwendungsdomänen "besser", in denen die Aufgabenträger in den Geschäftsprozess-Schemata während der Aufgabenausführung häufig die Lokation wechselten, weil sie bspw. an unterschiedlichen Orten Aufgaben ausführen musste. Da in diesen Schemata die potenziell mobilen Teilprozesse vermehrt mittels des Suchkriteriums 1 und der daraus resultierenden notwendigen Bedingung für Mobilität identifiziert werden konnten (vgl. Kapitel 4), wurden die Empfehlungen als "besser" durch die Modellierenden bewertet.

Darüber hinaus konnte in der Evaluation die flexible Anwendung der Methode Imopro gezeigt werden. In vielen Fällen waren bereits die Analyse der Inschriften hinsichtlich einer enthaltenen Lokation und deren Vergleich mit anderen Inschriften ausreichend, um einen potenziell mobilen Teilprozess zu identi-

---

[135] Insgesamt waren vier Modellierer an der manuellen Analyse der Geschäftsprozess-Schemata beteiligt.

fizieren. Vereinzelt war aber keine Lokationsangabe in den Inschriften enthalten. In diesen Fällen konnte das Geschäftsprozess-Schema durch die zusätzlichen Kriterien (vgl. Abschnitt 4.2.2) spezifisch durchsucht werden. Es wurde bspw. in einem Geschäftsprozess-Schema von einem Aufgabenträger in dessen Rolle ein Klemmbrett und ein Personal Computer verwendet. Angesichts des Hintergrundwissens, dass das Klemmbrett voraussichtlich mobil verwendet wurde, wurde der Teilprozess, nachdem er von der Methode Imopro identifiziert worden war, umgehend von den Modellierenden näher untersucht und als mobiler Teilprozess bestätigt.

Die variable Unterstützung in der Identifikation mobiler Teilprozesse wurde auch in im Anschluss durchgeführten Interviews mit den Modellierenden bestätigt: Die Methode Imopro ermöglichte eine erste Selektion der potenziell mobilen Teilprozesse im Geschäftsprozess-Schema. Diese Selektion konnte dann im Anschluss durch die Modellierenden validiert werden. Darüber hinaus bestand in der Anwendung der Methode Imopro die Möglichkeit, unterschiedliche Kriterien zu kombinieren oder bspw. nur nach Lokationen in den Inschriften zu suchen.

Zusammenfassend wurde durch die Methode Imopro eine Verbesserung der Analysedauer von Geschäftsprozess-Schemata hinsichtlich der Identifikation der Mobilität von Aufgabenträgern in ihren Rollen im Forschungsprojekt nachgewiesen. Die Verbesserungen verhielten sich vereinzelt proportional zur Anzahl der zu untersuchenden Transitionen: Mit steigender Anzahl der Transitionen war die Identifikation mit Hilfe der Methode Imopro schneller im Vergleich zur manuellen Analyse der Geschäftsprozess-Schemata. Trotz allem handelte es sich bei der Analyse mittels der Methode Imopro nur um eine teilautomatisierte Lösung zur Identifikation potenziell mobiler Teilprozesse. Neben der eventuell notwendigen manuellen Klassifikation der Präpositionen mussten die durch Imopro identifizierten Teilprozesse zusätzlich durch die Modellierenden validiert werden.

Die praxisnahe Evaluation der Methode Imopro wurde in einem Praxisprojekt durchgeführt und wird im folgenden Abschnitt 7.1.2 beschrieben.

7.1.2 Anwendungsfall 2: Praxisprojekt mit einem Dienstleistungsunternehmen

Ziel des Praxisprojektes mit einem Dienstleistungsunternehmen war die Unterstützung von Wartungsmitarbeitern mit Hilfe von mobiler IT. Im Rahmen des Projekts wurden die relevanten Geschäftsprozesse des Unternehmens top-down (vgl. Abschnitt 2.2) modelliert: Die Geschäftsprozesse wurden dabei ausgehend von einem abstrakten Niveau immer weiter konkretisiert (vgl. Abschnitt 2.2). In der anschließenden Analyse der Geschäftsprozess-Schemata wurden die Methode Imopro sowie die manuelle Analyse zur Identifikation der mobilen Teilprozesse der Wartungsmitarbeiter eingesetzt. Die Resultate der manuellen Analyse wurden vereinzelt durch Interviews mit den Wartungsmitarbeitern als Domänenexperten überprüft.

Im Vergleich zur manuellen Analyse der Geschäftsprozess-Schemata war mittels der teilautomatisierten Identifikation nicht nur eine Verbesserung in der Dauer der Analyse der Geschäftsprozess-Schemata festzustellen. Weitere wesentliche Vorteile durch die Anwendung der Methode Imopro bestanden in:

- der vereinfachten Analyse durch automatische Analyse von Verfeinerungen (vgl. Abschnitt 4.2.3)
- dem anwendungsspezifischen Einsatz der Methode Imopro durch die Erweiterungsmöglichkeiten mit individuellen Suchkriterien (vgl. Abschnitt 4.2.3)

Im Praxisprojekt wurden insgesamt 242 Inschriften der Transitionen in den Geschäftsprozess-Schemata analysiert. Es waren insgesamt fünf verschiedene Aufgabenträger in ihren Rollen beteiligt, die zur Aufgabenausführung vierundzwanzig verschiedene Ressourcen verwendeten.

Die bereits im Forschungsprojekt identifizierte Verbesserung der Dauer einer Analyse eines Geschäftsprozess-Schemas hinsichtlich der Identifikation mobiler Teilprozesse und mobiler Aufgabenträger in deren Rollen konnte auch im Rahmen des Praxisprojektes belegt werden. Die Analyse mittels Imopro war bei gleichen Ergebnissen im Vergleich zur manuellen Analyse signifikant schneller. Im Praxisprojekt wurde dieser Unterschied durch die Abstraktionsebenen der top-down Modellierung noch wesentlich verstärkt. Durch die top-down Modellierung der Geschäftsprozesse war im Rahmen der manuellen Analyse eine manuelle Untersuchung aller Verfeinerungen des jeweiligen Geschäftsprozess-Schemas notwendig. Die Verfeinerungen wurden im Horus Business Modeler als sogenannte Subdiagramme gespeichert. Abbildung 88 zeigt exemplarisch ein Geschäftsprozess-Schema und eine zugehörige Verfeinerung (modelliert im Horus Business Modeler).

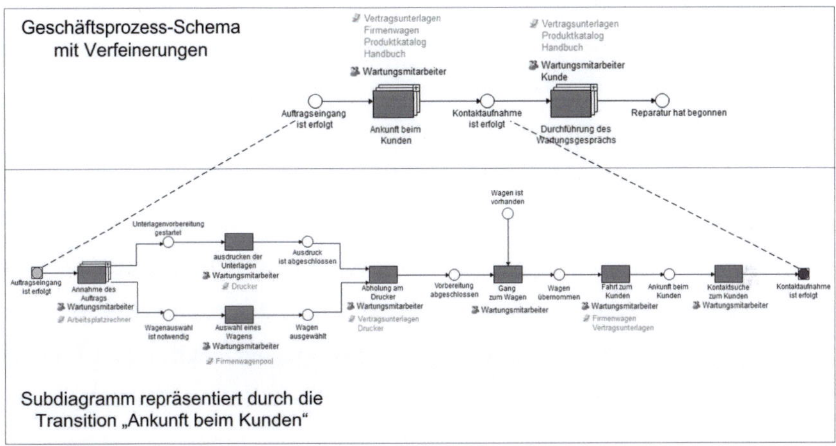

Abbildung 88: Darstellung eines Geschäftsprozess-Schemas mit zugehöriger Verfeinerung

In der manuellen Analyse eines Geschäftsprozess-Schemas und der zugehörigen Verfeinerungen wurden die Modellierenden lediglich durch die Möglichkeit der "inline"-Anzeige einer Verfeinerung im Horus Business Modeler unterstützt (vgl. Abbildung 89).

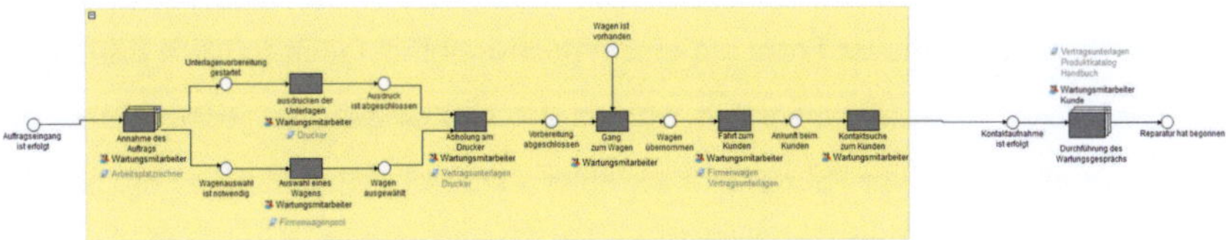

Abbildung 89: Geschäftsprozess-Schema mit Subdiagramm in "inline"-Anzeige

In dieser Darstellung war es möglich, die Verfeinerungen der ersten Abstraktionsebene – die korrespondierenden Transitionen ersetzend – in das übergeordnete Geschäftsprozess-Schema zu integrieren. Weitere Abstraktionsebenen waren nicht integrierbar[136]. Folglich war die Analyse der Verfeinerungen sehr zeitintensiv, da

[136] Der Horus Business Modeler beschränkt die "inline"-Anzeige von Verfeinerungen auf Verfeinerungen der ersten Abstraktionsebene. Verfeinerungen der zweiten Abstraktionsebene können nicht mehr in das übergeordnete Schema integriert und integriert angezeigt werden.

die jeweilige Verfeinerung immer in Bezug zum übergeordneten Geschäftsprozess-Schema gesetzt werden musste.

Darüber hinaus führte die integrierte Anzeige mehrerer Verfeinerungen der ersten Abstraktionsebene im Praxisbeispiel zu einer unübersichtlichen Darstellung im Horus Business Modeler, da die einzelnen Verfeinerungen eine hohe Anzahl an Stellen und Transitionen besaßen. Dementsprechend wurde die manuelle Analyse durch die unübersichtliche Darstellung zusätzlich erschwert.

Derartige Komplikationen traten bei der Verwendung der Methode Imopro nicht auf, da Verfeinerungen in der Analyse mit Hilfe der Methode Imopro automatisch analysiert wurden (vgl. Abschnitt 4.2.3). Die Analyse und die entsprechende Integration der Verfeinerung in das übergeordnete Geschäftsprozess-Schema wurden den Modellierenden nicht visualisiert. Durch die automatische Analyse konnte eine erhebliche Beschleunigung der Analyse und folglich eine Verbesserung in der Unterstützung der Modellierenden erreicht werden. Waren in den zu untersuchenden Geschäftsprozess-Schemata mehrere Abstraktionsebenen vorhanden, so wurden von der Methode Imopro die potenziell mobilen Teilprozesse im Visualisierungseditor des Horus Business Modeler grafisch markiert[137].

Eine weitere Verbesserung durch die Methode Imopro wurde durch die Konfigurationsmöglichkeiten individueller Suchkriterien erzielt: Im Rahmen des Praxisprojektes sollten die mobilen Wartungsmitarbeiter die bisher in Papierform zu bearbeitenden Vertragsunterlagen, die Handbücher sowie die Ersatzteil-Informationen[138] in digitaler Form auf einem hoch-mobilen Gerät mit sich führen. In den bisherigen Geschäftsprozessen wurden die Unterlagen von jedem einzelnen Wartungsmitarbeiter vor Fahrtantritt bei einer zentralen Sammelstelle abgeholt[139]. Folglich war der Wartungsmitarbeiter zwischen der Abholung und der Präsentation/Nutzung der Unterlagen beim Kunden mobil. Dieser mobile Teilprozess sollte auf Anfrage des Projektpartners identifiziert werden, da die Vergabe der Unterlagen durch eine automatische Verteilung auf die hoch-mobilen Geräte

[137] Existierte ein mobiler Teilprozess in einer Verfeinerung, so wurde die korrespondierende Transition markiert. Setzte sich ein mobiler Teilprozess in einer Verfeinerung fort, so wurde die Verfeinerung mit gestrichelten Linien markiert.

[138] Die Preisinformationen der Ersatzteile waren in einem Katalog zusammengefasst. Die Ersatzteile waren im Katalog inklusive Abbildungen und Detailbeschreibungen enthalten.

[139] Auf diese Weise wurde gewährleistet, dass die Wartungsmitarbeiter immer über aktuelle Informationen bezüglich des Warenbestands verfügten.

ersetzt werden sollte. Durch Anwendung von Imopro war es möglich, die Transitionen zu identifizieren, in deren Inschriften der Katalog der Ersatzteil-Informationen oder die Vertragsunterlagen erwähnt wurden. Hierzu wurden ein spezifisches Wörterbuch und spezifische Identifikationsregel definiert: Das Wörterbuch enthielt die Substantive *Informationen*, *Ersatzteile*, *Katalog*, *Vertragsunterlagen* und *Unterlagen* (vgl. Abbildung 90).

$W =$ {`Informationen, Ersatzteile, Katalog,`
`Vertragsunterlagen, Unterlagen`}

Abbildung 90: Wörterbuch zur Analyse hinsichtlich des Produktkatalogs, der Ersatzteile etc.

Die entsprechende Identifikationsregel wurde derart konzipiert, dass die Inschriften der Transitionen auf Unterschiede in deren Prädikaten[140] untersucht wurden. Der Regelsatz ist in Abbildung 91 dargestellt.

<Inschrift>	::=	<Verb> <SubBegriff> | <SubVerb> <SubBegriff> | <Aktionswort> <SubBegriff>
<SubBegriff>	::=	<Artikel><Substantiv> | <Substantiv> | <Präposition><Substantiv> | <kontrahiertPräp><Substantiv>
<Substantiv>	::=	*Element der Menge* W_1
<Verb>	::=	*Menge* E_1
<SubVerb>	::=	*Menge* E_2
<Aktionswort>	::=	*Menge* E_3

Abbildung 91: Satz von Ableitungsregeln einer benutzerspezifischen Identifikationsregel

Auffallend in der verwendeten Identifikationsregeln ist die Alternative der Regel `<SubBegriff> ::= <Substantiv>`. Mit dieser Regel wurde in Absprache mit den Modellierenden des Projektpartners auf eine Besonderheit innerhalb der Geschäftsprozess-Schemata eingegangen. Vereinzelt wurde in den Schemata der Artikel des Substantivs `Katalog` in den Inschriften nicht genannt.

---

[140] Die Prädikate in einer Inschrift einer Transition sind entweder Prädikate, substantivierte Verben oder Aktionswörter (vgl. Abschnitt 4.2.2).

Dementsprechend wurde für die Inschrift: `abholen des Katalogs` in den Schemata lediglich `abholen Katalog` verwendet. Diese Besonderheit konnte innerhalb der Methode Imopro durch die Erweiterungsmöglichkeiten um individuelle Suchkriterien berücksichtigt werden.

Zusammenfassend wurde von den Modellierenden des Projektpartners[141], die die Methode Imopro inklusive deren Umsetzung als Plugin im Horus Business Modeler im Vergleich zur manuellen Analyse im Praxisprojekt getestet hatten, die Methode Imopro als signifikante Verbesserung der Analyse von Geschäftsprozess-Schemata hinsichtlich mobiler Aufgabenträger in deren Rollen bewertet. Folgende Verbesserungen wurden von den Modellierenden genannt:

- Vorauswahl potenziell mobiler Teilprozesse
- Daraus resultierende Reduzierung der Dauer einer Analyse eines Geschäftsprozess-Schemas bis alle potenziell mobilen Teilprozesse identifiziert wurden
- Möglichkeit der Analyse auf Basis spezifischer Kriterien
- Automatische Analyse von Verfeinerungen
- Kombinationsmöglichkeiten der kriterienspezifischen Identifikationsergebnissen

Darüber hinaus waren auch im Praxisprojekt, wie bereits im Forschungsprojekt bestätigt, keine Unterschiede in den Ergebnissen zu erkennen. Mobile Aufgabenträger in der Rolle des Wartungsmitarbeiters, die im Rahmen der manuellen Analyse identifiziert wurden, wurden auch durch die Methode Imopro in den Geschäftsprozess-Schemata identifiziert.

Die erzielten Ergebnisse der Bewertung der Methode Imopro im Vergleich zur manuellen Analyse werden in Tabelle 23 zusammengefasst dargestellt.

[141] Insgesamt waren zwei Modellierer des Projektpartners am Projekt beteiligt.

Eigenschaft	Ergebnis
Geschwindigkeit	Manuelle Analyse Die Geschwindigkeit war abhängig von der Anzahl der zu untersuchenden Inschriften (der Stellen und Transitionen) des Geschäftsprozess-Schemas sowie der zu identifizierenden mobilen Aufgabenträger in ihren Rollen. Für jeden Aufgabenträger in dessen Rolle mussten die Transitionen, an denen er beteiligt war, untersucht werden. Die Dauer der Analyse stieg proportional mit der Anzahl der Inschriften (der Transitionen und Stellen) im Geschäftsprozess-Schema. Imopro Die Schemata wurden computergestützt analysiert. Die Geschwindigkeit der vollständigen Analyse war abhängig von der Geschwindigkeit der Klassifikation der Präpositionen durch die Modellierenden, der computergestützten Analyse sowie der abschließenden Untersuchung der Empfehlungen der identifizierten potenziellen mobilen Teilprozesse. Die Modellierenden konnten sich die identifizierten Teilprozesse im verwendeten Software-Werkzeug visualisieren lassen. Die Analyse mittels Imopro war im Vergleich zur manuellen Analyse in den einzelnen Analysen der Geschäftsprozess-Schemata jeweils um ca. 13% schneller.
Identifikation der mobilen Aufgabenträger in ihren Rollen	Manuelle Analyse Es wurden alle mobilen Aufgabenträger in ihren Rollen identifiziert. Die Mobilität der einzelnen Aufgabenträger in ihren Rollen wurde durch Interviews mit den Prozessbeteiligten (Experten der jeweiligen Domäne) verifiziert. Die Identifikation wurde vornehmlich über die Informationen in den Inschriften (der Transitionen und der Stellen) realisiert. Imopro Es wurden alle mobilen Aufgabenträger in ihren Rollen identifiziert. Die Mobilität der einzelnen Aufgabenträger in ihren Rollen wurde durch Interviews mit den Prozessbeteiligten (Experten der jeweiligen Domäne) verifiziert. Die Analyse beschränkte sich nicht nur auf die Inschriften, sondern nutzte auch weitere Kriterien, die auf Mobilität eines Aufgabenträgers in dessen Rolle hindeuteten.

Identifikation der mobilen Teilprozesse	**Manuelle Analyse** Die mobilen Teilprozesse wurden vollständig identifiziert. Da es den Modellierenden möglich war, die Inschriften der Stellen ebenfalls in die Analyse mit einfließen zu lassen, war die Identifikation der Transitionen, in denen die Aufgabenträger im Geschäftsprozess mobil waren, sehr präzise im Hinblick auf die Identifikation der Transitionen, die Beginn und Ende der jeweiligen mobilen Teilprozesse darstellten. **Imopro** Die mobilen Teilprozesse wurden vollständig identifiziert. Mobile Teilprozesse, die nicht mit Hilfe der bereits vorhandenen Kriterien gefunden werden konnten, wurden in einer Identifikation durch benutzerspezifische Kriterien identifiziert.
Visualisierung	**Manuelle Analyse** Eine Visualisierung der mobilen Teilprozesse war im verwendeten Software-Werkzeug nicht möglich. **Imopro** Durch die Implementierung der Methode Imopro als Plugin für das Software-Werkzeug Horus Business Modeler war eine Visualisierung der potenziell mobilen Teilprozesse möglich (vgl. Kapitel 6.2).
Untersuchungen von Verfeinerungen	**Manuelle Analyse** Die Analyse einzelner Verfeinerungen und deren Bezug zum Geschäftsprozess musste manuell hergestellt werden. Bei mehreren Abstraktionsebenen wurde dies von den Modellierenden als störend empfunden. **Imopro** Verfeinerungen wurden im Rahmen der Anwendung der Methode Imopro automatisch analysiert.
Spezifische Analysen	**Manuelle Analyse** Eine spezifische Analyse erforderte einen neuen Analysevorgang. Die Modellierenden mussten nach spezifischen Kriterien explizit suchen. **Imopro** Durch Definition benutzerspezifischer Kriterien konnten die Schemata benutzerspezifisch analysiert werden.

Tabelle 23: Erzielte Ergebnisse der Methode Imopro im Vergleich zur manuellen Analyse

Im folgenden Abschnitt werden Anwendung und Bewertung der Methode Hysimopro im Rahmen von Anwendungsbeispielen detailliert dargestellt.

7.2 Projektbezogene Anwendung der Methode Hysimopro

Die Methode Hysimopro wurde anhand erhobener Daten aus dem bereits beschriebenen Praxisprojekt mit einem Dienstleistungsunternehmen (vgl. Abschnitt 7.1.2) sowie anhand von Daten aus einem strategischen Kooperationsprojekt mit einem kommunalen Dienstleistungsunternehmen, das sich u.a. mit der städtischen Reinigung und Abfallentsorgung befasst, evaluiert. Beide Projekte wurden am FZI Forschungszentrum Informatik bearbeitet. Ziel des Kooperationsprojektes war die Unterstützung der mobilen Mitarbeiter im Bereich der städtischen Reinigung und Abfallentsorgung durch hoch-mobile Geräte.

Im Praxisprojekt sollten ebenfalls die Mitarbeiter des Unternehmens mit Hilfe von mobiler IT unterstützt werden. Die von Wartungsmitarbeitern auszuführenden Arbeitsschritte sollten mittels der Verwendung von mobiler IT verbessert werden.

In beiden Projekten wurde zur effizienteren Analyse der Geschäftsprozesse bzw. der Untersuchung der Integration der hoch-mobilen Geräte in die Geschäftsprozesse die Methode Hysimopro eingesetzt. Die mit mobiler IT zu unterstützenden Geschäftsprozesse waren in den Projekten bereits modelliert worden und lagen als Schemata vor. Die Analyse wurde im Horus Business Modeler durchgeführt. Um die Ergebnisse einer Analyse mit Hilfe von Hysimopro bewerten zu können, wurden diese mit den Ergebnissen einer herkömmlichen simulativen Analyse der Geschäftsprozesse verglichen. Die Ergebnisse der Vergleiche der beiden Methoden werden in den folgenden Abschnitten detailliert beschrieben.

7.2.1 Anwendungsfall 1: Praxisprojekt mit einem Dienstleistungsunternehmen

Im Praxisprojekt mit einem Dienstleistungsunternehmen wurde die Methode Hysimopro im Rahmen einer Analyse der Geschäftsprozesse hinsichtlich des Einsatzes hoch-mobiler Geräte zur Unterstützung mobiler Wartungsmitarbeiter untersucht. Die mobilen Teilprozesse der Geschäftsprozesse waren im Projekt bereits identifiziert worden (vgl. Abschnitt 7.1.2). Im Zuge der Mobilisierung der Geschäftsprozesse sollten die Wartungsmitarbeiter von einem hoch-mobilen Gerät in der mobilen Auftragsbearbeitung unterstützt werden. Es sollten Tablet-PC eingesetzt werden, die die folgenden Arbeitsschritte unterstützen sollten:

- Die Bearbeitung der Vertragsunterlagen sollte, anstatt auf Papier, auf dem Tablet-PC durchgeführt werden.
- Ein Versand der elektronischen Vertragsunterlagen an das Informationssystem des Unternehmens sollte nach der Bearbeitung erfolgen.
- Die umfangreichen Handbücher sowie Ersatzteil-Informationen sollten in digitaler Form auf den Tablet-PC mitgeführt werden.
- Eine Bewertung der Auftragsbearbeitung und des Gesprächs mit dem Kunden sowie die Attributierung des Kunden[142] sollten im Nachgang an das jeweilige Gespräch mit Unterstützung durch den Tablet-PC durchgeführt werden.

Durch die Nutzung von Tablet-PC im Außendienst sollten signifikant Kosten eingespart werden [Gie03]. Wesentliche Einschränkung war die fehlende Akzeptanz der Wartungsmitarbeiter im Außendienst. Die Wartungsmitarbeiter mussten in der Unterstützung durch und im Umgang mit den neuen Geräten geschult werden. Es sollten durch die Geräte Mehrwerte wie Qualitätssicherung, Vermeidung von Medienbrüchen, etc. [Cle11] erreicht werden. Aus dem Einsatz der Geräte resultierende Störfälle sollten bereits in den Geschäftsprozessen behandelt werden[143].

Um den Einsatz der Methode Hysimopro bewerten zu können, wurden vor dem Einsatz von Hysimopro die Geschäftsprozesse jeweils im Dialog mit den Wartungsmitarbeitern auf herkömmliche Art und Weise computergestützt simulativ analysiert. Es wurde das Markenspiel im Horus Business Modeler in Anwesenheit der Wartungsmitarbeiter von den Modellierenden durchgeführt. Im Rahmen der Analyse sollten Ausnahmen, die durch den Einsatz der Geräte entstehen könnten, identifiziert werden. Nach der Identifikation einer Ausnahme

[142] Der Wartungsmitarbeiter sollte zu jedem Kunden ein Profil anlegen, in dem spezifische Daten über den Kunden gespeichert werden sollten. Dies sollte die Kundenbindung verbessern und nachfolgende Auftragsbearbeitungen vereinfachen.

[143] Identifizierte Störfälle waren bspw. Funklöcher, die eine Kommunikation mit dem Informationssystem des Unternehmens behinderten. Ein weiterer Störfall war bspw. ein Abschalten des Geräts aufgrund der aufgebrauchten Batterieleistung.

im Geschäftsprozess wurde im Dialog mit den Wartungsmitarbeitern eine Ausnahmebehandlung erarbeitet.

Im Anschluss an die herkömmliche simulative Analyse wurden die jeweiligen Geschäftsprozesse mittels Hysimopro hinsichtlich auftretender Ausnahmen durch den Einsatz der hoch-mobilen Geräte analysiert. Des Weiteren wurden ebenfalls im Dialog mit den Wartungsmitarbeitern Ausnahmebehandlungen entworfen. Durch diese Herangehensweise konnten die Ergebnisse der herkömmlichen simulativen Analyse mit den Ergebnissen der Methode Hysimopro verglichen werden.

Es wurden mehrere Simulationsläufe durchgeführt: Für den ersten Simulationslauf wurden die spezifischen hybriden Schemakomponenten identifiziert und Benutzungsoberflächen initial von den Modellierenden gestaltet. Der Geschäftsprozess wurde mit den entsprechenden Benutzungsoberflächen im Rahmen der Anwendung von Hysimopro hybrid simuliert. Im Anschluss an einen Simulationslauf wurden die gewonnenen Daten (der Reports) von den Modellierenden ausgewertet. Es wurde im Dialog mit den Prozessbeteiligten (den Wartungsmitarbeitern) die Nutzung der mobilen IT im Geschäftsprozess bzw. in den einzelnen Arbeitsschritten bewertet und analysiert. Wahlweise wurden in nachfolgenden Simulationsläufen die Benutzungsoberflächen im Dialog mit dem Wartungsmitarbeiter verbessert.

Im Folgenden werden drei Verbesserungspotenziale, die durch die Methode Hysimopro im Vergleich zur herkömmlichen simulativen Analyse vereinfacht identifiziert werden konnten, näher beschrieben (vgl. Tabelle 24 bis Tabelle 26).

Verbesserungspotenzial 1:	Identifikation von Funklöchern, die eine Datenübertragung der hoch-mobilen Geräte an das Informationssystem des Unternehmens und in der Rückrichtung behindert hätten.
Identifikation mittels manueller Analyse:	Eine Identifikation von Funklöchern war in der manuellen Analyse der Geschäftsprozesse nicht möglich. Lediglich die Aussagen über die örtlichen Gegebenheiten der Wartungsmitarbeiter dienten als Informationsquelle.
Identifikation mittels Analyse mit Hysimopro:	Mit Hilfe von Hysimopro konnten in den Simulationsläufen unterschiedliche Reports gesammelt werden. Anhand der Daten der Reports konnten die Funklöcher auf den einzelnen Routen der Wartungsmitarbeiter identifiziert werden.

Tabelle 24: Identifikation eines ersten Verbesserungspotenzials (manuell vs. Hysimopro)

Vorteil durch Hysimopro: Durch Hysimopro konnte die Dauer der Implementierung der Funktionalität einer sicheren Datenübertragung erheblich reduziert werden. Des Weiteren konnte im Geschäftsprozess die entsprechende Ausnahmebehandlung im Fall von Funklöchern in Form von angepassten Arbeitsschritten integriert werden.

Verbesserungspotenzial 2:	Identifikation der Betriebsdauer der Geräte im Außendienst-Einsatz.
Identifikation mittels manueller Analyse:	Eine Identifikation der verfügbaren Laufzeit der Geräte im Einsatz war nicht möglich. Lediglich die Durchlaufzeit des Geschäftsprozesses konnte in Bezug zur angegebenen Laufzeit der Geräte gesetzt werden.
Identifikation mittels Analyse mit Hysimopro:	Durch die Nutzung der Funktion der Reports in Hysimopro konnte die Batterielaufzeit errechnet werden. Portable Ladegeräte für die Geräte mussten daher nicht angeschafft werden.

Tabelle 25: Identifikation eines weiteren Verbesserungspotenzials (manuell vs. Hysimopro)

Vorteil durch Hysimopro: Durch Hysimopro war keine Anpassung der Geschäftsprozesse hinsichtlich eines Aufladens der hoch-mobilen Geräte während der Aufgabenausführung der Wartungsmitarbeiter notwendig. Es musste keine weitere Hardware beschafft werden, da bereits in der Analyse der Geschäftsprozesse Angaben zur Batterielaufzeit der Geräte im Geschäftsprozess gemacht werden konnten.

Verbesserungspotenzial 3:	Nutzung der aktuellen Position (übermittelt von der GPS-Sensorik) der Wartungsmitarbeiter als Auswahlkriterium für die Unterlagen des entsprechenden Kunden.
Identifikation mittels manueller Analyse:	Mittels der herkömmlichen simulativen Analyse konnten keine Aussagen über den Empfang von GPS-Signalen während der Aufgabenausführung der Wartungs-mitarbeiter gemacht werden.
Identifikation mittels Analyse mit Hysimopro:	Durch die erneute Nutzung der Funktion der Reports in Hysimopro konnte die Verfügbarkeit der GPS-Sensorik bestimmt werden.

Tabelle 26: Identifikation des dritten Verbesserungspotenzials (manuell vs. Hysimopro)

Vorteil durch Hysimopro: Durch Hysimopro konnte die Verwendung spezifischer Gerätefunktionen bereits in der hybriden Simulation getestet werden. Eine prototypische Implementierung der Anwendung (bspw. zur Verfügbarkeitskontrolle von GPS) war nicht notwendig.

Mittels der Verwendung der Methode Hysimopro bei der simulativen Analyse der Geschäftsprozesse wurde neben der vereinfachten Identifikation von Verbesserungspotenzialen der Dialog mit den Wartungsmitarbeitern wesentlich verbessert. Spezifische Arbeitsschritte, in denen die hoch-mobilen Geräte von den Wartungsmitarbeitern genutzt wurden, wurden im Dialog mit denselben im Rahmen der Simulationsläufe iterativ verbessert. So konnte der Arbeitsschritt der Erfassung des Kundenprofils bzw. die zur Erfassung verwendete Benutzungsoberfläche sukzessive verbessert werden, indem eine Erfassung schon während des Laufens zum Firmenwagen mittels einer spezifischen Benutzungsoberfläche ermöglicht wurde. Exemplarisch werden im Folgenden die Verbesserung der Benutzungsoberfläche zur Dateneingabe der Kundendaten und der Bewertung des Kundentermins und die daraus resultierende Verbesserung im Hinblick auf die Parallelisierung von Arbeitsschritten vorgestellt.

In der Anpassung der Geschäftsprozesse war angedacht, dass der Wartungsmitarbeiter die Bewertung des Kundentermins und die Klassifikation des Kunden nach dem Gespräch sitzend im Firmenwagen durchführen sollte. Eine entsprechende Benutzungsoberfläche (vgl. Abbildung 92) wurde im Dialog mit dem Wartungsmitarbeiter im Rahmen von Hysimopro gestaltet und in einem Simulationslauf der hybriden Simulation auf die Geräte übertragen.

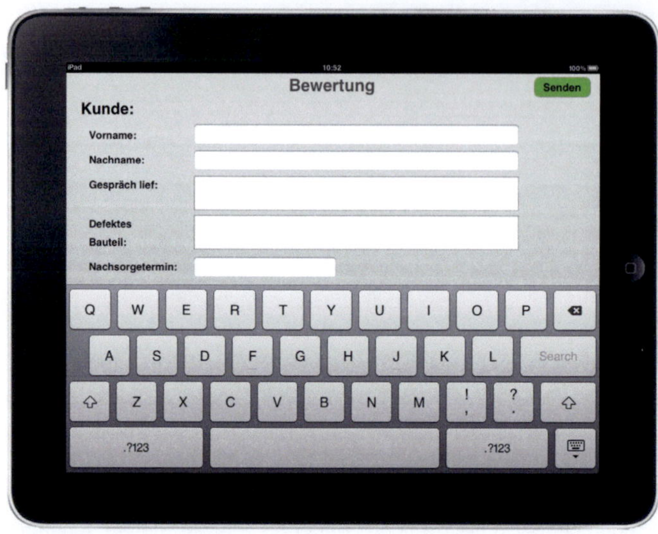

Abbildung 92: Benutzungsoberfläche für eine Bewertung des Kundentermins

In den Simulationsläufen konnte im Dialog mit den Wartungsmitarbeitern erarbeitet werden, dass die Bewertung meist schon auf dem Weg zum Firmenwagen begonnen wurde. Es wurde festgestellt, dass im Laufen ein Tippen des Freitextes zur Beantwortung der Bewertungsfragen nur schwer zu realisieren war. Im Dialog mit den Wartungsmitarbeitern wurde folglich für einen Simulationslauf eine Benutzungsoberfläche entworfen, die sehr einfach mit einer Hand bedienbar war und mit der die Fragen mittels vordefinierten Antworten beantworten werden konnten (vgl. Abbildung 93).

Abbildung 93: Verbesserte Benutzungsoberfläche zur Bewertung des Kundentermins

Die Genauigkeit der Bewertung wurde durch diese Maßnahme lediglich im Rahmen der Attributierung des Kunden eingeschränkt. Folglich wurde eine weitere Benutzungsoberfläche gestaltet, die eine Kombination aus den beiden Benutzungsoberflächen darstellt und die eine Eingabe der Attributierung des Kunden mit einem zusätzlichen Texteingabefeld ermöglichte (vgl. Abbildung 94).

Abbildung 94: Benutzungsoberfläche mit weiteren Verbesserungen

Mittels der verbesserten Benutzungsoberfläche konnte die Attributierung des Kunden bereits auf dem Weg zum Firmenwagen durch den Wartungsmitarbeiter durchgeführt werden.

Zusammenfassend konnte im Praxisprojekt festgestellt werden, dass die Modellierenden durch Hysimopro im Vergleich zur "herkömmlichen" simulativen Analyse in der Identifikation von Verbesserungspotenzialen im Geschäftsprozess signifikant unterstützt wurden. Dementsprechend wurden auch die Resultate in der Identifikation von Verbesserungspotenzialen verfeinert. Des Weiteren konnte der Geschäftsprozess durch den Dialog mit dem Wartungsmitarbeiter in spezifischen Arbeitsschritten signifikant verbessert werden.

Darüber hinaus wurde die an die Anpassung des Geschäftsprozesses anschließende Entwicklung der mobilen Anwendung indirekt durch Hysimopro unterstützt. Die Konzeption spezifischer Benutzungsoberflächen in der Entwicklung der mobilen Anwendung war nicht mehr notwendig. Design und Layout der Benutzungsoberflächen orientierten sich an der Gestaltung der Benutzungsoberflächen, die im Dialog mit den Wartungsmitarbeitern im Rahmen der Simulation gestaltet wurden. Dementsprechend waren die Entwicklungsschritte des Entwurfs, des Designs und des Layouts nicht mehr notwendig. Dies beschleunigte die Implementierung der mobilen Anwendung.

Ähnliche Vorteile waren auch bei der Anwendung der Methode Hysimopro im Kooperationsprojekt zu beobachten.

7.2.2 Anwendungsfall 2: Kooperationsprojekt mit einem kommunalen Dienstleistungsunternehmen

Ziel des strategischen Kooperationsprojektes mit einem kommunalen Dienstleistungsunternehmens war die Analyse der Geschäftsprozesse des Unternehmens hinsichtlich der Steigerung der Effizienz und Effektivität der Mitarbeiter durch den Einsatz von hoch-mobilen Geräten. Folgendes Szenario wurde adressiert:

Abfallentsorgung privater Haushalte

Im Rahmen der Abfallentsorgung privater Haushalte werden die Abfallbehälter an den jeweiligen Standorten der privaten Haushalte abgeholt. Für die Abholung werden spezifische Müllfahrzeuge verwendet. Im Regelfall befinden sich auf einem Müllfahrzeug drei Arbeiter der Stadtreinigung[144], die mit dem Müllfahrzeug eine spezifische Route[145] abfahren. Die Arbeiter holen die einzelnen Abfallbehälter von den jeweiligen Standorten (z.B. in Hinterhöfen oder Hauseinfahrten) der Haushalte und bringen diese zur Leerung zum Müllfahrzeug und wieder zurück.

Den Arbeitern sind spezifische Aufgabenfelder im Rahmen der Leerung der Abfallbehälter zugeordnet:

- Der Fahrer: Der Fahrer steuert das Müllfahrzeug. Er hat dezidierte Kenntnisse über die Route und über die Standorte der einzelnen Abfallbehälter.
- Der Vorarbeiter: Der Vorarbeiter ist für die Abholung, Leerung und das Zurückbringen der Abfallbehälter verantwortlich. Das Müllfahrzeug fährt während des Abarbeitens einer Route von Haus zu Haus. Der Vorarbeiter holt die einzelnen Abfallbehälter an ihren unterschiedlichen Standorten ab und bringt diese zur Leerung an das Müllfahrzeug. Nachdem die Abfallbehälter geleert wurden, werden diese durch den Vorarbeiter wieder an ihren Ursprungsort zurückgebracht. Der Vorarbeiter hat ebenfalls Kenntnis über die Standorte der Abfallbehälter. Des Weiteren besitzt er das Wissen, ob sich an einem Standort mehrere Abfallbehälter oder sogar Sammelcontainer[146] befinden.
- Der dritte (und vierte) Arbeiter: Der Arbeiter unterstützt den Vorarbeiter in seiner Tätigkeit. Er hat meist keine oder nur sehr

[144] Handelt es sich um Routen mit einer hohen Anzahl an zu leerenden Abfallbehältern, so sind vereinzelt auch vier Arbeiter der Stadtreinigung mit einem Müllfahrzeug auf einer Route unterwegs.

[145] Eine Route beschreibt eine spezifische Strecke, auf der vom Müllfahrzeug unterschiedliche Haushalte bzw. Adressen angefahren und von dort die Abfallbehälter abgeholt und geleert werden.

[146] Sammelcontainer sind sehr große Abfallbehälter, die in Gebäuden mit hohem Abfallaufkommen genutzt werden. Für die Arbeiter besitzt ein Sammelcontainer die Besonderheit, dass er meist nur zu zweit geleert werden kann.

schlechte Kenntnisse über die Standorte der Abfallbehälter. Die Standorte erfragt er beim Vorarbeiter oder begleitet diesen, falls mehrere Abfallbehälter an einem Standort abzuholen sind.

Die Geschäftsprozesse der Abfallentsorgung lagen als Schemata, die im Horus Business Modeler modelliert worden waren, vor. Der Einsatz mobiler IT sollte folgende Arbeitsschritte verbessern:

- Mit Hilfe der mobilen IT sollte die Informationsübermittlung zwischen Vorarbeiter und Arbeiter ersetzt werden. In den Geschäftsprozess-Schemata war dieser Arbeitsschritt bereits vorhanden. Aus Interviews mit Vorarbeitern ging hervor, dass sich der Arbeiter und der Vorarbeiter sehr häufig am Müllfahrzeug treffen mussten, um Informationen über die Standorte der Abfallbehälter auszutauschen. Dies führte vereinzelt zu einer Blockade der Tätigkeit des Vorarbeiters und verhinderte, dass der Vorarbeiter nach dem Zurückbringen eines Abfallbehälters den direkten Weg zum nächsten Abfallbehälter nehmen konnte.
- Durch die Möglichkeit der schnellen Informationsübermittlung sollte der Einsatz der Arbeiter auf unterschiedlichen Routen ermöglicht werden. Bisher wurden einzelne Arbeiter immer nur auf der gleichen Route eingesetzt, um Informationsverluste, wenn die Route gewechselt werden würde, zu verhindern. Durch die angestrebte computergestützte Informationsübermittlung sollte im Projekt der Einsatz der Arbeiter auf unterschiedlichen Routen unterstützt werden.
- Der Einsatz von Hilfskräften sollte durch die automatisierte Informationsübermittlung ermöglicht werden. Durch die lang andauernde Einarbeitungsphase wurden nur sehr selten Hilfskräfte eingesetzt.

Im Projekt wurde zunächst die herkömmliche simulative Analyse eingesetzt, um Störfälle etc. im Geschäftsprozess zu identifizieren. Anhand der Informationen, die im Dialog mit den Arbeitern gewonnen wurden, sollte die Integration der hoch-mobilen Geräte realisiert werden. Der Arbeitsschritt der Informationsübermittlung sollte am Müllfahrzeug durch hoch-mobile Geräte unterstützt werden. Es war geplant, stoßfeste und spritzwassergeschützte Geräte[147] am Heck

[147] Ein Beispiel wäre das Motorola Defy oder das Motorola Defy MINI (vgl. http://www.motorola.com/)

eines jeden Müllfahrzeugs in der Nähe der Trittbretter[148] mittels Halterungen anzubringen. Für die Geräte sollte eine Anwendung entwickelt werden, die anhand der aktuell ermittelten GPS-Position über die Sensorik des Geräts die sich im Umkreis befindlichen Abfallbehälter auflistet bzw. grafisch darstellt: Der Arbeiter sollte in der Anwendung die Abfallbehälter, deren Standorte ihm nicht bekannt waren, selektieren können. Eventuelle Ungenauigkeiten des GPS-Signals sollten mittels einer Ausnahmebehandlung innerhalb des Geschäftsprozesses behandelt werden. Hierzu wurde in der Anwendung die Adresse der Abfallbehälter angezeigt. Der Arbeiter war angewiesen, anhand der Adresse Ungenauigkeiten der übermittelten Position der GPS-Sensorik zu korrigieren, indem er die richtige Adresse in der graphischen Darstellung auswählte. Anhand der Herstellerangaben der hoch-mobilen Geräte wurde davon ausgegangen, dass die Akkulaufzeit eines Geräts für die Bearbeitung einer Route ausreichend war. Das Aussehen der Benutzungsoberflächen der Anwendung wurde in einer ersten Version konzipiert. Abbildung 95 zeigt zwei grafische Gestaltungsentwürfe der Benutzungsoberflächen. Das Wissen über die Standorte der Abfallbehälter wurde in Interviews von den Vorarbeitern erfasst und sollte in eine zukünftige mobile Anwendung eingearbeitet werden.

[148] Mussten längere Entfernungen zwischen den Standorten der Abfallbehälter zurückgelegt werden, so konnten die Arbeiter, auf den Trittbrettern stehend, mit dem Müllfahrzeug die Entfernung zurücklegen.

Straße
PLZ, Ort
51 50
53 52
55 54
57 56
59 58
Zurück
Adresse korrigieren

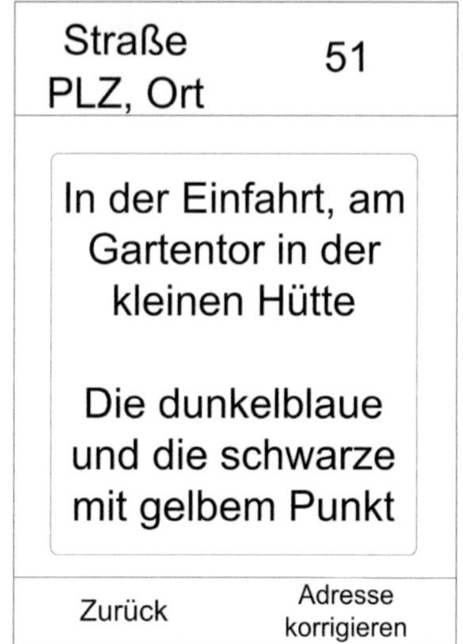

Abbildung 95: Grafische Entwürfe zweier Benutzungsoberflächen

Im Rahmen der herkömmlichen simulativen Analyse wurde der Geschäftsprozess in mehreren Simulationsläufen im Beisein der Arbeiter und Vorarbeiter simuliert. Durch die Nutzung mobiler IT in den einzelnen Arbeitsschritten im Geschäftsprozess wurde die Verbesserung erwartet, dass der Vorarbeiter sich nicht regelmäßig zur Informationsübermittlung mit dem Arbeiter treffen musste, sondern häufiger den direkten Weg zu den als nächstes zu leerenden Abfallbehältern nehmen konnte. Die Informationsübermittlung wurde durch die mobile IT realisiert. Dies hatte in der Simulation Einfluss auf die Bearbeitungsdauer der Leerung der Abfallbehälter entlang der gesamten Route. Der Vorarbeiter konnte in der Simulation wesentlich mehr Abfallbehälter leeren als noch vor der Unterstützung durch die hoch-mobilen Geräte.

Um aufzuzeigen, dass mit der herkömmlichen simulativen Analyse Eventualitäten der Mobilität der einzelnen Arbeiter bei der Leerung der Abfallbehälter nicht berücksichtigt werden konnten, wurde der Ansatz einer Integration der hochmobilen Geräte mit Hilfe der Methode Hysimopro umgesetzt und der Geschäftsprozess erneut simulativ analysiert. Im Rahmen von Hysimopro wurden mehrere Benutzungsoberflächen gestaltet. Zunächst wurden zwei Benutzungsoberflächen gestaltet, die den bereits konzipierten Benutzungsoberflächen entsprachen (vgl. Abbildung 96).

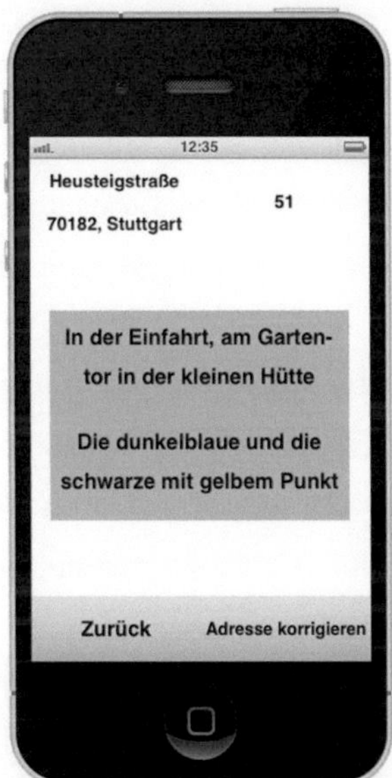

Abbildung 96: Benutzungsoberfläche, die für das Simulationsexperiment gestaltet wurden

Im Anschluss an die Rückmeldungen durch die Arbeiter wurden die Benutzungsoberflächen in mehreren Iterationen im Rahmen der Anwendung von Hysimopro angepasst. Die finalen Benutzungsoberflächen, die im Dialog mit den Arbeitern im Rahmen der Simulationsläufe entstanden, waren explizit auf den Gerätestandort und die Verwendung des Geräts angepasst. In den einzelnen Verbesserungsschritten wurden die Benutzungsoberflächen sukzessive auf die Nutzung durch die Arbeiter angepasst. Im Folgenden werden die einzelnen Verbesserungsschritte im Rahmen der Gestaltung der Benutzungsoberflächen und der Anpassung des Geschäftsprozesses beschrieben. Um die Simulation in der Realität zu ermöglichen, wurde ein hoch-mobiles Gerät[149] aus dem Bestand des Unternehmens verwendet und mittels einer kostengünstigen Halterung zunächst am Müllfahrzeug befestigt. In Tabelle 27 werden wesentliche Einschränkungen, die in der herkömmlichen simulativen Analyse nicht identifiziert worden waren, sowie deren Verbesserungen, die im Rahmen der Anwendung der Methode Hysimopro identifiziert werden konnten, aufgelistet. Die Verbesserungen werden dabei in Verbindung mit den neu gestalteten Benutzungsoberflächen gelistet.

---

[149] In der Verbesserung der Geschäftsprozesse wurde ein Apple® iPhone 3G verwendet.

Einschränkung: Rückkehr zum Wagen weiterhin notwendig

In den Simulationsläufen der Methode Hysimopro wurde festgestellt, dass der Arbeiter immer zum Müllfahrzeug zurückkehren musste, um sich über den Standort weiterer Abfallbehälter zu informieren. Dies war ineffizient, da er nicht den direkten Weg zum nächsten Abfallbehälter nehmen konnte.

Verbesserung durch Hysimopro

Durch Hysimopro war eine Simulation optionaler Installationsmöglichkeiten des Geräts möglich. Nach Simulationsläufen, in denen der Arbeiter das Gerät in der Jackentasche trug oder in einer Gürteltasche, wurde die Entscheidung getroffen, das Gerät mit Hilfe einer Armtragetasche am Arm des Arbeiters anzubringen (vgl. Abbildung 97).

Abbildung 97: Armtragetasche und Gerät

So konnte der Arbeiter beim Aufsuchen des nächsten zu leerenden Abfallbehälters Informationen über dessen Standort erhalten. Der Arbeitsschritt der Rückkehr zum Müllfahrzeug war somit nicht mehr notwendig.

Abbildung 98 zeigt die gestaltete Benutzungsoberfläche in generischer Darstellung und in der Darstellung auf dem Gerät.

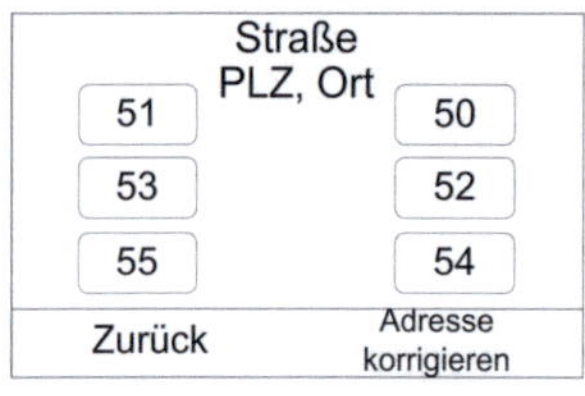

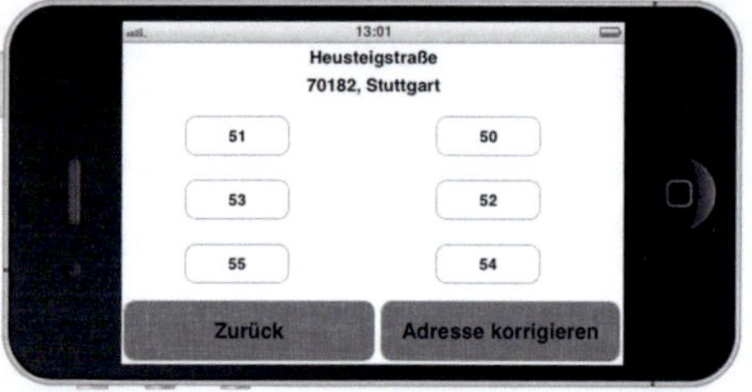

Abbildung 98: Neu gestaltete Benutzungsoberflächen (generisch und auf dem Gerät)

Einschränkung: Verwendung der GPS-Sensorik

Die Verfügbarkeit eines auswertbaren GPS-Signals in der Anwendung konnte in der herkömmlichen simulativen Analyse nicht festgestellt werden. Lediglich die Ausnahmebehandlung in Form der Korrektur durch den Arbeiter war in der Anwendung auf dem hoch-mobilen Gerät vorgesehen.

Verbesserung durch Hysimopro

Mittels der Funktion der Reports wurde festgestellt, dass auf einigen Routen kein oder nur ein qualitativ sehr schlechtes GPS-Signal zur Verfügung stand. Erhebliche Ungenauigkeiten in der von der GPS-Sensorik ermittelten Position konnten festgestellt werden. Zurückzuführen war dies auf die Häuserschluchten, in denen nur ein sehr schlechter Empfang des GPS-Signals gewährleistet werden konnte. Folglich wurde das GPS-Signal als Lokalisierungsfunktion ausgeschlossen: Die Adresse der jeweiligen Straße sollte immer vom Arbeiter ausgewählt werden. Entsprechende Benutzungsoberflächen wurden gestaltet und in der hybriden Simulation verwendet (vgl. Abbildung 99).

Abbildung 99: Benutzungsoberfläche zur Auswahl der jeweiligen Adresse durch den Arbeiter

Einschränkung: Interaktionen mit dem Gerät

Bei der Auswahl eines Abfallbehälters mit Hilfe der in der herkömmlichen simulativen Analyse gestalteten Benutzungsoberflächen (es musste in der Benutzungsoberfläche die entsprechende Taste der Hausnummer gedrückt werden, um zur Wegbeschreibung zum Abfallbehälter zu gelangen) musste der Arbeiter mindestens einen seiner Arbeitshandschuhe ausziehen. Da diese Aktion meist während der automatischen Entleerung der Abfallbehälter am Müllfahrzeug von den Arbeitern durchgeführt wurde und vereinzelt länger dauerte als die automatische Entleerung, konnte das erneute Anziehen der Arbeitshandschuhe den Schritt des Zurückbringens des Abfallbehälters verzögern. Diese Verzögerung wurde erst im Rahmen der Anwendung von Hysimopro erkannt.

Verbesserung durch Hysimopro

Durch die Simulationsläufe im Rahmen der Anwendung von Hysimopro konnten die Interaktionen, die ein Arbeiter mit dem hoch-mobilen Gerät auszuführen hatte, in der Realität durchgeführt werden. In einer entsprechenden Analyse konnte festgestellt werden, dass die Benutzungsoberflächen im Hinblick auf eine Reduzierung der Interaktionen umgestaltet werden mussten: Für den Arbeiter musste mit nur einer Interaktion die Wegbeschreibung des nächsten zu leerenden Abfallbehälters erreichbar sein. Des Weiteren wurde mit Hysimopro festgestellt, dass die Steuerelemente der anfangs gestalteten Benutzungsoberflächen zu klein waren. Aufgrund der körperlichen Arbeit zitterten die Hände der Arbeiter. Dies führte dazu, dass die Bedienung kleiner Steuerelemente erheblich erschwert wurde. Folglich wurden die Steuerelemente in den Simulationsläufen von Hysimopro umgestaltet.

Darüber hinaus konnten mit den Daten der Reports Daten der Bewegungssensorik des hoch-mobilen Geräts erfasst werden. Diese Daten wurden zur Auswertung einer möglichen Nutzung einer Bewegungssteuerung als Ersatz der Interaktionen mit dem Touchscreen des Geräts verwendet[150].

Abbildung 100 zeigt die Benutzungsoberfläche, die nach mehreren Simulationsläufen entwickelt worden war. Diese Oberfläche besaß den Vorteil, dass zwei Beschreibungen zu den Standorten zu sehen sind und mit nur einer Interaktion (Drücken einer der dunkelgrauen mit der Beschreibung beschrifteten Taste) schnell zu weiteren Beschreibungen gewechselt werden konnte.

---

[150] Denkbar war in diesem Zusammenhang, dass der Arbeiter nicht über die Modalität des Touchscreen mit dem hoch-mobilen Gerät interagiert, sondern evtl. mittels einer spezifischen Armbewegung die Wegbeschreibung zum nächsten Abfallbehälter dargestellt bekommen hätte. Die Simulation einer derartigen Interaktion wurde aber von Hysimopro noch nicht unterstützt. Die Unterstützung mittels Sprachsteuerung wurde nicht in Betracht gezogen, weil im Umfeld der Arbeiter immer eine erhebliche Geräuschkulisse herrschte.

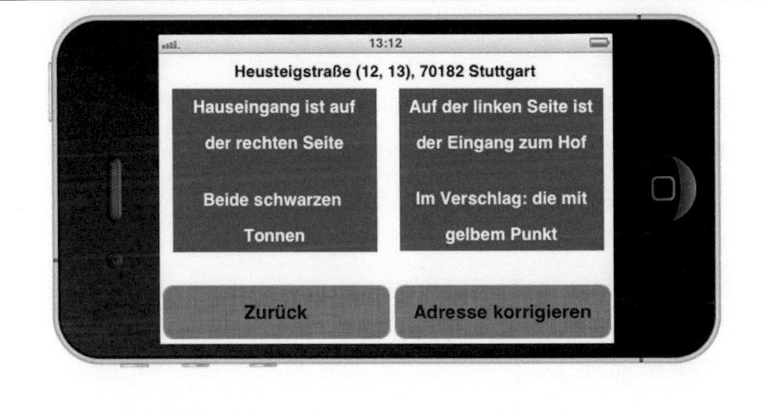

Abbildung 100: einfach zu bedienende Benutzungsoberfläche

Einschränkung: Wetterbedingungen

In den Simulationsläufen mit Hysimopro wurde festgestellt, dass der Bildschirm des hoch-mobilen Geräts aufgrund von Sonneneinstrahlung oder Spritzwasser nicht ablesbar war. Des Weiteren wurden die Steuerelemente der anfänglich gestalteten Benutzungsoberfläche bei direkter Sonneneinstrahlung nicht erkannt.

Verbesserung durch Hysimopro

Durch die Möglichkeit, in mehreren Simulationsläufen die Benutzungsoberflächen umzugestalten und die unterschiedlichen Wetterbedingungen und deren Auswirkungen auf die Lesbarkeit des hoch-mobilen Geräts zu analysieren, konnte die Benutzungsoberfläche entsprechend angepasst und der Installationsort des hoch-mobilen Geräts wahlweise verändert werden. Durch die Befestigung der Armtragetasche am Arm des Arbeiters war es dementsprechend möglich, bei starker Sonneneinstrahlung den Bildschirm mit einer Hand etwas abzudecken.

Einschränkung: Akkulaufzeit
Die Herstellerangaben bezüglich der Akkulaufzeit des hoch-mobilen Geräts waren nicht ausreichend, um präzise Aussagen über die Nutzungsdauer machen zu können. Des Weiteren konnte nicht vorhergesagt werden, in welcher Form sich die anhaltende Nutzung der GPS-Sensorik auf die Akkulaufzeit und damit die Gerätelaufzeit auswirken würde.
Verbesserung durch Hysimopro
In den Simulationsläufen, die im Rahmen der Anwendung von Hysimopro durchgeführt wurden, wurde festgestellt, dass die Akkulaufzeit bei aktivierter GPS-Sensorik für die Abarbeitung einer Route nicht ausreichend war. Folglich wurde im Rahmen von Hysimopro die Alternative der Adresseingabe durch den Benutzer respektive den Arbeiter entwickelt.

Tabelle 27: Auswahl von Einschränkungen und Verbesserungen, identifiziert mit Hysimopro

Ein weiterer wesentlicher Vorteil von Hysimopro im Kooperationsprojekt war die Erfassung von Kennzahlen durch die Funktion der Reports in Hysimopro. Mit Hilfe der Reports und der darin enthaltenen Daten konnten Aussagen über die durchschnittliche Dauer einer Leerung eines Abfallbehälters gemacht werden. Kennzahlen, die im Rahmen weiterer möglicher Verbesserungen im Zusammenhang mit der Routenplanung der Müllfahrzeuge eine entscheidende Rolle spielen können, konnten dementsprechend erfasst werden. Demzufolge wurden die Reports auch zur Datengenerierung verwendet. Hysimopro konnte nicht nur zur Verbesserung der Geschäftsprozesse im Unternehmen beitragen, sondern besaß darüber hinaus den Mehrwert, zusätzliche Daten zu den Aufgabenausführungen zu liefern.

Insgesamt konnte in abschließenden Interviews mit den beteiligten Mitarbeitern des Projektpartners[151] festgestellt werden, dass die Analyse der Geschäftsprozesse mittels Hysimopro wesentlich bessere Ergebnisse erzielt hatte als die herkömmliche simulative Analyse. Dies wurde vor allem durch den verbesserten Dialog mit den Arbeitern begründet. Arbeitsschritte konnten teilweise erst parallelisiert werden, nachdem die Arbeiter die Interaktionen, die mit der IT unterstützt

---

[151] Es wurde mit dem Modellierer und zwei Besatzungsteams von zwei Müllfahrzeugen gesprochen. Die Teammitglieder bestanden aus dem Fahrer, einem Vorarbeiter und einem weiteren Arbeiter.

werden sollten, in der Realität ausgeführt hatten und über die Ausführung Rückmeldung geben konnten. Darüber hinaus konnte der Einsatz der hochmobilen Geräte detailliert geplant und auf die Nutzung durch die Arbeiter abgestimmt werden. Diese konnten aufgrund der Tatsache, dass die Kommunikation mit dem Vorarbeiter reduziert wurde, wesentlich effizienter arbeiten. Dies bedeutet, dass der direkte Weg nach dem Zurückbringen eines Abfallbehälters zum nächsten Behälter genommen werden konnte.

Zusammenfassend konnten in der Evaluation der Methoden Imopro und Hysimopro folgende Einschränkungen und Verbesserungen durch die Methoden festgestellt werden:

- Trotz der fehlenden Analyse der Inschriften der Stellen der Geschäftsprozess-Schemata konnten mit der Analyse durch Imopro die gleichen Resultate erzielt werden wie mit der manuellen Analyse. Mit dem signifikanten Unterschied, dass die Analyse mittels Imopro schneller war im Vergleich zur manuellen Analyse.
- Dass es sich bei den identifizierten Teilprozessen der Methode Imopro lediglich um Empfehlungen handelt, wurde von den Modellierenden als sehr positive Eigenschaft von Imopro erachtet. So konnte die finale Identifikation weiterhin von den Modellierenden ausgeführt werden.
- Imopro ist von der "Qualität" der Inschriften der Transitionen des Geschäftsprozess-Schemas abhängig. Die Analyse von Geschäftsprozess-Schemata spezifischer Anwendungsdomänen, in denen die Aufgabenträger in ihren Rollen vermehrt mobil waren bzw. die Mobilität im Geschäftsprozess-Schema explizit mittels eines Lokationswechsel beschrieben wurde, führte zu schnelleren Empfehlungen für die Modellierenden im Vergleich zur Analyse von Geschäftsprozess-Schemata spezifischer Anwendungsdomänen, in denen die Aufgabenträger in ihren Rollen nur vereinzelt mobil waren[152].
- Die Möglichkeit der Erweiterung von Imopro wurde als herausragende Funktion erachtet, weil auf diese Art und Weise domänenspezifische

---

[152] Wurde für einen Aufgabenträger in seiner Rolle lediglich eine Lokation im Geschäftsprozess-Schema festgestellt, so wurde von Imopro in der entsprechenden Suche anhand des Suchkriteriums 1 kein Teilprozess empfohlen.

Inschriften, deren Aufbau nur den Modellierenden bekannt war, auch in die teilautomatisierte Identifikation miteinbezogen werden können.

- Im Rahmen der Analyse durch Hysimopro konnten in den vorgestellten Projekten wesentliche Verbesserungen am Geschäftsprozess vorgenommen werden. Je komplexer die Situation, in der der Aufgabenträger in seiner Rolle mittels eines hoch-mobilen Geräts unterstützt werden sollte, desto wirkungsvoller war der Einsatz von Hysimopro.
- Hysimopro lieferte darüber hinaus neue Kennzahlen der einzelnen Arbeitsschritte im Geschäftsprozess, da durch die Nutzung der hoch-mobilen Geräte Daten generiert wurden.

Eine mögliche Verarbeitung der Daten im Zusammenhang mit einer Erweiterung der Methode Hysimopro sowie allgemeine Verbesserungen und Erweiterungen der Methoden Imopro und Hysimopro werden im folgenden letzten Kapitel im Rahmen eines Ausblicks auf weitere Forschungsfragen gegeben.

8 Zusammenfassung und Ausblick

Die effiziente und effektive Unterstützung von Mitarbeitern mittels mobiler IT in deren ortsunabhängiger Aufgabenausführung ist gegenwärtig eine besondere Herausforderung für Unternehmen. Eine adäquate Unterstützung setzt eine nachhaltige Anpassung der zugrundeliegenden Geschäftsprozesse insbesondere hinsichtlich der Nutzung der mobilen IT voraus [KPW03, KZL06, Sch08]. In diesem Zusammenhang ist die Identifikation mobiler Prozessbeteiligter in den vorliegenden Geschäftsprozessen Grundvoraussetzung für die zielgerichtete Integration mobiler IT. Aufbauend auf der Identifikation mobiler Prozessbeteiligter muss die Integration mobiler IT hinsichtlich der effizienten und effektiven Unterstützung des Prozessbeteiligten im Einzelfall detailliert analysiert werden können. Herkömmliche Verfahren sind in der Identifikation mobiler Prozessbeteiligter sehr aufwendig und besitzen keine maschinelle Unterstützung. In der Analyse der Nutzungspotenziale mobiler IT in den Geschäftsprozessen fehlen überdies Methoden, die eine Berücksichtigung der sich dynamisch verändernden Situationen der mobilen Prozessbeteiligten und den daraus resultierenden Auswirkungen auf die Nutzung mobiler IT im Rahmen der Aufgabenausführung erlauben.

Es bedarf systematischer Vorgehensweisen, die eine computergestützte Identifikation mobiler Prozessbeteiligter in den als Schemata vorliegenden Geschäftsprozessen sowie eine realitätsnahe Analyse der Nutzung mobiler IT in der jeweiligen Aufgabenausführung im Geschäftsprozess erlauben.

Im Rahmen der vorliegenden Arbeit wurden methodische Lösungsansätze zur computergestützten Identifikation und zur realitätsnahen Analyse mobiler Geschäftsprozesse vorgestellt.

Nachfolgend werden die wichtigsten Ergebnisse der vorangegangenen Kapitel zusammengefasst. Danach werden die gewonnenen Ergebnisse kritisch betrachtet und es wird ein Ausblick auf einige weiterführende Forschungsfragen gegeben.

8.1 Zusammenfassung

In der vorliegenden Arbeit wurden zunächst die Grundlagen des Managements von Geschäftsprozessen erläutert. In diesem Zusammenhang wurden die Geschäftsprozessorientierung, die Geschäftsprozesse und deren Eigenschaften sowie das Management von Geschäftsprozessen vertieft beschrieben. Anforderungen an Sprachen zur Modellierung von Geschäftsprozessen, die Modellierung mit Petri-Netzen sowie verschiedene Varianten der Petri-Netze wurden dargestellt.

Darauf aufbauend wurden die Grundlagen mobiler Teilprozesse in Geschäftsprozessen erläutert. Nach Definitionen der grundlegenden Begriffe wie Mobilität, Mobile Computing, mobile IT und Mobile Business, wurde anhand spezifischer Eigenschaften der mobilen IT die Geräteklasse der "hoch-mobilen Geräte" (der auch Smartphones und Tablet-PC angehören) identifiziert. Diese Geräteklasse wurde im Rahmen der vorliegenden Arbeit in ihrer Unterstützung bei der Aufgabenerfüllung eines Unternehmensmitarbeiters und der damit einhergehenden Integration in die Geschäftsprozesse untersucht. Anschließend wurden auf den Kontext eines Aufgabenträgers und die (mobile) Mensch-Maschine Interaktion sowie die dazu verwendeten Modalitäten (Schnittstellen) wie bspw. Benutzungsoberflächen eingegangen.

Im Rahmen der Vorstellung existierender Methoden zur Identifikation mobiler Teilprozesse in modellierten Geschäftsprozessen wurde aufgezeigt, dass bisherige Identifikationsmethoden ausschließlich eine manuelle Identifikation mobiler Teilprozesse in Geschäftsprozess-Schemata erlauben. Ein computergestützter Ansatz zur Identifikation mobiler Teilprozesse existiert bisher nicht. Darüber hinaus verwenden die Methoden invariante Kriterien, die durch den Anwender nicht verändert oder evtl. domänenspezifisch angepasst werden können.

Diese Problemstellungen wurden durch die im Rahmen der Arbeit entwickelte Methode "Imopro" zur teilautomatisierten Identifikation mobiler Teilprozesse in Geschäftsprozessen adressiert. Die drei aufeinander aufbauenden Phasen der Methode, die durch konzeptionelle Grundlagen eingeleitet werden, wurden im Anschluss detailliert eingeführt und erläutert.

Im Rahmen der *konzeptionellen Grundlagen* der Methode *Imopro* werden Suchkriterien aus Aspekten der Nutzungsmöglichkeiten mobiler IT im Unternehmen und der spezifischen Eigenschaften eines mobilen Teilprozesses hergeleitet. Anhand dieser Suchkriterien können Geschäftsprozess-Schemata hinsichtlich der Existenz mobiler Teilprozesse analysiert werden. Im Rahmen der Methode *Imopro* wird zwischen den Kriterien des Lokationswechsels, des Wechsels der menschlichen Ressourcen, mit denen der Aufgabenträger interagiert, und des Wechsels des Kontextes des Aufgabenträgers inklusive der maschinellen Ressourcen mit denen interagiert wird, unterschieden.

In der *Initialisierungsphase* der entwickelten Methode wird die Voraussetzung für die Analyse der Geschäftsprozess-Schemata vorgestellt: Die Schemata müssen in der Modellierungssprache einer spezifischen Variante einfacher Petri-Netze dargestellt sein. Diese im Rahmen der Arbeit definierten "einfachen Petri-Netze mit Annotationsmustern" besitzen aussagekräftige und zu den in der Literatur kommunizierten Richtlinien konforme Inschriften der Transitionen und Stellen. Darüber hinaus enthält diese Variante der Petri-Netze Annotationen der Aufgabenträger in deren Rollen und der maschinellen Ressourcen.

Des Weiteren werden in der *Initialisierungsphase* von *Imopro* spezifische Datenstrukturen definiert, die zur Aufnahme extrahierter Information aus dem Geschäftsprozess-Schema dienen.

Die systematische Vorgehensweise unter Verwendung von Wörterbüchern und Identifikationsregeln zur Extraktion von Lokationsinformation eines Aufgabenträgers aus den Inschriften der Transitionen im Geschäftsprozess-Schema wird in der *Analysephase* von *Imopro* detailliert vorgestellt. Anhand der Existenz von Präpositionen der semantischen Klasse der lokalen Präpositionen können computergestützt Lokationsinformationen aus den Inschriften extrahiert werden. Informationen über die ebenfalls an einer Aktivität (im Geschäftsprozess-Schema durch eine Transition repräsentiert) beteiligten Aufgabenträger sowie die verwendeten maschinellen Ressourcen können direkt computergestützt aus den Annotationsmustern des Geschäftsprozess-Schemas extrahiert werden. Darüber hinaus wird ein weiteres Alleinstellungsmerkmal von *Imopro* im Vergleich zu existierenden Identifikationsmethoden beschrieben. Die entwickelte Methode kann durch Definition von anwenderspezifischen Wörterbüchern und Identifikationsregeln hinsichtlich der Extraktion domänenspezifischer Information aus den Inschriften erweitert werden. Abschließend werden in der *Analysephase* von *Imopro* die computergestützt extrahierten Informationen zur Weiterverarbeitung in den definierten Datenstrukturen abgelegt.

In der *Auswertungs- und Visualisierungsphase* der Methode *Imopro* wird die Integration der Datenstrukturen in einzelne Matrizen beschrieben. Hierbei wird pro Suchkriterium eine Matrix erstellt. Beispielsweise werden die extrahierten Informationen über die Lokationswechsel der Aufgabenträger in der Lokationsmatrix gespeichert. In den einzelnen Matrizen werden mittels komponentenbasierter Vergleiche die potenziell mobilen Teilprozesse markiert. Anschließend werden die vielfältigen Kombinationsmöglichkeiten in der intelligenten Zusammenführung der Matrizen und der daraus resultierenden maschinellen Identifikation potenziell mobiler Teilprozesse erläutert.

Im Anschluss an die Identifikation der mobilen Teilprozesse wurde auf die Notwendigkeit einer Analyse der wirkungsvollen Unterstützung der Aufgabenträger durch mobile IT im Geschäftsprozess eingegangen. In diesem Zusammenhang wurde die (quantitative und qualitative) Analyse von Geschäftsprozessen vorgestellt. Es wurde hergeleitet, dass herkömmliche Verfahren und im speziellen die herkömmliche simulative Analyse als Analyseverfahren für mobile Geschäftsprozesse bzw. die effiziente und effektive Nutzung mobiler IT zur Aufgabenausführung im Geschäftsprozess aufgrund der sich dynamisch ändernden Situationen mobiler Aufgabenträger nicht ausreicht. Dementsprechend wurde die innovative Methode "Hysimopro" zur hybriden Simulation mobiler Geschäftsprozesse als Lösungsansatz und Erweiterung der herkömmlichen simulativen Analyse vorgestellt. *Hysimopro* erlaubt sowohl eine virtuelle simulative Analyse der Geschäftsprozesse im Software-Werkzeug als auch eine simulative Analyse von Teilen der Geschäftsprozesse, die mit hoher Realitätsnähe ausgeführt werden. Die Strukturierung der Methode in spezielle Phasen, in der die Modellierenden bei der Vorbereitung der Geschäftsprozess-Schemata auf die Simulation und bei der Durchführung der Simulation signifikant unterstützt werden, wurde detailliert vorgestellt.

In der ersten Phase von *Hysimopro*, der *Interaktionsidentifikation*, wird beschrieben, wie die Modellierenden spezifische Aufgabenausführungen innerhalb der Geschäftsprozess-Schemata manuell für die hybride Simulation identifizieren. Die Aufgabenausführungen werden in der Realität simuliert und müssen dementsprechend auf Interaktionen mit hoch-mobilen Geräten abgebildet werden. Die Modellierenden entscheiden im Rahmen von *Hysimopro*, ob es sich um implizite Interaktionen, die eine Abfrage der Geräte-Sensorik des hoch-mobilen Geräts repräsentieren, oder explizite Interaktionen handelt. Explizite Interaktionen beschreiben Interaktionen der Aufgabenträger mit den hoch-mobilen Geräten wie bspw. eine Texteingabe, die durch Modalitäten wie Benutzungsoberflächen

unterstützt werden. Abschließend werden in der Phase der *Interaktionsidentifikation* von Hysimopro spezielle Dokumententypen, die sogenannten *hybriden Schemakomponenten*, eingeführt. Diese werden zur Kommunikation mit den hoch-mobilen Geräten verwendet und kapseln Informationen wie identifizierte Aufgabenausführungen, Art der Interaktion, gestaltete Benutzungsoberflächen, etc., die an die hoch-mobilen Geräten kommuniziert werden. Die Informationen in den hybriden Schemakomponenten werden in einer im Rahmen der Arbeit entwickelten deklarativen Auszeichnungssprache abstrakt dargestellt. Diese abstrakte Darstellungsform ermöglicht eine Aufwandsreduzierung in der Realisierung der hybriden Simulation, die in der Phase der *Interaktionsunterstützung* der Methode *Hysimopro* näher beschrieben wird.
Im Rahmen der motivierenden Einführung der Phase der *Interaktionsunterstützung* der Methode *Hysimopro* wird zunächst erläutert, dass es zur realitätsnahen Simulation expliziter Interaktionen der Aufgabenträger mit den hoch-mobilen Geräten der effizienten Gestaltung von Benutzungsoberflächen bedarf. Aus existierenden Studien wird hergeleitet, dass die Benutzungsoberflächen das Design und Layout der Benutzungsoberflächen des jeweiligen Betriebssystems des hoch-mobilen Geräts besitzen müssen, damit das Gerät effizient verwendet werden kann. Aus diesem Sachverhalt wird abgeleitet, dass für jedes in den Simulationsexperimenten zu verwendende hoch-mobile Gerät inklusive des jeweiligen Betriebssystems eine spezifische Benutzungsoberfläche durch die Modellierenden gestaltet werden muss. Da nicht davon ausgegangen werden kann, dass die Modellierenden domänenspezifische Programmierkenntnisse in der Gestaltung von Benutzungsoberflächen besitzen, wird eine systematische Vorgehensweise der Methode *Hysimopro* vorgestellt, die die Modellierenden in der Gestaltung von Benutzungsoberflächen signifikant unterstützt. Die Modellierenden besitzen die Möglichkeit, entweder eine bereits gestaltete Benutzungsoberfläche, die von *Hysimopro* zur Verfügung gestellt wird, zu verwenden oder Benutzungsoberflächen durch eine innovative Form des Prototyping individuell und anwenderfreundlich selbst zu gestalten. Um eine Realisierung der einmaligen Gestaltung und mehrfachen Verwendung der Benutzungsoberflächen im betriebssystemspezifischen Design und Layout auf den hoch-mobilen Geräten zu ermöglichen, bietet *Hysimopro* neuartige Konzepte, um Oberflächen nach deren Gestaltung in Beschreibungen, formatiert in der bereits erwähnten

Auszeichnungssprache, transformieren zu können. Diese Transformation erlaubt eine mehrfache Interpretation der Beschreibung einer einmalig gestalteten Benutzungsoberfläche auf den hoch-mobilen Geräten. Die Interpretation inklusive der Abbildung der in der Auszeichnungssprache beschriebenen Steuerelemente auf betriebssystemspezifische Steuerelemente eines hoch-mobilen Geräts werden in der Einführung der Phase *Interaktionsinterpretation* von *Hysimopro* näher erläutert. In der Phase werden entsprechende Konzepte beschrieben, mit deren Unterstützung die hybriden Schemakomponenten, die die Information über die zu realisierenden Interaktionen und die Beschreibung der Benutzungsoberflächen beinhalten, während der Simulation auf die hoch-mobilen Geräte übertragen werden können. Die Ergebnisse der Interaktion sowie weitere Informationen, bspw. über die Sensoren der Geräte, werden im Rahmen der Phase der *Interaktionsinterpretation* in die virtuelle computergestützte Simulation im Software-Werkzeug rückgeführt und können dort zur Verbesserung des Geschäftsprozesses von den Modellierenden genutzt werden.

Im Anschluss an die Vorstellung der Methode *Hysimopro* wurde auf die prototypische Umsetzung der Methoden *Imopro* und *Hysimopro* im Software-Werkzeug *Nemti* eingegangen. Dessen Entwicklung wurde als Plugin für das Business Process Engineering Werkzeug Horus Business Modeler realisiert. *Nemti* konnte vollständig in den Horus Business Modeler integriert werden.

Abschließend wurde die Evaluation der Methoden in deren Anwendung im Rahmen von einem Forschungsprojekt und von zwei Praxisprojekten beschrieben. In der Evaluation konnte dargestellt werden, welche Vorteile und Schwächen die Methoden *Imopro* und *Hysimopro* im Vergleich zu herkömmlichen Ansätzen zur Identifikation von mobilen Teilprozessen und zur Analyse von mobilen Geschäftsprozessen besitzen und welche signifikanten Verbesserungen durch die Verwendung von *Imopro* und *Hysimopro* in den Projekten erzielt werden konnten.

8.2 Kritische Betrachtung der Ergebnisse und Ausblick auf weitere Forschungsfragen

Mit der Methode *Imopro* und der Methode *Hysimopro* werden zwei wesentliche Problemstellungen in der effizienten und effektiven Unterstützung von Unternehmensmitarbeitern mittels mobiler IT gelöst. *Imopro* erlaubt eine kriterienbasierte computergestützte Identifikation mobiler Teilprozesse, die individuell erweiterbar und konfigurierbar ist. Mittels der systematischen Vorgehensweise während der Extraktion von Information und deren intelligenter Verknüpfung hin zu Empfehlungen potenziell mobiler Teilprozesse werden die Modellierenden in der Identifikation mobiler Teilprozesse signifikant unterstützt. Grundsätzliche Zielsetzung muss allerdings die vollständige Automation in der Identifikation mobiler Teilprozesse sein. Eine vollständig automatisierte Identifikation setzt aber "fehlerfreie" Geschäftsprozess-Schemata voraus. Fehlerfrei bedeutet in diesem Zusammenhang auch, dass die Inschriften präzise die jeweiligen Aufgabenausführungen beschreiben und wiedergeben. Da dies in tatsächlichen Geschäftsprozess-Schemata aus der Praxis nicht vorausgesetzt werden kann, wurde mit *Imopro* der Ansatz der computergestützten Empfehlung potenziell mobiler Teilprozesse realisiert, der eine abschließende Validierung der Teilprozesse durch die Modellierenden erfordert. In diesem Zusammenhang wäre es denkbar, dass *Imopro* durch eine Analyse der Inschriften der Stellen erweitert werden könnte oder mittels Verfahren der Computerlinguistik (vgl. exemplarisch [JuM08, Lob10]) verbessert werden könnte. Im Rahmen weiterer Forschungsarbeiten könnte der Nutzen der Identifikation "lokativer Prädikate" in den Inschriften eines Geschäftsprozess-Schemas untersucht werden (vgl. exemplarisch [Nag10]). Lokative Prädikate werden nur in Verbindung mit einer Lokation in einem Satz verwendet [Nag10]. Es ist dann zu untersuchen, inwieweit eine Analyse hinsichtlich der Existenz lokativer Prädikate einen Mehrwert für die Methode *Imopro* bedeuten würde.

Die Methode *Hysimopro* adressiert mit der Erweiterung der herkömmlichen computergestützten simulativen Analyse das Problem der realitätsnahen Simulation eines Geschäftsprozess-Schemas. Hierbei repräsentiert *Hysimopro* eine innovative Methode, um die Unterstützung eines Aufgabenträgers durch hoch-mobile Geräte in dessen Aufgabenausführung realitätsnah zu analysieren. Die Tatsache, dass es aufgrund der Voraussetzung einer Netzwerkverbindung zu den hoch-mobilen Geräten auch während der Simulation zu Abbrüchen kommen kann, wird in *Hysimopro* bisher vernachlässigt. In diesem Zusammenhang müssen adäquate Methoden entwickelt werden, die die Kompensation eines Abbruchs der Netzwerkverbindung im Rahmen der hybriden Simulation ermöglichen. Eine weitere bisher nicht untersuchte Herausforderung ist die Verarbeitung "neuer"

Daten, die durch die Protokollierung situationsabhängiger Information während der Aufgabenausführung ermittelt werden können. Die erfassten Daten könnten bspw. nicht nur zur Verbesserung der Geschäftsprozesse verwendet, sondern evtl. auch in Mobile Business Intelligence Systemen weiter verarbeitet und zur zukünftigen Entscheidungsunterstützung verwendet werden [BBD09]. Darüber hinaus wäre eine Untersuchung der möglichen Ausführung der Geschäftsprozesse durch eine entsprechende Workflow-Engine denkbar, da im Rahmen der hybriden Simulation bereits wesentliche Anteile der mobilen Komponenten (bspw. die Benutzungsoberflächen zur effektiven und effizienten Nutzung der hoch-mobilen Geräte), die zur Unterstützung der Aufgabenausführungen verwendet werden, gestaltet und entworfen werden.

Die maschinelle Beratung bei der Identifikation mobiler Teilprozesse in Geschäftsprozessen und deren realitätsnahe simulative Analyse hinsichtlich der effizienten und effektiven Unterstützung der mobilen Aufgabenträger durch die mobile IT wurde bisher methodisch nicht unterstützt. Die im Rahmen dieser Arbeit entwickelten Methoden *Imopro* und *Hysimopro* adressieren diese Problemstellungen. *Imopro* liefert eine Lösung zur computergestützten Identifikation mobiler Teilprozesse, die die Modellierenden in der Identifikation signifikant unterstützt. *Hysimopro* schließt an diese Lösung an und ermöglicht eine realitätsnahe Simulation mobiler Geschäftsprozesse mit akzeptablem Aufwand zur wirkungsvollen Analyse der Unterstützung durch die Nutzung mobiler IT in der Aufgabenausführung im Geschäftsprozess. Sowohl die Methode *Imopro* als auch die Methode *Hysimopro* wurden in ihrer prototypischen Umsetzung in mehreren Projekten bereits erfolgreich verwendet und sollen auch in unterschiedlichen Anschlussprojekten weiterhin zum Einsatz kommen.

9 Literaturverzeichnis

[AAH97] Abowd, G. D.; Atkeson, C. G.; Hong, J.; Long, S.; Kooper, R.; Pinkerton, M.: Cyberguide: a mobile context-aware tour guide. In: Wireless Network, Vol. 3(5); S. 421-433, 1997.

[AaH04] van der Aalst, W.; van Hee, K.: Workflow management. Models, methods and systems. MIT Press, Cambridge, Mass., 2004.

[Aal95] van der Aalst, W.: A class of Petri nets for modeling and analyzing business processes. Eindhoven University of Technology, Department of Mathematics and Computing Science, 1995.

[Aal98] van der Aalst, W.: The Application of Petri Nets to Workflow Management. In: The Journal of Circuits, Systems and Computers, Vol. 8(1); S. 21-66, 1998.

[Aal99] van der Aalst, W.: Formalization and Verification of Event-driven Process Chains. In: Information and Software Technology 1999; S. 639–650.

[Aal03] van der Aalst, W.: Patterns and XPDL: A Critical Evaluation of the XML Process Definition Language. In: BPMcenter.org Hrsg.: BPM Center Report BPM-03-09, 2003.

[Aav04] van der Aalst, W.; van Hee, K.: Workflow management. Models, methods and systems. MIT Press, Cambridge, Mass., 2004.

[ABB01] R.T. Azuma, Y. Baillot, R. Behringer, S. Feiner, S. Julier, B. MacIntyre, Recent advances in augmented reality, Computer Graphics and Applications, IEEE, 21 (2001) S. 34-47.

[Abe90] Abel, D.: Petri-Netze für Ingenieure. Modellbildung und Analyse diskret gesteuerter Systeme. Dissertation. u.d.T.: Abel, Dirk: Modellbildung und Analyse ereignisorientierter Systeme mit Petri-Netzen--Aachen, 1987. Springer, Berlin, 1990.

[AbM05] Abran, A.; Moore, J. W.: Guide to the software engineering body of knowledge. 2004 version. IEEE Computer Society Press, Los Alamitos CA, 2005.

[Acc10] Accenture: "Mobile Web Watch"-Studie 2010. http://www.accenture.com/SiteCollectionDocuments/Local_Germany/PDF/Accenture_Mobile_Web_Watch_2010.pdf, Zuletzt geprüft am: 13.01.2012.

[ADO00] van der Aalst, W.M.P.; Desel, J.; Oberweis, A.: Business process management. Models, techniques, and empirical studies. Springer-Verlag; Springer, Berlin, 2000.

[AhK10] Ahlrichs, F.; Knuppertz, T.: Controlling von Geschäftsprozessen. Prozessorientierte Unternehmenssteuerung umsetzen. Schäffer-Poeschel Verlag, Stuttgart, 2010.

[All09a] Allweyer, T.: Kollaborationen, Choreographien und Konversationen in BPMN 2.0. http://kurze-prozesse.de/blog/wp-content/uploads/2009/06/kollaborationen-choreographien-und-konversationen-in-bpmn-20.pdf, Zuletzt geprüft am: 16.05.2011.

[All09b] Allweyer, T.: Bpmn 2.0 - Business Process Model and Notation. Books on Demand GmbH, 2009.

[All10a] Allweyer, T.: Bpmn 2.0. Books on Demand GmbH, 2010.

[All10b] Allweyer, T.: Geschäftsprozessmanagement. Strategie, Entwurf, Implementierung, Controlling. W3L-Verlag, Herdecke, 2010.

[App11] Apple® Inc.: MKReverseGeocoder Class Reference. http://developer.apple.com/library/ios/#documentation/MapKit/Reference/MKReverseGeocoder_Class/Reference/Reference.html#//apple_ref/doc/uid/TP40008323, Zuletzt geprüft am: 28.01.2012.

[App12] Apple® Inc.: iOS Human Interface Guidelines. http://developer.apple.com/library/ios/#documentation/userexperience/conceptual/mobilehig/Introduction/Introduction.html, Zuletzt geprüft am: 17.03.2012.

[ATK03] van der Aalst, W.; Ter Hofstede, A. H. M.; Kiepuszewski, B.; Barros, A. P.: Workflow Patterns. In: Distributed Parallel Databases, Vol. 14; S. 5-51, 2003.

[ATW03] van der Aalst, W.; Ter Hofstede, A. H. M.; Weske, M.: Business Process Management: A Survey. In: Proceedings of the 1st International 2003; S. 1-12.

[Ban98] Banks, J.: Handbook of simulation: principles, methodology, advances, applications, and practice. Wiley, 1998.

[Bar02] Barnes, S. J.: The mobile commerce value chain: analysis and future developments. In: International Journal of Information Management, Vol. 22(2); S. 91-108, 2002.

[Bar09] Barney, L.: Developing hybrid applications for the iPhone: using HTML, CSS, and JavaScript to build dynamic apps for the iPhone. Addison-Wesley, 2009.

[Bas04] Basole, R. C.: The value and impact of mobile information and communication technologies. Whitepaper, http://www.ti.gatech.edu/docs/ BasoleIFAC2004MobileEnterprises.pdf, 2004.

[BaT04] Bazijanec, B.; Turowski, K.: Potenziale des Mobile Commerce. In: Pousttchi K.; Turowski, K. Hrsg.: Mobile Economy - Transaktionen, Prozesse, Anwendungen und Dienste, Proceedings zum 4. Workshop Mobile Commerce, Universität Augsburg, 2.-3. Februar 2004; S. 7–11, 2004.

[Bau96] Baumgarten, B.: Petri-Netze. Grundlagen und Anwendungen. Spektrum Akademischer-Verlag, Heidelberg, 1996.

[BBD09] Bauer, H. H.; Bryant, M. D.; Dirks, T.: Erfolgsfaktoren des Mobile Marketing. Springer, Berlin, 2009.

[BCH03] Billington, J.; Christensen, S.; van Hee, K.; Kindler, E.; Kummer, O.; Petrucci, L.; Post, R.; Stehno, C.; Weber, M.: The Petri Net Markup Language: Concepts, Technology, and Tools. In: Applications and Theory of Petri Nets 2003: 24th International Conference; S. 1023-1024, 2003.

[BDA05] Bourque, P.; Dupuis, R.; Abran, A.: Guide to the software engineering body of knowledge. 2004 version. IEEE Computer Society Press, Los Alamitos CA, 2005.

[BDD12] Bloem, J.; Doorn, M. v.; Duivestein, S.; Sjöström, A.: The App Effect. Sogeti, Line up boek en media bv, the Netherlands, 2012.

[BDH09] Becker, J.; Delfmann, P.; Herwig, S.; Lis, L.; Stein, A.: Towards Increased Comparability of Conceptual Models - Enforcing Naming Conventions through Domain Thesauri and Linguistic Grammars. In: de Marco, M. et al. Hrsg.: 17th European Conference on Information Systems (ECIS 2009); S. 2636–2647, 2009.

[BeB96] Bellotti, V.; Bly, S.: Walking away from the desktop computer: distributed collaboration and mobility in a product design team. In: ACM Hrsg.: Proceedings of the 1996 ACM conference on Computer supported cooperative work; S. 209-218, 1996.

[BeK00] Becker, J.; Kahn, D.: Der Prozess im Fokus. In: Becker, J. et al. Hrsg.: Prozessmanagement. Ein Leitfaden zur prozessorientierten Organisationsgestaltung; S. 15–44, 2000.

[BFa05] B'Far, R.: Mobile computing principles: designing and developing mobile applications with UML and XML. Cambridge University Press, 2005

[BFS87] Bratley, P.; Fox, B. L.; Schrage, L. E.: A guide to simulation. Springer-Verlag, New York, NY, 1987.

[BHS10] Büllingen, F.; Hillebrand, A.; Schäfer, R. G.: Nachfragestrukturen und Entwicklungspotenziale von Mobile Business-Lösungen im Bereich KMU. http://www.simobit.de/de/intern-pdf/simobit_standortanalyse_WIK-Consult_Sept_2010.pdf, Zuletzt geprüft am: 26.10.2011.

[BMR07] Ballagas, R.; Memon, F.; Reiners, R.; Borchers, J.: iStuff mobile: rapidly prototyping new mobile phone interfaces for ubiquitous computing. In: Proceedings of the SIGCHI conference on Human factors in computing systems; S. 1107-1116, 2007.

[BMW09] Becker, J.; Mathas, C.; Winkelmann, A.; Günther, O.: Geschäftsprozessmanagement. Springer-Verlag, Berlin, 2009.

[Bon05] Bonnet, H.: Lexikon der ägyptischen Religionsgeschichte. Nikol, Hamburg, 2005.

[Bos92] Bossel, H.: Simulation dynamischer Systeme. Grundwissen, Methoden, Programme. Vieweg, Braunschweig, Wiesbaden, 1992.

[Bos02] Boswell, D.: Creating applications with Mozilla. O'Reilly, Beijing, 2002.

[BPK11] Bub, U.; Picot, A.; Krcmar, H.: Die Zukunft der Telekommunikation. In: Wirtschaftsinformatik, Vol. 53; S. 253–255, 2011.

[Bre99] Brézillon, P.: Context in Artificial Intelligence: I. A Survey of the Literature. In: Computers and Artificial Intelligence, Vol. 18(4), 1999.

[BRS95] Becker, J.; Rosemann, M.; Schütte, R.: Grundsätze ordnungsmäßiger Modellierung. In: Wirtschaftsinformatik, Vol. 37(5); S. 435–445, 1995.

[BRS04] Ballagas, R.; Rohs, M.; Sheridan, J.; Borchers, J.: BYOD: Bring Your Own Device. In: Ubicomp Hrsg.: UbiComp 2004 Workshop on Ubiquitous Display Environments, 2004.

[BRv00] Becker, J.; Rosemann, M.; von Uthmann, C.: Guidelines of Business Process Modeling. In: van der Aalst, W. et al. Hrsg.: Business Process Management: Models, Techniques and empirical studies; S. 30-49, 2000.

[BuC02] Butts, L.; Cockburn, A.: An Evaluation of Mobile Phone Text Input Methods. In: Grundy, J.; Calder, P. Hrsg.: Third Australasian User Interface Conference (AUIC2002), 2002.

[BuG02] Bußmann, H.; Gerstner-Link, C.: Lexikon der Sprachwissenschaft. Kröner, Stuttgart, 2002.

[Bux95] Buxton, W.: Integrating the periphery and context: A new taxonomy of telematics. In: Morgan Kaufman Hrsg.: Proceedings of the Graphics Interface Conference; S. 239-246, 1995.

[BZC06] Barton, J. J.; Zhai, S.; Cousins, S. B.: Mobile Phones Will Become The Primary Personal Computing Devices. In: IEEE Computer Society Hrsg.: Proceedings of the Seventh IEEE Workshop on Mobile Computing Systems & Applications; S. 3-9, 2006.

[CEW11] Castledine, E.; Eftos, M.; Wheeler, M.: Build Mobile Websites and Apps for Smart Devices. SitePoint, 2011.

[ChK02] Chen, G.; Kotz, D.: Context Aggregation and Dissemination in Ubiquitous Computing Systems. In: Mobile Computing Systems and Applications, IEEE Workshop, Vol. 0; S. 105, 2002.

[ChK00] Chen, G.; Kotz, D.: A Survey of Context-Aware Mobile Computing Research. Dartmouth College, Hanover, NH, USA, 2000.

[ChL11a] Charland, A.; Leroux, B.: Mobile application development: web vs. native. In: Communication. ACM, Vol. 54; S. 49-53, 2011.

[Chl11b] Chlebek, P.: Praxis der User Interface-Entwicklung: Informationsstrukturen, Designpatterns, Vorgehensmuster. Vieweg+Teubner Verlag, 2011.

[Cle11] Clevenger, N.: Ipad in the Enterprise: Developing and Deploying Business Applications. John Wiley & Sons, 2011.

[CMZ12] Cozza, R.; Milanesi, C.; Zimmermann, A.: Market Share. Mobile Devices by Region and Country, 2012.

[Com11] Comscore: The comScore 2010 Mobile Year in Review. http://www2.comscore.com/l/1552/core2010MobileYearinReview-pdf/QOU55, Zuletzt geprüft am: 21.07.2011.

[CRC10] Cooper, A.; Reimann, R.; Cronin, D.; Engel, R.: About Face: Interface und Interaction Design. mitp-Verlag, 2010.

[CWF11] Calvary, G.; Wasseige, O. d.; Faure, D.; Vanderdonckt, J.: User Interface eXtensible Markup Language SIG. In: Pedro Campos et al. Hrsg.: Human-Computer Interaction - INTERACT 2011 - 13th IFIP TC 13 International Conference, Lisbon, Portugal; S. 693–695, 2011.

[Dad96] Dadam, P.: Verteilte Datenbanken und Client/Server-Systeme. Springer, 1996.

[Dah05] Dahm, M.: Grundlagen der Mensch-Computer-Interaktion. Pearson Studium, 2005.

[DAP97] Dey, A. K.; Abowd, G. D.; Pinkerton, M.; Wood, A.: CyberDesk: A Framework for Providing Self-Integrating Ubiquitous Software Services. In: ACM Hrsg.: Symposium on User Interface Software and Technology; S. 75–76, 1997.

[Dav97] Davenport, T. H.: Process innovation. Reengineering work through information technology. Harvard Business School Press, Boston, Mass., 1997.

[DDv11] Dijkman, R.; Dumas, M.; van Dongen, B.; Käärik, R.; Mendling, J.: Similarity of business process models: Metrics and evaluation. In: Information Systems, Vol. 36; S. 498-516, 2011.

[Dec11] Decker, M.: Modellierung ortsabhängiger Zugriffskontrolle für mobile Geschäftsprozesse. KIT Scientific Publishing, 2011.

[DeO96] Desel, J.; Oberweis, A.: Petri-Netze in der Angewandten Informatik - Einführung, Grundlagen und Perspektiven. In: Wirtschaftsinformatik, Vol. 38(4); S. 359–367, 1996.

[DeS08] Decker, G.; Schreiter, T.: OMG releases BPMN 1.1 - What‘s changed? In: EMISA Forum, Vol. 28(2); S. 12–20, 2008.

[Deu12] Deutsche Gesellschaft für Evaluation e.V.: Methoden der Evaluation. http://www.alt.degeval.de/calimero/tools/proxy.php?id=24183, Zuletzt geprüft am: 16.05.2012.

[Dey00] Dey, A. K.: Providing architectural support for building context-aware applications. Technical Report. Georgia Institute of Technology, Atlanta, GA, USA, 2000.

[Dey01] Dey, A. K.: Understanding and Using Context. In: Personal Ubiquitous Computing, Vol. 5(1); S. 4-7, 2001.

[Dix04] Dix, A.: Human-computer interaction. Pearson Prentice-Hall, 2004.

[DHR08] Deibert, S.; Heinzl, A.; Rothlauf, F.: The impact logic of mobile technology usage on job production. In: AMCIS 2008 Proceedings, 2008.

[DMS12] O'Donnell, B.; Mainelli, T.; Stofega, W.; Shirer, M.: Nearly 1 Billion Smart Connected Devices Shipped in 2011 with Shipments Expected to Double by 2016. http://www.idc.com/getdoc.jsp?containerId=prUS23398412, Zuletzt geprüft am: 20.08.2012.

[DoD90] Domschke, W.; Drexl, A.: Einführung in Operations Research. Springer, 1990.

[Dom11] Dombrowski, B.: Potenziale und Herausforderungen des Geschäftsprozessmanagements im Enterprise 2.0 unter der Berücksichtigung der Dynamik unternehmerischer Systeme. Logos Verlag Berlin, 2011.

[Dou68] Douglas C. Engelbart: SRI-ARC. A technical session presentation at the Fall Joint Computer Conference in San Francisco NLS demo '68: The computer mouse debut. http://sloan.stanford.edu/MouseSite/1968Demo.html, Zuletzt geprüft am: 19.07.2011.

[DOZ97] Desel, J.; Oberweis, A.; Zimmer, T.: A test case generator for the validation of high-level Petri nets. In: IEEE 6th International Conference on Emerging Technologies and Factory Automation proceedings; S. 327–332, 1997.

[DRR04] Desel, J.; Reisig, W.; Rozenberg, G.: Lectures on concurrency and Petri nets. Advances in Petri nets. Springer, Berlin, 2004.

[EGL99] Elzinga, D. J.; Gulledge, T. R.; Lee, C.-Y.: Business process engineering. Advancing the state of the art. Kluwer Academic Publishers, Norwell, Massachusetts, 1999.

[Eng04] Engel, U.: Deutsche Grammatik. Neubearbeitung. Iudicium, München, 2004.

[EOK95] Elgass, P.; Oberweis, A.; Krcmar, H.: Von der informalen zur formalen Geschäftsprozeßmodellierung. Arbeitspapiere, Lehrstuhl für Wirtschaftsinformatik, Universität Hohenheim, Band 73, 1995.

[Ery11] Eryilmaz, E.: Identifikation mobiler Teilprozesse in Geschäftsprozessen. Diplomarbeit, Fakultät für Wirtschaftswissenschaften des KIT, Karlsruhe, 2011.

[EVP01] Eisenstein, J.; Vanderdonckt, J.; Puerta, A.: Applying model-based techniques to the development of UIs for mobile computers. In: Proceedings of the 6th international conference on intelligent user interfaces; S. 69-76, 2001.

[Fae10] Faehling, G.: ACTA 2010 - Kommunikationsleistung digitaler Medien im multimedialen Kontext. http://www.acta-online.de/praesentationen/acta_2010/acta_2010_Digitale_Medien.pdf, Zuletzt geprüft am: 14.01.2012.

[FaV10] Faure, D.; Vanderdonckt, J.: User interface extensible markup language. In: Noi Sukaviriya et al. Hrsg.: Proceedings of the 2nd ACM SIGCHI Symposium on Engineering Interactive Computing System, EICS 2010, Berlin, Germany; S. 361–362, 2010.

[FNT05] Frank, C. E.; Naugler, D.; Traina, M.: Teaching user interface prototyping. In: Journal of Computing Sciences in Colleges, Vol. 20; S. 66-73, 2005.

[FrG08] Freund, J.; Götzer, K.: Vom Geschäftsprozess zum Workflow: Ein Leitfaden für die Praxis. Hanser Fachbuchverlag, 2008.

[Fri99] Friedewald, M.: Der Computer als Werkzeug und Medium: die geistigen und technischen Wurzeln des Personal Computers. Verlag für Geschichte der Naturwissenschaften und der Technik, 1999.

[FrR10] Freund, J.; Rücker, B.: Praxishandbuch BPMN 2.0. Hanser Fachbuchverlag; Hanser, München, 2010.

[Fuc08] Fuchs, F.: Semantische Modellierung und Reasoning für Kontextinformationen in Infrastrukturnetzen, Cuvillier Verlag, München, 2008.

[Fuc09] Fuchß, T.: Mobile Computing. Grundlagen und Konzepte für mobile Anwendungen. Hanser, Carl, München, 2009.

[Gad10] Gadatsch, A.: Grundkurs Geschäftsprozess-Management. Methoden und Werkzeuge für die IT-Praxis: eine Einführung für Studenten und Praktiker. GWV Fachverlage GmbH Wiesbaden, Wiesbaden, 2010.

[Gam11] Gamma, E.: Design patterns. Elements of reusable object-oriented software. Addison-Wesley, Boston, 2011.

[GaR03] Gamma, E.; Riehle, D.: Entwurfsmuster. Elemente wiederverwendbarer objektorientierter Software. Addison-Wesley, München, 2003.

[GeG99] Gehring, H.; Gadatsch, A.: Ein Rahmenkonzept für die Modellierung von Geschäftsprozessen und Workflows. Fernuniversität Hagen, Hagen, 1999.

[GeL81] Genrich, H. J.; Lautenbach, K.: System Modelling with High-Level Petri Nets. In: Theoretical Computer Science 13, Vol. 12(1); S. 109-136, 1981.

[Gen87] Genrich, H. J.: Predicate/Transition Nets. In: Brauer, W. Hrsg.: Petri Nets: Central Models and Their Properties; S. 207–247, 1987.

[GGS05] Georgiev, T.; Georgieva, E.; Smrikarov, A.: A general classification of mobile learning systems. In: CompSysTech Hrsg.: International Conference on Computer Systems and Technologies; S. 14.1-14.6, 2005.

[GGV09] Guerrero-Garcia, J.; Gonzalez-Calleros, J. M.; Vanderdonckt, J.; Munoz-Arteaga, J.: A Theoretical Survey of User Interface Description Languages: Preliminary Results. In: Proceedings of the 2009 Latin American Web Congress (la-web 2009); S. 36-43, 2009.

[Gie03] Giesecke, S.: Kostensenkung durch elektronische Anträge - welche Erfolgsfaktoren entscheiden die Rationalisierung? In: Dittrich, K. R. et al. Hrsg.: GI Jahrestagung (1); S. 176–180, 2003.

[GiV03] Girault, C.; Valk, R.: Petri nets for systems engineering: a guide to modeling, verification, and applications. Springer, 2003.

[GKK07] Gruhn, V.; Köhler, A.; Klawes, R.: Modeling and Analysis of Mobile Business Processes. In: Journal of Enterprise Information Management, Vol. 20(6); S. 657–676, 2007.

[GoC09] Goebel, C.; Tribowski, C.; Günther, O.; Tröger, R.; Nickerl, R.: RFID in the Supply Chain: How to Obtain a Positive ROI - The Case of Gerry Weber. In: Cordeiro, L.; Filipe, J. Hrsg.: ICEIS 2009 - Proceedings of the 11th International Conference on Enterprise Information Systems, Volume ISAS, Milan, Italy, May 6-10, 2009; S. 95–102, 2009.

[Gol08] Golding, P.: Next generation wireless applications: creating mobile applications in a Web 2.0 and Mobile 2.0 world. J. Wiley & Sons, 2008.

[GöI93] Görner, C.; Ilg, R.: Evaluation der Mensch-Rechner-Schnittstelle. In: Ziegler, J.; Ilg, R. Hrsg.: Benutzergerechte Software-Gestaltung. Standards, Methoden und Werkzeuge; S. 189–206, 1993.

[Gom09] Gomm, R.: Case study method. Key issues, key texts. SAGE, Los Angeles, 2009.

[Goo12] Google Inc.: User Interface Guidelines. http://developer.android.com/guide/practices/ui_guidelines/ index.html, Zuletzt geprüft am: 17.03.2012.

[GoR00] Goldfarb, C. F.; Rubinsky, Y.: The SGML handbook. Clarendon Press, Oxford, 2000.

[GoS81] Gomaa, H.; Scott, D. B. H.: Prototyping as a tool in the specification of user requirements. In: Proceedings of the 5th international conference on Software engineering; S. 333-342, 1981.

[GSV94] Gaitanides, M.; Scholz, R.; Vrohlings, A.: Prozeßmanagement. Konzepte, Umsetzungen und Erfahrungen des Reengineering. Hanser, München, 1994.

[GuP05] Gumpp, A.; Pousttchi, K.: The "Mobility-M"-framework for Application of Mobile Technology in Business Processes. In: Cremers, A. B.; Manthey, R.; Martini, P.; Steinhage, V. Hrsg.: INFORMATIK 2005 - Informatik LIVE! Band 2, Beiträge der 35. Jahrestagung der Gesellschaft für Informatik e.V. (GI), Bonn; S. 523–527, 2005.

[HaC93] Hammer, M.; Champy, J.: Reengineering the corporation. A manifesto for business revolution. Harper Business, New York, NY, 1993.

[HaL93] Habermann, H.; Leymann, F.: Repository. Eine Einführung. Oldenburg, München, 8.1, 1993.

[Han10] Handelsblatt: Telekommarkt Europa 2011, In: Handelsblatt. http://www.tk-europa.de/presse/pressemitteilungen/pm03/, Zuletzt geprüft am: 12.12.2010.

[HaS04] Hagen, C. R.; Stucky, W.: Business-Process- und Workflow-Management. Prozessverbesserung durch Prozess-Management. B.G. Teubner, 2004.

[Haß01] Haß, U.: Deutsche Wörterbücher - Brennpunkt von Sprach- und Kulturgeschichte. De Gruyter, Berlin, 2001.

[HCK03] Hammer, M.; Champy, J.; Künzel, P.: Business reengineering. Die Radikalkur für das Unternehmen. Campus Verlag GmbH, Frankfurt/Main, 2003.

[HeB91] Helbig, G.; Buscha, J.: Deutsche Grammatik: ein Handbuch für den Ausländerunterricht. Langenscheidt, 1991.

[Heg03] Hegner, M.: Methoden zur Evaluation von Software. IZ, Informationszentrum Sozialwissenschaften, 2003.

[Hei00] Heinrich, L. J.: Evaluation und Evaluationsforschung in der Wirtschaftsinformatik. Handbuch für Praxis, Lehre und Forschung. Oldenburg, München, 2000.

[HeJ04] Henry-Labordère, A.; Jonack, V.: SMS and MMS interworking in mobile networks. Artech House, 2004.

[Hel08] Helbig, H.: Wissensverarbeitung und die Semantik der natürlichen Sprache. Springer, 2008.

[Hel99] Helal, A. A.: Any time, anywhere computing: mobile computing concepts and technology. Kluwer Academic, 1999.

[HeM11] Heitmann, F.; Moldt, D.: Complete Overview of Petri Nets Tools Database. http://www.informatik.uni-hamburg.de/TGI/PetriNets/tools/complete_db.html, Zuletzt geprüft am: 27.01.2012.

[HeV02] van der Heijden, H.; Valiente, P.: On the Value of Mobile Business Processes: Evidence from Sweden and the Netherlands. Working Paper, 2002.

[Hew92] Hewett, T.: ACM SIGCHI curricula for human-computer interaction. Association for Computing Machinery, New York, 1992.

[Hew11] Hewlett-Packard Development Company, L. P.: Human Interface Guidelines. http://developer.palm.com/index.php?option=com_content&view=article&id=1836, Zuletzt geprüft am: 17.03.2012.

[HKL03] Hegering, H.-G.; Küpper, A.; Linnhoff-Popien, C.; Reiser, H.: Management Challenges of Context-Aware Services in Ubiquitous Environments. In: Brunner, M.; Keller, A. Hrsg.: Self-Managing Distributed Systems, 14th IFIP/IEEE International Workshop on Distributed Systems: Operations and Management, DSOM 2003, Heidelberg; S. 246–259, 2003.

[HMP04] Hevner, A. R.; March, S. T.; Park, J.; Ram, S.: Design science in information systems research. In: MIS Q., Vol. 28(1); S. 75-105, 2004.

[HMZ11] Hussmann, H.; Meixner, G.; Zuehlke, D.: Model-Driven Development of Advanced User Interfaces. Springer, 2011.

[Hof09] Hoffmann, L.: Handbuch der deutschen Wortarten. Walter de Gruyter, 2009.

[Hol10] Holzer, E.: Controlling. Ein Managementinstrument für die erfolgreiche Steuerung von Gesundheitsbetrieben. facultas.wuv, Wien, 2010.

[Hol03] Holzinger, A.: Finger instead of mouse: touch screens as a means of enhancing universal access. In: Proceedings of the User interfaces for all 7th international conference on Universal access: theoretical perspectives, practice, and experience; S. 387-397, 2003.

[Hon02] Hong, J. I.: The context fabric: an infrastructure for context-aware computing. In: ACM Hrsg.: Conference on Human factors in computing systems; S. 554-555, 2002.

[HPS00] Hinckley, K.; Pierce, J.; Sinclair, M.; Horvitz, E.: Sensing techniques for mobile interaction. In: Proceedings of the 13th annual ACM symposium on User interface software and technology; S. 91-100, 2000.

[Hra05] Hradil, S.: Soziale Ungleichheit in Deutschland. Leske + Budrich, 2005.

[Int11] International Organization for Standardization: ISO/IEC 9126-1:2001. http://www.iso.org/iso/catalogue_detail.htm?csnumber=22749, Zuletzt geprüft am: 17.04.2012.

[ISO00] ISO/IEC 15909: High-level Petri Nets - Concepts, Definitions and Graphical Notation. http://www.petrinets.info/docs/pnstd-4.7.1.pdf, Zuletzt geprüft am: 23.04.2011.

[JaN06] Jansen-vullers, M.; Netjes, M.: Business process simulation – a tool survey. In: Workshop and Tutorial on Practical Use of Coloured Petri Nets and the CPN, 2006.

[JaR01] James, C. L.; Reischel, K. M.: Text input for mobile devices: comparing model prediction to actual performance. In: Proceedings of the SIGCHI conference on Human factors in computing systems; S. 365-371, 2001.

[JaS07] Jaimes, A.; Sebe, N.: Multimodal human-computer interaction: A survey. In: Computer Vision Image Understanding, Vol. 108; S. 116-134, 2007.

[JaS05] Jaimes, A.; Sebe, N.: Multimodal Human Computer Interaction: A Survey. In: Springer Hrsg.: International Conference on Computer Vision in Human-Computer; S. 1–15, 2005.

[JHE99] Jing, J.; Helal, A. S.; Elmagarmid, A.: Client-server computing in mobile environments. In: ACM Computing Surveys, Vol. 31; S. 117-157, 1999.

[JKW00] Jüngel, M.; Kindler, E.; Weber, M.: Towards a Generic Interchange Format for Petri Nets. In: Bastide, R. et al. Hrsg.: Meeting on XML/SGML based Interchange Formats for Petri Nets, 21. ICATPN; S. 1–5, 2000.

[JMS06] Juric, M. B.; Mathew, B.; Sarang, P.: Business process execution language for web services. An architect and developer's guide to orchestrating web services using BPEL4WS. Packt Publishing, Birmingham, 2006.

[JoB10] Jochem, R.; Balzert, S.: Prozessmanagement. Strategien, Methoden, Umsetzung. Symposion Publishing GmbH, Düsseldorf, 2010.

[JoM06] Jones, M.; Marsden, G.: Mobile interaction design. Wiley, Chichester, 2006.

[JuM08] Jurafsky, D.; Martin, J. H.: Speech and language processing. An introduction to natural language processing, computational linguistics, and speech recognition. Prentice Hall, Upper Saddle River, NJ, 2008.

[KAD09] Kin, K.; Agrawala, M.; DeRose, T.: Determining the benefits of direct-touch, bimanual, and multifinger input on a multitouch workstation. In: Proceedings of Graphics Interface 2009; S. 119-124, 2009.

[Kak03] Kakihara, M.: Emerging Work Practices of ICT-Enabled Mobile Professionals. Dissertation. University of London, 2003.

[KAS08] Karray, F.; Alemzadeh, M.; Saleh, J. A.; Arab, M. N.: Human-Computer Interaction: Overview on State of the Art. In: International Journal on Smart Sensing and intelligent Systems; S. 137–159, 2008.

[KaS04] Kakihara, M.; Sørensen, C.: Practicing Mobile Professional Work: Tales of Locational, Operational and Interactional Mobility. In: The Journal of Policy, Regulation and Strategy for Telecommunication, Information and Media, Vol. 6; S. 180-187, 2004.

[Ker11] Kerkau, F.: Wichtigste Ansprüche der Nutzer an ihre Smartphones: Gute Bedienbarkeit und viele Apps. http://www.goldmedia.com/presse/newsroom/mobile-monitor-2011.html, Zuletzt geprüft am: 15.01.2012.

[Kie06] Kiencke, U.: Ereignisdiskrete Systeme: Modellierung und Steuerung verteilter Systeme. Oldenbourg, 2006.

[Kin06] Kindler, E.: The petri net markup language and iso/iec 15909-2: Concepts, status, and future directions. In: Entwurf komplexer Automatisierungssysteme, Vol. 9(May); S. 35–55, 2006.

[Kle95] Kleinrock, L.: Nomadic Computing-an Opportunity. In: ACM SIGCOMM, Computer Communication Review, Vol. 25(1); S. 36–40, 1995.

[KöG04] Köhler, A.; Gruhn, V.: Lösungsansatze für verteilte mobile Geschäftsprozesse. In: Horster, P. Hrsg.: Elektronische Geschäftsprozesse, 2004.

[KöP11] König, W.; Paul, H.-J.: Dtv-Atlas deutsche Sprache. Deutscher Taschenbuch-Verlag, München, 3025, 2011.

[KPR94] Kuenning, G. H.; Popek, G. J.; Reiher, P. L.: An analysis of trace data for predictive file caching in mobile computing. In: USENIX Association Hrsg.: Proceedings of the USENIX Summer 1994 Technical Conference on USENIX Summer 1994 Technical Conference; S. 20-20, 1994.

[KPW03] Khodawandi, D.; Pousttchi, K.; Winnewisser, C.: Mobile Technologie braucht neue Geschäftsprozesse. Universität Augsburg. http://wi2.wiwi.uni-augsburg.de/pics/mobile/Uni-Augsburg_WI2-MC_MP-16-10.pdf, Zuletzt geprüft am: 28.05.2011.

[Knu64] Knuth, D. E.: backus normal form vs. Backus Naur form. In: Communications of the ACM, Vol. 7; S. 735-736, 1964.

[Krä07] Krämer, S.: Total Cost of Ownership. Konzept, Anwendung und Bedeutung im Beschaffungsmanagement deutscher Industrieunternehmen. VDM-Verlag, Saarbrücken, 2007.

[KrL99] Kristoffersen, S.; Ljungbergb, F.: Mobile Use of IT. In: Käkölä, T. Hrsg.: Proceedings of the 22nd IRIS Jyväskylä University Printing House; S. 271–284, 1999.

[Kro01] Kromrey, H.: Evaluation - ein vielschichtiges Konzept Begriff und Methodik von Evaluierung und Evaluationsforschung. Empfehlungen für die Praxis. In: Sozialwissenschaften und Berufspraxis, Vol. 24(2); S. 477–500, 2001.

[KuB04] Kushchu, I.; Borucki, C.: Impact of Mobile Technologies on Government. Whitepaper, 2004.

[Kug02] Kugeler, M.: Supply Chain Management und Customer Relationship Management - Prozessmodellierung für Extended Enterprises. In: Becker, J. et al. Hrsg.: Prozessmanagement. Ein Leitfaden zur prozessorientierten Organisationsgestaltung; S. 457–493, 2002.

[KuW06] Kunkel-Razum, K.; Wermke, M.: Die Grammatik. Nach den Regeln der neuen deutschen Rechtschreibung 2006. Dudenverlag, Mannheim, Band 4, 2006.

[KZL06] Kunze, C. P.; Zaplata, S.; Lamersdorf, W.: Mobile Process Description and Execution. In: Eliassen, F.; Montresor, A. Hrsg.: Proceedings of the 6th IFIP WG 6.1 International Conference on Distributed Applications and Interoperable Systems (DAIS 2006); S. 32–47, 2006.

[Lau05] Lauesen, S.: User interface design: a software engineering perspective. Pearson/Addison-Wesley, 2005.

[Law07] Law, A. M.: Simulation modeling and analysis. McGraw-Hill, 2007.

[LEF00] Lamming, M.; Eldridge, M.; Flynn, M.; Jones, C.; Pendlebury, D.: Satchel: providing access to any document, anytime anywhere. In: ACM Trans. Computer-Human Interaction, Vol. 7; S. 322-352, 2000.

[Leh03] Lehner, F.: Mobile und drahtlose Informationssysteme. Springer, Berlin, 2003.

[Len03] Lenz, K.: Modellierung und Ausführung von E-Business-Prozessen mit XML-Netzen. VWF Verlag für Wissenschaft und Forschung GmbH, Berlin, 2003.

[LeO03] Lenz, K.; Oberweis, A.: Interorganizational Business Process Management with XML Nets. In: Ehrig, H. et al. Hrsg.: Petri Net Technology for Communication-Based Systems, Advances in Petri Nets; S. 243–263, 2003.

[LiN09] Lindgaard, G.; Narasimhan, S.: Mobile HCI: Thinking Beyond the Screen-Keyboard-Mouse Interaction Paradigm. In: International Journal of Mobile Human Computer Interaction (IJMHCI), Vol. 1(3); S. 46–60, 2009.

[Lin03] Link, J.: Mobile Commerce. Springer, 2003.

[Lit10] Little, A. D.: Mobile Applications in Germany. http://www.adlittle.de/uploads/tx_extthoughtleadership/ADL_TIME_2010_German_Apps_Study.pdf, Zuletzt geprüft am: 14.01.2012.

[LNF11a] Larysz, J.; Nemec, M.; Fasuga, R.: User Interfaces and Usability Issues Form Mobile Applications. In: Snášel, V. et al. Hrsg.: Digital Information Processing and Communications: International Conference, ICDIPC 2011, Ostrava, Czech Republic, July 7-9, 2011, Proceedings; S. 29–43, 2011.

[LNF11b] Larysz, J.; Nemec, M.; Fasuga, R.: User Interfaces and Usability Issues Form Mobile Applications. In: Snasel, V. et al. Hrsg.: Digital Information Processing and Communications, 2011.

[Lob10] Lobin, H.: Computerlinguistik und Texttechnologie. Fink, Paderborn, 3282, 2010.

[Lov05] Love, S.: Understanding mobile human-computer interaction. Elsevier Butterworth-Heinmann, Amsterdam, Boston, 2005.

[LSM09] Leopold, H.; Smirnov, S.; Mendling, J.: On Labeling Quality in Business Process Models. In: Nüttgens, M. et al. Hrsg.: Proceedings of the 8th GI-Workshop Geschäftsprozessmanagement mit Ereignisgesteuerten Prozessketten (EPK); S. 42-57, 2009.

[LSM10] Leopold, H.; Smirnov, S.; Mendling, J.: Refactoring of process model activity labels. In: Proceedings of the Natural language processing and information systems, and 15th international conference on Applications of natural language to information systems; S. 268-276, 2010.

[LSM11] Leopold, H.; Smirnov, S.; Mendling, J.: Recognising Activity Labeling Styles in Business Process Models. In: Enterprise Modelling and Information Systems Architectures, Vol. 6(1); S. 16–29, 2011.

[LSZ06] Leist, S.; Seidl, F.; Zellner, G.: Evaluation von Modellierungswerkzeugen. In: BIT - Banking and Information Technology, Vol. 7(3); S. 19-28, 2006.

[LVM04] Limbourg, Q.; Vanderdonckt, J.; Michotte, B.; Bouillon, L.; Florins, M.; Trevisan, D.: UsiXML: A User Interface Description Language for Context-Sensitive User Interfaces. In: Proceedings of the ACM AVI Workshop: Developing user interfaces with XML: Advances on user interface description languages; S. 55-62, 2004.

[Lut85] Lutzeier, P. R.: Sprachliche Vermittler von Räumlichkeit: Zur Syntax und Semantik lokaler Präpositionen. In: Schweizer, H. Hrsg.: Sprache und Raum: Ein Arbeitsbuch für das Lehren von Forschung; S. 90–110, 1985.

[Mal11] Mallener, K.: Expertenumfrage: Mobile Entertainment. http://www.eco.de/wp-content/blogs.dir/Expertenumfrage_Mobile_Entertainment_2011.pdf, Zuletzt geprüft am: 14.01.2012.

[Mar11] MarketingCharts: Texting Top Smartphone Activity. http://www.marketingcharts.com/direct/texting-top-smartphone-activity-18152/, Zuletzt geprüft am: 15.01.2012.

[MaS95] March, S. T.; Smith, G. F.: Design and natural science research on information technology. In: Decision Support Systems, Vol. 15(4); S. 251–266, 1995.

[MCH03] Malone, T. W.; Crowston, K.; Herman, G. A.: Organizing business knowledge. The MIT process handbook. MIT Press, Cambridge, Massachusetts, 2003.

[MAM09] Mendling, J.; van der Aalst, W.; Mylopoulos, J.; Sadeh, N. M.; Shaw, M. J.; Szyperski, C.: Metrics for Process Models. Empirical Foundations of Verification, Error Prediction, and Guidelines for Correctness. Springer Berlin, Berlin, 6, 2009.

[Mei78] Meier, H.: Deutsche Sprachstatistik. Olms, 1978.

[Mel08] Melzer, I.: Service-orientierte Architekturen mit Web Services. Konzepte - Standard - Praxis. Spektrum Akad. Verl., München, 2008.

[MeR08] Mendling, J.; Reijers, H. A.: The Impact of Activity Labeling Styles on Process Model Quality. In: Hesse, W.; Oberweis, A. Hrsg.: Sigsand-Europe 2008: Proceedings of the Third Ais Sigsand European Symposium on Analysis, Design, Use and Societal Impact of Information Systems; S. 117–128, 2008.

[Mev06] Mevius, M.: Kennzahlenbasiertes Management von Geschäftsprozessen mit Petri-Netzen. Universität Karlsruhe, Dissertation. Dr. Hut, München, 2006.

[MHL10] Maurer, M.-E.; Hausen, D.; de Luca, A.; Hussmann, H.: Mobile or desktop websites?: website usage on multitouch devices. In: Proceedings of the 6th Nordic Conference on Human-Computer Interaction: Extending Boundaries; S. 739-742, 2010.

[MHP00] Myers, B.; Hudson, S. E.; Pausch, R.; Pausch, Y.: Past, Present and Future of User Interface Software Tools. In: ACM Transactions on Computer-Human Interaction, Vol. 7; S. 3-28, 2000.

[Mic10] Microsoft Corporation: Design Guidelines. http://msdn.microsoft.com/en-us/library/bb158602.aspx, Zuletzt geprüft am: 17.03.2012.

[Min96] Ministry of Forests, Lands and Natural Resource Operations: Guide S47 - Process Modelling Guidelines, Ministry of Forests. http://www.for.gov.bc.ca/his/datadmin/s47.pdf, Zuletzt geprüft am: 21.10.2011.

[Mic12a] Microsoft Corporation: XAML Overview (WPF). http://msdn.microsoft.com/de-de/library/ms752059.aspx, Zuletzt geprüft am: 19.02.2012.

[Mic12b] Microsoft Corporation: User Experience Design Guidelines for Windows Phone. http://msdn.microsoft.com/en-us/library/hh202915(v=VS.92).aspx, Zuletzt geprüft am: 17.03.2012.

[MPG08] Maragos, P.; Potamianos, A.; Gros, P.: Multimodal processing and interaction: audio, video, text. Springer, 2008.

[MoA04] Mourão, H.; Antunes, P.: Exception Handling Through a Workflow. In: Meersman, R.; Tari, Z. Hrsg.: On the Move to Meaningful Internet Systems 2004: CoopIS, DOA, and ODBASE; S. 37–54, 2004.

[Mob07] MobileReference: Physics Quick Study Guide for Smartphones and Mobile Devices. MobileReference, 2007.

[MoD01] Moran, T. P.; Dourish, P.: Introduction to this special issue on context-aware computing. In: Human-Computer Interaction, Vol. 16(2); S. 87-95, 2001.

[Mös93] Mössenböck, H.: Objektorientierte Programmierung in Oberon-2. Springer, Berlin, 1993.

[Mot12] Motorola Inc.: Best Practices for User Interfaces. http://developer.motorola.com/docstools/library/Best_Practices_for_User_Interfaces, Zuletzt geprüft am: 17.03.2012.

[MRA10] Mendling, J.; Reijers, H. A.; van der Aalst, W. M. P.: Seven process modeling guidelines (7PMG). In: Information and Software Technology, Vol. 52(2); S. 127–136, 2010.

[MRR10] Mendling, J.; Reijers, H. A.; Recker, J.: Activity labeling in process modeling: Empirical insights and recommendations. In: Information System, Vol. 35; S. 467-482, 2010.

[Müh04] Zur Mühlen, M.: Workflow-based process controlling. Foundation, design, and application of workflow driven process information systems. Universität Münster (Westfalen), Dissertation 2002. Logos-Verlag, Berlin, 6, 2004.

[Mül02] Müller-Wilken, S.: Mobile Gräte in verteilten Anwendungsumgebungen. Dissertation, 2002.

[Mur89] Murata, T.: Petri Nets: Properties, Analysis and Applications. In: Proceedings of the IEEE 77 (4); S. 541-580, 1989.

[MWK04] Merrick, R.; Wood, B.; Krebs, W.: Abstract User Interface Markup Language. In: Luyten, K. et al. Hrsg.: Proceedings of the Workshop on Developing User Interfaces with XML: Advances on User Interface Description Languages, 2004.

[MyR92] Myers, B. A.; Rosson, M. B.: Survey on user interface programming. In: Proceedings of the SIGCHI conference on Human factors in computing systems; S. 195-202, 1992.

[Nag10] Nagel, S.: Lokale Grammatiken zur Beschreibung von lokativen Sätzen und ihre Anwendung im Information Retrieval. Dissertation, München, 2008. Centrum für Informations- und Sprachverarbeitung, München, 2010.

[Nag12] Nagel, W.: Plattform zum Prototyping von Benutzungsoberflächen für mobile Endgeräte. Diplomarbeit, Fakultät für Wirtschaftswissenschaften des KIT, Karlsruhe, 2012.

[NeM02] Neumann, K.; Morlock, M.: Operations Research. Hanser, 2002.

[NiF96] Niemann, K. D.; Fedtke, S.: Client/Server-Architektur: Organisation und Methodik der Anwendungsentwicklung. Vieweg, 1996.

[Nok11] Nokia Corporation: Nokia N9 UI Guidelines. http://www.developer.nokia.com/swipe/ux/, Zuletzt geprüft am: 17.03.2012.

[NRS05] Neumann, S.; Rosemann, M.; Schwegmann, A.: Simulation von Geschäftsprozessen. In: Becker, J. et al. Hrsg.: Prozessmanagement; S. 435–453, 2005.

[Nok12a] Nokia Corporation: Great apps begin with great design. http://www.forum.nokia.com/Design, Zuletzt geprüft am: 17.03.2012.

[Nok12b] Nokia Corporation: Symbian^3 UI Style Guide. http://www.forum.nokia.com/info/sw.nokia.com/id/5c419b14-75ff-4791-b1a8-db1e0d72e36e/Symbian_3_UI_Style_Guide.html, Zuletzt geprüft am: 17.03.2012.

[Nok12c] Nokia Corporation: Design and User Experience Library. http://library.forum.nokia.com/index.jsp?topic=/Design_and_User_Experience_Library/GUID-A8DF3EB8-E97C-4DA0-95F6-F464ECC995BC_cover.html, Zuletzt geprüft am: 17.03.2012.

[Obe90] Oberweis, A.: Zeitstrukturen für Informationssysteme. Universität Mannheim - Dissertation, Mannheim, 1990.

[Obe96] Oberweis, A.: Modellierung und Ausführung von Workflows mit Petri-Netzen. Universität Karlsruhe, Habilitation, 1995. Teubner, Stuttgart, 1996.

[Obe96a] Oberweis, A.: An Integrated Approach for the Specification of Processes and Related Complex Structured Objects in Business Applications. In: Decision Support Systems; S. 31-53, 1996.

[Obj09] Object Management Group: Business Process Modeling Notation (BPMN). http://www.omg.org/spec/BPMN/1.2/PDF/, Zuletzt geprüft am: 30.11.2010.

[Obj11] Object Management Group: Business Process Model and Notation (BPMN). http://www.omg.org/spec/BPMN/2.0/, Zuletzt geprüft am: 30.03.2011.

[ObS96] Oberweis, A.; Sander, P.: Information System Behavior Specification by High-Level Petri Nets. In: ACM Transactions on Information Systems, Vol. 14; S. 380-420, 1996.

[OGT10] Ottogroup; Google; TNS Infratest; Trendbüro: Go SMART 2012: Always in-touch. Studie zur Smartphone-Nutzung 2012, 2010.

[OHH12] Olson, S.; Hunter, J.; Horgen, T. H.; Horgen, B.; Goers, K.: Professional Cross-Platform Mobile Development in C#. John Wiley & Sons, 2012.

[Org06] Organization for the Advancement of Structured Information Standards (OASIS): Reference Model for Service Oriented Architecture 1.0. http://docs.oasis-open.org/soa-rm/v1.0/soa-rm.pdf, Zuletzt geprüft am: 03.04.2011.

[Org07] Organization for the Advancement of Structured Information Standards (OASIS): Business Process Execution Language for Web Services (WS-BPEL). http://docs.oasis-open.org/wsbpel/2.0/OS/wsbpel-v2.0-OS.pdf, Zuletzt geprüft am: 30.11.2010.

[Öst95] Österle, H.: Business engineering. Prozeß- und Systementwicklung; Geschäftsstrategie, Prozeß, Informationssystem Band 1: Entwurfstechniken. Springer, Berlin, Band 1, 1995.

[Pac09] Paczkowski, J.: OMFG: 4.1 Billion Text Messages Sent Every Day in U.S. Hrsg.: The Wallstreet Journal. http://allthingsd.com/20091008/omfg-4-1-billion-text-messages-sent-every-day-in-us/, Zuletzt geprüft am: 19.07.2011.

[PaD00] Pahl, P. J.; Damrath, R.: Mathematische Grundlagen: Der Ingenieurinformatik. Springer, 2000.

[Pet62] Petri, C. A.: Kommunikation mit Automaten. Dissertation, 1962.

[PeW09] Peters, N.; Weidlich, M.: Using Glossaries to Enhance the Label Quality in Business Process Models. In: Nüttgens, M. et al. Hrsg.: Proceedings of the 8th GI-Workshop Geschäftsprozessmanagement mit Ereignisgesteuerten Prozessketten (EPK); S. 75–90, 2009.

[PfR11] Pfetzing, K.; Rohde, A.: Ganzheitliches Projektmanagement. Schmidt, Gießen i.e. Wettenberg, 2, 2011.

[Pha00] Phanouriou, C.: Uiml: a device-independent user interface markup language. Doctoral Dissertation. Virginia Polytechnic Institute and State University, 2000.

[PiN02] Picot, A.; Neuburger, R.: Mobile Business. In: Reichwald, R. Hrsg.: Mobile Kommunikation; S. 55–69, 2002.

[POS01] Perry, M.; O'hara, K.; Sellen, A.; Brown, B.; Harper, R.: Dealing with mobility. understanding access anytime anywhere. In: ACM Trans. Computer-Human Interaction, Vol. 8; S. 323-347, 2001.

[PoT06] Pousttchi, K.; Thurnher, B.: Einsatz mobiler Technologie zur Unterstützung von Geschäftsprozessen. Technical Report, 2006.

[PrD10] Preim, B.; Dachselt, R.: Interaktive Systeme: Grundlagen, Graphical User Interfaces, Informationsvisualisierung. Springer, 2010.

[PRM00] Pascoe, J.; Ryan, N.; Morse, D.: Using while moving: HCI issues in fieldwork environments. In: ACM Trans. Computer-Human Interaction, Vol. 7; S. 417-437, 2000.

[PRW10] Picot, A.; Reichwald, R.; Wigand, R. T.: Die grenzenlose Unternehmung:. Information, Organisation und Management ; Lehrbuch zur Unternehmensführung im Informationszeitalter. Gabler, Betriebswirtschafts-Verlag, Wiesbaden, 2010.

[PuE02] Puerta, A.; Eisenstein, J.: XIML: A Common Representation for Interaction Data, 2002.

[Pur11] Purcell, K.: Half of adult cell phone owners have apps on their phones. http://pewinternet.org/~/media//Files/Reports/2011/PIP_Apps-Update-2011.pdf, Zuletzt geprüft am: 10.08.2012.

[Pus10] Puscher, F.: App-Design für Touchcomputing: Gesten und Symbole für gängige Aktionen. http://www.drweb.de/magazin/app-design-fuer-touchcomputing-gesten-und-symbole-fuer-gaengige-aktionen/, Zuletzt geprüft am 21.01.2012.

[Rei80] Reid, B. K.: A high-level approach to computer document formatting. In: Proceedings of the 7th ACM SIGPLAN-SIGACT symposium on Principles of programming languages; S. 24-31, 1980.

[Rei02] Reichwald, R.: Mobile Kommunikation. Wertschöpfung, Technologien, neue Dienste. Gabler, Wiesbaden, 2002.

[Rei10] Reisig, W.: Petrinetze. Modellierungstechnik, Analysemethoden, Fallstudien. Vieweg+Teubner Verlag / Springer Fachmedien Wiesbaden GmbH Wiesbaden, Wiesbaden, 2010.

[ReR98] Reisig, W.; Rozenberg, G.: Lectures on Petri nets. advances in Petri nets; Springer, Berlin, 1998.

[Res10] Research In Motion Limited: BlackBerry Smartphones - UI Guidelines. http://docs.blackberry.com/en/developers/deliverables/17964/BlackBerry_Smartphones-UI_Guidelines-T893501-980426-0721013746-001-6.0-US.pdf, Zuletzt geprüft am: 17.03.2012.

[Res12] Research In Motion Limited: UI Guidelines - BlackBerry PlayBook Tablet. http://docs.blackberry.com/en/developers/deliverables/39471/BlackBerry_PlayBook_Tablet-UI_Guidelines-1320689728596-2.0-en.pdf, Zuletzt geprüft am: 17.03.2012.

[RFG90] Ruoff, A.; Fuchs, H.; Gersbach, B.; Graf, R.; Thiers, S.: Häufigkeitswörterbuch gesprochener Sprache. Gesondert nach Wortarten, alphabetisch, rückläufig-alphabetisch und nach Häufigkeit geordnet. Niemeyer, Tübingen, 1990.

[RiS03] Ritz, T.; Stender, M.: Modellierung von Business-to-Business Geschäftsprozessen im Mobile Commerce. In: Pousttchi, K.; Turowski, K. Hrsg.: Workshop Mobile Commerce; S. 27–41, 2003.

[RLC06] Rukzio, E.; Leichtenstern, K.; Callaghan, V.: An Experimental Comparison of Physical Mobile Interaction Techniques: Touching, Pointing and Scanning. In: 8th International Conference on Ubiquitous Computing, 2006.

[Ros06] Rosenkranz, F.: Geschäftsprozesse. Modell- und computergestützte Planung. Springer-Verlag Berlin Heidelberg, Berlin, Heidelberg, 2006.

[RoR11] Robertson, S.; Robertson, J.: Mastering the requirements process. Addison-Wesley, Upper Saddle River, NJ, 2011.

[Rot10] Roto, V.: Web Browsing on Mobile Phones. Lambert Academic Publishing, 2010.

[Rot02] Roth, J.: Patterns of Mobile Interaction. In: Personal Ubiquitous Computing, Vol. 6; S. 282-289, 2002.

[Rup01] Rupp, C.: Requirements-Engineering und -Management. Professionelle, iterative Anforderungsanalyse für IT-Systeme. Hanser, München, 2001.

[Ryu09] Ryu, H.: Mobile User Interface Analysis and Design: A Practitioner's Guide to Designing User Interfaces for Mobile Devices. Nova Science Publishers, 2009.

[Sam12] Samsung Electronics Co., Ltd: bada Documentation. http://developer.bada.com/library, Zuletzt geprüft am: 17.03.2012.

[SaO99] Sadiq, W.; Orlowska, M.: Applying Graph Reduction Techniques for Identifying Structural Conflicts in Process Models. In: Jarke, M.; Oberweis, A. Hrsg.: Advanced Information Systems Engineering; S. 195–209, 1999.

[SAT99] Schmidt, A.; Adoo, K. A.; Takaluoma, A.; Tuomela, U.; van Laerhoven, K.; van de Velde, W.; Schmidt, A.: Advanced Interaction in Context. In: Proceedings of first international symposium on handheld and ubiquitous computing(1); S. 89–101, 1999.

[Sat96] Satyanarayanan, M.: Fundamental challenges in mobile computing. In: ACM Hrsg.: Proceedings of the fifteenth annual ACM symposium on Principles of distributed computing; S. 1-7, 1996.

[SBE11] Schidlack, M.; Klaus, B.; Esser, R.; Schmidt, G.; Materzok, C.: Die Zukunft der Consumer Electronics – 2011. http://www.bitkom.org/files/documents/CE_Studie_2011_Final_06.09.2011.pdf, Zuletzt geprüft am: 10.08.2012.

[SBG98] Schmidt, A.; Beigl, M.; Gellersen, H. W.: There is more to Context than Location. In: Computers and Graphics, Vol. 23; S. 893-901, 1998.

[SBJ08] Sippel, H.; Bendisposto, J.; Jastram, M.: Die Eclipse Rich Client Platform. Entwicklung von erweiterbaren Anwendungen mit RCP. entwickler.press, 2008.

[Sch90] Schröder, H.-J.: Lexikon deutscher Präpositionen. Verlag Enzyklopädie, Leipzig, 1990.

[Sch97] Scheer, A. W.: Referenzmodelle für industrielle Geschäftsprozesse. Springer, Hauptband, 1997.

[Sch00] Schmidt, A.: Implicit human computer interaction through context. In: Personal Technologies, Vol. 4(2-3); S. 191–199, 2000.

[Sch02a] Scheer, A.-W.: ARIS - vom Geschäftsprozess zum Anwendungssystem. Springer, Berlin, 2002.

[Sch02b] Schienmann, B.: Kontinuierliches Anforderungsmanagement. Prozesse, Techniken, Werkzeuge ; [mit Muster für Lasten- und Pflichtenheft]. Addison-Wesley, München, 2002.

[Sch03] Schiller, J.: Mobilkommunikation. Pearson-Studium, München, 2003.

[Sch08] Scherz, M.; Mobile Business. Schaffung eines Bewusstseins für mobile Potenziale im Geschäftsprozesskontext. VDM Verlag, Saarbrücken, 2008.

[ScM12] Schadler T.; McCarthy J. C.: Mobile Is The New Face Of Engagement http://www.forrester.com/Mobile+Is+The+New+Face+Of+Engagement/fulltext/-/E-RES60544?objectid=RES60544. Zuletzt geprüft am 20.08.2012

[Sco95] Scourias, J.: Overview of the Global System for Mobile Communications, 1995.

[ScR10] Schneider, G. K. ; Rosenberg, A.: SAP Modeling Handbook - Modeling Standards. SAP Community Network. http://wiki.sdn.sap.com/wiki/display/ModHandbook/SAP+Modeling+Handbook+-+Modeling+Standards, Zuletzt geprüft am: 21.10.2011.

[ScS08] Schmelzer, H. J.; Sesselmann, W.: Geschäftsprozessmanagement in der Praxis. Kunden zufrieden stellen, Produktivität steigern, Wert erhöhen. Hanser, München, 2008.

[ScV04] Schiller, J.; Voisard, A.: Location-based services. Elsevier/Morgan Kaufmann, Amsterdam, 2004.

[SFG02] Scheer, A. W.; Feld, T.; Göbl, M.; Hoffmann, M.: Das mobile Unternehmen. In: Silberer, G. et al. Hrsg.: Mobile commerce: Grundlagen, Geschäftsmodelle, Erfolgsfaktoren; S. 91–107, 2002.

[Sha08] Shapiro, R. M.: XPDL 2.1. http://www.wfmc.org/Download-document/XPDL-2.1-Integrating-Process-Interchange-BPMN.html, Zuletzt geprüft am: 01.04.2011.

[SHB06] Stahlknecht, P.; Hasenkamp, U.; Burmester, L.: Arbeitsbuch Wirtschaftsinformatik. Springer, Berlin, Heidelberg, 2006.

[Shn98] Shneiderman, B.: Designing the user interface: strategies for effective human-computer-interaction. Addison Wesley Longman, 1998.

[Sho82] Shostack, G. L.: How to Design a Service. In: European Journal of Marketing, Vol. 16(1); S. 49-63, 1982.

[SiP02] Simon, W.; Piroh, S.: Moderne Managementkonzepte von A - Z. Strategiemodelle, Führungsinstrumente, Managementtools. GABAL, Offenbach, 2002.

[SJG08] Shaer, O.; Jacob, R. J. K.; Green, M.; Luyten, K.: User interface description languages for next generation user interfaces. In: CHI '08 extended abstracts on Human factors in computing systems; S. 3949-3952, 2008.

[Som07] Sommerville, I.: Software engineering. Pearson Studium, München, 2007.

[SpH10] Spiering, M.; Haiges, S.: HTML5-Apps für iPhone und Android entwickeln. Franzis, Poing, 2010.

[Sta73] Stachowiak, H.: Allgemeine Modelltheorie. Springer-Verlag; Springer, Wien, 1973.

[Sta90] Starke, P. H.: Analyse von Petri-Netz-Modellen. Teubner, 1990.

[Sto07] Stockmann, R.: Handbuch zur Evaluation: Eine praktische Handlungsanleitung. Waxmann, 2007.

[SVO11] Schönthaler, F.; Vossen, G.; Oberweis, A.; Karle, T.: Geschäftsprozesse für Business Communities. Modellierungssprachen, Methoden, Werkzeuge. Oldenbourg, München, 2011.

[SWV08] Siltanen, S.; Woodward, C.; Valli, S.; Honkamaa, P.; Rauber, A.: User Interaction for Mobile Devices. In: Maragos, P. et al. Hrsg.: Multimodal processing and interaction: audio, video, text; S. 311–328, 2008.

[TaG04] Tanenbaum, A. S.; Goodman, J.: Computerarchitektur. Strukturen, Konzepte, Grundlagen. Pearson-Studium, München, 2004.

[Tal10] Talukdar, A. K.: Mobile Computing, 2E. McGraw-Hill Education (India) Pvt Ltd, 2010.

[Tan11] Tanenbaum, A. S.: Computernetzwerke. Pearson-Studium, München, 2011

[TBM00] Tudhope, D.; Beynon-Davies, P.; Mackay, H.: Prototyping praxis: constructing computer systems and building belief. In: Human-Computer Interaction, Vol. 15(4); S. 353-383, 2000.

[TCZ07] Te'eni, D.; Carey, J. M.; Zhang, P.: Human computer interaction: developing effective organizational information systems. John Wiley & Sons, Inc., 2007.

[Tho02] Thome, R.: e-Business - Aktuelles Schlagwort. In: Informatik Spektrum, Vol. 25(2); S. 151–153, 2002.

[Tid06] Tidwell, J.: Designing interfaces. Patterns for effective interaction design. O'Reilly Media, Inc.; O'Reilly, Beijing, 2006.

[Tru11] Trunko, R.: Kontextsensitive Ausnahmebehandlung in Geschäftsprozessen. Dissertation. Karlsruhe, 2011. Dr. Hut, München, 2011.

[Tsc10] Tschersich, Markus: Was ist ein mobiles Endgerät? http://www.mobile-zeitgeist.com/2010/03/09/was-ist-ein-mobiles-endgeraet/, Zuletzt geprüft am: 17.06.2011.

[TSM12] T-Systems Multimedia Solutions GmbH: Mobile Business Solutions Studie 2012. T-Systems; Universität St. Gallen Hrsg.: http://www.business-goes-mobile.de/, Zuletzt geprüft am: 10.08.2012.

[TuP04] Turowski, K.; Pousttchi, K.: Mobile Commerce. Grundlagen und Techniken. Springer, Berlin, 2004.

[Ull77] Ullmer-Ehrich, V.: Zur Syntax und Semantik von Substantivierungen im Deutschen. Scriptor-Verlag, 1977.

[UMP11] UMPC Portal - Ultra Mobile!: UMPCPortal Product Database. http://www.umpcportal.com/products/, Zuletzt geprüft am: 18.06.2011.

[VDI93] VDI-Gesellschaft Fördertechnik Materialfluss Logistik: VDI-Richtlinie 3633, Blatt 1 – Simulation von Logistik-, Materialfluß- und Produktionssystemen, 1993.

[VeL12] Verclas, S.; Linnhoff-Popien, C.: Smart Mobile Apps: Mit Business-apps ins Zeitalter Mobiler Geschäftsprozesse. Springer-Verlag New York Inc., 2012.

[WaJ03] Watson, R. T.; Junglas, I. A.: U-Commerce: A Conceptual Extension of E-Commerce and M-Commerce. In: Association for Information Systems Hrsg.: International Conference on Information Systems, 2003.

[WeA94] Weber, J. H.; Arnbak, J. C.: Wireless networks. Catching the mobile future; Proceedings. IOS Press, Amsterdam, 1994.

[Wei91] Weiser, M.: The computer for the 21st century. In: Scientific American, Vol. 265(3); S. 66–75, 1991.

[Wei93] Weiser, M.: Some computer science issues in ubiquitous computing. In: Communication ACM, Vol. 36(7); S. 75-84, 1993.

[Wei98] Weitz, W.: Combining Structured Documents with High-Level Petri-Nets for Workflow Modeling in Internet-Based Commerce. In: International Journal Cooperative Information System, Vol. 7(4); S. 275–296, 1998.

[WeK03] Weber, M.; Kindler, E.: The Petri Net Markup Language. In: Ehrig, H. et al. Hrsg.: Petri Net Technology for Communication-Based Systems; S. 124–144, 2003.

[Wel07] Wellman, Stephen: Google Lays Out Its Mobile User Experience Strategy. http://www.informationweek.com/blog/main/archives/2007/04/google_lays_out.html, Zuletzt geprüft am: 20.02.2012.

[WMW09] Wobbrock, J. O.; Morris, M. R.; Wilson, A. D.: User-defined gestures for surface computing. In: Proceedings of the 27th international conference on Human factors in computing systems; S. 1083-1092, 2009.

[Wei07] Weidenhausen, J.-M., Mobile Mixed Reality Platform, Technische Universität Darmstadt, Dissertation, Darmstadt, Technische Universität, 2007.

[Wes07] Weske, M.: Business Process Management: Concepts, Languages, Architectures. Springer, 2007.

[Whi03] White, S. A.: XPDL and BPMN. http://www.bpmn.org/Documents/XPDL_BPMN.pdf, Zuletzt geprüft am: 01.04.2011.

[Whi06] White, S. A.: Introduction to BPMN. Object Management Group, 2006.

[WHW10] Wang, J.; He, T.; Wen, L.; Wu, N.; Ter Hofstede, A. H. M.; Su, J.: A behavioral similarity measure between labeled Petri nets based on principal transition sequences. In: Proceedings of the 2010 international conference on On the move to meaningful internet systems - Volume Part I; S. 394-401, 2010.

[Win01] Winograd, T.: Architectures for context. In: Human-Computer Interaction, Vol. 16(2); S. 401-419, 2001.

[WiO05] Wilson, A.; Oliver, N.: Multimodal sensing for explicit and implicit interaction. In: HCI Hrsg.: 11th International Conference on Human Computer Interaction HCI International, 2005.

[Wir01] Wirtz, B. W.: Electronic Business. Gabler, 2001.

[Woo11] Woodcock, J.: App Design: How to Conceive, Design, and Market Bestselling Apps. Book Sales, Inc., 2011.

[Wor04] World Wide Web Consortium: Composite Capability/Preference Profiles (CC/PP): Structure and Vocabularies 1.0, W3C Recommendation. http://www.w3.org/TR/CCPP-struct-vocab/, Zuletzt geprüft am: 03.07.2011.

[Wor06] World Wide Web Consortium: Extensible Markup Language (XML) 1.1 (Second Edition), In: W3C Recommendation. http://www.edition-w3c.de/TR/2002/CR-xml11-20021015, Zuletzt geprüft am: 05.12.2010.

[Wor08a] Workflow Management Coalition: XPDL Validation: Application. http://www.xpdl.org/Validate/ValidateXpdl, Zuletzt geprüft am: 02.04.2011.

[Wor08b] Workflow Management Coalition: XML Process Definition Language. http://www.wfmc.org/index.php?option=com_docman&task=doc_download&Itemid=72&gid=132, Zuletzt geprüft am: 01.04.2011.

[Wor11] World Wide Web Consortium: HTML: The Markup Language. http://www.w3.org/TR/html-markup/, Zuletzt geprüft am: 15.02.2012.

[WoT03] Wottawa, H.; Thierau, H.: Lehrbuch Evaluation. Huber, Bern, 2003.

[Yin09] Yin, R. K.: Case Study Research: Design and Methods. Sage Publications, 2009.

[YoP04] York, J.; Pendharkar, P. C.: Human-computer interaction issues for mobile computing in a variable work context. In: International Journal of Human-Computer Studies.; S. 771–797, 2004.

[Zän00] Zängler, T. W.: Mikroanalyse des Mobilitätsverhaltens in Alltag und Freizeit. Mit 247 Tabellen. Springer, Berlin, 2000.

[ZHS97] Zifonun, G.; Hoffmann, L.; Strecker, B.; Ballweg, J.: Grammatik der deutschen Sprache. Gruyter, Walter de GmbH, 1997.

[Zim01] Zimmer, T.: Petri-Netz-Konzepte für die Simulation verteilter betrieblicher Abläufe. Universität, Dissertation Frankfurt (Main), 2001. Shaker Verlag, Aachen, 2001.

[Zob01] Zobel, J.: Mobile Business und M-Commerce. Die Märkte der Zukunft erobern. Hanser, München, 2001.

[ZPK07] Zeigler, B. P.; Praehofer, H.; Kim, T. G.: Theory of modeling and simulation. Integrating discrete event and continuous complex dynamic systems. Acad. Press, Amsterdam, 2007.

[ZVG03] Zimmermann, G.; Vanderheiden, G.; Gilman, A.: Universal remote console - prototyping for the alternate interface access standard. In: Proceedings of the User interfaces for all 7th international conference on Universal access: theoretical perspectives, practice, and experience; S. 524-531, 2003.

10 Anhang

A Darstellung einer eEPK

Die folgende Abbildung zeigt den Geschäftsprozess "Stromzähler ablesen" modelliert in der Modellierungssprache der erweiterten EPK.

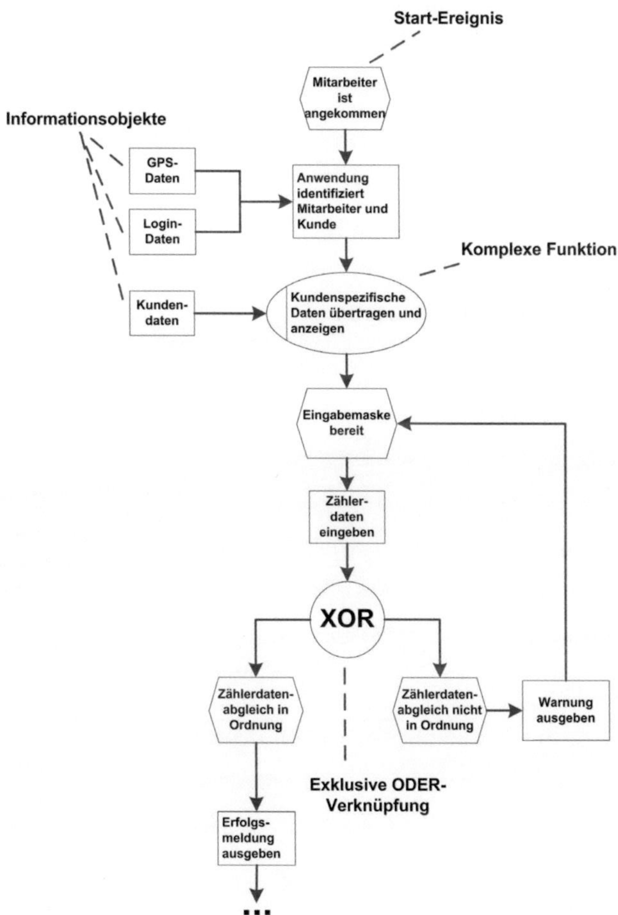

Abbildung 101: Geschäftsprozess "Stromzähler ablesen" in eEPK

B Elemente der BPMN

In den folgenden Tabellen wird ein kurzer Überblick über die Notationselemente der BPMN gegeben [Obj11].

Flow objects:

Beschreibung	Darstellung
Events beschreiben die Ereignisse in einem Prozess oder einer Choreographie. Sie besitzen Einfluss auf den Kontrollfluss des Modells. ***Events*** repräsentieren entweder einen Auslöser (engl.: *trigger*) oder ein Ergebnis (engl.: *result*). Es gibt drei Typen von Events, die auf Basis ihres Einflusses auf den Kontrollfluss im Modell unterschieden werden: Start-, Intermediate-, und End- Event.	Ein Start-Event Ein Intermediate-Event Ein End-Event
Activities beschreiben Aufgaben, die in einem Geschäftsprozess zu erledigen sind. Sie können in elementare Aufgaben (*Tasks*) und komplexe Aufgaben (*Subprocesses*) unterteilt werden. Subprocesses werden mit einem +-Symbol dargestellt. Activities werden in Prozess-Diagrammen und Choreographie-Diagrammen verwendet.	Dokument senden Ein Task Dokument bearbeiten + Ein Subprozess
Gateways werden zur Kontrolle des Kontrollflusses in einem Prozess oder einer Choreographie benutzt. Mit internen Markierungen kann entschieden werden, ob der Gateway den Kontrollfluss verzweigt (*Split/Fork*) oder mehrere Sequenzflüsse zusammengeführt werden (*Join/Merge*).	Ein Gateway Ein AND-Gateway Ein OR-Gateway Ein XOR-Gateway Ein eventbasierter Gateway

Tabelle 28: Flow objects in BPMN

Data Objects:

Beschreibung	Darstellung
Data Objects beinhalten Daten.	Ein Datenobjekt
Data Inputs stellen die notwendigen Eingabedaten für einen Prozess und/oder einer Activity dar.	Eine Dateneingabe
Data Outputs beschreiben die Ausgaben eines Prozesses.	Eine Datenausgabe
Data Stores sind die grafische Darstellung von Datenspeichern in der BPMN.	Ein Datenspeicher

Tabelle 29: Data objects in BPMN

Connecting Objects:

Beschreibung	Darstellung
Sequence Flows sind die Kanten, die den Kontrollfluss beschreiben, in welcher die Aktivitäten in einem Prozess oder in einer Choreographie ausgeführt werden.	Beschreibt den Sequenzfluss
Message Flows beschreiben den Nachrichtenfluss zwischen zwei Elementen. Ein Message Flow verbindet immer zwei Pools. Dies geschieht entweder direkt oder indirekt (über Flow Objects).	Beschreibt den Nachrichtenfluss
Associations werden benutzt, um grafische Elemente der BPMN mit Daten oder *Artifacts* zu verknüpfen. Bspw. können Textannotationen mit grafischen Elementen verknüpft werden.	Beschreibt eine Assoziation
Data Associations bezeichnen die Verknüpfung grafischer Elemente mit Daten. Dabei kann eine Richtung des Datenflusses mit einem Pfeil vorgegeben werden (bspw. bei eingehenden Daten)	Beschreibt eine Datenassoziation

Tabelle 30: Connecting objects in BPMN

Swimlanes:

Beschreibung	Darstellung
Ein ***Pool*** ist eine grafische Repräsentationsform für eine Menge von Activities. Er grenzt damit bspw. eine Organisation oder einen Unternehmensstandort im Geschäftsprozess oder zwischen Unternehmen bei übergreifenden Prozessen ein.	Pool Lane Task Lane Task
Lanes werden zur Organisation und Kategorisierung von Activities verwendet. Eine Lane ist eine Unterteilung eines Pools, die die gleiche Länge besitzt (z.B. eine Unternehmensabteilung). Es kann mehrere Lanes in einem Pool geben.	Lane Task

Tabelle 31: Swimlanes in BPMN

Artifacts:

Beschreibung	Darstellung
Eine ***Group*** ist eine grafische Darstellungsform, um eine Gruppierung von Elemente der gleichen Kategorie zu visualisieren. Kategorien können zu Dokumentations- und Analysezwecken verwendet werden. Eine Gruppierung hat keinen Einfluss auf den Sequence Flow.	
Text Annotations sind Kommentare, die den Elementen zugeordnet werden können. Sie dienen der Dokumentation durch den Modellierer.	Anmerkung

Tabelle 32: Artifacts in BPMN

C Vollständige Transition in PNML aus Abbildung 34

Darstellung der vollständigen Transition in PNML-Format aus Abbildung 34. Die PNML-Datei wurde mit dem Horus Business Modeler erzeugt.

```
<transition id="t13968401">
  <toolspecific tool="Horus" version="1.0.0">
    <elementGraphicsContribution alpha="255" hasGradient="false" index="2">
      <imageLabel typeId="edu.karlsruhe.horus.editors.roles.imageLabel.role" isVisible="true"
isTextVisible="true">
        <text>Servicemitarbeiter</text>
        <graphics>
          <offset x="-36" y="70"/>
          <line color="RGB {0, 0, 0}"/>
          <font family="Arial" style="0" size="10" align="center"/>
        </graphics>
        <toolspecific tool="Horus" version="1.0.0">
          <elementGraphicsContribution index="3">
            <dimension x="-1"/>
            <fontdata>1|Arial|9.75|0|WINDOWS|1|-13|0|0|0|400|0|0|0|0|3|2|1|34|Arial</fontdata>
          </elementGraphicsContribution>
        </toolspecific>
      </imageLabel>
      <imageLabel typeId="biz.horus.editors.shm.horus.imageLabel.resource" isVisible="true"
isTextVisible="true">
        <text>Dienstwagen</text>
        <graphics>
          <offset x="0" y="-40"/>
          <line color="RGB {128, 128, 128}"/>
          <font family="Arial" style="0" size="14" align="center"/>
        </graphics>
        <toolspecific tool="Horus" version="1.0.0">
          <elementGraphicsContribution index="4">
            <dimension x="-1"/>
            <fontdata>1|Arial|14.0|0|WINDOWS|1|-12|0|0|0|400|0|0|0|1|0|0|0|0|Arial</fontdata>
          </elementGraphicsContribution>
        </toolspecific>
      </imageLabel>
    </elementGraphicsContribution>
    <transition>
      <viewName>
        <text>Fahre zum Kunden</text>
        <graphics>
          <offset x="-4" y="29"/>
          <line color="RGB {0, 0, 0}"/>
          <font family="Arial" style="0" size="9" align="center"/>
        </graphics>
        <toolspecific tool="Horus" version="1.0.0">
          <elementGraphicsContribution index="4">
            <dimension x="-1"/>
            <fontdata>1|Arial|9.0|0|WINDOWS|1|-12|0|0|0|400|0|0|0|0|3|2|1|34|Arial</fontdata>
          </elementGraphicsContribution>
        </toolspecific>
      </viewName>
      <description>
        <graphics>
          <offset x="0" y="-41"/>
          <line color="RGB {128, 128, 128}"/>
          <font family="Arial" style="0" size="14" align="left"/>
        </graphics>
        <toolspecific tool="Horus" version="1.0.0">
          <elementGraphicsContribution index="5">
            <dimension x="-1"/>
            <fontdata>1|Arial|14.0|0|WINDOWS|1|-12|0|0|0|400|0|0|0|1|0|0|0|0|Arial</fontdata>
          </elementGraphicsContribution>
        </toolspecific>
      </description>
```

```
    <notes>
      <graphics>
        <offset x="0" y="60"/>
        <line color="RGB {128, 128, 128}"/>
        <font family="Arial" style="2" size="14" align="left"/>
      </graphics>
      <toolspecific tool="Horus" version="1.0.0">
        <elementGraphicsContribution index="6">
          <dimension x="-1"/>
          <fontdata>1|Arial|14.0|2|WINDOWS|1|-12|0|0|0|0|1|0|0|1|0|0|0|0|Arial</fontdata>
        </elementGraphicsContribution>
      </toolspecific>
    </notes>
    <visibility>
      <nameVisible>false</nameVisible>
      <viewNameVisible>true</viewNameVisible>
      <descriptionVisible>false</descriptionVisible>
      <notesVisible>false</notesVisible>
    </visibility>
    <webService>
      <activity>empty</activity>
    </webService>
  </transition>
  <customProperties>
    <customProperty>
      <name>edu.karlsruhe.horus.editors.petrinets.properties.Execution.Saturday</name>
      <type>Boolean</type>
      <value>false</value>
    </customProperty>
    <customProperty>
      <name>edu.karlsruhe.horus.editors.petrinets.properties.fill</name>
      <type>Boolean</type>
      <value>true</value>
    </customProperty>
    <customProperty>
      <name>edu.karlsruhe.horus.editors.petrinets.properties.ChangeInformations.CreationDate</name>
      <type>Date</type>
      <value>1322892476061</value>
    </customProperty>
    <customProperty>
      <name>edu.karlsruhe.horus.editors.petrinets.properties.ChangeInformations.ChangeUser</name>
      <type>String</type>
      <value>hellfeld</value>
    </customProperty>
    <customProperty>
      <name>edu.karlsruhe.horus.editors.petrinets.properties.Execution.StartTime</name>
      <type>String</type>
      <value>00:00:00</value>
    </customProperty>
    <customProperty>
      <name>edu.karlsruhe.horus.editors.petrinets.properties.inputOR</name>
      <type>Boolean</type>
      <value>false</value>
    </customProperty>
    <customProperty>
      <name>edu.karlsruhe.horus.editors.petrinets.properties.ChangeInformations.ChangeDate</name>
      <type>Date</type>
      <value>1322893522132</value>
    </customProperty>
    <customProperty>
      <name>edu.karlsruhe.horus.editors.petrinets.properties.Execution.Tuesday</name>
      <type>Boolean</type>
      <value>true</value>
    </customProperty>
    <customProperty>
      <name>edu.karlsruhe.horus.editors.petrinets.properties.Execution.Wednesday</name>
      <type>Boolean</type>
      <value>true</value>
    </customProperty>
    <customProperty>
```

```
      <name>edu.karlsruhe.horus.editors.petrinets.properties.Execution.Thursday</name>
      <type>Boolean</type>
      <value>true</value>
    </customProperty>
    <customProperty>
      <name>edu.karlsruhe.horus.editors.petrinets.properties.inAndOutputOR</name>
      <type>Boolean</type>
      <value>false</value>
    </customProperty>
    <customProperty>
      <name>roles0.workflow</name>
      <type>Boolean</type>
      <value>false</value>
    </customProperty>
    <customProperty>
      <name>edu.karlsruhe.horus.editors.petrinets.properties.outputOR</name>
      <type>Boolean</type>
      <value>false</value>
    </customProperty>
    <customProperty>
      <name>biz.horus.editors.shm.propertyPages.pen2re.res.0.id</name>
      <type>UUID</type>
      <value>acd9864b-eaee-4e92-8e9d-b06d58a6b911</value>
    </customProperty>
    <customProperty>
      <name>biz.horus.editors.shm.propertyPages.pen2re.res.0.workload</name>
      <type>Double</type>
      <value>100.0</value>
    </customProperty>
    <customProperty>
      <name>roles0.number</name>
      <type>Integer</type>
      <value>1</value>
    </customProperty>
    <customProperty>
      <name>roles0.type</name>
      <type>Integer</type>
      <value>0</value>
    </customProperty>
    <customProperty>
      <name>edu.karlsruhe.horus.editors.petrinets.properties.ChangeInformations.CreationUser</name>
      <type>String</type>
      <value>hellfeld</value>
    </customProperty>
    <customProperty>
      <name>edu.karlsruhe.horus.editors.petrinets.properties.Execution.StopTime</name>
      <type>String</type>
      <value>23:59:59</value>
    </customProperty>
    <customProperty>
      <name>edu.karlsruhe.horus.editors.petrinets.properties.Execution.Sunday</name>
      <type>Boolean</type>
      <value>false</value>
    </customProperty>
    <customProperty>
      <name>edu.karlsruhe.horus.editors.petrinets.properties.Execution.Friday</name>
      <type>Boolean</type>
      <value>true</value>
    </customProperty>
    <customProperty>
      <name>edu.karlsruhe.horus.editors.petrinets.properties.Execution.TimeUnit</name>
      <type>Integer</type>
      <value>3</value>
    </customProperty>
    <customProperty>
      <name>edu.karlsruhe.horus.editors.petrinets.properties.Execution.Number</name>
      <type>Integer</type>
      <value>1</value>
    </customProperty>
    <customProperty>
```

```
        <name>roles0.percent</name>
        <type>Double</type>
         <value>0.0</value>
      </customProperty>
      <customProperty>
        <name>edu.karlsruhe.horus.editors.petrinets.properties.Execution.Monday</name>
        <type>Boolean</type>
        <value>true</value>
      </customProperty>
      <customProperty>
        <name>edu.karlsruhe.horus.editors.petrinets.properties.image.alignment</name>
        <type>Integer</type>
        <value>1</value>
      </customProperty>
      <customProperty>
        <name>roles0.id</name>
        <type>UUID</type>
        <value>29096a7c-0494-462e-ac9c-a3c24e0fc786</value>
      </customProperty>
    </customProperties>
  </toolspecific>
  <name>
    <graphics>
      <offset x="0" y="-30"/>
      <line color="RGB {128, 128, 128}"/>
      <font family="Arial" style="0" size="16" align="left"/>
    </graphics>
    <toolspecific tool="Horus" version="1.0.0">
      <elementGraphicsContribution index="3">
        <dimension x="-1"/>
        <fontdata>1|Arial|16.0|0|WINDOWS|1|-12|0|0|0|400|0|0|0|1|0|0|0|0|Arial</fontdata>
      </elementGraphicsContribution>
    </toolspecific>
  </name>
  <graphics>
    <position x="200" y="39"/>
    <dimension x="50" y="30"/>
    <fill color="RGB {128, 128, 128}" gradient-color="RGB {255, 255, 255}" gradient-rotation="vertical"/>
    <line color="RGB {0, 0, 0}" width="1" style="solid"/>
  </graphics>
</transition>
```

Abbildung 102: Transition aus Abbildung 34 in PNML-Format

D Werkzeuge zur Simulation von Petri-Netz-basierten Geschäftsprozessen

Auszug von Werkzeugen, die zur Simulation von Geschäftsprozessen, die als Petri-Netze modelliert wurden, verwendet werden können in Anlehnung an [HeM11]. Tabelle 33 zeigt die jeweils vom Werkzeug unterstützte Petri-Netz-Variante und den Abstraktionsgrad der Simulation. Es wird zwischen einem animierten Markenspiel und einer automatischen Simulation ohne graphische Darstellung unterschieden.

Name	Unterstützte Petri-Netz-Varianten	Abstraktionsgrad der Simulation
ALPHA/Sim	Höhere Petri-Netze, zeitbehaftete Petri-Netze	Animiertes Markenspiel, automatische Simulation ohne graphische Darstellung
ARP	einfache Petri-Netze, zeitbehaftete Petri-Netze	Automatische Simulation ohne graphische Darstellung
Artifex	Höhere Petri-Netze, einfache Petri-Netze, zeitbehaftete Petri-Netze	Animiertes Markenspiel, automatische Simulation ohne graphische Darstellung
CoopnBuilder	Höhere Petri-Netze	Animiertes Markenspiel, automatische Simulation ohne graphische Darstellung
COSA BPM	Höhere Petri-Netze	Animiertes Markenspiel
CPN-AMI	Höhere Petri-Netze, einfache Petri-Netze	Animiertes Markenspiel, automatische Simulation ohne graphische Darstellung
CPN Tools	Höhere Petri-Netze, zeitbehaftete Petri-Netze	Animiertes Markenspiel, automatische Simulation ohne graphische Darstellung
ExSpect	Höhere Petri-Netze, einfache Petri-Netze, stochastische Petri-Netze, zeitbehaftete Petri-Netze	Animiertes Markenspiel, automatische Simulation ohne graphische Darstellung
F-Net	Stochastische Petri-Netze, zeitbehaftete Petri-Netze	Animiertes Markenspiel, automatische Simulation ohne graphische Darstellung
GreatSPN	Höhere Petri-Netze, stochastische Petri-Netze, zeitbehaftete Petri-Netze	Animiertes Markenspiel, automatische Simulation ohne graphische Darstellung
HiQPN-Tool	Höhere Petri-Netze, stochastische Petri-Netze	Animiertes Markenspiel
HISlm	Höhere Petri-Netze, einfache Petri-Netze, zeitbehaftete Petri-Netze	Animiertes Markenspiel, automatische Simulation ohne graphische Darstellung
HPSim	Einfache Petri-Netze, stochastische Petri-Netze, zeitbehaftete Petri-Netze	Animiertes Markenspiel, automatische Simulation ohne graphische Darstellung
Income Suite	Höhere Petri-Netze, zeitbehaftete Petri-Netze,	Animiertes Markenspiel, automatische Simulation ohne

	einfache Petri-Netze	graphische Darstellung
JARP	Einfache Petri-Netze	Animiertes Markenspiel
JFern	Höhere Petri-Netze, zeitbehaftete Petri-Netze, einfache Petri-Netze	Animiertes Markenspiel, automatische Simulation ohne graphische Darstellung
LoLA	Höhere Petri-Netze, einfache Petri-Netze	Automatische Simulation ohne graphische Darstellung
Maria	Höhere Petri-Netze, einfache Petri-Netze	Animiertes Markenspiel, automatische Simulation ohne graphische Darstellung
MISS-RdP	Stochastische Petri-Netze, zeitbehaftete Petri-Netze, gefärbte Petri-Netze	Animiertes Markenspiel, automatische Simulation ohne graphische Darstellung
Netlab	Einfache Petri-Netze	Animiertes Markenspiel, automatische Simulation ohne graphische Darstellung
Opera	Zeitbehaftete Petri-Netze	Animiertes Markenspiel, automatische Simulation ohne graphische Darstellung
ORIS	Zeitbehaftete Petri-Netze	Animiertes Markenspiel
P3	Einfache Petri-Netze	Animiertes Markenspiel, automatische Simulation ohne graphische Darstellung
PACE	Höhere Petri-Netze, einfache Petri-Netze, stochastische Petri-Netze, zeitbehaftete Petri-Netze, attributierte Petri-Netze	Animiertes Markenspiel, automatische Simulation ohne graphische Darstellung
PED	Einfache Petri-Netze	Animiertes Markenspiel
Petrigen	Einfache Petri-Netze	Animiertes Markenspiel
Petri-Net Kernel	Höhere Petri-Netze, einfache Petri-Netze	Animiertes Markenspiel
Petri .Net Simulator	Einfache Petri-Netze, zeitbehaftete Petri-Netze	Animiertes Markenspiel, automatische Simulation ohne graphische Darstellung
Petri Net Toolbox	Einfache Petri-Netze, stochastische Petri-Netze, zeitbehaftete Petri-Netze	Animiertes Markenspiel, automatische Simulation ohne graphische Darstellung
PetriSim	Höhere Petri-Netze, einfache Petri-Netze, zeitbehaftete Petri-Netze	Automatische Simulation ohne graphische Darstellung
Petruchio	Höhere Petri-Netze, einfache Petri-Netze, zeitbehaftete Petri-Netze, stochastische Petri-Netze	Animiertes Markenspiel, automatische Simulation ohne graphische Darstellung
Platform Independent Petri Net Editor 2	Einfache Petri-Netze	Animiertes Markenspiel, automatische Simulation ohne graphische Darstellung
PNetLab	Höhere Petri-Netze, einfache Petri-Netze, zeitbehaftete Petri-Netze	Animiertes Markenspiel
PNSim	Einfache Petri-Netze	Animiertes Markenspiel
PNTalk	Höhere Petri-Netze, zeitbehaftete Petri-Netze	Animiertes Markenspiel, automatische Simulation ohne graphische Darstellung

Poses++	Höhere Petri-Netze	Automatische Simulation ohne graphische Darstellung
PROTOS	Einfache Petri-Netze, stochastische Petri-Netze, zeitbehaftete Petri-Netze	Automatische Simulation ohne graphische Darstellung
QPME	Höhere Petri-Netze, einfache Petri-Netze, stochastische Petri-Netze	Automatische Simulation ohne graphische Darstellung
Renew	Höhere Petri-Netze, einfache Petri-Netze, zeitbehaftete Petri-Netze	Animiertes Markenspiel, automatische Simulation ohne graphische Darstellung
SEA	Höhere Petri-Netze, zeitbehaftete Petri-Netze	Animiertes Markenspiel, automatische Simulation ohne graphische Darstellung
Simulaworks	Einfache Petri-Netze, stochastische Petri-Netze, zeitbehaftete Petri-Netze	Automatische Simulation ohne graphische Darstellung
SNAKES	Höhere Petri-Netze, einfache Petri-Netze	Automatische Simulation ohne graphische Darstellung
Snoopy	Einfache Petri-Netze, stochastische Petri-Netze, zeitbehaftete Petri-Netze	Animiertes Markenspiel, automatische Simulation ohne graphische Darstellung
StpnPlay	Stochastische Petri-Netze, zeitbehaftete Petri-Netze	Automatische Simulation ohne graphische Darstellung
SYROCO	Einfache Petri-Netze, zeitbehaftete Petri-Netze	Automatische Simulation ohne graphische Darstellung
TimeNet	Höhere Petri-Netze, einfache Petri-Netze, zeitbehaftete Petri-Netze, stochastische Petri-Netze	Animiertes Markenspiel, automatische Simulation ohne graphische Darstellung
Tina	Einfache Petri-Netze, zeitbehaftete Petri-Netze	Animiertes Markenspiel
TAPAAL	Einfache Petri-Netze, zeitbehaftete Petri-Netze	Animiertes Markenspiel
Visual Object Net ++	Einfache Petri-Netze, zeitbehaftete Petri-Netze	Animiertes Markenspiel, automatische Simulation ohne graphische Darstellung
Visual Petri	Einfache Petri-Netze	Animiertes Markenspiel
WebSPN	Stochastische Petri-Netze	Animiertes Markenspiel
WINSIM	Höhere Petri-Netze, zeitbehaftete Petri-Netze	Automatische Simulation ohne graphische Darstellung
WoPeD	Einfache Petri-Netze	Animiertes Markenspiel
Yasper	Einfache Petri-Netze, stochastische Petri-Netze, zeitbehaftete Petri-Netze	Animiertes Markenspiel, automatische Simulation ohne graphische Darstellung
YAWL	Höhere Petri-Netze	Animiertes Markenspiel

Tabelle 33: Werkzeuge zur Simulation von Petri-Netz-basierten Geschäftsprozessen

E Design-Richtlinien zur Gestaltung von Benutzungsoberflächen

Die folgende Tabelle enthält eine Auswahl von Design-Richtlinien zur Gestaltung von Benutzungsoberflächen. Die Richtlinien wurden von den Betriebssystem- und Geräteherstellern veröffentlicht. Im Literaturverzeichnis findet sich die jeweilige Referenz auf die Online-Dokumente.

Gerätehersteller/ Betriebssystem	Titel	Beschreibung
Apple/ iOS	iOS Human Interface Guidelines	Design-Richtlinien für Benutzungsoberflächen, die iOS-Elemente verwenden [App12].
Research in Motion	UI Guidelines for Blackberry 6.0 Smartphones	Design-Richtlinien für Benutzungsoberflächen auf Blackberry-Geräte ab der Version 6.0 [Res10].
Research in Motion	UI Giudelines for Blackberry Playbook Tablet	Design-Richtlinien für Benutzungsoberflächen auf Blackberry Playbook Tablet-Geräten [Res12].
Google Inc.	Android User Interface Guidelines	Design-Richtlinien für Benutzungsoberflächen auf Geräten mit dem Android Betriebssystem [Goo12].
Motorola	Motorola's Best Practices for Android UI	Design-Richtlinien für Benutzungsoberflächen des Android Betriebssystems auf Motorola-Geräten [Mot12].
Nokia	Nokia N9 & Meego 1.2 Harmatten UX Guidelines	Design-Richtlinien für Benutzungsoberflächen auf dem Nokia N9 und des Meego-Betriebssystems [Nok11].
Nokia	Nokia Design & User Experience Library	Design-Richtlinien für Benutzungsoberflächen auf Geräten mit dem Windows Phone 7 oder dem Symbian-Betriebssystem [Nok12c].
Nokia	Symbian 3 UI Style Guidelines	Design-Richtlinien für Benutzungsoberflächen auf Geräten mit dem Symbian 3 Betriebssystem [Nok12b].
Nokia	Nokia Developer Design Portal	Design-Richtlinien für Benutzungsoberflächen des Windows Phone 7 Betriebssystems [Nok12a].
Samsung	Bada Application UI Guide	Design-Richtlinien für Benutzungsoberflächen des Bada-Betriebssystems [Sam12].
Microsoft	UI Guidelines for Windows Mobile	Design-Richtlinien für Benutzungsoberflächen des Windows Mobile 6.5 Betriebssystems [Mic10].

Microsoft	UI Design & Interaction Guide for Windows Phone 7	Design-Richtlinien für Benutzungsoberflächen des Windows Phone 7 Betriebssystems [Mic12b].
Hewlett Packard	webOS UI Guidelines	Design-Richtlinien für Benutzungsoberflächen auf Geräten mit dem webOS-Betriebssystem [Hew11].

Tabelle 34: Design-Richtlinien zur Gestaltung von Benutzungsoberflächen

F XML-Schema einer Initialisierungsdatei[153]

Die folgende Abbildung 102 stellt das XML-Schema einer Initialisierungsdatei in der hybriden Simulation dar. Mittels des XML-Schemas wird eine Initialisierungsdatei eines hoch-mobilen Geräts aufgebaut, die dann an die stationäre Komponente gesendet werden kann.

```
<?xml version="1.0" encoding="utf-8"?>
<xs:schema attributeFormDefault="unqualified" elementFormDefault="qualified"
xmlns:xs="http://www.w3.org/2001/XMLSchema">
  <xs:element name="initialize">
    <xs:complexType>
      <xs:sequence>
        <xs:element name="general" type="general"/>
        <xs:element name="software">
          <xs:complexType>
            <xs:sequence>
              <xs:element name="operatingsystem" type="os"/>
              <xs:element name="calendar" type="xs:boolean" />
              <xs:element name="mailclient" type="xs:boolean" />
              <xs:element name="vpn" type="xs:boolean" />
              <xs:element name="available_memory" type="xs:unsignedShort" />
            </xs:sequence>
          </xs:complexType>
        </xs:element>
        <xs:element name="hardware">
          <xs:complexType>
            <xs:sequence>
              <xs:element name="general">
                <xs:complexType>
                  <xs:sequence>
                    <xs:element name="cpu" type="cpu"/>
                    <xs:element name="busfrequency" type="xs:unsignedByte" />
                    <xs:element name="orientation" type="orientationmode"/>
                    <xs:element name="vibration" type="xs:boolean" />
                    <xs:element name="ram_memory" type="mem"/>
                  </xs:sequence>
                </xs:complexType>
              </xs:element>
              <xs:element name="interfaces">
                <xs:complexType>
                  <xs:sequence>
                    <xs:element name="display" type="display"/>
                    <xs:element name="hardwarekeys" type="hardwarekeys"/>
                    <xs:element name="audio" type="audiodevices"/>
                  </xs:sequence>
                </xs:complexType>
              </xs:element>
              <xs:element name="sensors3d">
                <xs:complexType>
                  <xs:sequence>
                    <xs:element name="gps" type="sens3d"/>
                    <xs:element name="motion" type="sens3d"/>
                    <xs:element name="accelerometer" type="sens3d"/>
                    <xs:element name="gyroskop" type="sens3d"/>
                  </xs:sequence>
                </xs:complexType>
              </xs:element>
              <xs:element name="sensors2d">
```

[153] Das XML-Schema wurde mit dem Software-Werkzeug Visual Studio 2010 erstellt (vgl. http://www.microsoft.com/germany/visualstudio/products/whatsnew/default.aspx)

```
              <xs:complexType>
                <xs:sequence>
                  <xs:element name="compass" type="sens3d"/>
                  <xs:element name="proximity" type="sens3d"/>
                  <xs:element name="pressure" type="sens3d"/>
                  <xs:element name="barometer" type="sens3d"/>
                  <xs:element name="camera" type="camera"/>
                </xs:sequence>
              </xs:complexType>
            </xs:element>
            <xs:element name="connection">
              <xs:complexType>
                <xs:sequence>
                  <xs:element name="wlan" type="connection"/>
                  <xs:element name="cellular" type="connection"/>
                  <xs:element name="bluetooth" type="connection" />
                  <xs:element name="infrared" type="connection" />
                  <xs:element name="nfc" type="connection"/>
                  <xs:element name="telephone" type="telephone"/>
                </xs:sequence>
              </xs:complexType>
            </xs:element>
            <xs:element name="lifetime" type="lifetime"/>
          </xs:sequence>
        </xs:complexType>
      </xs:element>
    </xs:sequence>
    <xs:attribute name="name" type="xs:string" use="required" />
  </xs:complexType>
</xs:element>


<!-- Types-->
<!-- general information about the device-->
<xs:complexType name="general">
  <xs:sequence>
    <xs:element name="footprint" type="xs:string" />
    <xs:element name="name" type="xs:string" />
    <xs:element name="platform" type="xs:string" />
    <xs:element name="model" type="xs:string" />
  </xs:sequence>
</xs:complexType>
<!-- information about the operating system-->
<xs:complexType name="os">
  <xs:sequence>
    <xs:element name="name" type="xs:string" />
    <xs:element name="version" type="xs:string" />
    <xs:element name="multitasking" type="xs:boolean" />
  </xs:sequence>
</xs:complexType>
<!-- general information about the hardware-->
<!-- Central Processing Unit-->
<xs:complexType name="cpu">
  <xs:sequence>
    <xs:element name="type" type="xs:string" />
    <xs:element name="frequency" type="xs:unsignedShort" />
  </xs:sequence>
</xs:complexType>
<!-- Memory-->
<xs:complexType name="mem">
  <xs:sequence>
    <xs:element name="size" type="xs:unsignedShort" />
    <xs:element name="frequency" type="xs:decimal" />
  </xs:sequence>
</xs:complexType>

<!-- information about the interfaces-->
<!-- display-->
<xs:complexType name="display">
  <xs:sequence>
```

```
    <xs:element name="resolution" type="xs:string" />
    <xs:element name="orientationmode" type="orientationmode"/>
    <xs:element name="inches" type="xs:decimal" />
    <xs:element name="ppi" type="xs:unsignedShort" />
    <xs:element name="type" type="xs:string" />
  </xs:sequence>
</xs:complexType>
<!-- orientationmode of the display-->
<xs:simpleType name="orientationmode">
  <xs:restriction base="xs:string">
    <xs:enumeration value="portrait"/>
    <xs:enumeration value="landscape"/>
  </xs:restriction>
</xs:simpleType>
<!-- hardware keys-->
<xs:simpleType name="keys">
  <xs:restriction base="xs:string">
    <xs:enumeration value="volumen-control"/>
    <xs:enumeration value="homebutton"/>
  </xs:restriction>
</xs:simpleType>
<xs:complexType name="hardwarekeys">
    <xs:sequence>
      <xs:element name="device" type="hardwaredata" maxOccurs="unbounded"/>
    </xs:sequence>
</xs:complexType>
<xs:complexType name="hardwaredata">
  <xs:sequence>
    <xs:element name="type" type="keys" />
    <xs:element name="value" type="xs:string"/>
    <xs:element name="count" type="xs:unsignedByte"/>
  </xs:sequence>
</xs:complexType>
<!-- audio-->
<xs:simpleType name="audio">
  <xs:restriction base="xs:string">
    <xs:enumeration value="microphone"/>
    <xs:enumeration value="speakers"/>
    <xs:enumeration value="headsetconnection"/>
  </xs:restriction>
</xs:simpleType>
<xs:complexType name="audiodevices">
  <xs:sequence>
    <xs:element name="device" type="audiodata" maxOccurs="unbounded"/>
  </xs:sequence>
</xs:complexType>
<xs:complexType name="audiodata">
  <xs:sequence>
    <xs:element name="type" type="audio" />
    <xs:element name="value" type="xs:string"/>
    <xs:element name="count" type="xs:unsignedByte"/>
  </xs:sequence>
</xs:complexType>

<xs:complexType name="sens3d">
  <xs:sequence>
    <xs:element name="exists" type="xs:boolean"/>
    <xs:element name="state" type="xs:string" />
    <xs:element name="value" type="xs:string" />
  </xs:sequence>
</xs:complexType>
<!-- camera-->
<xs:simpleType name="cameraobjectiv">
  <xs:restriction base="xs:string">
    <xs:enumeration value="back"/>
    <xs:enumeration value="front"/>
  </xs:restriction>
</xs:simpleType>
<xs:complexType name="camera">
  <xs:sequence>
```

```
      <xs:element name="objective" type="cameradata" maxOccurs="unbounded"/>
    </xs:sequence>
  </xs:complexType>
  <xs:complexType name="cameradata">
    <xs:sequence>
      <xs:element name ="type" type="cameraobjectiv"/>
      <xs:element name="photomode" type="cameraparameters"/>
      <xs:element name="videomode" type="cameraparameters"/>
    </xs:sequence>
  </xs:complexType>
  <xs:complexType name="cameraparameters">
    <xs:sequence>
      <xs:element name="resolution" type="xs:string" />
      <xs:element name="flashlight" type="xs:boolean" />
      <xs:element name="value" type="xs:base64Binary"/>
    </xs:sequence>
  </xs:complexType>
  <!-- information about the connections-->
  <xs:complexType name="connection">
    <xs:sequence>
      <xs:element name="exists" type="xs:boolean"/>
      <xs:element name="type" type="xs:string" />
      <xs:element name="id" type="xs:string"/>
      <xs:element name="value" type="xs:string"/>
    </xs:sequence>
  </xs:complexType>
  <xs:complexType name="telephone">
    <xs:sequence>
      <xs:element name="carrier_name" type="xs:string" />
      <xs:element name="ios_country_code" type="xs:string" />
      <xs:element name="allows_voip" type="xs:boolean" />
      <xs:element name="signalstrength" type="xs:int"/>
    </xs:sequence>
  </xs:complexType>
  <xs:complexType name="lifetime">
    <xs:sequence>
      <xs:element name="batterylevel" type="xs:decimal" />
      <xs:element name="batterystate" type="xs:string" />
    </xs:sequence>
  </xs:complexType>
</xs:schema>
```

Abbildung 103: XML-Schema einer Initialisierungsdatei

G Auszug XML-basierter Auszeichnungssprachen für Benutzungsoberflächen

Die folgende Tabelle 35 enthält Beispiele für XML-basierte Auszeichnungssprachen für Benutzungsoberflächen[154]. Die jeweiligen Referenzen finden sich im Literaturverzeichnis.

Alternate Abstract Interface Markup Language (AAIML)	
Eine abstrakte, auf XML-basierende Sprache zur Übermittlung der in der Sprache beschriebenen Benutzungsoberflächen an Geräte, die als Fernbedienung verwendet werden. Die Beschreibung der Benutzungsoberfläche enthält keine Abhängigkeiten von Modalitäten.	[ZVG03]

Abstract User Interface Markup Language (AUIML)	
AUIML dient der XML-basierten Darstellung von Benutzungsoberflächen, dabei werden die Benutzungsoberflächen geräteunabhängig dargestellt.	[MWK04]

Extensible Interface Markup Language (XIML)	
XIML ist eine Sprache zur Repräsentation von Benutzungsoberflächen entlang des gesamten Entwicklungsprozesses wie dem Design oder der Implementierung.	[PuE02]

Extensible User Interface Language (XUL)	
XUL ist die Auszeichnungssprache für Benutzungsoberflächen, die von den Entwicklern des Internetbrowsers Mozilla konzipiert wurde. Die Sprache wurde ursprünglich ausschließlich für die Software Mozilla entwickelt, wird aber inzwischen auch in anderen Anwendungen verwendet.	[Bos02]

Microsoft Extensible Application Markup Language (XAML)	
XAML ist eine Auszeichnungssprache, mit der es möglich ist, auf den Betriebssystem-Plattformen von Microsoft (sowohl auf stationären Geräten mit dem Betriebssystem Windows 7, Windows Vista oder Windows XP als auch mobilen Geräten	[Mic12a]

[154] Für eine ausführlichere Übersicht über XML-basierte Auszeichnungssprachen für Benutzungsoberflächen sei auf http://xml.coverpages.org/userInterfaceXML.html verwiesen.

mit dem Betriebssystem Windows Phone 7) Benutzungsoberflächen ohne eine explizite Programmierung der Oberflächen zu gestalten.	

User Interface Markup Language (UIML)	
UIML ist eine XML-basierte Auszeichnungssprache zur Beschreibung von Anforderungen, Design und Implementierung von Benutzungsoberflächen.	[Pha00]

User Interface extensible Markup Language (UsiXML)	
Die UsiXML ist eine XML-basierte Auszeichnungssprache, die die Beschreibung von interaktiven Anwendungen ermöglicht.	[LVM04]

Tabelle 35: Beispiele für Auszeichnungssprachen für Benutzungsoberflächen

H XML-Schema für eine hybride Schemakomponente[155]

Die nachfolgende Abbildung zeigt ein XML-Schema einer hybriden Schemakomponente. Mittels dieses Schemas können die automatisch erstellten hybriden Schemakomponenten validiert werden. Des Weiteren muss im Fall einer Erweiterung der Methode Hysimopro das neue Steuerelement in diesem XML-Schema definiert werden.

```
<?xml version="1.0" encoding="utf-8"?>
<xs:schema attributeFormDefault="unqualified" elementFormDefault="qualified"
xmlns:xs="http://www.w3.org/2001/XMLSchema">
  <xs:element name="model">
    <xs:complexType>
      <xs:sequence>
        <!-- basic elements-->
        <xs:element name="id" type="identifier"/>
        <xs:element name="role" type="xs:string" minOccurs="1" maxOccurs="1"/>
        <xs:element name="transition" type="transition"/>
        <xs:element name="interface" type="display"/>
        <!-- implicit interaction, if there should be read some sensor data-->
        <xs:element name="implicitinteraction" type="implicitinteraction" minOccurs="0" maxOccurs="1"/>
        <!-- explicit interaction-->
        <xs:element name="explicitinteration" type="explicitinteraction" maxOccurs="unbounded"/>

      </xs:sequence>
    </xs:complexType>
  </xs:element>

  <!-- types -->
  <xs:complexType name="identifier">
    <xs:simpleContent>
      <xs:extension base="xs:string">
        <xs:attribute name="name" type="xs:string" use="required" />
      </xs:extension>
    </xs:simpleContent>
  </xs:complexType>
  <!-- multiple or only one transition-->
  <xs:simpleType name="transitiontype">
    <xs:restriction base="xs:string">
      <xs:enumeration value="multiple"/>
      <xs:enumeration value="basic"/>
    </xs:restriction>
  </xs:simpleType>
  <xs:complexType name="transition">
    <xs:sequence>
      <xs:element name="type" type="transitiontype"/>
      <xs:element name="filename"/>
      <xs:element name="id">
        <xs:complexType>
          <xs:simpleContent>
            <xs:extension base="xs:string">
              <xs:attribute name="label" type="xs:string" use="required" />
            </xs:extension>
          </xs:simpleContent>
        </xs:complexType>
      </xs:element>
    </xs:sequence>
  </xs:complexType>

  <!--::::::::::::::::::::::::::::::::::::::::::::::::::::::::::::::::::::::::-->
```

[155] Das XML-Schema wurde mit dem Software-Werkzeug Visual Studio 2010 erstellt (vgl. http://www.microsoft.com/germany/visualstudio/products/whatsnew/default.aspx)

```
<!-- important types for the different gui elements-->
<!-- information display and positioning of elements-->
<xs:complexType name="display">
  <xs:sequence>
    <xs:element name="area">
      <xs:complexType>
        <xs:sequence>
          <xs:element name="xtiles" type="xs:unsignedByte" />
          <xs:element name="ytiles" type="xs:unsignedByte" />
        </xs:sequence>
        <xs:attribute name="width" type="xs:unsignedShort" use="required" />
        <xs:attribute name="height" type="xs:unsignedShort" use="required" />
      </xs:complexType>
    </xs:element>
  </xs:sequence>
</xs:complexType>
<!-- write text element-->
<xs:complexType name="simpletext">
  <xs:sequence>
    <xs:element name="text" minOccurs="1" maxOccurs="1"/>
    <xs:element name="position" minOccurs="1" maxOccurs="1" type="display"/>
  </xs:sequence>
</xs:complexType>
<!-- render simplebutton-->
<xs:complexType name="rendersimplebutton">
  <xs:sequence>
    <xs:element name="text" minOccurs="1" maxOccurs="1"/>
    <xs:element name="position" minOccurs="1" maxOccurs="1" type="display"/>
  </xs:sequence>
</xs:complexType>

<!--::::::::::::::::::::::::::::::::::::::::::::::::::::::::::::::::-->
<!-- implicit interaction text for explaination to the user-->
<xs:complexType name="implicitinteraction">
  <xs:sequence>
    <xs:element name="textfield" type="simpletext"/>
    <xs:element name="timer" type="xs:integer" minOccurs="1" maxOccurs="1"/>
    <xs:element name="device" minOccurs="1" maxOccurs="1">
      <xs:complexType>
        <xs:sequence>
          <xs:element name="devicetype" type="devicetype"/>
        </xs:sequence>
      </xs:complexType>
    </xs:element>
  </xs:sequence>
</xs:complexType>

<xs:complexType name="devicetype">
  <xs:sequence>
    <xs:element name="sensor" type="sens3d" minOccurs="0" maxOccurs="unbounded"/>
    <xs:element name="camera" type="cameradata" minOccurs="0" maxOccurs="1"/>
    <xs:element name="connection" type="connection" minOccurs="0" maxOccurs="unbounded"/>
    <xs:element name="telephone" type="telephone" minOccurs="0" maxOccurs="1"/>
    <xs:element name="battery" type="lifetime" minOccurs="0" maxOccurs="1"/>
  </xs:sequence>
</xs:complexType>

<xs:complexType name="sens3d">
  <xs:sequence>
    <xs:element name="name" type="xs:string"/>
    <xs:element name="value" type="xs:string" />
  </xs:sequence>
</xs:complexType>
<!-- camera-->
<xs:complexType name="cameradata">
  <xs:sequence>
    <xs:element name="side" type="xs:string"/>
    <xs:element name="photomode" type="cameraparameters"/>
    <xs:element name="videomode" type="cameraparameters"/>
```

```
    </xs:sequence>
  </xs:complexType>
  <xs:complexType name="cameraparameters">
    <xs:sequence>
      <xs:element name="value" type="xs:base64Binary"/>
    </xs:sequence>
  </xs:complexType>
  <!-- information about the connections-->
  <xs:complexType name="connection">
    <xs:sequence>
      <xs:element name="type" type="xs:string" />
      <xs:element name="id" type="xs:string"/>
      <xs:element name="value" type="xs:string"/>
    </xs:sequence>
  </xs:complexType>
  <xs:complexType name="telephone">
    <xs:sequence>
      <xs:element name="signalstrength" type="xs:int"/>
    </xs:sequence>
  </xs:complexType>
  <xs:complexType name="lifetime">
    <xs:sequence>
      <xs:element name="batterylevel" type="xs:decimal" />
      <xs:element name="batterystate" type="xs:string" />
    </xs:sequence>
  </xs:complexType>

  <!--::::::::::::::::::::::::::::::::::::::::::::::::::::::::::::::::::-->
  <!-- explicit interaction elements-->
  <xs:complexType name="explicitinteraction">
    <xs:sequence>
      <xs:element name="text" type="simpletext" minOccurs="1" maxOccurs="unbounded"/>
      <xs:element name="numberpicker" type="numberpicker" minOccurs="0" maxOccurs="unbounded"/>
      <xs:element name="textfield" type="textfield" minOccurs="0" maxOccurs="unbounded"/>
      <xs:element name="radiobutton" type="radiobutton" minOccurs="0" maxOccurs="unbounded"/>
      <xs:element name="checkbox" type="checkbox" minOccurs="0" maxOccurs="unbounded"/>


      <xs:element name="button" type="rendersimplebutton" minOccurs="1" maxOccurs="1"/>
      <xs:element name="returnvalue" type="xs:string" minOccurs="1" maxOccurs="1"/>
      <xs:element name="timer" type="xs:integer" minOccurs="1" maxOccurs="1"/>
    </xs:sequence>
  </xs:complexType>

  <!--::::::::::::::::::::::::::::::::::::::::::::::::::::::::::::::::::-->
  <!-- explicit interaction elements-->
  <!-- number picker -->
  <xs:complexType name="numberpicker">
    <xs:sequence>
      <xs:element name="numberpicker" minOccurs="1" maxOccurs="1">
        <xs:complexType>
          <xs:sequence>
            <xs:element name="position" type="display" minOccurs="1" maxOccurs="1"/>
          </xs:sequence>
        </xs:complexType>
      </xs:element>
      <xs:element name="startnumber" type="xs:integer" minOccurs="1" maxOccurs="1"/>
      <xs:element name="endnumber" type="xs:integer" minOccurs="1" maxOccurs="1"/>
      <xs:element name="steplength" type="xs:integer" minOccurs="1" maxOccurs="1"/>
    </xs:sequence>
  </xs:complexType>

  <!-- textfield and textarea (textarea is a textfield with bigger height)-->
  <xs:complexType name="textfield">
    <xs:sequence>
      <xs:element name="textfield" type="simpletext" minOccurs="1" maxOccurs="1"/>
    </xs:sequence>
  </xs:complexType>

  <!-- radiobutton -->
```

```
<xs:complexType name="radiobutton">
  <xs:sequence>
    <xs:element name="radiobutton" minOccurs="1" maxOccurs="1">
      <xs:complexType>
        <xs:sequence>
          <xs:element name="position" type="display" minOccurs="1" maxOccurs="1"/>
        </xs:sequence>
      </xs:complexType>
    </xs:element>
  </xs:sequence>
</xs:complexType>

<!-- checkbox-->
<xs:complexType name="checkbox">
  <xs:sequence>
    <xs:element name="checkbox" minOccurs="1" maxOccurs="1">
      <xs:complexType>
        <xs:sequence>
          <xs:element name="position" type="display" minOccurs="1" maxOccurs="1"/>
        </xs:sequence>
      </xs:complexType>
    </xs:element>
  </xs:sequence>
</xs:complexType>

<!-- dropdownmenu -->
<xs:complexType name="dropdown">
  <xs:sequence>
    <xs:element name="dropdownmenu" minOccurs="1" maxOccurs="1">
      <xs:complexType>
        <xs:sequence>
          <xs:element name="position" type="display" minOccurs="1" maxOccurs="1"/>
          <xs:element name="entry" minOccurs="1" maxOccurs="unbounded"/>
        </xs:sequence>
      </xs:complexType>
    </xs:element>
  </xs:sequence>
</xs:complexType>

<!-- listbox -->
<xs:complexType name="listbox">
  <xs:sequence>
    <xs:element name="list" minOccurs="1" maxOccurs="1">
      <xs:complexType>
        <xs:sequence>
          <xs:element name="position" type="display" minOccurs="1" maxOccurs="1"/>
          <xs:element name="entry" minOccurs="1" maxOccurs="unbounded"/>
        </xs:sequence>
      </xs:complexType>
    </xs:element>
  </xs:sequence>
</xs:complexType>

<!-- combobox -->
<xs:complexType name="combobox">
  <xs:sequence>
    <xs:element name="combobox" minOccurs="1" maxOccurs="1">
      <xs:complexType>
        <xs:sequence>
          <xs:element name="position" type="display" minOccurs="1" maxOccurs="1"/>
          <xs:element name="entry" minOccurs="1" maxOccurs="unbounded"/>
        </xs:sequence>
      </xs:complexType>
    </xs:element>
  </xs:sequence>
</xs:complexType>

<!-- slider -->
<xs:complexType name="slider">
  <xs:sequence>
```

```
      <xs:element name="slider" minOccurs="1" maxOccurs="1">
        <xs:complexType>
          <xs:sequence>
            <xs:element name="position" type="display" minOccurs="1" maxOccurs="1"/>
            <xs:element name="leftborder" minOccurs="1" maxOccurs="1"/>
            <xs:element name="rightborder" minOccurs="1" maxOccurs="1"/>
            <xs:element name="setvalue" minOccurs="1" maxOccurs="1"/>
          </xs:sequence>
        </xs:complexType>
      </xs:element>
    </xs:sequence>
  </xs:complexType>
</xs:schema>
```

Abbildung 104: XML-Schema einer hybriden Schemakomponente

I Ansichten des Assistenten der stationären Komponente von Hysimopro im Software-Werkzeug Nemti

Im Folgenden werden die einzelnen Ansichten des Assistenten, der in der stationären Komponente von Hysimopro im Software-Werkzeug **Nemti** zur Definition der Daten in einer hybriden Schemakomponente zum Einsatz kommt, beschrieben. Der Assistent gliedert sich in folgende Ansichten:

In der ersten Ansicht werden die Verbindungsmodalitäten zur Registrierung neuer mobiler Client-Komponenten dargestellt[156]. Es wird eine Liste aller bereits registrierten Client-Komponenten mit deren Namen dargestellt (vgl. Abbildung 105 linke Darstellung). Mit der Auswahl eines Eintrags in der Liste wird automatisch eine Verbindung zur entsprechenden Client-Komponente aufgebaut. Die Instanz der Klasse `ConnectionManager` fordert von der ausgewählten Client-Komponente die Initialisierungsdatei an und stellt diese in der aktuellen Ansicht des Assistenten dar (vgl. Abbildung 105, linke Darstellung).

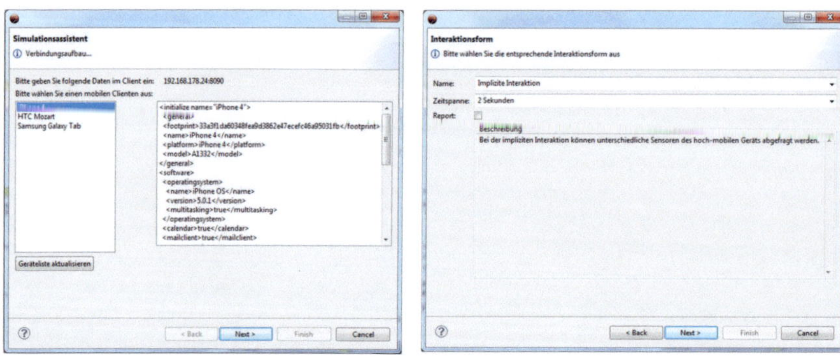

Abbildung 105: Ansichten des Assistenten zur Konfiguration hybrider Schemakomponenten

Die nächste Ansicht des Assistenten erlaubt eine Konfiguration der Interaktionsform durch die Anwender. Es kann zwischen einer expliziten und einer impliziten Interaktion gewählt werden. Des Weiteren kann das Zeitintervall, nach dem die Simulation fortgesetzt wird, definiert werden (vgl. Abbildung 105 rechte Darstellung). In Abhängigkeit der Auswahl der Interaktionsform ist es möglich, die "Funktion" der Reports zu aktivieren.

---

[156] Eine Client-Komponente verbindet sich mit der Instanz der Klasse `ConnectionManager`, indem in einer Eingabemaske die Adresse im Netzwerk (die Internet-Protokoll-Adresse sowie die entsprechende Nummer des Netzwerkanschlusses) des stationären Arbeitsplatzrechners auf dem die Server-Komponente ausgeführt wird, eingegeben wird.

Die nächste Ansicht des Assistenten ermöglicht die Konfiguration der einzelnen Interaktionen. Im Folgenden wird zunächst auf die Konfiguration einer impliziten Interaktion eingegangen. Soll eine implizite Interaktion im Rahmen der hybriden Simulation simuliert werden, so müssen die spezifischen, abfragbaren Sensoren des hoch-mobilen Geräts ausgewählt werden. Hierzu wird die bereits übermittelte Initialisierungsdatei des Geräts im Hinblick auf spezifische Sensorik analysiert. Die Sensoren werden in einer Auswahlliste dargestellt (vgl. Abbildung 106).

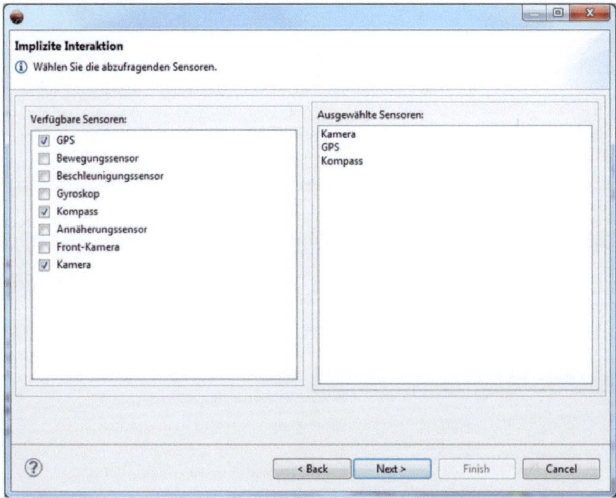

Abbildung 106: Ansicht der Konfiguration einer impliziten Interaktion

Soll eine explizite Interaktion simuliert werden, so müssen die spezifischen Benutzungsoberflächen entsprechend gestaltet werden. Die Gestaltung der Benutzungsoberflächen wird von zwei weiteren Ansichten im Assistenten unterstützt. Die erste Ansicht zeigt vordefinierte und bereits gestaltete Benutzungsoberflächen, aus denen ausgewählt werden kann (vgl. Abbildung 107).

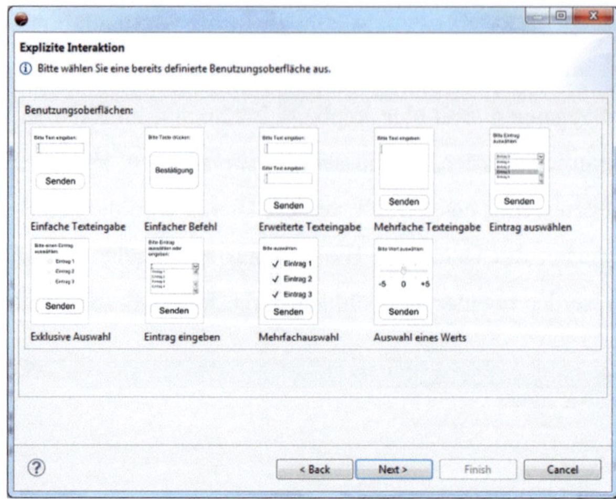

Abbildung 107: Ansicht zur Auswahl von vordefinierten Benutzungsoberflächen

Soll eine neue spezifische Benutzungsoberfläche gestaltet werden, so ist dies in einer weiteren Ansicht des Assistenten möglich. In dieser Ansicht stehen die notwendigen Werkzeuge zur individuellen Gestaltung von Benutzungsoberflächen zur Verfügung [Nag12].

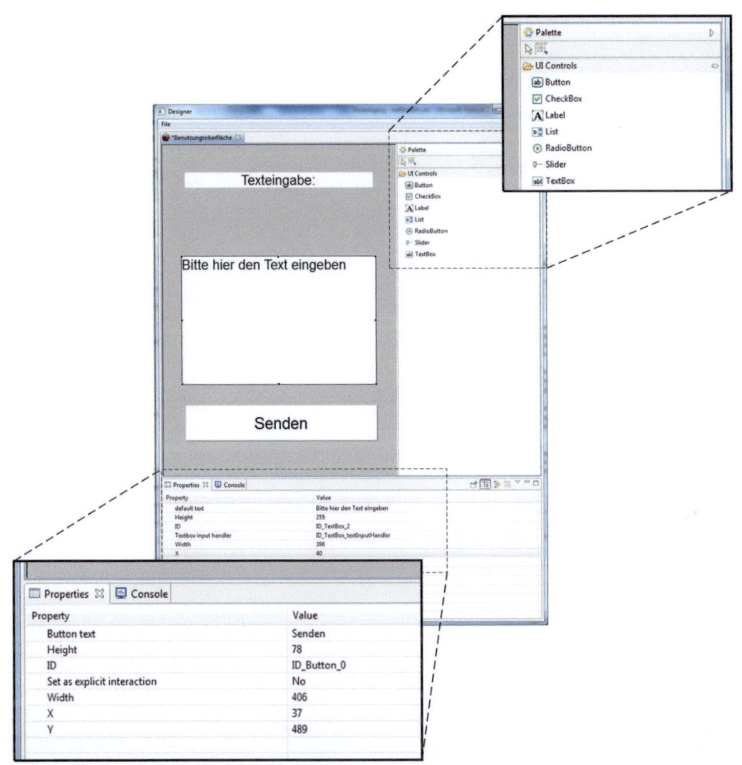

Abbildung 108: Ansicht zur individuellen Gestaltung von Benutzungsoberflächen

Die Ansicht ist in drei Bereiche aufgeteilt (vgl. Abbildung 108). Im linken oberen Bereich, der als Arbeitsfläche bezeichnet wird, wird die generische Darstellung der Benutzungsoberfläche visualisiert. Rechts davon befindet sich die Palette der Steuerelemente, sowie das Markierungs- und Zeigewerkzeug (beides Funktionen, die über den Mauszeiger gesteuert werden können). Im unteren Bereich ist die Eigenschaftenansicht dargestellt, in der die Eigenschaften des jeweils selektierten Steuerelements gelistet werden. Die Steuerelemente werden mit Hilfe der Maus ausgewählt und in der Arbeitsfläche positioniert. Die Arbeitsfläche besitzt die Größe (die Auflösung) des Bildschirms des im Assistenten bereits ausgewählten hoch-mobilen Geräts. Eigenschaften wie bspw. die Beschriftung der Steuer-elemente können über die Eigenschaftenansicht verändert werden. Die Größen-veränderung der einzelnen Steuerelemente ist mit Hilfe der Maus möglich oder wird direkt in der Eigenschaftenansicht mittels Längenangaben verändert.

Die zusätzliche explizite Interaktion kann über die Eigenschaftenansicht (vgl. Abbildung 108) der einzelnen Steuerelemente definiert werden. Wird die Ansicht zur Gestaltung individueller Benutzungsoberflächen geschlossen, so wird auch der Assistent beendet und die hybride Schemakomponente erstellt.

J Anwendungsdomänen und textuelle Beschreibung

In der folgenden Tabelle werden die Anwendungsdomänen der einzelnen Geschäftsprozess-Schemata sowie die textuelle Beschreibung der einzelnen Geschäftsprozesse gelistet, deren Schemata in der Evaluation der Methode Imopro verwendet wurden.

Anwendungsdomäne	Beschreibung
Gesundheitswesen	Medikamentenausgabe an Patienten in einem Altenheim
Baugewerbe	Arbeitszeiterfassung auf der Baustelle
Handel	Verkauf an einem Automaten
Wartung/Instandhaltung	Wartung eines Flugzeugs in einem Hangar
Logistik	Einlagern neu gelieferter Waren in einen existierenden Lagerbestand
Vertrieb	Verkaufsprozess im Einzelhandel
Logistik	Warentransport mit einem LKW inklusive Be- und Entladen
Gesundheitswesen	Auslieferungsprozess eines Versorgungs-unternehmens (z.B. Essen auf Rädern)
Handel	Bestandsinventur im Einzelhandel
Katastrophenschutz	Alarmierung der Feuerwehr und deren Ausrücken
Wartung/Instandhaltung	Überprüfung einer defekten Stromleitung
Kreditwesen	Durchführung eines mobilen Bezahlprozesses (Kreditkartenzahlung)
Gesundheitswesen	Durchführung eines Krankentransports

Versicherungswesen	Abschluss eines Versicherungsvertrages
Wartung/Instandhaltung	Wartung eines PKW in einer Autowerkstatt
Logistik	Auslieferung einer Postsendung/ eines Pakets
Gesundheitswesen	Durchführung einer Visite im Krankenhaus
Rohstoffwirtschaft	Erfassung von spezifischen Daten von geschlagenen Baumstämmen und Planung des Abtransports derselben
Öffentlicher Dienst	Erfassung von Parksündern
Logistik	Rücksendung einer Ware und deren Re-Integration in den Bestand
Verkauf/Vertrieb	Gutschrift aus Reklamationsfall einlösen
Einzelhandel	Bezahlvorgang im Einzelhandel; Kunde hat mehrere Optionen, die Ware zu bezahlen (Kreditkarte, Barzahlung, EC-Karte etc.)
Dienstleistungsgewerbe	Überprüfung eines Fahrscheins in der Bahn
Verwaltung	Dokumentenablage und automatisierter Ausdruck
Logistik	Containermanagement in einem Großhafen

Tabelle 36: Anwendungsdomänen und textuelle Beschreibung der in der Evaluation genutzten Geschäftsprozess-Schemata

K Auszug verwendeter Geschäftsprozess-Schemata in der Analyse mit Imopro

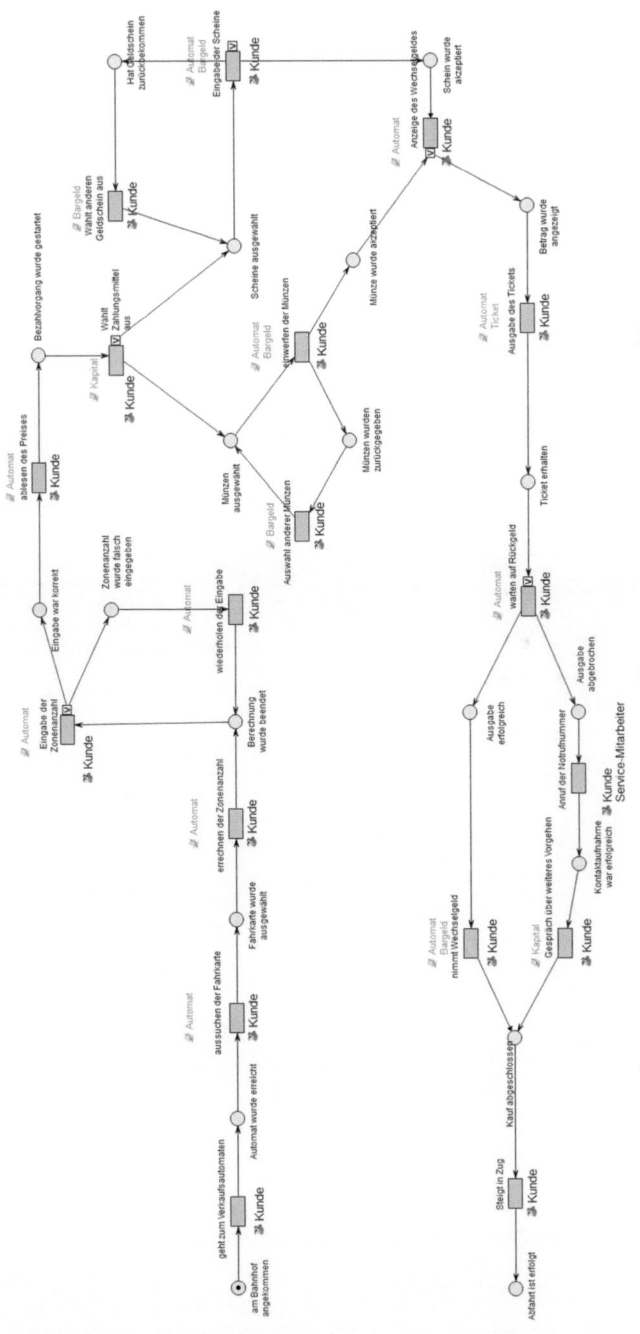

Abbildung 109: Geschäftsprozess-Schema: Verkauf an einem Automaten

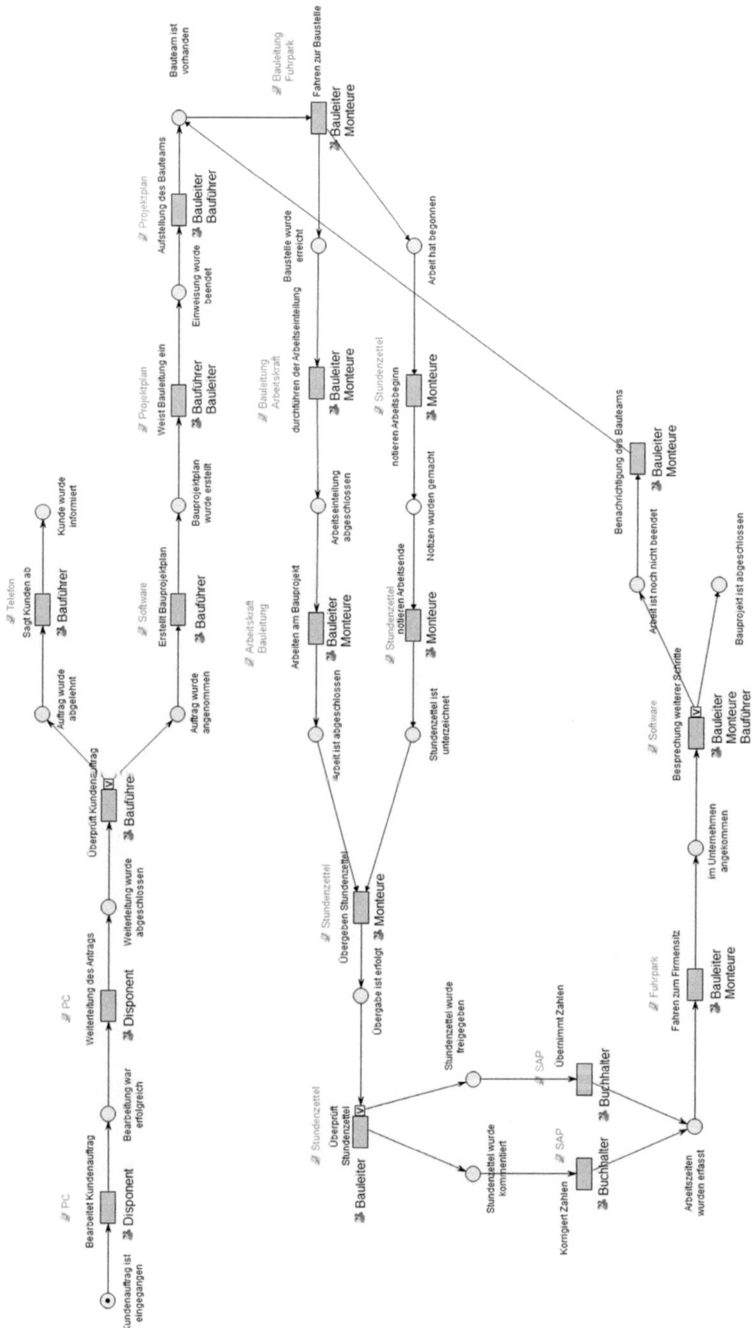

Abbildung 110: Geschäftsprozess-Schema: Arbeitszeiterfassung auf der Baustelle

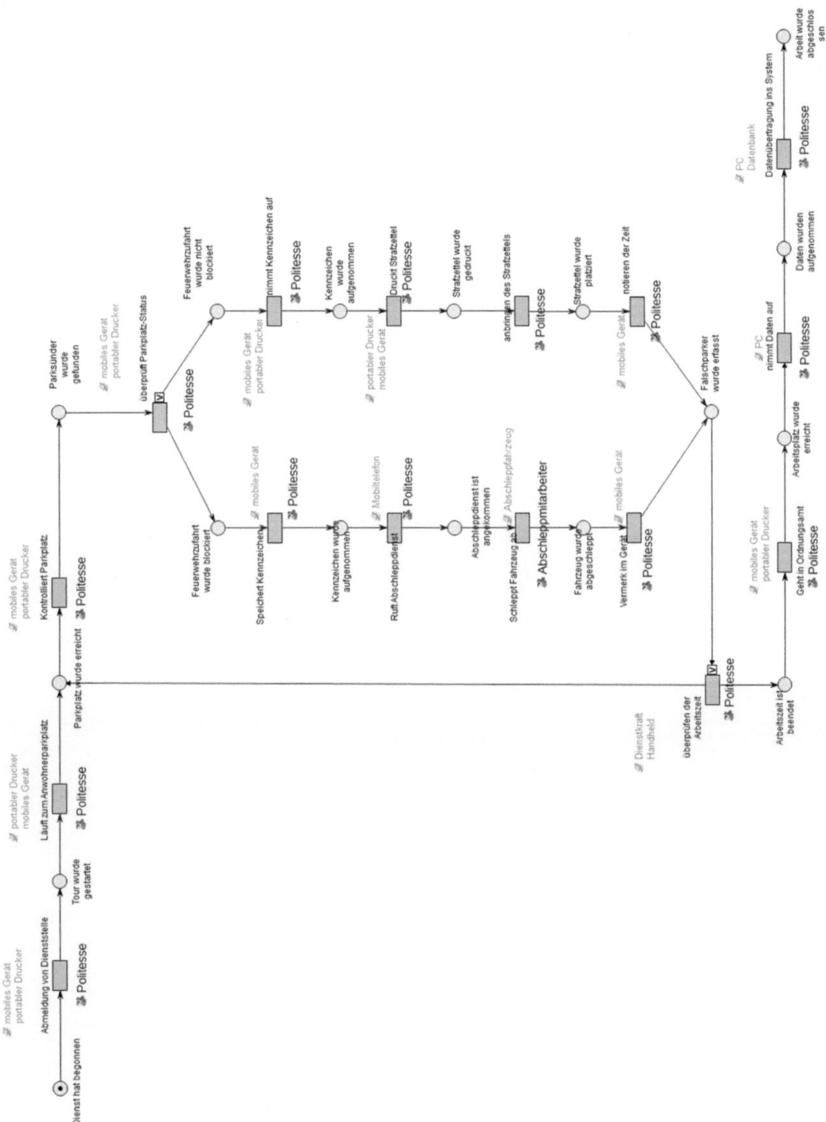

Abbildung 111: Geschäftsprozess-Schema: Erfassung von Parksünder